北京商务年鉴

（2017）

北京市商务委员会　编

中国商务出版社

图书在版编目(CIP)数据

北京商务年鉴. 2017 / 北京市商务委员会编. — 北京 : 中国商务出版社, 2017. 10
ISBN 978-7-5103-2113-9

Ⅰ. ①北… Ⅱ. ①北… Ⅲ. ①商务—北京市—2017—年鉴 Ⅳ. ①F727. 1-54

中国版本图书馆 CIP 数据核字(2017)第 257988 号

北京商务年鉴(2017)
BEIJING SHANGWU NIANJIAN (2017)
北京市商务委员会　编

出　　版: 中国商务出版社
地　　址: 北京市东城区安外东后巷 28 号　　**邮　　编:** 100710
责任部门: 经管与人文社科事业部 (010-64255862 cctpress@163. com)
责任编辑: 王筱萌
直销客服: 010-64255862
传　　真: 010-64255862
总 发 行: 中国商务出版社发行部 (010-64266193 64515150)
网购零售: 中国商务出版社淘宝店 (010-64286917)
网　　址: http://www. cctpress. com
网　　店: http://cctpress. taobao. com
邮　　箱: cctp@cctpress. com
排　　版: 金奥都科技发展中心
印　　刷: 北京墨阁印刷有限公司
开　　本: 889 毫米×1194 毫米　1/16
印　　张: 31　　**字　　数:** 625 千字
版　　次: 2017 年 11 月第 1 版　　**印　　次:** 2017 年 11 月第 1 次印刷
书　　号: ISBN 978-7-5103-2113-9
定　　价: 150. 00 元

《北京商务年鉴（2017）》编辑委员会

《北京商务年鉴（2017）》编辑部

编 辑 说 明

一、《北京商务年鉴（2017）》（以下简称《年鉴》）由北京市商务委员会《年鉴》编辑委员会编纂，是本市商务领域唯一的权威性、综合性年鉴。该书的前身——《北京商务概览》创刊于2003年，2004年分为外经贸卷和内贸卷。2005年将两卷合一，更名为《北京商务年鉴》，并由内部刊印改为公开出版发行。

二、《年鉴》全面、系统地记述了上年北京市商务领域的基本情况和取得的成就。封面年号“2017”表示本期《年鉴》于2017年出版，主要包括2016年1月1日至12月31日期间的工作成果、相关数据，并在重要文献中涉及2017年全市商务工作安排。

三、《年鉴》的内容由商务部门各单位和海关、出入境检验检疫局、天竺综保区等单位提供，内容广泛，资料详实，数据准确，逐年出版，具有宝贵的文献保存价值。

四、《年鉴》不仅能为政府机关领导决策提供参考依据，也可为国内外商务领域和其他各界人士提供相关的法规、政策和数据资料。

五、创刊以来，《年鉴》承蒙供稿单位的大力支持，受到有关人士的欢迎和鼓励，在此谨致谢意，并希望继续得到各界人士的关心和支持。

《北京商务年鉴》编辑委员会

二〇一七年八月

Editor's Notes

Ⅰ. *Beijing Commercial Yearbook* (2017) (hereinafter abbreviated as the *Yearbook*), compiled by the editorial committee of the *Yearbook* of Beijing Municipal Commission of Commerce, is the only authoritative and comprehensive yearbook in the commercial field in Beijing. The predecessor of the *Yearbook* is *Beijing Commercial Review* started publication in 2003. In 2004, the book was divided into two volume—Foreign Economy & Trade Volume and Domestic Trade Volume. In 2005, the two volumes were combined together as one book with the name *Beijing Commercial Yearbook*, which changed from a periodical for restricted circulation into a publicly published one.

Ⅱ. The *Yearbook* gives a comprehensive and systematic record of the basic situation and achievements in the commercial field in Beijing. "2017" in the cover means the *Yearbook* is published in 2017. The *Yearbook* mainly includes the achievements of work and related data from January 1 to December 31, 2016, and involves the commercial work arrangement of Beijing in 2017 in some important documents.

Ⅲ. The contents of the *Yearbook* come from various authorities of Commerce and other departments like the Customs, the Entry-Exit Inspection and Quarantine Bureau, and Beijing Tianzhu Free Trade Zone. With rich material, wide coverage and accurate data, the *Yearbook* is a valuable document.

Ⅳ. The *Yearbook* can not only provide reference for the leaders of government authorities to make decision but also provide the related materials of laws, regulations, policies and data for domestic and overseas personnel in the commercial field as well as other fields.

Ⅴ. We are deeply appreciative of the great support from the authorities providing articles, and the enthusiastic encouragement of the related personnel since the publication of the *Yearbook*. We hope we would be concerned and supported continuously in the future.

Editorial Committee of *Beijing Commercial Yearbook*

Aug. 2017

目　录

第一部分　重要文献

第二部分　法规、文件选编

第三部分　主要业务

第四部分　海关、检验检疫

第五部分　开发区、区县商务

第六部分　统计资料

第七部分 大 事 记

第八部分 附 录

CONTENTS

Part Ⅰ Important Documents

Part Ⅱ Selection of Rules, Regulations and Documents

Part Ⅲ Main Work

Part IV Customs, Inspection and Quarantine

Part Ⅴ Commercial Affairs of Development Areas and Districts

Part Ⅵ Statistical Data and Materials

Part Ⅶ Record of Major Events

Part Ⅷ Appendix

第一部分

重　要　文　献

程红副市长在2017年全市商务工作会议上的讲话

（2017年2月15日）

（根据录音整理稿）

今天，我们召开全市商务工作会议，总结过去一年的工作，部署今年全市商务工作。这里我着重讲两个方面：

一、关于2016年商务工作

2016年，全市商务系统坚持以习近平总书记视察北京重要讲话精神为根本遵循，牢固树立和贯彻落实新发展理念，在市委市政府的坚强领导下，牢牢把握首都城市战略定位，全面完成了各项工作任务，实现了全市商务工作“十三五”良好开局。回顾过去一年的工作，可以用三个字来概括：

（一）“稳”

增长稳。主要商务指标继续保持在合理区间，实现稳定增长。其中，全市实现总消费2万亿元，增长8.1%；货物出口逆势实现正增长0.7%，增幅高于全国2.7个百分点。

市场稳。实施猪肉市场调控，及时妥善应对活鱼销售波动，保持粮食市场平稳运行，确保了全市生活必需品市场供应稳定。

推进稳。疏解工作平稳有序，全年共疏解清退市场117个，拆除、清退建筑面积160万平方米，同时，生活性服务业品质稳步提升。

秩序稳。行业生产安全、知识产权保护、消费者权益保护、食品安全等方面总体态势平稳。

（二）“进”

主要指标在国内外处于领先水平。社会消费品零售总额连续九年位居全国城市之首；实际利用外资、对外直接投资、货物出口等指标在全国排名或占全国份额有所提高；在京世界500强企业总数达58家，连续四年位居全球城市之首；北京首都机场口岸出入境人员达到2425万人次，过境免签旅客人次同比增长32%；在“一带一路”沿线国家境外直接投资额同比增长29.3%。

重点工作实现新突破。一是《北京市服务业扩大开放综合试点实施方案》中涉及的141项任务已完成了113项，完成率达80.1%；形成10项全国首创的服务业新业态和8项可复制可推广的体制机制等创新举措。二是第四届京交会达成意向签约额首次超千亿美元，吸引了126个国家和地区的17.1万人次客商参展参会。三是内外贸结构进一步优化，网上零售额2049亿元，增长20%，拉动社会消费品零售总额增长3.3个百分点；“双自主”企业出口占比达到18.3%，比2015年提高2.2个百分点；全市基本便民商业网点连锁化率达29.5%，比2015年提高5.2个百分点。四是生活性服务业品质提升工作全面推进，新建或规范蔬菜零售等各类便民服务网点1700个，一刻钟服务圈覆盖率达84%；猪肉追溯节点数达930个、蔬菜追溯节点数达1114个；制修订11个行业（业态）的24个标准规范，在全国率先初步建立标准规范体系；全市4.5万家企业门店的37万人次参与了商业服务业服务技能大赛。五是在全国率先实现异地离境退税，全市退税商店超过500家，离境退税商品销售额过亿元；新建15家跨境电商O2O直购体验店。

（三）“强”

商务领域继续成为全市经济增长强有力的引擎。消费继续为全市经济稳中有进作出重要的基础性贡献。服务业扩大开放六大领域实现增加值占全市第三产业增加值的比重超过七成，实现税收占全市税收总量近六成。

新兴业态领域企业竞争力持续增强。年交易额上亿元的电子商务平台有166个，其中有9个平台年交易额在1000亿元以上；外贸综合服务企业发展迅速，中建材国际贸易有限公司成为首批国家外贸综合服务试点企业；保险、金融、信息等新兴服务贸易领域在全国处于领先地位。

市、区商务工作强有力。2016年主要商务指标呈现低开高走态势，一季度货物贸易出口额增速为−10.6%，社会消费品零售总额增速为2.2%，网上零售额增速为−2.0%，通过各区、各部门的辛勤付出和努力拼搏，特别是企业、协会在一线富有成效的工作，各项指标最终逐季回升，实现了主要商务指标运行平稳，全面完成年度任务。这充分体现了同志们良好的工作作风和精神状态。

同志们，过去一年，在市委市政府的坚强领导下，全市商务工作全面推进，商务改革发展取得了新的成绩。这是各区政府、相关委办局积极配合、创新工作的结果，是商贸企业、商贸协会等全体商务工作者努力拼搏、锐意进取的结果。在此，受蔡奇市长委托，我代表市政府，向大家表示衷心的感谢和崇高的敬意！

二、关于2017年工作要求

2017年是实施“十三五”规划、率先全面建成小康社会、建设国际一流的和谐宜居之都的关键一年，也是落实《京津冀协同发展规划纲要》的重要一年。我们既面临着难得的历史机遇，也存在着诸多挑战。做好全年商务工作，重点要加强三个统筹：

（一）统筹疏解和提升，加快落实首都城市战略定位

1. 全力以赴抓疏解。疏解工作是今年全市的中心工作之一，市政府细化了“疏解整治促提升”专项行动工作计划，“疏解区域性专业市场”是10项重点任务之一。抓好疏解，要抓住三个“不仅要”：

一是不仅要重数量，还要重结构。今年的目标是疏解提升市场和物流中心158个，其中市场120个、物流中心38个。这个数量是底线，要确保完成。同时，还要注重疏解的结构，要着力抓重点区域，在城六区特别是东城、西城打好市场疏解的攻坚战；要着力抓重点市场，完成动物园地区、大红门地区、天意、永外城等批发市场的撤并升级和外迁，基本完成官园、万通、雅宝路等地区批发市场的调整疏解和升级改造。

二是不仅要重市场本身疏解，还要注重功能疏解。市场疏解工作的根本是功能的疏解。市场本身要清退，市场的交易功能也必须转移走，要防止市场清退了，但市场的交

易功能没有转移走，甚至是移至马路对面又重新开张。

三是不仅要注重疏解数量，还要注重整体进度。市场疏解总量要做到心中有数。市商务委要制定指导性意见，协调好市级相关部门，统筹好各区进度，把握好疏解的节奏。各区要承担好属地责任，摸清辖区内市场的详细情况，制定疏解总体方案和具体安排，真抓实干，全面落实。

2. 紧抓机遇促提升。在生活性服务业品质提升工作中，重点抓好“三有”：

一是有评估。《北京市提高生活性服务业品质行动计划》已经实施一年半，要做好评估工作，把老百姓满意不满意作为评估的重要内容，着重解决质量上“好不好”的问题。

二是有重点。各区、各部门要突出蔬菜零售这个重点，以“菜篮子”为核心，把蔬菜市场流通、调控保障放在生活性服务业品质提升工作的首位。

三是有创新。要本着让老百姓有更多更直接获得感的原则，站在老百姓的角度来考虑问题，让老百姓参与进来，让百姓和媒体都成为监督员。

今年，还要建设提升1000个便民商业网点，并继续做好生活性服务业示范街区建设，加快推进环首都1小时鲜活农产品流通圈建设。在促提升上，还要优先考虑将疏解市场腾退的空间建成便民服务设施。

（二）统筹内需和外需，加快推进供给侧结构性改革

1. 消费方面

一是要抓好商品消费。要大力发展社区消费、时尚消费、品质消费、绿色消费等。其中，社区消费是最基础的消费，要按照规范化、连锁化、便利化、品牌化、特色化的要求，加快推进社区商业的发展，促进社区消费持续稳定增长；在时尚消费方面，手机、互联网电视等商品逐渐转变为快速消费品，更换频率变高，要结合时尚的变化，大力发展相关消费；在品质消费方面，重点是持续提升品牌消费，消费者最根本需求在于追求品质，品质消费需要好好挖掘；在绿色消费方面，要围绕节能减排出台一些政策。同时，要通过服务创新、业态创新、模式创新，为商品消费注入新活力；传统商业要利用现代化技术把商业服务业的销售和服务网络织密；生活性服务业要加快“互联网＋”发展，加快集休闲、娱乐、文化、体育等功能于一体的购物中心发展。

二是要抓好服务消费。2016年，北京率先在全国开展服务消费统计，统计数据显示，本市服务消费占市场总消费的44.8%。抓好服务消费的核心是要积极发展新兴消费，如旅游消费、信息消费、健康消费、文化消费、体育消费、医疗消费、教育消费等。服务消费是发展型消费，增长潜力巨大，增长速度非常快，相关政府部门和各区政府要积极探索推动服务消费发展。

2. 外贸方面

一是积极创新。企业经营管理要创新，政府的管理和服务也要创新。企业的创新包括产品创新、技术创新、服务创新和模式创新，特别要注重模式创新，加强企业和企业之间的合作，通过外贸综合服务企业等平台，让中小企业搭上外贸出口的快车。政府既要在监管上创新，通过优化政府管理方式，推动企业加强自我管理；也要在服务上创新，进一步提供便利，积极为企业应对市场风险做好服务。

二是加强货物贸易和服务贸易的联动。北京的服务贸易规模比较大，占到全国1/5左右，我们要充分利用这个优势，让服务贸易带动货物贸易发展，发挥文化、设计等服务领域的带动作用，促进货物出口。当前全球基础设施建设正处于持续发展阶段，要在服务贸易和货物贸易联动发展上多研究多思考。

三是加强贸易和投资的协同发展。在境外投资过程中，要带着产能、带着成套设备“走出去”。要结合国际产能合作，充分利用本市装备制造业等产业优势，做好贸易和投资的统筹工作。

3. 利用外资方面

结合首都实际，认真贯彻落实《国务院关于扩大对外开放积极利用外资若干措施的通知》，并积极实施准入前国民待遇和负面清单管理模式。在外资申请、变更及后期管理上，大力推行“双积分”信用管理，创造良好的政策环境。实现外资企业工商登记、商务备案“单一窗口、单一表格”，通过政府部门之间内部信息沟通，减少企业成本。

（三）统筹改革和开放，为首都商务发展提供新动能

1. 改革的核心是“放管服”。“放”就是要把国家和市里提出的关于简政放权的要求落实到位，重点是要动态调整权力清单。“管”就是要建立健全市场公平竞争审查制度，落实盐业体制改革实施方案，做好粮食管理、打击侵权假冒等工作。“服”就是要求商务部门特别是窗口单位要优化服务，努力提升服务的满意度。

2. 开放的核心是深化服务业扩大开放综合试点工作。推进新一轮服务业扩大开放，重点是体制机制创新和业态创新。体制机制创新的根本是要提高企业的获得感。业态创新是要在教育、医疗、文化、体育、养老、旅游等方面寻求更大突破，要让老百姓能更多更直接享受到服务业扩大开放带来的实惠。朝阳区、顺义区是综合试点示范区，要敢担当、敢创新、敢突破，不等不靠、大胆探索、先行先试。各区要根据自身产业特点，坚持边试点边推广，把在“点”上取得先期效果的政策加快推广至全市适用区域，扩大政策受益范围。重点建设一批示范园区、示范平台、示范单位，促进优势产业集聚，加快形成更多可视化的创新成果。

同志们，今年党的十九大将在北京召开，“一带一路”国际合作高峰论坛也将在北京举办。对于商务领域的安全和秩序，大家一定要高度重视，全力做好重大活动的服务保障工作。2017年商务工作任务繁重，责任重大，我们要更加紧密地团结在以习近平同志为核心的党中央周围，按照市委市政府的总体部署，勇于担当、锐意改革、真抓实干，全面完成商务工作各项目标和任务，为实现首都城市战略定位，加快建设国际一流的和谐宜居之都努力奋斗，以优异成绩迎接党的十九大胜利召开！

稳中求进　勇于担当
以供给侧结构性改革为主线推动首都商务实现新跨越

——在2017年全市商务工作会议上的报告

北京市商务委员会主任　闫立刚

（2017年2月15日）

同志们：

今天召开全市商务工作会议，总结2016年商务工作，部署2017年重点任务。

一、2016年工作回顾

2016年是“十三五”开局之年，也是推进供给侧结构性改革的攻坚之年。面对复杂严峻的国内外形势，我们在市委、市政府正确领导下，深入贯彻落实习近平总书记视察北京重要讲话精神，积极践行新发展理念，认真落实首都城市战略定位，商务领域供给侧结构性改革步伐加快，服务业扩大开放综合试点取得重要突破，提高生活性服务业品质行动计划深入推进，全市商务运行保持了稳中有进、稳中提质的良好发展态势，实现了“十三五”良好开局。

全年实现总消费2万亿元，增长8.1%；其中社会消费品零售总额11005.1亿元，增长6.5%。消费对经济增长的基础作用更加突出。实现货物进出口总额1.86万亿元，出口实现“双增长、一提高”；预计实现服务进出口总额1450亿美元以上，增长超过10%。实际使用外资130.3亿美元，占全国份额达到10.3%；对外直接投资额155.1亿美元，增长62.3%。双向投资进入新阶段。

过去的一年，我们主要做了以下四方面工作：

（一）坚持疏功能与提品质并举，区域协同发展向纵深推进

非首都功能疏解取得阶段性成果。一是疏解清退步伐加快。疏解清退市场117个，拆除清退建筑面积160万平方米，清退商户2.8万户。疏解物流中心32个，腾退物流仓储面积34万平方米。向京外转移中低端服务外包业务，本市服务外包企业在津冀设立分支机构22家，15家重点企业在全国设立128个分支机构。二是重点地区成效显著。西城动物园地区12个批发市场累计完成疏解7个，朝阳雅宝路地区15个批发市场累计完成疏解6个，丰台大红门地区45个批发市场累计完成疏解33个。

商务协同发展不断提速。一是市场一体化程度提高。鼓励引导本市连锁商贸企业在津冀新开门店52家。推进“环首都1小时鲜活农产品流通圈”布局规划，加快区域冷链物流体系建设。引导农产品流通企业借助京津冀协同发展平台，在津冀建设农产品生产基地。成立京津冀物流标准化联盟，本市

36家企业成为物流标准化试点企业。二是强化区域协同联动。签署并推进三地商务部门一揽子合作项目26个。举办京津冀携手香港开拓“一带一路”投资贸易项目洽谈活动，150余家企业与部分“一带一路”沿线国家地区开展合作对接。推动京津冀打击侵权假冒跨区域执法协作，开展6次跨区域联合执法行动。建立京津冀商务举报投诉协同机制。

生活性服务业品质持续提升。一是便民商业网点体系逐渐完善。新建或规范提升蔬菜零售、便利店（超市）等各类便民商业网点1700个，全市网点连锁化率提高5.2个百分点。二是行业规范进一步健全。制修订蔬菜零售、连锁便利店和家政等11个行业（业态）的24个规范，在全国率先初步建立标准规范体系。举办37万人次参与的商业服务业服务技能大赛；开展生活性服务业行业岗位技能培训1.7万人次，带动行业培训10万人次。三是示范引领带动行业提升。开展第一批8个生活性服务业示范街区创建工作，建立首批含173家企业的北京生活性服务业品牌连锁企业资源库。设立北京生活性服务业发展基金，完成7个示范项目投资决策。东城区大力推广“悠惠生活”O2O直营店线下建设，通州、房山、昌平等区积极改造便民商业设施，社区商业便民服务综合体建设取得实效。

（二）坚持稳增长与调结构同步，内外贸发展质量不断提高

消费市场更加均衡健康。一是服务消费规模不断扩大。服务性消费在总消费中占比达到45%，增速高于商品性消费3.6个百分点，对总消费增长的贡献率达55.1%。二是品质消费加快提升。出台《提升生活性服务业品质促进消费增长措施》，激发消费增长内生动力。信息、文体娱乐等发展型消费较快增长，通讯器材类商品零售额增长8.8%，体育、娱乐用品类商品零售额增长21.1%。三是绿色消费渐成时尚。扩充节能减排商品范围至12类，节能商品累计销售额79.5亿元，新能源汽车类商品零售额增长2.7倍。四是消费环境持续向好。出台进一步促进连锁经营发展意见，落实鼓励传统商业连锁企业促消费政策。制定跨境电子商务支持政策，新建15家跨境电商O2O直购体验店。在全国率先实现异地离境退税，全市退税商店超过500家。朝阳区积极转变方式稳增长，超额完成年度社零额任务，为全市稳增长作出了积极贡献。门头沟、密云、延庆等区结合区域优势，加快扩大旅游文化消费。

外贸回稳向好基础更加坚实。一是贸易增速逐步回稳。出台系列稳外贸增长措施，强化政策集成和服务创新，出口规模和占全国份额实现双增长。出口增长0.7%，增幅高于全国2.7个百分点；出口占全国份额2.5%，高出上年0.1个百分点。二是贸易结构持续优化。“双自主”企业出口占比达18.3%，提高2.2个百分点。总部企业出口占比64.6%，提高13.2个百分点。前三季度，服务进出口总额占外贸总额的比重36.5%，高出全国平均水平18.6个百分点。三是贸易模式不断创新。形成一批全流程外贸综合服务示范企业，9家外贸综合服务企业出口增长127.7%。四是贸易政策精准发力。外经贸发展引导基金完成2笔投资，担保服务平台对出口拉动效应达到3倍。认定中关村软件园等27家本市首批服务贸易示范基地，推出支持服务贸易企业投保短期出

口信用险政策。落实“三互”，北京国际贸易“单一窗口”启动试运行，口岸通关环境进一步优化。北京口岸海关监管货物总量5870.8万吨，增长37.4%。五是第四届京交会成功举办。来自126个国家和地区的到会客商累计17.1万人次，达成意向签约额1010.8亿美元。首次与世界贸易组织共同举办全球服务贸易峰会，首次设立主宾国和主宾省，京交会国际吸引力和实效性大幅提升。

商务发展新优势加快形成。一是电商集群化发展格局日渐形成。新增12家网上零售额一亿元以上企业，百亿、十亿和一亿以上企业分别达到4家、12家和45家。网上零售额实现2049亿元，同比增长20%，拉动社零额增长3.3个百分点。二是新兴服务贸易快速发展。制定《北京市服务贸易竞争力提升工程实施方案》，进一步优化服务贸易发展环境。对外文化服务贸易增长9.5%，保险、金融、信息等新兴领域在全国处于领先地位。本市获商务部等5部门共同认定国家文化出口重点企业70家、重点项目37个，均居全国第一。

融合发展趋势明显。一是推动线上线下融合。鼓励社区商业实体企业与电子商务平台融合发展，推动老字号利用互联网创新发展。全市77家限额以上老字号批发零售企业中，有13家开展了网上零售业务，合计网上零售额增长43.7%。二是促进内贸外贸互通。推广电子发票在离境退税商店等多领域应用，全市电子发票公共服务平台累计开具2.6亿张，占全国总量的70%以上。促进跨境电商聚集发展，认定天竺综保区、大兴中科电商谷、平谷马坊物流基地等6家跨境电子商务产业园。三是引导消费融合创新。适应“商品＋服务”消费融合新趋势，在全国首次建立并试行总消费统计制度。推动电子商务进农村项目，引导农村便民服务网点建设与电商结合。

（三）坚持促开放与优环境齐抓，探索开放型经济新体制取得突破

服务业扩大开放综合试点成效显著。在工作推进上，落实《实施方案》141项任务，启动实施118项，实施率83%；完成113项，完成率80%；形成40项开放创新举措，创新率28.4%。研究提出向国家申请的深化试点工作方案及新一轮服务业扩大开放措施清单。启动实施综合试点朝阳、顺义2个示范区建设，示范区任务完成近六成。在扩大开放上，催生出国内首家外资控股的飞机维修合资公司、国内第一家外资银行卡清算机构，全国率先实行海外游客购物离境退税等10种新业态。在深化改革上，形成协同互认管理、“链式”监管、“1＋X”平台管理服务、无形资产融资、资金“跨境通”等8项体制机制创新。

双向投资水平明显提升。一是大项目引资占主导地位。千万美元以上大项目124个，引资占到全市实际外资91.6%。二是重点领域引资高速增长。服务业引进外资123.2亿美元，占全市实际外资的94.6%，其中科学技术、互联网和信息、商务和旅游以及文化教育等服务领域引资分别增长59.3%、1.3倍、89.8%和97.9%。六大重点领域实现税收7639.6亿元，占全市税收总量的59.5%。三是“走出去”步伐加快。搭建国际经贸合作网络信息服务平台，为企业“走出去”提供一站式综合信息服务。聚焦“一带一路”战略，推动对外承包工程企业与汽车企业“抱团出海”。在“一带一路”

沿线国家直接投资额增长29.3%。

高端服务业发展基础更加坚实。一是总部经济实力进一步增强。修订实施总部经济奖励政策。集中走访全部97家在京一级央企集团总部，健全央地对接机制。新增世界500强企业6家，总数达58家，连续四年位居全球城市之首。在京总部企业总数达4007家，前11个月实现营业收入和利润占全市企业的71.6%和89.8%。二是商务服务业发展空间不断拓展。在本市组建10个“北京商务服务中心”，在津冀两地组建2个“北京商务服务中心”和2个创业服务园区，升级改造10座商务楼宇、2个商务服务业聚集区。在境外建立10个“北京国际贸易发展服务中心”。组织663家次企业参加境内外25个重点展会，近40%的境外展会在“一带一路”沿线国家举办。石景山、顺义、海淀和怀柔等区扎实推进商业保理试点工作，设立商业保理公司61家，为中小企业融资超过30亿元。

（四）坚持防风险与提效率联动，商务发展步伐更加稳健

“放管服”改革深入推进。一是在“放”上不断加大力度。精简行政审批6项，全面清理行政审批中介服务事项。调整2016年版权力清单，取消行政处罚等职权12项。落实国家外资准入负面清单管理制度，推出“外商投资企业商务工商审批备案事项结果互认的一体化”改革措施，首次实现商务、工商部门之间审批登记结果互认，企业申报材料减少50%，办理时限缩短3～5天。二是在“管”上坚持改革创新。对外资企业实施国内首创“双积分”信用管理，采取行业资质和良好信用积正分、不良信用积负分的双维积分方式，强化事中事后监管。推动“双随机、一公开”，随机抽查事项占到72%，归集公示1486件商务行政许可及行政处罚信息。三是在“服”上做到优质高效。建立全国首个集成信保、担保、银行等资源的中小企业出口金融服务平台“政保贷”，支持6个项目融资305万美元。搭建统一的北京市“境外投资直通车”网上备案平台，实现境外投资网上“一口受理”。

市场供应与民生保障基础性作用凸显。一是不断完善农产品流通体系。制定农产品流通产业发展基金管理办法，支持农产品流通领域龙头企业发展。新发地市场转型升级和北京鲜活农产品流通中心建设稳步推进。二是适时启动应急调控措施。妥善应对淡水活鱼市场销售波动。精准实施猪肉市场调控和政府储备冻猪肉投放，调控期间20家连锁超市日均销量增加63%，投放猪肉平均零售价较调控前下降20%。三是进一步提升市场供应保障水平。有效组织开展春节蔬菜保供联合行动，增加供应总量约17.3万吨。制定本市盐业体制改革实施方案，开展打击制贩假盐专项治理，食盐市场平稳有序。制定本市重要产品追溯体系建设实施方案，完善肉菜流通追溯体系建设，猪肉追溯节点数达930个、蔬菜追溯节点数达1114个，实现移动终端等多方式追溯查询。

行业秩序持续稳定。一是强化安全生产。出动执法人员2万余人次，检查经营单位7100余家次，督促整改隐患问题近3000个，连续10年保持行业安全稳定。二是统筹推进全市打击侵权假冒工作。启动互联网领域侵权假冒行为专项治理，深入推进“两法衔接”，9家行政执法部门立案数增长18%。三是多措并举加强行业监管。深入推进商务诚信建设，进一步加强预付费消费管

理，有效化解零供关系矛盾，引导行业商（协）会规范企业自律。推进商务综合执法体制改革试点工作，开展联合执法检查，维护行业秩序稳定。加强商务投诉举报处理，全年接收举报投诉2096件，办结率100%。

规划引领商务未来发展。提高工作的前瞻性、系统性和科学性，编制印发“十三五”时期开放型经济、商业服务业、物流业3个市级专项发展规划，研究制定农产品流通体系发展规划、电子商务发展规划、冷链物流发展规划等8个专项规划，绘就了“十三五”时期全市商务发展蓝图。

在2016年工作中，我们还扎实开展“两学一做”学习教育，严格落实中央八项规定精神，深入整治“四风”，切实增强“四个意识”。坚持以首善标准抓好党风廉政建设，严格落实“一岗双责”。认真接受市委巡视组巡视，针对巡视反馈的两方面14个问题制定50项整改措施。坚持依法行政，办理人大代表建议和政协委员提案合计89件，落实主要行政负责人出庭应诉制度。全市商务系统工作效能和履职能力持续提升。

同志们，过去的一年，机遇与挑战并存、责任与压力同在，在艰难的形势下，全市商务实现了“一稳、一进、一突破”。“一稳”体现在主要指标上，社零额、出口增速等低开高走，实现了圆满收官；“一进”体现在重点任务上，在市场疏解、品质提升、保障供应等方面敢于担当，积极进取；“一突破”体现在改革创新上，服务业扩大开放、深化“放管服”改革等取得了新的成果。在工作中，我们深刻认识到：做好商务工作，必须立足首都城市战略定位，以推进疏解为龙头，加快落实京津冀协同发展战略，做到功能疏解和品质提升有机结合；必须坚持供给侧结构性改革为引领，积极践行新理念，主动适应新常态，培育商务新动能；必须勇于创新体制机制，紧紧抓住服务业扩大开放综合试点重大机遇，积极主动推进改革开放，为国家构建全方位对外开放新格局探好路；必须牢记保障和改善民生使命，以首善标准保障市场供应，筑牢民生底线。成绩的取得，归功于市委、市政府的坚强领导，以及各区、各相关部门的共同努力和大力支持，归功于全市商务战线广大企业、相关行业协会全体干部职工的拼搏奉献和开拓创新。在此，我谨代表北京市商务委员会，向各级领导、各单位和同志们表示衷心的感谢！

二、2017年工作任务

2017年是实施“十三五”规划的重要一年，是供给侧结构性改革的深化之年，也是落实京津冀协同发展规划纲要的重要时间节点。当前，世界经济复苏乏力，国际市场需求低迷导致稳增长压力加大，全国商务领域各项业务进入由量变到质变的深刻调整过程，首都商务面临的困难和挑战增多。主要是：旧的增长动力不可持续，亟需加快供给侧结构性改革培育新动能；简政放权力度不断加大，“放管服”结合为企业服务水平亟待提升；商品服务融合发展加快，稳增长促进机制需要与时俱进；非首都功能疏解力度加大，便民商业网点建设任务更加艰巨；“互联网＋政务服务”推动政府自我革新，首都商务管理面临方式创新。全市商务发展机遇和挑战并存，正处在一个增长动力重构和发展方式转换的关键阶段。

今年全市商务工作的总体要求是：全面贯彻党的十八大、十八届三中、四中、五中、六中全会和中央经济工作会议精神，坚持以习近平总书记视察北京重要讲话精神为根本遵循，坚持稳中求进工作总基调，牢固树立和贯彻落实新发展理念，牢牢把握首都城市战略定位，按照市委市政府工作部署和全国商务工作会议要求，坚持以提高质量和效益为中心，以推进供给侧结构性改革为主线转方式、稳增长，以服务业扩大开放综合试点为统领扩开放、促发展，以提高生活性服务业品质为支撑疏功能、促提升，全力保持商务运行平稳，努力实现商务工作新跨越。

全市商务发展的主要预期目标是：总消费实现增长7%。其中，社会消费品零售总额增长5%以上，服务性消费总额增长9%。货物贸易实现出口平稳发展，“双自主”企业出口占比提高；服务进出口总额达到1600亿美元。实际使用外资实现130亿美元左右，对外投资合作健康有序发展。

围绕实现上述目标，着重做好以下六方面工作：

（一）以疏解非首都功能为重点，全面推动京津冀商务协同发展

坚定有序疏解非首都功能，进一步健全统筹疏解的工作机制，认真落实“疏解整治促提升”专项行动任务清单，全面落实京津冀协同发展战略。

一是持续加大非首都功能疏解力度。严格落实新增产业禁限目录，研究制定市场和物流中心疏解提升工作方案。全年疏解提升市场120个、物流中心38个，完成动物园地区、大红门地区、天意、永外城等批发市场的撤并升级和外迁，基本完成官园、万通、雅宝路地区等批发市场的调整疏解和升级改造。充分利用腾退空间，积极引导连锁品牌生活性服务业企业进驻。发挥政策引导作用，加快服务外包企业津冀布局进程，推动服务外包行业在疏解中提升。

二是全力推进区域协同发展。发挥京津冀物流标准化联盟作用，推动区域内供应链上下游企业扩大托盘循环共用规模，促进企业降本增效。继续推进“环首都1小时鲜活农产品流通圈”建设，启动物流设施建设项目5个以上。推动本市连锁品牌企业在津冀两地开设新店50家。以协同开放促进区域发展，结合京津冀各自产业优势和特点，推进京津冀产业链协同开放，探索开放政策交叉共享，拓宽试点改革创新受益面。推进区域通关一体化改革，探索京津口岸直通新模式。推动跨区域执法协作和信息共享，深化打击侵权假冒区域合作机制。

（二）以供给侧结构性改革为主线，全面提高商务发展质量

深入调整供给结构，推进流通体制改革，千方百计做好稳增长工作，改善贸易投资环境，加快转变发展方式，促进转型升级。

一是加快推进流通创新转型。贯彻落实进一步促进连锁经营发展的意见，支持品牌连锁企业进社区，鼓励传统商业企业连锁化发展，引导骨干连锁企业多模式发展。鼓励实体零售创新转型，由销售商品向创新生活方式转变，做精做深体验消费。制定全市“互联网＋流通”行动计划落实方案，形成“互联网＋商业”和“互联网＋境内外”的融合发展格局。推动老字号传承创新，扩大直营连锁规模，鼓励传统商业企业广泛应用互联网探索新兴业态。引导郊区骨干企业发展加盟店铺，由传统批发零售向现代流通配送、电子商务转型。继续发挥电子发票试点规模效应，在骨干连锁企业推广应用。组织

实施2017年物流标准化试点工作，制定“企业物流装备标准化评价规范”、“食品冷链宅配服务规范”地方标准，扩大试点企业规模，试点企业带板运输托盘占托盘总数的比重提高到10%左右。

二是着力促进消费转型升级。发挥流通供需衔接作用，精准施策，稳步扩大消费需求。树立总消费理念，形成商品消费和服务消费齐抓共促新方式。扩大旅游、文化、体育、健康、养老、教育培训等领域消费，研究制定促进服务消费增长的政策措施。提高商品和服务的供给品质，引导商品消费和服务消费均衡发展。继续推进离境退税政策实施，促进境外消费回流。开展各类品牌特色促消费活动，培育消费新兴热点，引领时尚消费生活方式。

三是积极推动对外经贸优进优出。统筹相关产业发展基金，强化政策集成，推动外贸稳定增长，保持出口占全国份额不减。继续加大对“双自主”、外贸综合服务和出口贡献大等企业的政策倾斜力度，促进外贸结构转型升级，“双自主”企业出口占比超过20%。进一步加强口岸工作，完善北京国际贸易“单一窗口”建设，探索建立信息发布责任体系、数据共享交换等制度。实施北京服务贸易竞争力提升工程，建立服务贸易重点企业联系制度，引导企业利用保险政策开拓国际市场。优化服务贸易鼓励政策环境，扩大服务外包公共服务平台支持范围到所有服务贸易领域。吸引外资进入服务业新开放领域和生活性服务业领域，鼓励养老、健康等外资服务商来京投资。利用国际经贸服务网络平台，促进“走出去”综合服务水平进一步提升。深入推进“一带一路”战略，引导企业“走出去”健康有序发展。

（三）以服务业扩大开放为统领，着力优化开放发展环境

切实用好用足服务业扩大开放综合试点机遇，对接高标准国际投资贸易规则，瞄准国际化、市场化、法治化营商环境，促进要素跨境自由流动，全方位扩大对内对外开放，充分发挥试点辐射带动效应。

一是推进试点取得新突破。加快启动落实已批复的试点措施，全面完成《实施方案》141项任务。抓紧部署落实深化试点方案，推出新一轮开放措施。深化扩大开放，聚焦科技、文化、商务、健康医疗等领域，进一步降低外资准入门槛。强化体制机制改革，力争在推进投资贸易便利化、完善事中事后监管体系、促进金融和人才要素供给通畅等方面取得新突破。

二是力促试点政策推广增效。及时跟踪试点进展成效，挖掘试点成功经验和创新做法，结合各区产业特点，在全市适用区域推广。积累在全国可复制可推广的经验，使服务业扩大开放综合试点成为国家全方位主动开放的重要实践。制定服务业扩大开放示范点管理办法，选择一批示范区、示范园区、示范平台、示范单位，从多个层次培育发展示范点，加强创新政策集成，促进优势产业聚集，加快形成更多可视化的创新成果，构建市区联动、示范点集中展示、各区特色化发展的良好局面。

三是深入推进开放促进体系建设。在服务外资企业上，建立外资企业商务备案和工商登记网络联动系统，推动外资企业办理商务备案和工商登记实现单一窗口、单一表格报送。依托“开放北京”平台“双积分”信用监管系统，加强对外资企业事中事后监管，积极探索从准入管理到信用管理的全周

期监管。在服务“走出去”企业上，巩固完善联席会议机制，加大对外投资合作培训力度。加强产业安全与贸易风险预警研究，指导“走出去”企业应对国际贸易摩擦。在服务外贸企业上，创新优化“政保贷”平台服务模式，集成更多的政策资源，扩大银行参与范围，拓宽服务功能和服务产品，适应更广泛的企业出口融资需求。

（四）以生活性服务业品质提升为支撑，不断增强群众获得感

增强商务为民意识，紧紧围绕关系人民群众切身利益的衣食住行，准确把握人民群众对改善民生的新需求，扎实做好生活性服务业品质提升工作。

一是补齐民生供给短板。新增为民办实事便民商业网点1000个左右，其中新建和规范提升200个蔬菜零售网点、200家连锁便利店、100个末端配送网点。研究制定《新建住宅小区商业配套设施使用管理办法》，确保蔬菜零售等基本商业便民服务功能需求，完善微利经营、服务民生的运营保障制度。建立特色街发展评价新体系，制定进一步加快发展特色商业街的指导意见。按照“市区共建、属地管理”和“成熟一个、挂牌一个”的原则，试点建设生活性服务业示范街区。

二是着力推动行业规范化、连锁化、融合化发展。以首善标准推动生活性服务业规范化发展，加大行业标准规范宣贯力度，鼓励城六区和城市副中心制定实施高于全市的行业规范或标准。完善推动生活性服务业连锁经营的体制机制，网点连锁化率提高3个百分点左右。充分发挥北京生活性服务业品牌连锁企业资源库导向作用，支持企业为市民提供多样化的消费选择和规范化服务。推进“互联网＋生活性服务业”，推动社区电子商务发展，实现在线交易、线下配送等精准化服务，鼓励线上线下、功能集成的融合发展。支持社区商业便民服务综合体和商业网点搭载服务等新模式。加强部门联动，促进商旅、商文、商民、休闲与生活性服务业领域融合发展。

三是建立健全生活性服务业服务平台。用好北京生活性服务业发展基金的投资引导平台，培育建设典型示范项目。搭建好培训平台，继续完善政府、协会、企业多方参与的多层次培训体系，持续开展服务技能大赛活动。推动建立健全生活性服务业统计平台，将新业态纳入到服务消费统计中。建设大数据、云平台为基础的生活性服务业监管服务平台。

（五）以深化“放管服”为抓手，进一步提高服务质量和效率

加快推进商务领域关键性改革，提高服务的能力和水平，强化底线思维，抓好商务领域民生保障，积极营造商务发展的良好环境。

一是深入推进“放管服”改革。继续精简行政审批事项，做好商务领域国务院取消和下放事项的衔接和落实工作。结合法规和权力事项变动情况，及时调整动态权力清单。梳理公共服务事项，组织编制公共服务事项目录清单及办事指南。落实国务院及市政府关于在市场体系建设中建立公平竞争审查制度的要求，建立公平竞争审查机制。落实盐业体制改革实施方案，加强食盐市场监管，做好外埠备案食盐企业服务和监管，完善食盐储备制度。不断提高贸易规则意识，有序推进贸易政策合规工作。

二是精益求精做好供应保障服务。加快

推动新发地市场转型升级和北京鲜活农产品中心项目建设。继续强化区域合作，完善农超对接等产销合作机制。早预测、早评估、早应对、早引导，做好生活必需品市场保供稳价。统筹推进重要产品追溯体系建设，制定分部门追溯工作方案，确定分部门负责的追溯品种。扩大肉菜追溯覆盖范围，肉菜流通追溯节点数分别达到1078个和1424个，推广“北京E追溯”移动终端查询服务。高标准、高质量做好党的十九大、“一带一路”国际合作高峰论坛等重要会议和重大活动的供应服务保障工作。

三是优化法治化营商环境。深入开展互联网领域侵权假冒治理，完善长效机制。全力推进“双随机、一公开”监管改革和商务综合行政执法体制改革，提高综合执法能力。加强促销、零供关系、大宗商品现货交易市场检查与服务，落实单用途商业预付卡管理办法及实施细则，加大对应备未备发卡企业检查力度，增加备案企业数量。多措并举推进商务领域诚信建设工作。着力完善企业负责、职工参与、政府监管、社会监督的安全生产工作机制，形成行业安全生产齐抓共管新格局。将科技创新与商务工作相结合，提高商务领域互联网技术应用水平，完善市场信息监测服务体系，建设“互联网+政务”信息平台，全力打造首都智慧商务。围绕商务中心工作，突出重点、把握节奏，积极回应、主动引导，打造全方位、分众化、互动化商务宣传新格局。

（六）以培育商务发展新动能为引擎，助力构建高精尖经济结构

做大做强总部经济，加快业态和模式创新，推动流通领域绿色发展，打造商务发展的新优势。

一是优化提升总部经济。加强央地对接，促进总部企业深度融合。出台促进总部经济功能区发展服务管理办法、重点总部企业遴选服务办法，完善总部经济发展的政策措施。遴选一批重点总部企业，大力培育本土化跨国公司，推动总部企业国际化发展。推出一批总部经济集聚区和发展新区，打造科技创新型总部集聚区。积极吸引知名跨国公司区域总部和科技创新型总部以及研发、营销、采购、结算中心等在京落户。

二是推动商务高端发展。推出促进商务服务业发展的政策措施，调整完善具有首都特色的楼宇经济发展促进政策。组建12个境内外“北京商务服务中心”，升级改造10座商务楼宇、1～2个商务服务业聚集区。出台促进展览业发展的指导意见，建立展览业联席会议制度，制定展览业相关标准，提升展览业的专业化、国际化、品牌化、信息化水平。

三是培育外贸增长新动能。大力推进外贸综合服务企业发展，重点培育一批外贸综合服务企业。结合外贸基地和出口产品质量安全示范区建设，大力推进汽车、集成电路、显示器、生物医药等外贸支柱产业扩大出口。落实推进跨境电子商务创新发展实施意见，推动跨境电商规模化发展，支持开展保税展示交易业务，培育4家跨境电商产业园区，新开设10家以上跨境电商O2O体验店。出台并实施支持文化贸易发展的资金鼓励政策，推动对外文化贸易的发展。推动服务贸易示范基地建设，建立评估机制和基地重点企业动态联系机制。延续京交会品牌影响力，举办2017年北京国际服务贸易交易会。

四是引导行业绿色发展。继续实施节能

减排政策，引导绿色消费。编制流通领域节能减排标准，强化规范标准引领。继续开展节能减排绿色低碳示范项目试点工作，推动商业服务业节能降耗。推进绿色物流发展，鼓励更新使用纯电动物流车，降低物流运输环节的排放，探索铁路运输与城市物流配送相结合。落实好全市高排放老旧机动车淘汰更新实施方案，确保报废汽车拆解工作规范有序。继续落实《清洁空气行动计划》，组织实施京Ⅵ标准车用燃油置换，从3月1日起本市全部供应京Ⅵ标准车用燃油。

2017年，我们要全面深入贯彻党的十八届六中全会和中央纪委七次全会精神，推动全面从严治党向纵深发展，切实增强“四个意识”。巩固深化“两学一做”学习教育成果，切实转变工作作风，深入推进党风廉政建设和反腐败斗争，着力健全和有效实施“一岗双责”、“一案双查”，真正把党风廉政建设主体责任落到实处，认真抓好巡视反馈意见整改落实。充分调动各方面积极性，形成合力共促发展。坚持依法行政，严格落实权责清单制度。保持奋发有为的精神状态，发扬艰苦奋斗的工作作风，确保各项工作取得实绩。

同志们，2017年是党和国家事业发展中具有重大意义的一年，商务发展任务光荣而艰巨。让我们在市委、市政府坚强领导下，坚定信心、锐意进取，撸起袖子加油干，以首善标准扎实推进各项工作，努力开创全市商务发展新局面，为建设国际一流的和谐宜居之都作出新的贡献，以优异成绩迎接党的十九大胜利召开！

第二部分

法规、文件选编

2016年国家制定修订的部分法律、法规目录

序　号	名　　称	文　　号
1	中华人民共和国深海海底区域资源勘探开发法 2016.02.26	主席令第 42 号
2	中华人民共和国慈善法 2016.03.16	主席令第 43 号
3	中华人民共和国境外非政府组织境内活动管理法 2016.04.28	主席令第 44 号
4	中华人民共和国资产评估法 2016.07.02	主席令第 46 号
5	中华人民共和国野生动物保护法（2016 修订）2016.07.02	主席令第 47 号
6	中华人民共和国职业病防治法（2016 修正）2016.07.02	主席令第 48 号
7	中华人民共和国水法（2016 修正）2016.07.02	主席令第 48 号
8	中华人民共和国航道法（2016 修正）2016.07.02	主席令第 48 号
9	中华人民共和国环境影响评价法（2016 修正）2016.07.02	主席令第 48 号
10	中华人民共和国防洪法（2016 修正）2016.07.02	主席令第 48 号
11	中华人民共和国节约能源法（2016 修正）2016.07.02	主席令第 48 号
12	中华人民共和国国防交通法 2016.09.03	主席令第 50 号
13	中华人民共和国台湾同胞投资保护法（2016 修正）2016.09.03	主席令第 51 号
14	中华人民共和国中外合资经营企业法（2016 修正）2016.09.03	主席令第 51 号
15	中华人民共和国外资企业法（2016 修正）2016.09.03	主席令第 51 号
16	中华人民共和国网络安全法 2016.11.07	主席令第 53 号
17	中华人民共和国电影产业促进法 2016.11.07	主席令第 54 号
18	中华人民共和国民办教育促进法（2016 修正）2016.11.07	主席令第 55 号
19	中华人民共和国海洋环境保护法（2016 修正）2016.11.07	主席令第 56 号
20	中华人民共和国固体废物污染环境防治法（2016 修正）2016.11.07	主席令第 57 号
21	中华人民共和国档案法（2016 修正）2016.11.07	主席令第 57 号
22	中华人民共和国体育法（2016 修正）2016.11.07	主席令第 57 号
23	中华人民共和国旅游法（2016 修正）2016.11.07	主席令第 57 号
24	中华人民共和国气象法（2016 修正）2016.11.07	主席令第 57 号
25	中华人民共和国公路法（2016 修正）2016.11.07	主席令第 57 号

（续）

序号	名称	文号
26	中华人民共和国煤炭法（2016 修正）2016.11.07	主席令第 57 号
27	中华人民共和国民用航空法（2016 修正）2016.11.07	主席令第 57 号
28	中华人民共和国海关法（2016 修正）2016.11.07	主席令第 57 号
29	中华人民共和国对外贸易法（2016 修正）2016.11.07	主席令第 57 号
30	中华人民共和国海上交通安全法（2016 修正）2016.11.07	主席令第 57 号
31	中华人民共和国中外合作经营企业法（2016 修正）2016.11.07	主席令第 57 号
32	中华人民共和国中医药法 2016.12.25	主席令第 59 号
33	中华人民共和国公共文化服务保障法 2016.12.25	主席令第 60 号
34	中华人民共和国环境保护税法 2016.12.25	主席令第 61 号
35	粮食流通管理条例（2016 修订）2016.02.06	国务院令第 666 号
36	中华人民共和国烟草专卖法实施条例（2016 修正）2016.02.06	国务院令第 666 号
37	中华人民共和国认证认可条例（2016 修正）2016.02.06	国务院令第 666 号
38	社会团体登记管理条例（2016 修订）2016.02.06	国务院令第 666 号
39	中华人民共和国道路运输条例（2016 修订）2016.02.06	国务院令第 666 号
40	生猪屠宰管理条例（2016 修订）2016.02.06	国务院令第 666 号
41	印刷业管理条例（2016 修订）2016.02.06	国务院令第 666 号
42	外商投资电信企业管理规定（2016 修订）2016.02.06	国务院令第 666 号
43	娱乐场所管理条例（2016 修订）2016.02.06	国务院令第 666 号
44	音像制品管理条例（2016 修订）2016.02.06	国务院令第 666 号
45	全国社会保障基金条例 2016.02.03	国务院令第 667 号
46	疫苗流通和预防接种管理条例（2016 修订）2016.04.13	国务院令第 668 号
47	农田水利条例 2016.04.27	国务院令第 669 号
48	企业投资项目核准和备案管理条例 2016.11.30	国务院令第 673 号

（梅　焱、杨战雄）

2016 年商务部规章、部分公告目录

序　号	名　　称	文　　号
1	对外援助标识使用管理办法（试行）2016.05.23	商务部令 2016 年第 1 号
2	商务部关于废止和修改部分规章和规范性文件的决定 2016.08.18	商务部令 2016 年第 2 号
3	外商投资企业设立及变更备案管理暂行办法）2016.10.08	商务部令 2016 年第 3 号
4	商务部关于废止部分规章的决定 2016.11.09	商务部令 2016 年第 4 号
5	机电产品国际招标代理机构监督管理办法（试行）2016.11.16	商务部令 2016 年第 5 号
6	关于实行自动进口许可证通关作业无纸化的公告 2016.01.25	海关总署 商务部公告 2016 年第 5 号
7	直销产品范围的公告 2016.03.17	商务部 工商总局公告 2016 年第 7 号
8	2016 年澳大利亚羊毛国别进口关税配额管理实施细则 2016.03.29	商务部 海关总署公告 2016 年第 12 号
9	关于对朝鲜禁运部分矿产品清单公告 2016.04.05	商务部 海关总署公告 2016 年第 11 号
10	跨境电子商务零售进口商品清单 2016.04.06	财政部 发展改革委 工业和信息化部 农业部 商务部 海关总署 国家税务总局 质检总局 食品药品监管总局 濒管办 密码局公告 2016 年第 40 号
11	港澳服务提供者在内地投资备案管理办法（试行）2016.05.18	商务部公告 2016 年第 20 号
12	2015—2016 年度国家文化出口重点企业和重点项目 2016.05.12	商务部 中央宣传部 财政部 文化部 新闻出版广电总局公告 2016 年第 19 号
13	关于对外援助标识图案和制作说明 以及对外援助徽章图案的公告（含标识矢量图电子版）2016.06.06	商务部公告 2016 年第 26 号
14	服务外包产业重点发展领域指导目录 2016.06.13	商务部 财政部 海关总署公告 2016 年第 29 号
15	关于增列禁止向朝鲜出口的两用物项和技术清单公告 2016.06.14	商务部 工业和信息化部 国家原子能机构 海关总署公告 2016 年第 22 号
16	2016 年农产品进口关税配额再分配公告 2016.08.23	国家发展改革委 商务部公告 2016 年第 19 号

（续）

序　号	名　　　称	文　　号
17	服务外包产业重点发展领域指导目录 2016.08.25	商务部 财政部 海关总署公告 2016 年第 29 号
18	鼓励进口服务项目 2016.09.07	商务部 发展改革委 财政部公告 2016 年第 47 号
19	商务部批准《托盘租赁企业服务规范》等 36 项国内贸易行业标准 2016.09.18	商务部公告 2016 年第 50 号
20	2017 年化肥进口关税配额总量、分配原则及相关程序 2016.10.18	商务部公告 2016 年第 56 号
21	服务出口重点领域指导目录 2016.10.25	商务部公告 2016 年第 58 号
22	2017 年工业品和农产品出口配额总量 2016.10.31	商务部公告 2016 年第 60 号
23	2017 年度铁合金出口许可申报条件及申报程序 2016.11.02	商务部公告 2016 年第 63 号
24	2017 年磷矿石出口配额申报条件、申报程序及分配原则 2016.11.02	商务部公告 2016 年第 64 号
25	关于 2017 年部分反倾销，反补贴措施即将到期的公告 2016.11.07	商务部公告 2016 年第 61 号
26	2017 年羊毛、毛条进口关税配额管理实施细则 2016.11.07	商务部公告 2016 年第 66 号
27	2017 年燃料油非国营贸易进口允许量申领程序、分配原则公告 2016.11.07	商务部公告 2016 年第 67 号
28	商务部关于废止部分规章的决定 2016.11.09	商务部公告 2016 年第 4 号
29	机电产品国际招标代理机构监督管理办法（试行）2016.11.25	商务部公告 2016 年第 5 号
30	2017 年原油非国营贸易进口允许量总量、申请条件和申请程序 2016.11.30	商务部公告 2016 年第 74 号
31	商务部现行有效规章目录及现行有效规范性文件目录 2016.11.15	商务部公告 2016 年第 69 号
32	关于 2017 年度甘草及其制品出口配额招标的公告 2016.11.18	商务部公告 2016 年第 70 号
33	2017 年自动进口许可管理货物目录 2016.12.30	商务部 海关总署公告 2016 年第 84 号
34	关于调整对外援助物资检验和验放管理的通知 2016.12.30	商务部 海关总署 国家质量监督检验检疫总局公告 2016 年第 89 号
35	两用物项和技术进出口许可证管理目录 2016.12.31	商务部公告 2016 年第 87 号
36	2017 年出口许可证管理货物分级发证目录 2016.12.31	商务部公告 2016 年第 91 号

（梅　焱、杨战雄）

2016年其他有关部门规章目录

序　号	名　　　称	文　　号
1	公安机关人民警察执法过错责任追究规定 2016.02.25	公安部令第138号
2	公益广告促进和管理暂行办法 2016.02.25	国家工商行政管理总局令第84号公布
3	流通领域商品质量监督管理办法 2016.03.17	国家工商行政管理总局令第85号公布
4	国家工商行政管理总局关于废止和修改部分工商行政管理规章的决定 2016.04.29	国家工商行政管理总局令 第86号
5	代理记账管理办法 2016.05.01	中华人民共和国财政部令第80号
6	证券投资者保护基金管理办法 2016.06.01	中国证券监督管理委员会令第124号
7	财政部关于修改《会计从业资格管理办法》的决定 2016.06.02	中华人民共和国财政部令第82号
8	关于修改《证券公司风险控制指标管理办法》的决定 2016.06.16	中国证券监督管理委员会令第125号
9	互联网广告管理暂行办法 2016.07.04	国家工商行政管理总局令 第87号
10	网络借贷信息中介机构业务活动管理暂行办法 2016.08.17	中国银行业监督管理委员会 中华人民共和国工业和信息化部 中华人民共和国公安部 国家互联网信息办公室令 2016年第1号
11	关于废止《外商投资铁路货物运输业审批与管理暂行办法》的决定 2016.08.18	交通运输部令 2016年第65号
12	动产抵押登记办法 2016.09.01	国家工商行政管理总局令 第88号
13	关于修改《上市公司重大资产重组管理办法》的决定 2016.09.08	中国证券监督管理委员会令第127号
14	粮食质量安全监管办法 2016.10.08	中华人民共和国国家发展和改革委员会令第42号
15	国际金融组织和外国政府贷款赠款管理办法 2016.10.11	中华人民共和国财政部令第85号
16	广告发布登记管理规定 2016.11.01	国家工商行政管理总局令 第89号
17	关于修改《期货投资者保障基金管理暂行办法》的决定 2016.11.08	中国证券监督管理委员会　财政部令第129号
18	固定资产投资项目节能审查办法 2016.11.27	中华人民共和国国家发展和改革委员会令第44号
19	中央预算内投资补助和贴息项目管理办法 2016.12.05	中华人民共和国国家发展和改革委员会令第45号

（梅　焱、杨战雄）

2016年国务院、商务部等有关部委和北京市相关文件目录（部分）

序号	名称	文号
1	国务院办公厅关于加强旅游市场综合监管的通知 2016.02.04	国办发（2016）5号
2	国务院办公厅关于印发互联网金融风险专项整治工作实施方案的通知 2016.04.12	国办发（2016）21号
3	国务院办公厅关于强化学校体育促进学生身心健康全面发展的意见 2016.04.21	国办发〔2016〕27号
4	国务院办公厅关于发挥品牌引领作用推动供需结构升级的意见 2016.06.10	国办发〔2016〕44号
5	国务院办公厅关于促进和规范健康医疗大数据应用发展的指导意见 2016.06.21	国办发〔2016〕47号
6	国务院办公厅关于清理规范工程建设领域保证金的通知 2016.06.23	国办发〔2016〕49号
7	国务院办公厅关于印发老年教育发展规划（2016—2020年）的通知 2016.10.05	国办发〔2016〕74号
8	国务院办公厅关于印发推动1亿非户籍人口在城市落户方案的通知 2016.09.30	国办发〔2016〕72号
9	国务院办公厅关于调整国务院深化医药卫生体制改革领导小组组成人员的通知 2016.10.21	国办发〔2016〕75号
10	国务院办公厅关于加快发展健身休闲产业的指导意见 2016.10.25	国办发〔2016〕77号
11	国务院办公厅关于推动实体零售创新转型的意见 2016.11.02	国办发〔2016〕78号
12	国务院办公厅关于印发控制污染物排放许可制实施方案的通知 2016.11.10	国办发〔2016〕81号
13	国务院办公厅印发《关于全面推进政务公开工作的意见》实施细则的通知 2016.11.10	国办发〔2016〕80号
14	国务院办公厅关于进一步扩大旅游文化体育健康养老教育培训等领域消费的意见 2016.11.20	国办发〔2016〕85号
15	国务院办公厅关于建立统一的绿色产品标准、认证、标识体系的意见 2016.11.22	国办发〔2016〕86号
16	国务院办公厅关于印发危险化学品安全综合治理方案的通知 2016.11.29	国办发〔2016〕88号

（续）

序　号	名　　　称	文　号
17	国务院办公厅关于全面放开养老服务市场提升养老服务质量的若干意见 2016.12.07	国办发〔2016〕91 号
18	国务院办公厅关于进一步促进农产品加工业发展的意见 2016.12.17	国办发〔2016〕93 号
19	国务院办公厅关于印发中央预算单位 2017—2018 年政府集中采购目录及标准的通知 2016.12.21	国办发〔2016〕96 号
20	国务院办公厅关于加强个人诚信体系建设的指导意见 2016.12.23	国办发〔2016〕98 号
21	国务院办公厅关于有序停止商业性加工销售象牙及制品活动的通知 2016.12.29	国办发〔2016〕103 号
22	国务院关于促进加工贸易创新发展的若干意见 2016.01.04	国发〔2016〕4 号
23	国务院关于深入推进新型城镇化建设的若干意见 2016.02.02	国发〔2016〕8 号
24	国务院关于促进外贸回稳向好的若干意见 2016.05.05	国发〔2016〕27 号
25	国务院关于印发 2016 年推进简政放权放管结合优化服务改革工作要点的通知 2016.05.23	国发〔2016〕30 号
26	国务院关于在市场体系建设中建立公平竞争审查制度的意见 2016.06.01	国发〔2016〕34 号
27	国务院关于积极稳妥降低企业杠杆率的意见 2016.09.22	国发〔2016〕54 号
28	国务院关于加快推进"互联网＋政务服务"工作的指导意见 2016.09.25	国发〔2016〕55 号
29	国务院关于发布政府核准的投资项目目录（2016 年本）的通知 2016.12.12	国发〔2016〕72 号
30	国务院关于印发"十三五"国家信息化规划的通知 2016.12.15	国发〔2016〕73 号
31	国务院关于加强政务诚信建设的指导意见 2016.12.22	国发〔2016〕76 号
32	国务院办公厅关于 2016 年第二次全国政府网站抽查情况的通报 2016.07.18	国办函〔2016〕68 号
33	国务院办公厅关于印发地方政府性债务风险应急处置预案的通知 2016.10.27	国办函〔2016〕88 号
34	商务部办公厅关于做好 2016 年冬季农产品网上购销对接会有关工作的通知 2016.12.16	商办电函〔2016〕907 号
35	商务部办公厅关于流通标准化信息管理系统试运行的通知 2016.07.08	商办流通函〔2016〕580 号
36	关于推动电子商务发展有关工作的通知 2016.06.06	发改办高技〔2016〕1284 号

（续）

序　号	名　　　称	文　　号
37	工商总局关于加强互联网领域消费者权益保护工作的意见 2016.10.21	工商消字〔2016〕204号
38	工商总局关于进一步加强行政应诉工作的指导意见 2016.10.21	工商法字〔2016〕190号
39	工商总局关于新形势下推进监管方式改革创新的意见 2016.10.21	工商企监字〔2016〕185号
40	工商总局关于做好《互联网广告管理暂行办法》贯彻实施工作的通知 2016.07.27	工商广字〔2016〕148号
41	交通运输部办公厅关于印发《网络预约出租汽车监管信息交互平台总体技术要求（暂行）》的通知）2016.12.28	交办运〔2016〕180号
42	交通运输部 国家发展改革委关于印发《推进物流大通道建设行动计划（2016—2020年）》的通知 2016.12.07	交规划发〔2016〕217号
43	关于组织申报2016年小微企业创业创新基地城市示范的通知 2016.02.06	财办建〔2016〕17号
44	关于开展2016年中央财政支持地下综合管廊试点工作的通知 2016.02.16	财办建〔2016〕21号
45	关于印发2016年政府采购工作要点的通知 2016.02.19	财办库〔2016〕29号
46	关于开展2016年全国行政事业单位国有资产清查工作的通知 2016.01.20	财资〔2016〕2号
47	国家发展改革委关于明确储气设施相关价格政策的通知 2016.10.15	发改价格规〔2016〕2176号
48	网络交易价格举报管辖规定（试行）2016.10.25	发改价监规〔2016〕2245号
49	上市公司股东大会规则 2016.09.30	中国证券监督管理委员会公告〔2016〕22号
50	北京市人民政府关于印发2016年市政府工作报告重点工作分工方案的通知 2016.02.06	京政发〔2016〕1号
51	北京市人民政府关于积极推进“互联网＋”行动的实施意见 2016.01.09	京政发〔2016〕4号
52	北京市人民政府关于印发《北京市国民经济和社会发展第十三个五年规划纲要》主要目标和任务分工方案的通知 2016.05.18	京政发〔2016〕18号
53	北京市人民政府关于进一步优化提升生产性服务业加快构建高精尖经济结构的意见 2016.06.29	京政发〔2016〕25号
54	北京市人民政府关于印发《深化北京市供销合作社综合改革实施方案》的通知 2016.11.04	京政发〔2016〕50号

（续）

序　号	名　　　　称	文　　号
55	北京市人民政府办公厅关于印发《北京市食品药品安全三年行动计划（2016－2018年）》的通知 2016.01.18	京政办发〔2016〕7号
56	北京市人民政府办公厅关于印发《北京市简化优化公共服务流程方便基层群众办事创业工作方案》的通知 2016.03.08	京政办发〔2016〕15号
57	北京市人民政府办公厅关于加快发展对外文化贸易的实施意见 2016.03.11	京政办发〔2016〕17号
58	北京市人民政府办公厅关于印发《北京市文化创意产业发展指导目录（2016年版）》的通知 2016.05.12	京政办发〔2016〕23号
59	北京市人民政府办公厅关于印发《市政府2016年立法工作计划》的通知 2016.05.24	京政办发〔2016〕25号
60	北京市人民政府办公厅关于印发《北京市2016年政务公开工作要点》的通知 2016.05.28	京政办发〔2016〕26号
61	北京市人民政府办公厅关于印发《北京市“十三五”时期节能低碳和循环经济全民行动计划》的通知 2016.08.10	京政办发〔2016〕38号
62	北京市人民政府办公厅印发《关于促进外贸稳定增长的若干措施》的通知 2016.09.03	京政办发〔2016〕43号
63	北京市人民政府办公厅关于印发《北京市落实“三互”推进口岸工作促进外贸发展的实施方案》的通知 2016.09.07	京政办字〔2016〕46号
64	北京市人民政府办公厅关于印发《北京市促进高排放老旧机动车淘汰更新方案》的通知 2016.11.15	京政办发〔2016〕47号
65	北京市人民政府办公厅关于印发《北京市贸易政策合规工作暂行规定》的通知 2016.12.23	京政办发〔2016〕62号

（梅　焱、杨战雄）

2016 年北京市部分地方性法规、规章目录

序 号	名 称	文 号
1	北京市人口与计划生育条例（2016 修正）2016.03.24	北京市人民代表大会常务委员会公告〔14 届〕第 23 号
2	北京市乡、民族乡、镇人民代表大会组织条例（2016 修正）2016.03.24	北京市人民代表大会常务委员会公告〔14 届〕第 24 号
3	北京市区、乡、民族乡、镇人民代表大会代表选举实施细则（2016 修正）2016.03.24	北京市人民代表大会常务委员会公告〔14 届〕第 25 号
4	北京市行政规范性文件备案规定 2016.04.18	北京市人民政府令第 268 号
5	北京市人民政府关于废止《北京市实施中华人民共和国水土保持法办法》罚款处罚规定等 5 项规章的决定 2016.05.10	北京市人民政府令第 279 号
6	北京市实施《居住证暂行条例》办法 2016.04.26	北京市人民政府令第 270 号
7	北京市税收征收保障办法 2016.06.21	北京市人民政府令第 271 号
8	北京市人民政府规章制定办法 2016.07.22	北京市人民政府令第 272 号
9	北京市院前医疗急救服务条例 2016.07.22	北京市人民代表大会常务委员会公告〔14 届〕第 26 号
10	北京市人民政府关于废止《北京市生育服务证管理办法》的决定 2016.08.16	北京市人民政府令第 273 号
11	北京市人大常委会关于废止部分地方性法规的决定 2016.11.25	北京市人民代表大会常务委员会公告〔14 届〕第 27 号
12	北京市人大常委会关于修改部分地方性法规的决定 2016.11.25	北京市人民代表大会常务委员会公告〔14 届〕第 28 号
13	北京市预算审查监督条例 2016.12.29	北京市人民代表大会常务委员会公告〔14 届〕第 30 号
14	北京市行政执法机关移送涉嫌犯罪案件工作办法 2016.12.15	北京市人民政府令第 274 号

（梅　焱、杨战雄）

2016 年北京市商务委部分规范性文件目录

序　号	名　　　称	文　号
1	北京市商务委员会等 8 部门关于印发修订《关于鼓励跨国公司在京设立地区总部的若干规定实施办法》的通知 2016.04.01	京商务总部字〔2016〕3 号
2	北京市商务委员会等 15 部门关于印发《关于促进总部企业在京发展的若干规定实施办法》的通知 2016.04.01	京商务总部字〔2016〕4 号
3	北京市商务委员会关于申报 2016 年度商业专项资金的通知（第一批）2016.04.08	京商务财务字〔2016〕7 号
4	北京市商务委员会关于开展 2016 年北京市物流标准化试点项目申报工作的通知 2016.07.04	京商务物流字〔2016〕6 号
5	北京市商务委员会关于申报 2016 年度商业专项资金的通知（第二批）2016.07.14	京商务财务字〔2016〕19 号
6	北京市商务委员会关于开展生活性服务业示范街区征集培育工作的通知 2016.07.25	京商务交字〔2016〕104 号
7	北京市商务委员会 北京市财政局关于 2016 年度支持北京地区跨境电子商务发展的通知 2016.07.29	京商务电商字〔2016〕10 号
8	北京市商务委员会 北京市财政局 北京市发展和改革委员会 北京市水务局 北京节能环保中心关于实施节能减排政策的补充通知 2016.08.16	京商务消促字〔2016〕14 号
9	北京市商务委员会关于做好 2016 年北京市外经贸发展专项资金项目申报工作的通知 2016.08.17	京商务财务字〔2016〕24 号
10	北京市商务委员会关于修订报关出口软件合同登记要求的通知 2016.09.02	京商务服贸字〔2016〕26 号
11	北京市商务委员会 北京市发展和改革委员会 北京市财政局 北京市规划和国土资源管理委员会 北京市工商行政管理局 北京市食品药品监督管理局关于印发《关于进一步促进连锁经营发展的意见》的通知 2016.09.09	京商务流通字〔2016〕7 号
12	北京市商务委员会 北京出入境检验检疫局 北京市发展和改革委员会 北京市科学技术委员会 北京市经济和信息化委员会 北京市农村工作委员会 北京市园林绿化局 北京市财政局 北京市环境保护局 北京市工商行政管理局 关于印发《北京市推进生态原产地产品保护工作的实施方案》的通知 2016.12.06	京商务外运字〔2016〕36 号

（卓　娜）

关于印发修订《关于鼓励跨国公司在京设立地区总部的若干规定实施办法》的通知

京商务总部字〔2016〕3号

各区人民政府，市政府各委、办、局，各市属机构：

为贯彻落实京津冀协同发展战略和首都城市战略定位，根据《国务院关于税收等优惠政策相关事项的通知》（国发〔2015〕25号）及《北京市财政局关于税收等优惠政策相关事项的通知》（京财税〔2015〕1011号）精神，对《关于鼓励跨国公司在京设立地区总部的若干规定实施办法》（京商务资字〔2009〕351号）进行了修订。经市政府同意，现将修订后的《关于鼓励跨国公司在京设立地区总部的若干规定实施办法》印发给你们，请认真贯彻执行。

北京市商务委员会

北京市发展和改革委员会

北京市公安局

北京市财政局

北京市人力资源和社会保障局

北京市地方税务局

北京市统计局

北京市国家税务局

2016年3月2日

关于鼓励跨国公司在京设立地区总部的若干规定实施办法

为落实北京市《关于鼓励跨国公司在京设立地区总部的若干规定》（京政发〔2009〕15号，简称《若干规定》），制定本实施办法。

一、地区总部的认定

（一）符合下列条件之一，可申请认定为地区总部：

1. 经批准设立的外商投资性公司。

2. 具备以下条件的外商投资管理性公司

（1）母公司的资产总额不低于4亿美元；

（2）母公司在中国累计实缴注册资本总额不低于1000万美元，且在中国境内外投资或者授权管理的企业不少于3个；或者在中国境内外投资或者授权管理的企业不少于6个；

（3）管理性公司注册资本不低于200万美元；

（4）是母公司在中国境内唯一的最高经

营管理机构；

(5) 对国际知名跨国公司，可适当放宽条件。

投资性公司，是指跨国公司按照商务部发布的《关于外商投资举办投资性公司的规定》设立的从事直接投资的公司。管理性公司，是指为母公司所投资的企业和关联企业提供管理、决策、研发、资金管理、物流、销售、策划、咨询、培训等相关服务的企业法人。

（二）市商务委负责在京跨国公司地区总部的认定，应在企业提交的材料齐全有效之日起10个工作日内完成审查，做出准予或不予认定的决定，对准予认定的企业颁发确认证书。

（三）申请认定地区总部，需向市商务委提交以下材料：

1. 承担地区总部职能的企业法定代表人签署的申请书；

2. 母公司法定代表人签署的设立地区总部及履行基本职能的授权文件；

3. 母公司法定代表人签署的对拟任地区总部法定代表人的授权文件和拟担任地区总部法定代表人的简历及相应的身份证明文件（身份证明文件为复印件）；

4. 母公司的资信证明文件、注册登记文件（复印件）及法定代表人证明文件（复印件），经依法审计的近3年的资产负债表；

5. 母公司在中国境内投资企业的批准证书、营业执照及验资报告（复印件）；

6. 承担地区总部职能的企业批准证书、营业执照及验资报告（复印件）；

7. 其他必要证明材料。

以上规定除注明为复印件外，其他材料应当提交文件的正本。

二、补助和奖励

（一）对2009年1月1日以后在京新注册设立或新迁入京的地区总部，给予一次性资金补助。对实收资本1亿元人民币（含1亿元人民币）至5亿元人民币的，补助500万元人民币；实收资本5亿元人民币（含5亿元人民币）至10亿元人民币的，补助800万元人民币；实收资本10亿元人民币（含10亿元人民币）以上的，补助1000万元人民币。补助分三年按40%、30%、30%的比例发放。

对一次性增资达到规定档次的地区总部，按相应标准给予差额补助，累计补助金额不超过1000万元人民币。

（二）经认定的地区总部，从2009年度起，对年营业收入首次达到1亿元人民币（含1亿元人民币）至5亿元人民币的，给予100万元人民币的一次性资金奖励；对年营业收入首次达到5亿元人民币（含5亿元人民币）至10亿元人民币的，给予500万元人民币的一次性资金奖励；对年营业收入首次达到10亿元人民币的（含10亿元人民币），给予1000万元人民币的一次性资金奖励。奖励累计不超过1000万元人民币，分三年按40%、30%、30%的比例发放。

（三）对2009年1月1日以后在京新注册设立或新迁入京的地区总部及其设立的研发中心自建或购买办公用房的，可享受一次性补助。对自用办公部分面积，一次性补贴标准为每平方米1000元人民币，补助面积原则上不超过5000平方米。享受补助的地区总部，5年内不得对外出售、出租办公用房或改变其用途。违反上述规定的，应当退还已获得的补助。

（四）自2009年1月1日起，对地区总

部1位主要负责人以市政府名义给予奖励，奖励金额为50万元人民币。该奖励政策自地区总部被认定次年起连续执行3年。

所得奖金按照国家有关规定免征个人所得税。

（五）对在京新注册设立或新迁入京的地区总部租用办公用房的，连续3年给予租金补助，第1年补助年度租金的30%，第2年补助年度租金的20%，第3年补助年度租金的10%，最高补助使用面积不超过3000平方米。申请租房补助的地区总部，租用期应不少于3年；享受补助期间，不得将租用办公用房转租或改变其用途；违反上述规定的，应当退还已获得的补助。本款由各区政府负责落实。

（六）本条涉及的补助和奖励1年兑现1次，由所在区先予全额兑现。第一、二款所需资金由市区两级分别承担50%，市级应承担部分通过体制结算补助各区；第三款所需资金由市发改委从固定资产投资中安排；第四款由市财政通过体制结算补助各区；第五款所需资金由所在区承担。市区两级在同一年度对同一地区总部的补助和奖励总额，不超过该地区总部在该年度对地方贡献总额。

市商务委会同有关部门制定补助和奖励兑现审核办法，负责以上补助和奖励兑现的协调落实工作，并牵头负责实行一个窗口对外服务。

符合条件的企业于每年1月1日至3月20日向所在区商务部门提出申请，并提交有关资料。区有关部门初审后，经区政府批准，于每年4月10日前报市商务委。市商务委会同发展改革、财政、税务、统计等部门进行复审，报市政府批准后兑现。

三、人才引进和奖励

（一）地区总部及其研究开发机构聘用的高级管理人员，和引进本市急需紧缺的具有硕士及以上学位或具有本科及以上学历并取得高级专业技术职称且年龄在45周岁以下的人员，可向地区总部所在区（包括北京经济技术开发区）人事部门申请办理人才引进；聘用具有学士及以上学位或取得中级及以上专业技术职称的人员，可向地区总部所在区（包括北京经济技术开发区）人事部门申请办理《北京市工作居住证》。

（二）地区总部聘用外籍人员在本市就业的，可由地区总部向市人力资源和社会保障局申请一并办理外国人就业许可和《外国人就业证》。

（三）在地区总部连续两年以上担任副总经理以上职务或相当职务的人员，按照《北京市吸引高级人才奖励管理规定》（京政办发〔2005〕18号）及相关规定享受奖励政策。

四、人员流动

（一）地区总部外籍人员凭市商务委的确认函，持单位注册登记证明、单位出具的函件等有关证明，可享受多次出入境便利。地区总部的法定代表人、总经理、副总经理、财务总监等外籍高层管理和技术人员，可申请办理入境有效期不超过5年多次入境有效的F字签证；部门经理等中层管理和技术人员，可申请办理入境有效期不超过3年多次入境有效的F字签证；一般外籍员工可申请办理入境有效期不超过1年多次入境有效的F字签证。上述外籍人员的外籍配偶及未满18周岁子女，可以申请与上述人员相同期限的F字签证。

受地区总部邀请持其他签证入境的外籍

人员，可根据需要，按上述办理条件申请F字签证。

地区总部的外籍人员急需短期来华，如未及时在我驻外使领馆办理签证的，持市商务委出具的证明函件、邀请单位函件及按照公安部对现行外国人申请口岸签证要求所需材料，申请口岸签证。

（二）地区总部外籍人员需在京常住的，凭市商务委的确认函，提供《外国人就业证》或《外国人专家证》等相关证明材料，可申请居留许可。地区总部的法定代表人、总经理、副总经理、财务总监等外籍高层管理和技术人员，可申请办理有效期不超过5年的外国人居留许可；部门经理等中层管理和技术人员，可申请办理有效期不超过4年的外国人居留许可；一般外籍员工可申请办理有效期不超过3年的外国人居留许可。上述外籍人员的外籍配偶及未满18周岁子女，可以申请与上述人员相同期限的外国人居留许可。以上居留许可期限不得超过其护照有效期。

地区总部的高级管理人员按有关规定可申请办理《外国人永久居留证》。

（三）对地区总部的中国籍内地员工因商务需要赴香港、澳门的，可按照国家政策要求申请办理《往来港澳通行证》和多次出入境有效的商务签注；对地区总部的中国籍内地员工因商务需要赴台湾的，如提供经公安部授权的省市台湾办公室出具的赴台立项批复及商务类入台许可，可优先办理《大陆居民往来台湾通行证》及商务签注。

（四）市公安局负责受理以上人员出入境签证、居留、赴台港澳通行证及签注相关申请。

五、《若干规定》中涉及的外汇管理、海关、检验检疫等部门及相关区在各自职责范围内，做好对地区总部的管理服务工作。市商务委负责提供便利政策的协调落实工作。

六、《若干规定》执行过程中的具体问题由市商务委负责协调解决，重大问题上报市政府批准后实施。

七、本实施办法自发布之日起30日后执行。此前发布的《关于鼓励跨国公司在京设立地区总部的若干规定实施办法》（京商务资字〔2009〕351号）同时废止。

关于印发《关于促进总部企业在京发展的若干规定实施办法》的通知

京商务总部字〔2016〕4号

各区人民政府，市政府各委、办、局，各市属机构：

经市政府同意，现将《关于促进总部企业在京发展的若干规定实施办法》印发给你们，请认真贯彻执行。

北京市商务委员会
北京市发展和改革委员会
北京市教育委员会
北京市科学技术委员会
北京市公安局
北京市财政局
北京市人力资源和社会保障局
北京市住房和城乡建设委员会
北京市交通委员会
北京市地方税务局
北京市统计局
北京市知识产权局
中关村科技园区管理委员会
北京市投资促进局
北京市国家税务局
2016年3月4日

关于促进总部企业在京发展的若干规定实施办法

为贯彻落实京津冀协同发展战略和首都城市战略定位，进一步优化总部经济发展环境，促进首都“高精尖”经济结构的构建，根据《北京市人民政府关于印发加快总部企业在京发展工作意见的通知》（京政发〔2013〕29号，简称《工作意见》)，制定本办法。

一、总部企业及其类型的界定

（一）总部企业标准

本办法所指总部企业是指对其控股企业或分支机构拥有控制权或行使管理权的企业组织，并应同时具备以下特征：

1. 在本市行政区域内注册，且具有法人资格；

2. 跨地区或跨境经营，且在京外至少拥有1个分（子）公司；

3. 符合下列条件标准之一：

（1）资产合计和年营业收入均在1亿元人民币以上（含）的企业；

（2）资产合计和年营业收入均在5000万元人民币以上（含）的国家认定的高新技术企业或中关村科技园区管理委员会认定的高新技术企业（科技创新型准总部企业）；

（3）市发展总部经济工作部门联席会议（简称“联席会议”）及其办公室确定的其他符合北京产业发展方向的重点总部企业。

（二）类型界定

按照总部企业管理或服务的区域不同，跨国公司地区总部可分为区域总部、亚太区总部、全球总部三种；其他总部企业可分为区域总部、全国总部两种。

1. 跨国公司区域总部：符合《关于鼓励跨国公司在京设立地区总部的若干规定》（京政发〔2009〕15号）及其实施办法的要求，外国跨国公司以投资或授权形式对中国境内的企业行使管理和服务职能的唯一总机构。中国香港、澳门、台湾地区的跨国公司在本市注册设立的跨国公司地区总部，参照本规定执行。

2. 跨国公司亚太区总部：在京设立的跨国公司地区总部对多个国家或地区的企业行使管理和服务职能的亚太地区唯一总机构。

3. 跨国公司全球总部：在京设立的跨国公司地区总部对多个国家或地区的全部企业或某一类型企业行使管理和服务职能的全球唯一总机构。

4. 区域总部企业：符合《工作意见》有关总部企业的要求，以投资或授权形式对中国境内多个省级行政区域内的企业行使管理和服务职能的区域内唯一总机构。

5. 全国总部企业：符合《工作意见》有关总部企业的要求，以投资或授权形式对多个区域的企业行使管理和服务职能的全球唯一总机构。

二、资金奖励和补助

（一）奖励和补助对象

符合相应条件的总部企业、纳入《北京市总部经济中介组织机构库》（简称《中介机构库》）内且有突出贡献的中介组织，可以享受本办法确定的相关资金奖励和补助。

（二）新入驻奖励和补助

对2013年1月1日以后在本市注册，且在1个年度内总部企业发展综合贡献度100（含）以上的总部企业（跨国公司地区总部除外），给予资金奖励和补助。

1. 实收资本补助。对2013年1月1日以后在城六区（城六区指北京市东城区、西城区、朝阳区、海淀区、丰台区及石景山区，下同）以外的本市行政区域注册且实际经营的，按实收资本给予不同档次资金补助。对实收资本1亿元（含）至5亿元的，补助500万元；实收资本5亿元（含）至10亿元的，补助800万元；实收资本10亿元（含）以上的，补助1000万元。补助分3年按40%、30%、30%的比例给付。中关村园区的总部企业适用本条款。

对一次性增资达到规定档次的总部企业，按相应标准给予差额补足。

2. 自建或购买办公用房补助。自建或购买办公用房的，可享受补助一次，补助分5年给付。享受补助期间，不得对外出售、出租办公用房或改变其用途；违反上述规定的，应当退还已获得的补助。本条款由各区政府负责制定具体落实方案并报联席会议办公室备案。

3. 租用办公用房补助。租用办公用房的，连续3年给予租金补助，第1年补助年度租金的30%，第2年补助年度租金的20%，第3年补助年度租金的10%，累计最高补助金额不超过500万元，且原则上每年补助租金不超过该企业当年度的区级地方贡献。申请租房补助的总部企业，租用期应不少于3年；享受补助期间，不得将所租用的办公用房转租或改变其用途；违反上述规定的，应当退还已获得的补助。

4. 经营贡献奖励。对年营业收入（仅限本市行政区域内总分公司所实现的营业收入）首次达到1亿元（含）至5亿元的，给予100万元的资金奖励一次；对年营业收入首次达到5亿元（含）至10亿元的，给予500万元的资金奖励一次；对年营业收入首次达到10亿元（含）的，给予1000万元的资金奖励一次。奖励累计不超过1000万元，分3年按40％、30％、30％的比例给付。

（三）高级管理人员奖励

对为本市做出突出贡献总部企业（跨国公司地区总部除外）的高级管理人员进行奖励。

对2013年1月1日以后在京注册，且在1个年度内总部企业发展综合贡献度100（含）以上的总部企业，对总部企业的1位主要负责人给予奖励，奖励金额为50万元。该奖励政策自达到奖励标准要求次年起连续执行3年。

同一高级管理人员在同一年度内不得同时享受本奖励和本市其他高级人才奖励政策。

（四）实体化经营奖励

对既有总部企业开展实体化经营给予资金奖励。

1. 增设功能奖励。鼓励既有总部企业在京增设投资中心、财务中心、采购中心、研发设计中心、运营中心、知识产权中心、销售中心（含国际营销中心）、结算中心、列入相关规划的物流中心等功能性机构，对在1个年度内总部企业发展综合贡献度增量100（含）以上的总部企业，按照总部企业发展综合贡献度增量乘以0.2万元，可以给予一次性资金奖励。

2. 增设产业基地奖励。鼓励总部企业将符合首都城市战略定位的产业环节落户在除城六区以外的本市行政区域，对2013年1月1日以后新落户且在1个年度内总部企业发展综合贡献度100（含）以上的总部企业，按照总部企业发展综合贡献度乘以0.2万元，可以给予该总部企业一次性资金奖励。

（五）提升能级奖励

对2013年1月1日以后提升能级的既有总部企业进行奖励。

1. 跨国公司地区总部提级。跨国公司地区总部提升为亚太区总部或全球总部，且在1个年度内总部企业发展综合贡献度100（含）以上的，可分别获得300万元、700万元的奖励，奖励分3年按40％、30％、30％的比例给付。

2. 其他企业总部提级。其他企业国内区域总部升级为全国总部，且在1个年度内总部企业发展综合贡献度100（含）以上的，给予500万元的资金奖励一次，奖励分3年按40％、30％、30％的比例给付。

3. 入选权威机构排名。在1个年度内总部企业发展综合贡献度100（含）以上的总部企业，首次进入世界500强，中国企业500强，中国民营企业500强（或中国服务业企业500强、中国对外贸易500强、中国连锁企业100强以及国家级行业协会或相关权威机构发布的行业排名前50位），可分别获得700万元、300万元、100万元的奖励一次，奖励分3年按40％、30％、30％的比例给付。（本奖励同一年度不得重复享受）

4. 战略提升。鼓励总部企业在京积极

开展业务重组、境内外收购、兼并、上市、国际营销、模式创新等战略提升活动，对在1个年度内总部企业发展综合贡献度增量100（含）以上的总部企业，按照总部企业发展综合贡献度增量乘以0.2万元，可以给予一次性资金奖励。

（六）市区两级在同一年度对同一总部企业的补助和奖励总额，不超过该总部企业在该年度对地方贡献总额。

（七）中介组织奖励

建立《中介机构库》，联席会议办公室负责制订遴选办法并组织遴选，遴选结果需经联席会议批准。依据中介组织上一年度业绩及其表现，联席会议办公室负责每1年调整一次《中介机构库》。

如有必要，经联席会议办公室主任批准，期间可以对《中介机构库》进行小幅调整。

对于列入《中介机构库》的中介组织，在1个年度内，中介组织所服务的、且依据本办法获得奖励和补助的全部总部企业，按照总部企业发展综合贡献度累计值超过100的部分乘以0.2万元，给予一次性资金奖励，同一中介组织在同一年度的奖励总额不超过500万元。

计入中介组织所服务的总部企业，应该在其注册后前3个年度内有效，且同一总部企业最多只能计入一次。

（八）总部企业发展综合贡献度

从总部企业的员工薪酬、京籍员工就业、研发投入、科技创新成果以及地方经济贡献等方面建立总部企业发展综合贡献度，综合衡量总部企业对地方经济社会发展的贡献水平。总部企业发展综合贡献度由员工薪酬、就业、研发投入、科技创新成果以及地方经济贡献五个指标构成。员工薪酬指标主要反映总部企业员工薪酬状况及对本市消费的促进作用，具体采用总部企业代扣代缴的个人所得税地方留存。就业指标主要反映总部企业对本市就业的拉动作用，具体采用本市户籍员工占比增量，计算增量的基础数据由总部企业报送，根据其近三年总部员工人数及本市户籍员工人数进行计算。研发投入指标主要反映总部企业在科技创新方面的投入，具体采用研发费用，由总部企业报送，取自《企业所得税年度纳税申报表》中《研发费用加计扣除优惠明细表》的“可加计扣除的研发费用合计”。科技创新成果指标主要反映总部企业在科技创新方面的成果，具体采用年度发明专利授权量，由总部企业报送，企业在一个年度内发明专利授权量超过50件的，以50件计算。地方经济贡献指标主要反映总部企业对本市财政收入的贡献，具体采用企业纳税地方留存（不含个税）。

总部企业发展综合贡献度＝代扣代缴的个人所得税地方留存×（1＋本市户籍员工数量占比增量）×10％＋研发费用×1％＋年度发明专利授权量×10＋企业纳税地方留存（不含个税）×10％。公式中所有指标均取申报奖励补助上一年度的数据。代扣代缴的个人所得税地方留存、研发费用、企业纳税地方留存（不含个税）分别为其实际值除以10000元。

员工薪酬指标＝代扣代缴的个人所得税地方留存×10％；就业指标＝1＋本市户籍员工数量占比增量；研发投入指标＝研发费用×1％；科技创新成果指标＝年度发明专利授权量×10；地方经济贡献指标＝企业纳税地方留存（不含个税）×10％。

总部企业发展综合贡献度增量＝总部企

业当年发展综合贡献度－总部企业上一年度发展综合贡献度。

对落实首都城市战略定位、实现经济社会重要目标做出突出贡献的总部企业，可向市发展总部经济工作部门联席会议提出申请，视情给予其总部企业发展综合贡献度加分。

三、奖励和补助申请

（一）申请流程

符合条件的总部企业通过《北京市总部企业管理服务信息系统》进行网上申报，申报成功后纸质版材料交区商务部门初审、区政府同意（其中有关高级管理人员奖励相关资料由各区商务部门汇总后转交市投资促进局初审，中介组织奖励相关资料由市投资促进局直接受理并初审），所有材料经市商务委复审，联席会议审核后，报市政府批准实施。

（二）总部企业申请奖励和补助所需要的材料

申请奖励和补助的总部企业，需向纳税所在地区商务部门（对于国地税纳税地不在同一区的企业，需分别向所在地区商务部门）提交以下材料：

1. 承担总部企业职能的企业法定代表人签署的奖励和补助申请书，并加盖申请企业公章；

2. 总部企业营业执照、法定代表人身份证明文件（复印件）；

3. 总部企业依法审计的最近1年的审计报告及证明实收资本到位的验资报告（复印件）；

4. 纳税证明文件；

5. 加计扣除研发费用专项审计报告或鉴证报告、《企业所得税年度纳税申报表》（包括《一般企业收入明细表》《研发费用加计扣除优惠明细表》）（如有，请提供）；

6. 发明专利证书（复印件，如专利权利人为多名，必须为第一权利人）；

7. 国家认定的高新技术企业证书或中关村科技园区管理委员会认定的高新技术企业证书；

8. 最近3个年度总部员工人数（包括在京分公司员工人数，不包括京外分公司）及本市户籍员工人数；

9. 其他必要证明材料。

申请租房或购房补助还需补充提供：租房或购房合同、支付租金发票（复印件）。

申请高级管理人员奖励还需补充提供：身份证明文件（复印件）、高级管理人员个税证明（复印件）。

申请实体化经营奖励还需补充提供：最近2个年度的纳税证明文件（复印件）及其税收增量情况说明，增设功能、增设基地、增设主营业务的董事会决议、增设前后的财务报表及相关证明材料。

申请总部提级奖励还需补充提供：母公司法定代表人签署的提升总部企业能级及履行基本职能的授权文件，母公司关于申请公司提升能级的董事会决议及相关证明材料（母公司为内资企业还需加盖母公司公章）。

申请入选权威机构排名奖励还需补充提供：入选权威机构排名的情况说明。

申请战略提升奖励还需补充提供：出具有关总部企业重大战略调整事项及其贡献情况的说明，相关董事会决议。

（三）中介组织申请奖励所需要的材料

申请奖励的中介组织，需向市投资促进局提交以下材料：

1. 中介组织的法定代表人签署的奖励

申请书，并加盖申请单位公章；

2.1个年度内所服务总部企业名录及其所服务全部总部企业发展综合贡献度（任一单个总部企业均依据本办法获得奖励和补助）；

3.所服务总部企业营业执照（复印件）；

4.总部企业注册后前3个年度内的纳税证明文件（复印件，需要加盖总部企业公章）；

5.所服务总部企业开具的书面证明文件，证明其为申报奖励的中介组织所引进（总部企业法定代表人签字并加盖总部企业公章）；

6.其他必要证明材料。

（四）申请材料要求及数量

所有申请材料，除注明为复印件外，其他材料应当提交文件的原件，未经特别说明，均需要加盖申请企业公章；所有复印件，市投资促进局和区商务部门在收件时应该核查原件，并注明“经核实，此复印件与原件一致，并加盖市投资促进局或区商务部门公章”。

所有文件一式两份，市投资促进局或区商务部门留存一份，市商务委留存一份。

（五）申请时限

每年1月1日—3月20日各区商务部门开始受理符合条件的企业上一年度奖励和补助申请、市投资促进局受理有突出贡献的中介组织奖励申请；4月10日前市投资促进局完成高级管理人员奖励和中介组织奖励初审，各区商务部门完成其他奖励和补助初审、并经所在区政府同意，分别报送市商务委；5月10日前市商务委完成复审并提交联席会议审核，市政府批准后实施。

（六）资金来源及支付

本办法所涉及的奖励或补助1年兑现1次，待市政府批准后，由所在区先予全额兑现。新入驻奖励和补助中的实收资本补助、经营贡献奖励，实体化经营奖励，提升能级奖励，中介组织奖励所需资金由市区两级分别承担，其中对于城六区，市区两级分别承担50%；对于城六区以外的其他区，市区两级分别承担70%与30%。市级应承担部分通过体制结算补助各区；高级管理人员奖励由市财政通过体制结算补助各区；新入驻奖励和补助中的自建或购买办公用房补助、租用办公用房补助所需资金由所在区承担。

四、配套服务

（一）联席会议办公室负责开发《北京市总部企业管理服务信息系统》，并根据全市总部企业经营及其对地方的贡献程度，经联席会议批准，每1年发布一次《北京市重点总部企业名录》（简称《名录》），其中金融重点总部企业名单由市金融局提出，经联席会议批准后纳入《名录》。各委办局要对《名录》上的重点总部企业实行个性化服务。如有必要，经联席会议办公室主任批准，期间可以对名单进行小幅调整。市统计局负责及时将未纳入统计范围的重点总部企业纳入全市总部企业统计范畴。

（二）对重点总部企业加强跟踪服务，依据《名录》或凭联席会议办公室开具的确认函（适用暂时不在《名录》上的总部企业，下同），市公安局、市工商局、市知识产权局等部门应依法及时解决上述总部企业在京发展过程中遇到的商业欺诈、诚信经营、知识产权保护（专利）等方面的问题和困难，营造法治化、国际化、便利化的发展环境。

（三）依据《名录》或凭联席会议办公

室开具的确认函，市发展改革委将上述总部企业重大建设项目纳入市政府固定资产行政审批绿色通道。

（四）重点总部企业所需的水、电、气、热、通信等公共设施，对符合有关要求的，市有关部门要优先统筹安排，重大事项由联席会议协调解决。

（五）《工作意见》中涉及的外汇管理、海关、检验检疫、税务、工商等部门及相关区在各自职责范围内，做好对重点总部企业通关业务的服务工作。对于《名录》内的企业，外汇管理部门优先考虑将其纳入外汇资金集中运营管理范围，便利其资金集约化管理。对在京设立国际营销中心，开展总部通关、统一在京收付汇等业务的重点总部企业，上述相关部门将其纳入最优级管理类别。

（六）各相关部门对重点总部企业境内、外高管人员的进京落户、工作居住和就业、购房、用车等相关事宜提供便利，并依法积极落实子女入托入中小学同城待遇。

1. 进京落户。除央企以外的其他总部企业，依据《名录》或凭联席会议办公室开具的确认函，经上述总部企业自主申请，市人力资源和社会保障局对其符合条件的人员优先办理进京落户手续，优先保障符合条件的应届毕业生进京指标。

2. 工作居住就业。除央企以外的其他总部企业，依据《名录》或凭联席会议办公室开具的确认函，经上述总部企业自主申请，市人力资源和社会保障局应将总部企业实际控制人作为“对首都经济和社会发展做出突出贡献及特殊领域、特殊行业的紧缺急需人才”给予其办理《北京市工作居住证》；对总部企业符合条件的高级管理人员和专业技术人才给予办理《北京市工作居住证》；对总部企业符合条件的外籍人员，给予办理外国人就业许可和《外国人就业证》或外国专家来华工作许可和《外国专家证》，上述两证的期限最长不超过5年，且不得超过申请人护照有效期、劳动合同有效期及总部企业营业执照中注明的营业期限。

3. 购房。根据全市购房政策，为重点总部企业人员办理购房手续，并办理产权登记手续。

4. 用车。依据《名录》或凭联席会议办公室开具的确认函、含统一社会信用代码的营业执照（《单位组织机构代码证书》）或《北京市工作居住证》，上述总部企业或其高级管理人员，经市小客车指标调控管理办公室审核后，可参加小客车指标摇号。

5. 子女入托入中小学。依据《名录》或凭联席会议办公室开具的确认函、《北京市工作居住证》，经上述总部企业自主申请，市教委统筹协调符合条件的高级管理人员子女入外籍人员子女学校就读；各区政府要帮助协调本辖区内上述总部企业高级管理人员子女入托入中小学事宜。

（七）各相关部门对总部企业人员流动提供便利。

1. 居留许可。总部企业外籍人员需在京常住的，依据《名录》或凭联席会议办公室开具的确认函，在提供《外国人就业证》或《外国专家证》等相关证明材料后，上述总部企业所聘用的外籍人员可向市公安局申请居留许可。

总部企业法定代表人、总经理、副总经理、财务总监等外籍高层管理和技术人员，可申请办理有效期不超过5年的外国人居留许可；部门经理等中层管理和技术人员，可申请办理有效期不超过4年的外国人居留许可；一般外籍员工可申请办理有效期不超过3年的外国人居留许可。上述外籍人员的外籍配偶及未满18周岁子女，可以申请与上述人员相同期限的外国人居留许可。以上居留许可期限不得超过其护照有效期。高级管理人员按有关规定可申请办理《外国人永久居留证》。

2. 护照、港澳台通行证、签注办理。总部企业员工可依法在京办理护照、港澳台通行证、签注等事宜，市公安局负责提供相应便利。

（八）市投资促进局要结合自身工作职责，继续做好各类总部企业的投资促进工作。

（九）鼓励各区政府结合本区域总部经济发展实际情况，提供更多优质服务，并将服务提供情况定期报送联席会议办公室。

（十）在推进“六高四新”高端产业功能区建设中，市商务委要牵头做好全市总部经济集聚区的培育发展工作，市政府相关部门要结合自身职能加大对全市总部经济集聚区的支持力度，相关区政府要制定相应鼓励配套措施，培育和打造一批总部经济集聚区，实现差异化发展。

五、附　　则

（一）经认定的跨国公司地区总部适用《关于鼓励跨国公司在京设立地区总部的若干规定实施办法》（京商务总部字〔2016〕3号），其申请实体化经营奖励和提升能级奖励按照本办法执行。

（二）金融总部企业适用于本办法（所涉及的资金奖励和补助政策除外）。有关金融总部企业的奖励补助政策由市金融局另行制定，并做好首都金融发展政策创新提升工作。

（三）本办法执行过程中涉及的具体问题由市商务委负责协调，重大问题上报联席会议和市政府批准后实施。

（四）有关部门应结合本部门职责，依据本办法所确定的事项制定具体落实方案，并报送联席会议办公室备案。

（五）对采用违规违法手段，骗取、冒领财政补贴资金的，经相关行政部门确认后收回已发放资金。

（六）不符合北京市产业发展方向，或属于北京市新增产业的禁止和限制目录的总部企业，均不适用本办法。

（七）近三年内有违法、违规行为的总部企业，不适用本办法。

（八）1个年度是指总部企业1个完整的会计年度。

（九）如无特别注明，货币单位均指人民币元；（含）表示包含本数在内；企业1个年度内对地方贡献不包含个人所得税贡献部分。

（十）本办法自发布之日起30日后施行。

关于申报2016年度商业专项资金的通知（第一批）

京商务财务字〔2016〕7号

各区商务委、市属国有企业集团、有关单位：

根据《北京市商业流通发展专项资金管理暂行办法》、《北京市支持中小企业发展专项资金管理暂行办法》、《北京市提高生活性服务业品质行动计划》等规定，结合全市重点商务工作，现将申报2016年度商业专项资金的有关事项通知如下：

一、支持方向和重点

专项资金主要支持商业流通发展领域内符合首都城市战略定位的以下项目：促消费、稳增长，推动保障民生的项目；促进生活性服务业品质提升，推动商业便民利民的项目；促进产业转型升级，推动“高精尖”经济结构构建的项目；支持现代服务业发展项目。统筹使用商业流通发展专项资金和中小企业发展专项资金，对符合标准和要求的项目采取项目补助、政府购买服务、以奖代补等形式给予支持。优先支持符合政策的公共平台建设和典型示范类项目。

二、申报条件

（一）在北京市登记注册、独立核算的企业、机构、经济组织等单位；

（二）项目申报单位经营状况良好，财务管理制度健全；

（三）项目申报单位近三年无重大违法违规记录；

（四）申报项目能够按申报计划实施；

（五）为避免重复支持，对于已获得或确定将获得其他政府资金支持的项目原则上不得参加申报。

三、申报材料要求

（一）项目申报书（含项目可行性报告）；

（二）项目已发生费用明细表；

（三）2016年市商业专项资金申报项目情况表；

（四）项目申报单位承诺书；

（五）项目单位法人证明文件复印件（营业执照、组织机构代码证书、法定代表人身份证明等）；

（六）项目单位近两年财务报表（资产负债表、损益表、现金流量表）；

（七）其他与项目相关的证明材料。

项目申请材料一式两份，应按顺序装订成册，并加盖单位公章。项目申报材料不予退回。

四、项目申报流程

（一）项目申报。自通知发布之日起，项目申报单位填报项目申报材料，市属国有企业向市属国有企业集团提交申报材料，其他项目申报单位向注册地商务委提交申报材料。

（二）项目初审。按照管理权限和属地原则，由市属国有企业集团和各区商务委对申报项目进行初审；通过初审的项目汇总后报市商务委进行复审。

五、申报时限

为方便企业进行项目申报，2016年征

集工作不设时限要求，符合项目申报条件的企业可全年申报，市商务委将在年度预算额度内，按照审核标准（具体要求详见附件1—12）根据项目完成情况择优给予支持。

六、工作要求

（一）各项目申报单位应确保申报材料真实、准确、完整，保证项目各项建设手续合规、建设资金及时落实到位、项目按时保质完成，并向市商务委做出书面承诺；

（二）对于伪造相关材料，提供虚假发票和虚假材料的项目申报单位，取消其当年申报资格，且三年内不得申报专项资金支持；

（三）获得专项资金支持的项目申报单位应积极配合相关监督检查、审计等工作；

（四）各初审单位应积极组织项目申报，切实做好指导与审核，严格把关，按照规定程序做好相关工作；

（五）各初审单位应加强对已支持项目的后续指导和跟踪监管，确保项目实施效果，充分发挥财政资金使用效益；

（六）项目申报单位原则上应将获得的专项资金列入“营业外收入”科目核算，相关法规另有规定的从其规定。

七、其它事项

（一）市商务委官方网站：www.bjcoc.gov.cn；

（二）咨询电话：详见附件1—12；

（三）市商务委对本通知负责解释。

相关附件：

附件1.2016年度新建或规范便民商业网点支持项目要求

附件2.生活性服务业行业规范制修订及标准规范宣贯活动项目要求

附件3.生活性服务业岗位技能培训工程项目要求

附件4.促进餐饮发展项目要求

附件5.促进农产品流通体系建设项目要求

附件6.商业设施（无障碍设施）升级改造项目要求

附件7.商业设施（停车引导系统）升级改造项目要求

附件8.支持品牌提升项目要求

附件9.节能减排绿色低碳项目要求

附件10.促进现代物流发展项目要求

附件11.总部经济公共服务平台建设项目要求

附件12.商务服务业主题示范楼宇和商务服务业集聚区公共服务平台升级改造项目要求

附件13.项目申报书

附件14.项目已发生费用明细表

附件15.2016年市商业专项资金申报项目情况表

附件16.项目申报单位承诺书

附件 1

2016年度新建或规范便民商业网点支持项目要求

为进一步提高服务的规范化和便利化，市商务委拟在全市范围内对2016年度新建或规范便民商业网点支持项目进行征集，具体要求如下：

一、支持内容及目标

2016年12月底前，全市计划完成新建或规范提升便利店（超市）、餐饮、便民菜店等生活性服务业网点1500个以上。其中新建或规范连锁便利店（超市）200家以上、早餐网点150个以上、末端配送网点150个以上、蔬菜零售网点300个以上、洗染店100个以上、美容美发店100个以上、家政服务网点200个以上、再生资源回收网点300个以上。

新建或规范1500个以上网点包含北京市2016年为群众拟办重要民生实事中“提升生活性服务业品质，加强社区商业便民服务，全市新增连锁化、品牌化的便利店（超市）、餐饮、便民菜店等生活性服务业网点500个”的网点数量。

二、建设扶持标准及要求

有关建设扶持标准及要求详见附表。

三、时间进度要求

11月底前完成。

四、申报主体需提交材料

（一）企业资质证明材料（营业执照、组织机构代码证等）；

（二）满足附表标准和要求的相关材料；

（三）其他需要提供的相关材料。

附表：2016年度新建或规范便民商业网点建设扶持标准

（联系人：服务交易处　安玉新　87211834；流通发展处　张爽　87211822；流通规划处　林英杰　87211872；消费促进处　李志鹏　87211690；物流发展处　余博　87211778）

附表

2016 年度新建或规范便民商业网点建设扶持标准

序号	类别	新建或规范提升网点应达到的标准	数量（个、家）	单个网点扶持金额（万元）	联系处室
1	便利店（超市）	（一）新建网点应达到的标准 1. 为连锁企业直营店； 2. 有工商行政部门颁发的《营业执照》和环保、食药、卫生等部门颁发的《经营许可证》或经营项目许可证明、报告等； 3. 能够采取统一核算、统一采购、统一配送、统一销售，实施与总部连锁品牌实行统一管理要求； 4. 能够按照提升生活业服务业品质要求，搭载便民服务项目； 5. 具有与经营相适应的设备和不少于 2 年的租赁期的固定营业场所。 （二）判断新建网点的依据 拥有工商行政部门 2015 年 10 月 1 日—2016 年 9 月 30 日间颁发的《营业执照》。	200	15	流通发展处
2	早餐	（一）新建网点应达到的建设标准： 早餐固定门店和搭载早餐服务的便利店应分别符合商务部《固定门店式餐饮网点建设规范》和《便利店搭载早餐网点建设规范》。 （二）新建网点应达到的运营标准： 1. 应为连锁企业直营门店； 2.《工商营业执照》、《餐饮服务许可证》或《食品经营许可证》等法律必备文件有效、齐全。 3. 统一门店形象，统一经营设施，统一营业时间，统一食品配送。 4. 早餐经营符合《早餐经营规范》有关规定。 5. 早餐经营网点自验收合格投入运营之日起持续经营时间不少于 5 年。如网点有拆迁、关张等情况，应本着就近原则补齐。 6. 优先支持已开设老年餐桌或具备老年优待卡结算功能的项目，优先支持符合食品药品监管部门的食品安全量化分级要求（B 二星及以上等级）和明厨亮灶要求的项目。 （三）判断新建网点的依据 具备工商、食药监等部门 2015 年 10 月 1 日—2016 年 9 月 30 日间颁发的《工商营业执照》、《餐饮服务许可证》或《食品经营许可证》等有效证照。	155	参照 2016 年早餐示范工程支持标准，新建或改造固定早餐门店，每个支持金额不超过 40 万元，且不超过总投资额的 50%；新建或改造的搭载早餐服务的连锁便利店，每个支持金额不超过 10 万元，且不超过总投资额的 50%。	消费促进处

（续）

序号	类别	新建或规范提升网点应达到的标准	数量（个、家）	单个网点扶持金额（万元）	联系处室
		（一）改造规范项目应达到的标准 规范提升后满足新增网点的所有标准，改造前后提升效果较为明显。 （二）判断改造项目的依据 《工商营业执照》、《餐饮服务许可证》或《食品流通许可证》等证照齐全、有效，相关改造投资票据齐全、有效。			
3	末端配送	新建网点： 一、实体店 （一）配送服务网点设置 1. 网点选址和建设要严格按照国家安全规范和有关规定执行。 2. 建筑面积原则上应不少于 15 平方米； 3. 采取连锁经营，配送网点数量不少于 10 家； 4. 实施主体具有工商行政部门颁发的《营业执照》； 5. 承诺使用期不低于 3 年（含 3 年）。 （二）末端配送服务设施服务规范 1. 服务内容（不限于）。为客户提供自提服务。也可提供上门配送服务。有快递服务资质的可开展揽收服务。支持共同配送模式。 2. 服务方式（基本要求）。配送员配送快件（包裹）、店员签收（交接）、客户上门自提签收、店员确认妥投，全过程采用 APP 或微信扫描方式交接，管理平台系统可查询。 二、智能快件箱（优先支持在校区、办公场所内使用） 1. 网点选址和建设要严格按照国家安全规范和有关规定执行。 2. 采取连锁经营，已投放运营的智能快件箱需达到 30 组以上，每组格口总数不少于 20 个，并供三个以上快递品牌企业使用。 3. 承诺运营期不低于 3 年（含 3 年）。 规范提升网点应达到的标准 规范提升后满足新增网点的所有标准。改造前后提升效果较为明显。	150	实体店：新建或改造末端配送网点，每个支持金额为总投资额的 50%，且不超过 15 万元。 智能快件箱：每个格口支持 100 元。	物流发展处

（续）

序号	类别	新建或规范提升网点应达到的标准	数量（个、家）	单个网点扶持金额（万元）	联系处室
4	社区菜店	（一）建设标准 1. 为连锁企业直营或加盟店，统一采购、统一配送、统一经营、统一品牌、统一标识。 2. 选址符合区商务部门关于社区蔬菜零售网点规划布局要求。 3. 营业场所符合《北京市工商行政管理局贯彻北京市人民政府办公厅转发市工商局关于进一步支持产业优化升级加强业态调整促进经济发展方式转变工作意见文件的通知》（京工商发〔2012〕11号）中规定的经营场所合法性和经营用途要求。 4. 经营范围：蔬菜等生鲜为主的农副产品，且符合国家和地方有关食品安全标准。原则上营业面积不低于20平米，其中，生鲜经营面积不低于营业面积的2/3，蔬菜经营面积不低于营业面积的1/3，经营蔬菜品种不低于15种。 5. 需承诺经营期不低于3年。 6. 获得工商行政部门颁发的《营业执照》。 （二）鼓励社区菜店按照本市肉类蔬菜流通追溯建设规范的相关要求建设改造。 （三）判断新增或规范提升项目的依据： 拥有工商行政部门2015年10月1日－2016年9月30日期间颁发的《营业执照》为新增项目，在此之前的为规范提升项目。	300	1. 直营店：新增项目每店10万元；规范提升项目每店5万元。达到本市肉类蔬菜流通追溯建设规范相关要求的，单店扶持金额上浮20%。 2. 加盟店：在上述扶持金额基础上减半。达到本市肉类蔬菜流通追溯建设规范相关要求的，单店扶持金额上浮20%。 项目投资情况需经第三方评审机构审定，扶持资金均不超过实际投资额的50%。	流通规划处
5	洗染	一、前店后厂网点 （一）新建前店后厂网点应达到的标准 1. 为连锁企业自营或加盟店； 2. 有工商行政部门颁发的《营业执照》； 3. 有环境行政主管部门出具的“建设项目环境设施验收”的行政许可文件； 4. 干洗店、干洗机应当符合GB16204—1996、QB/T2326—1997（修订）的技术指标规定。 5. 有专用的存衣设施和收付衣物的柜台； 6. 有与经营项目相适应的设备； 7. 经营场所房屋面积不少于50平米以上，租赁时间至少1年以上，且承诺使用期不低于3年（含3年）。 （二）判断新建网点的依据 拥有工商行政部门2015年10月1日－2016年9月30日期间颁发的《营业执照》。	100	20	服务交易处

（续）

序号	类别	新建或规范提升网点应达到的标准	数量（个、家）	单个网点扶持金额（万元）	联系处室
		二、洗衣代收网点 （一）新建洗衣代收网点应达到的标准 1. 为连锁企业自营或加盟店 ； 2. 有工商行政部门颁发的《营业执照》； 3. 有专用的存衣设施和收付衣物的柜台； 4. 经营场所房屋面积不少于 30 平米以上，租赁时间至少 1 年以上，且承诺使用期不低于 3 年(含3年)。 （二）判断新建网点的依据 拥有工商行政部门 2015 年 10 月 1 日—2016 年 9 月 30 日期间颁发的《营业执照》，或其他类公司的《营业执照》经营范围在 2015 年 10 月 1 日—2016 年 9 月 30 日期间新增有包含“清洁服务或代收洗衣”等相关内容。		10	
		（一）规范提升网点应达到的标准 规范提升后满足新增网点的所有标准。 （二）判断规范提升网点的依据 申报主体（含加盟店）2015 年 10 月 1 日—2016 年 9 月 30 日间有不低于 10 万元的升级改造投资。		1. 补助金额不超过实际投资（需经第三方评审机构审定）的 50% 2. 规范提升单店补助金额不超 20 万元。。	
6	美容美发	（一）新建网点应达到的标准 1. 为连锁企业自营或加盟店； 2. 有工商行政部门颁发的《营业执照》和卫生部门颁发的《卫生许可证》； 3. 有固定的店堂或营业场所，美容场所经营面积应不小于 30 平方米，美发场所经营面积应不小于 10 平方米； 4. 理发座椅、美容床及所需各类工具；有与经营美容服务相适应的仪器和器械用具； 5. 经营场所房屋租赁时间至少 1 年以上，且承诺使用期不低于 3 年（含 3 年）。 （二）判断新建网点的依据 拥有工商行政部门 2015 年 10 月 1 日—2016 年 9 月 30 日期间颁发的《营业执照》。	100	15	服务交易处
		（一）规范提升网点应达到的标准 规范提升后满足新增网点的所有标准。 （二）判断规范提升网点的依据 申报主体（含加盟店）2015 年 10 月 1 日—2016 年 9 月 30 日间有不低于 10 万元的升级改造投资。		1. 补助金额不超过实际投资（需经第三方评审机构审定）的 50% 2. 规范提升单店补助金额不超 15 万元。	

（续）

序号	类别	新建或规范提升网点应达到的标准	数量（个、家）	单个网点扶持金额（万元）	联系处室
7	家政服务	（一）新增网点应达到的标准 1. 为连锁企业自营或加盟店。 2. 有工商行政部门颁发的《营业执照》。 3. 有不少于 2 人的专职工作人员（总部专职工作人员不少于 5 人）。 4. 有与业务范围相适应的固定经营场所，使用面积不少于 30 平方米（总部面积不少于 50 平米）。 5. 配备经营必要的计算机、电话机及其辅助设备等。 6. 经营场所房屋租赁时间至少 1 年以上，且承诺使用期不低于 3 年（含 3 年）。 （二）判断新增网点的依据 拥有工商行政部门 2015 年 10 月 1 日－2016 年 9 月 30 日期间颁发的《营业执照》，或其他类公司的《营业执照》经营范围在 2015 年 10 月 1 日－2016 年 9 月 30 日期间新增有包含《家政服务通用要求》2.1 条规定的相关内容。	200	10	服务交易处
		（一）规范提升网点应达到的标准 规范提升后满足新增网点的所有标准。 （二）判断规范提升网点的依据 申报主体(含加盟店)2015年10月1日－2016年9月30日期间有不低于3万元的升级改造投资。		1. 补助金额不超过实际投资（需经第三方评审机构审定）的 50%。 2. 规范提升单店补助金额不超 10 万元。	
8	再生资源回收	（一）新增网点应达到的标准 1. 为拥有回收亭数量超过 20 个的再生资源回收经营者，或拥有回收柜数量超过 500 个且具有自主经营能力的再生资源回收经营者。（含 2016 年新增网点数） 2. 再生资源固定回收网点是指：专门用于再生资源回收、分类、存储、中转的再生资源回收亭、回收屋、回收柜。 3. 回收亭选址在方圆 100 米内无其他回收网点的再生资源回收网点空白区域内，回收柜选址在居民小区内，不妨碍正常交通。 4. 回收亭建筑设计符合 GB2894《安全标识及其使用导则》、GB50016《建筑设计防火标准》要求。 5. 回收亭应为封闭式建筑。营业面积一般不小于 10 平方米，容积不低于 20 立方米。门面招牌均需采用统一规范的站名和设计。回收柜应具备防盗功能，容积不低于 550L。	50	回收亭单个 2 万元	服务交易处

（续）

序号	类别	新建或规范提升网点应达到的标准	数量（个、家）	单个网点扶持金额（万元）	联系处室
		6. 回收亭建筑材料应使用彩钢板和轻钢结构。外墙彩钢板厚度不得小于0.5mm，夹心板厚度不得小于50mm，轻钢龙骨用8# c型钢，厚度不低于25mm，底托采用钢板托架，承重钢梁不用8号c型钢，厚度25mm，承重不得低于1.5吨。顶部需设置方管横梁承重，最小不少于40＊60mm。厚度不低于25mm。回收柜应采用冷轧钢板材质。柜体冷轧板厚度不低于1.2mm，边长不小于0.7m，高度不低于1.7m，底部需与地面固定。（土木结构的回收屋、智能回收机不受此条限制） 7. 回收亭悬挂《再生资源回收经营者备案登记证明》（复印件），收购品种及价格表，服务公约和公安部门严令禁止收购的物品名称。回收柜应标注经营企业及回收品种、投放说明等。 8. 回收亭应配备标准衡器、灭火器；装有照明设施的回收网点，电器线路需采用阻燃材料保护。 9. 与街道（乡镇）、社区（村委会）、物业公司等相关单位签定的服务协议不少于2年，且承诺使用期限不低于3年（含3年）。 （二）判断新增网点的依据 建设后回收网点是经区商务部门2015年10月1日—2016年9月30日间确认的新增回收网点，且申报主体在此期间有不低于10万元的投资。			
		（一）新增回收柜应达到的标准 回收柜选址在居民小区内，具备防盗功能，容积不低于550L，应采用冷轧钢板材质，柜体冷轧板厚度不低于1.2mm，边长不小于0.7m，高度不低于1.7m，底部需与地面固定。应标注经营企业及回收品种、投放说明等。 （二）判断新增回收柜的依据 申报主体2015年10月1日—2016年9月30日期间有不低于3万元的投资。		补助金额单个回收柜不超过800元，且不超过实际投资（需经第三方评审机构审定）的50%。	
		（一）规范提升网点应达到的标准 规范提升后满足新增网点的所有标准。 （二）判断规范提升网点的依据 申报主体2015年10月1日—2016年9月30日间有不低于10万元的升级改造投资。	250	给予相应投资的全额补助，但每个规范提升的回收站点补助金额不超过限定金额，限额分别为：10—25平方米的补助1万元，25—50平方米的补助1.5万元，50平方米以上的补助2万元。（需经第三方评审机构审定）	
备注	1. 本文所指的连锁企业是指具有统一的品牌、标识且执行统一的标准，在本市至少拥有10家自营或加盟店（含2016年新建网点数量）的企业。 2. 本文所指的再生资源回收主体企业是指各区商务委认定规范开展业务并报市商务委备案的再生资源回收企业。				

附件 2

生活性服务业行业规范制修订及标准规范宣贯活动项目要求

为进一步完善生活性服务业领域的标准和规范，强化标准规范引领作用，推进行业规范化发展，拟征集实施主体，在生活性服务行业内开展行业规范制修订工作及标准规范宣贯活动，具体要求如下：

一、指导思想

以推进生活性服务业规范化为主导思想，力争使生活性服务业各行业从企业开业、经营管理、岗位服务、分等评级等各环节有章可遁，建立完善的行业标准规范体系，指导行业有序发展。

二、主要工作内容

（一）便利店（超市）、餐饮（早餐）、蔬菜零售、美容美发、再生资源回收、沐浴、摄影、家电维修、社区商业便民服务综合体等 9 个行业或业态的行业规范的修订完善或制定工作，使各行业或业态在企业开业、经营管理、岗位服务、分等评级方面均有明确的标准规范；

（二）对便利店（超市）、餐饮（早餐）、蔬菜零售、洗染、美容美发、家政服务、再生资源回收、沐浴、摄影、家电维修、社区商业便民服务综合体等 11 个行业或业态的标准规范（包括新制修订的规范），组织开展形式多样的宣传推广和贯彻实施工作。

三、申报条件

（一）申报主体应充分了解生活性服务业各行业现状，尤其对行业现行标准规范底数清晰；

（二）申报主体应有起草标准或规范等文件的经历和经验，有一定的研究能力和组织能力；

（三）申报主体应为独立的法人单位或行业组织，不接受个人申报；

（四）申报主体可申报一个或多个行业或业态的规范制修订或行业标准规范的宣贯工作。

四、工作要求

实施主体应在 2016 年 9 月底前完成规范的制修订工作；并在 2016 年 11 月底前完成所申报行业的标准规范宣贯工作；承担行业标准规范宣贯工作的实施主体应每个行业印发标准规范汇编手册不少于 100 册，其中家政服务行业应不少于 1000 册。

五、资金支持标准

（一）便利店（超市）、餐饮（早餐）、蔬菜零售、美容美发、再生资源回收、沐浴、摄影、家电维修、社区商业便民服务综合体等 9 个行业或业态，每个规范制修订的资金支持标准为 10 万元。

（二）对便利店（超市）、餐饮（早餐）、蔬菜零售、洗染、美容美发、家政服务、再生资源回收、沐浴、摄影、家电维修、社区商业便民服务综合体等 11 个行业或业态的标准规范进行宣贯，家政服务行业宣贯费用支持标准不超过60万元，其他每个行业或业态宣贯费用支持标准不超过15万元。

六、申报所需提交材料

（一）申报主体相关资质证明材料（原件及复印件）；

（二）行业或业态规范制修订提纲或草案；

（三）行业或业态标准规范宣贯活动方案；

（四）规范制修订或宣贯活动资金预算明细；

（五）其他需要提供的相关材料。

（1. 便利店（超市）、社区商业便民服务综合体规范制修定或标准规范宣贯工作联系人：耿英贞　联系电话：87211820；

2. 餐饮（早餐）规范制修定或标准规范宣贯工作联系人：李志鹏　联系电话：87211690；

3. 蔬菜零售网点规范规范制修定或标准规范宣贯工作联系人：林英杰　联系电话：87211872

4. 其他行业规范制修定或标准规范宣贯工作联系人：王喜艳　联系电话：87211852）

附件 3

生活性服务业岗位技能培训工程项目要求

为有效提高生活性服务业从业人员的岗位技能水平，更好的服务消费者，提高服务质量，市商务委拟自 2016 年起，在全市范围内开展生活性服务业从业人员岗位技能培训工程，具体要求如下：

一、支持内容

支持引导家政、洗染、美容美发、家电维修、摄影、沐浴等生活性服务业企业、行业组织或培训机构通过集中培训、入店巡讲、校企合作等方式开展岗位技能培训，提高从业人员的技能水平和服务水平，提高消费者的满意度，从而整体提升生活性服务业品质，全年支持培训 1.2 万人次以上。

二、申报条件

（一）主体要求

主体应为培训机构、生活性服务业企业或行业组织，或各类主体的联合体：

1. 实力较强，信誉好，培训体系健全；

2. 能为参训人员建立规范的培训档案和就业档案，并能提供后续跟踪服务；

3. 有独立的财务部门和规范的财务管理制度；

4. 连锁企业的分支机构、分店不能以实施主体身份参与培训工程。

（二）培训方式和要求

1. 采取集中培训与自学、统一考试相结合的培训方式，完成理论知识培训和专业技能培训，培训学时 100 学时以上；

2. 集中培训时间不少于 10 天，实施主体须提供自学所需的场地、设备、耗材和必要的辅导；

3. 每家培训项目实施主体年培训合格人数应在 1000 人以上；

4. 培训合格从业人员就业率应在 90% 以上。

三、资金支持标准

财政资金支持培训 1.2 万人次以上，平均按 1500 元/人次的费用标准安排资金。

四、时间进度要求

上半年，培训 3000 人以上，11 月底前完成全年培训计划。

（联系人：王喜艳　联系电话：87211852）

附件 4

促进餐饮业发展项目要求

一、支持方向

符合首都功能定位，符合规范化、连锁化、便利化、品牌化和特色化发展方向的餐饮项目。

二、支持重点

（一）支持大众连锁餐饮企业新建或改造主食加工配送中心，支持大众连锁餐饮企业新建餐饮门店，支持大众连锁餐饮企业新建或改造早餐固定门店（含正餐门店新增早餐服务），支持企业发展搭载早餐服务的连锁便利店，支持大众连锁餐饮企业新设社区主食售卖窗口，支持主食加工企业新建或改造社区主食售卖网点。主要支持方向是项目建设改造、设备投入、信息系统升级等。

（二）支持企业采取互联网、移动支付等技术，在居民社区、商务楼宇、产业园区等场所建设智慧型餐饮自提柜等设施。主要支持方向是项目设备投入、信息平台建设等。

以上项目优先支持新建项目，优先支持已开设老年餐桌或具备老年优待卡结算功能的项目，优先支持符合食品药品监管部门的食品安全量化分级要求（B 二星及以上等级）和明厨亮灶要求的项目。

三、申报主体要求

（一）在北京市注册，具有独立法人资格，《工商营业执照》、《餐饮服务许可证》或《食品经营许可证》等法律必备证照齐全有效，提供大众餐饮服务的企业。

（二）申报主食加工配送中心项目的项目建筑面积一般不少于 2000 平方米；申报餐饮类项目的应为大众连锁餐饮企业，在本市自营餐饮门店（含 2016 年新建门店数量）一般不少于 10 家。

四、项目建设标准及运营标准

（一）新建项目应达到的建设标准及运营标准：

1. 建设标准：

a. 主食加工配送中心和大众连锁餐饮门店应分别符合《主食加工配送中心建设规范》和《固定门店式餐饮网点建设规范》。

b. 早餐固定门店（含新增早餐服务的正餐门店）和搭载早餐服务的便利店应符合 2016 年早餐示范工程各项要求。

c. 主食售卖网点（窗口）应符合工商、食药监等相关部门规定要求。

2. 运营标准：

a. 应为连锁企业直营门店，统一品牌、标识，执行统一标准；

b.《工商营业执照》、《餐饮服务许可证》或《食品经营许可证》等法律必备文件齐全有效，符合各项经营规范。

（二）改造项目应达到的建设标准及运营标准：

改造提升后应满足新建项目的所有标准，且改造前后提升效果较为明显。

五、资金支持标准

项目采用奖励方式进行支持：

（一）主食加工配送中心，每个支持标准不超过 300 万元；

（二）大众连锁餐饮门店，每个支持标准不超过 50 万元；

（三）主食售卖网点（窗口），每个支持金额不超过 5 万元；

（四）智慧型餐饮自提柜，每个支持金额不超过 5 万元；

（五）早餐固定门店（含新增早餐服务的正餐门店），每个支持标准不超过 40 万元；

（六）搭载早餐服务的连锁便利店，每个支持金额不超过 10 万元；

以上项目的资金支持均不超过项目总投资的 50%。

（联系人：李志鹏　联系电话：87211690）

附件 5

促进农产品流通体系建设项目要求

一、支持方向及内容

（一）支持符合北京市农产品流通体系发展规划的农产品批发市场转型升级，完善标准化交易专区、集配中心、冷藏冷冻、电子结算、信息化、电子商务平台、检验检测、废弃物循环利用与处理、安全监控等设施设备建设。

（二）支持新建连锁生鲜超市在陈展、加工、保鲜储藏、卫生安全、信息系统等方面的软硬件设施设备建设。

（三）项目建设需有合法用地和建设手续。

二、申报主体要求

在北京市注册，具有独立法人资格，《工商营业执照》等法律必备证照齐全有效的企业。

三、相关标准

（一）农产品批发市场，需符合《农产品批发市场管理技术规范》（GB/T19575—2004）。

（二）连锁生鲜超市

1. 连锁规模需达到 3 家店以上（含 3 家）。

2. 销售生鲜农产品的环境、基础设施设备等需符合《超市销售生鲜农产品基本要求》（GB/T22502－2008）。

3. 经营范围：蔬菜、水果、畜禽肉、水产品、鲜蛋等食品，且符合国家和地方有关食品安全标准。原则上营业面积不低于 500 平米，其中，蔬菜等生鲜经营面积不低于营业面积的 2/3。

4. 需承诺经营期不低于 3 年。

四、资金支持标准

（一）农产品批发市场升级改造补助资金不超过该项目实际投资的 30%，最多不超过 500 万。

（二）新建连锁生鲜超市补助资金每个店不超过实际投资的 30%，最多不超过 100 万。

（联系人：林英杰　联系电话：87211872）

附件 6

商业设施（无障碍设施）升级改造项目要求

一、支持方向及内容

（一）支持在《北京市无障碍设施建设和管理条例》施行之前（2004 年 5 月 16 日施行）已建成的商业设施实施无障碍设施改造。主要包括：建筑面积在 3000 平方米以上的百货店和建筑面积在 1000 平方米以上的超市、专业店、专卖店等，以及国家级酒家和建筑面积 500 平方米以上的餐饮经营单位无障碍设施改造。

（二）支持无障碍坡道、无障碍垂直电梯、无障碍厕所、无障碍标识、低位服务台（含轮椅）、低位收款台（超市含无障碍结算通道）建设、改造。

二、申报主体要求

在北京市注册，具有独立法人资格，《工商营业执照》、《餐饮服务许可证》、《食品流通许可证》等法律必备证照齐全有效的企业。

三、项目建设标准

符合《城市道路和建筑物无障碍设计规范》相关要求。

四、资金支持标准

每个商业设施改造项目补助资金不超过该项目实际投资的 50%。

（一）改造一个无障碍坡道，补助资金不高于 5000 元。

（二）新建一个无障碍垂直电梯，补助资金不高于 200000 元；改造一个无障碍垂直电梯，补助资金不高于 15000 元。

（三）新建一个无障碍厕所（无性别厕所），补助资金不高于 15000 元；改造一个无障碍厕所，补助资金不高于 10000 元。

（四）增加设置无障碍标志牌，补助资金不高于 2000 元。

（五）新建一个低位服务台，补助资金不高于 3000 元；配备一部轮椅，补助资金不高于 500 元。

（六）新建一个低位收款台（超市含无障碍结算通道），补助资金不高于 5000 元。

（联系人：林英杰 联系电话：87211872）

附件 7

商业设施（停车引导系统）升级改造项目要求

一、支持方向及内容

（一）支持本市商场（包括百货店、大型综合超市、购物中心、大型专卖店、大型专业店、仓储式商场）购物停车环境升级改造。

（二）支持停车系统的整体规划设计，增加停车位的改造、外围引导系统改造、停车场内部引导系统改造、场内交通规则设置和安全设施改造，收费系统、安全监测系统、停车信息管理和车位识别系统的改造，墙面、地面、顶棚等改造整修，服务、技能、礼仪培训等方面的内容。

（三）以下情况不在支持范围之内：

1. 2013 年 1 月 1 日以后建成开业的商场；

2. 已获得过市商务委停车引导系统升级改造支持的项目。

二、申报主体要求

在北京市注册，具有独立法人资格，《工商营业执照》等法律必备证照齐全有效的企业。

三、项目建设标准

改造项目应达到的建设标准：停车引导系统升级改造需符合《北京市大型商业设施停车场规范化改造技术指南（2012）版》关于停车场引导、交通、安全、无障碍等相关要求。

四、资金支持标准

补助资金不超过单体商业设施停车系统改造项目实际投资的 50%，单个项目最高补助金额不超过 300 万元。

商业设施停车系统改造市级补助资金分项支持标准表

序号	项目改造内容	补助额度（占单项工程投资比例）
1	整体规划设计	≤50%
2	增加停车位的改造和建设	≤30%
3	外围引导设施改造、停车场入口改造、场内车行和人行引导系统改造，车库出入口来车警示系统设置，场内交通规则设置、安全设施建设和改造、停车场内灯光照明，停车位重新施划，顶棚、墙面和地面整修改造	≤50%
4	应用停车场信息管理、电子结算、安全监测、快速车辆识别等现代化电子管理系统的建设与改造	≤50%
5	服务、技能、礼仪等提升综合服务水平的培训工作	≤20%

（联系人：林英杰　联系电话：87211872）

附件 8

支持品牌提升项目要求

一、支持方向及内容

重点支持生活性服务业企业创意设计与品牌提升，研发设计新产品、新包装；LOGO 的创意设计及更新；店铺 VI 设计与改造；拓展国内外市场的展示、推介活动等。

二、申报主体要求

在北京市注册中小企业，具有独立法人资格，《工商营业执照》等法律必备证照齐全有效的企业。

三、资金支持标准

<table>
<tr><th>支持内容</th><th>支持项目明细</th><th>补助额度
(占单项工程投资比例)</th><th>备注</th><th>单个项目支持总额上限</th></tr>
<tr><td rowspan="3">设计</td><td>包装设计费</td><td>≤70%</td><td rowspan="3">产品包装设计费和产品设计费，需与企业包装物或宣传品的制作费划分清晰。广告费、宣传费不在支持范围内。硬件设备与设计直接相关。</td><td rowspan="7">支持金额不超过项目实际投资的 50%，最高不超过 50 万。</td></tr>
<tr><td>产品设计费</td><td>≤70%</td></tr>
<tr><td>品牌保护费</td><td>≤50%</td></tr>
<tr><td rowspan="3">视觉识别系统</td><td>视觉识别系统设计费</td><td>≤50%</td><td rowspan="3"></td></tr>
<tr><td>店面视觉识别改造费</td><td>≤40%</td></tr>
<tr><td>企业 LOGO 设计费</td><td>≤70%</td></tr>
<tr><td>推广</td><td>展位、舞台搭建等费用</td><td>≤40%</td><td>展位费、舞台搭建费等与申报项目直接相关，并能说明合理的用途。差旅费及人工费不在支持范围内。</td></tr>
</table>

（联系人：林英杰　联系电话：87211872）

附件 9

节能减排绿色低碳支持项目要求

为进一步做好商务流通领域节能减排、绿色低碳工作，市商务委拟在全市范围内对2016年度节能减排与绿色低碳支持项目进行征集，具体要求如下：

一、支持内容

（一）鼓励商业流通领域开展以节能减排、绿色低碳和污染控制为核心的节能改造项目。支持企业开展动力、照明、供暖制冷、通风空调、冷冻冷藏、电梯、电子价签、厨房设备等能耗设施设备的节能、节水、减排技术改造，鼓励企业合理利用新能源、分布式能源及蓄冷、蓄热等新产品、新技术。

（二）鼓励企业采用信息化、自动化等先进技术和手段，建立能源管理平台。支持企业提高设备能源利用效率，提高企业节能低碳管理水平。

二、申报主体要求

（一）在北京市登记注册、独立核算、内部管理规范、核心业务突出的企业、机构、经济组织等单位；

（二）申报项目应在计划期内启动，并能够按申报计划实施；

（三）财务制度健全，项目资金充足。

三、项目合格标准

（一）项目按要求全部实施完成，且运行正常；

（二）项目实施周期和质量符合相关要求；

（三）项目内容与方案相符，项目成果符合要求；

（四）项目建设手续合规，资金使用符合相关要求；

（五）项目管理资料完整，建设程序符合相关要求；

（六）项目资金投入全部到位，财务管理符合相关要求；

（七）申报项目节能改造综合节能率不小于18%，能源管理项目主门店二级计量器具配备率达95%以上，实现在线监测率达90%以上。

四、资金支持标准

项目扶持资金采取以奖代补方式，原则上给予不超过项目投资总额50%且最多不超过500万元的资金奖励。

（联系人：孙景东　联系电话：87211659）

附件 10

促进现代物流发展项目要求

一、支持方向

符合首都功能定位，符合加强物流服务保障的能力和水平、加快城市物流的转型升级，推动首都城市物流便利化、高效化、集约化、规范化、国际化发展的现代物流项目。

二、支持重点

（一）支持冷链物流基础设施建设，冷链物流装备与技术升级，鼓励冷链配送模式多元化和创新发展。

（二）支持城市运行保障物流、城市末端配送、现代物流新模式等示范类建设项目，促进传统仓储企业转型升级，向配送运营中心和专业化、规模化第三方物流发展。鼓励仓储、配送一体化，推广共同配送、统一配送、集中配送等先进模式，鼓励市内末端配送服务设施包括配送服务网点、搭载配送服务场所建设。

（三）支持物流技术应用、物流信息化标准化建设项目，进一步规范物流作业流程，提高企业运作效率，提高物流技术应用水平。鼓励物流企业对物流计量、货物分类、物品标识、物流装备设施、工具器具、信息系统和作业流程等的标准化信息化改造建设，逐步提升物流行业标准化水平。

三、项目申报要求

（一）项目单位为在北京市注册，具有独立法人资格的企业。

（二）申报的物流建设项目为已建设完成验收合格并已投入使用。

四、项目建设标准

（一）项目建设应符合北京市“十三五”时期物流业发展规划。

（二）项目建设已取得如环保等相关政府部门许可手续文件。

（三）符合北京市产业政策，项目不在《北京市新增产业的禁止和限制目录（2015年版）》的禁限范围。

（四）项目建设应符合物流行业相关标准。

五、资金支持标准

项目采用补助方式进行支持：

（一）项目的资金支持比例不超过经过第三方评审确定的项目实际总投资的50%。

（二）单一项目支持标准不超过500万元。

（联系人：张松原　联系电话：87211775）

附件 11

总部经济公共服务平台建设项目要求

以服务业扩大开放综合试点工作为契机，培育和打造一批总部经济集聚区、总部经济发展新区、总部型楼宇，支持符合首都城市战略定位的总部企业在京发展，引导总部企业在京合理布局，鼓励总部企业开展实体化经营、战略提升与模式创新，助力首都“高精尖”经济结构的构建与“四个中心”建设。

一、奖励补助区域

（一）被授予总部经济集聚区（或总部经济发展新区）称号的园区；

（二）科技创新型准总部企业相对集中的园区；

（三）总部型企业（总部经济中介机构）相对集中的其他园区；

（四）总部型楼宇。

二、支持方向

支持符合条件的园区（楼宇）的公共服务设施改造升级、公共信息系统建设等相关项目，提升园区综合服务能力与服务品质，为跨国公司地区总部、总部型企业开展实体化经营、战略提升、模式创新等提供基础条件，不断优化首都总部经济发展环境。

三、申报项目基本要求

（一）申报主体具备独立法人资格，注册在北京市，且依法纳税、诚信经营、财务制度健全的企事业单位、中介组织、联盟团体等主体。

（二）申报项目所在园区（多栋楼宇）入驻企业具有一定规模，有总部企业或科技创新型准总部企业入驻；单栋楼宇有总部企业、科技创新型准总部企业或其他总部型企业入驻。

（三）项目资金投入时间原则上为 2015 年 1 月 1 日到 2016 年 10 月 31 日期间发生的建设项目投入。

四、项目评价标准

总部经济公共服务平台项目建设完成后，对园区（楼宇）入驻企业特别是总部企业或科技创新型准总部企业的服务水平和服务能力显著改善，办公环境进一步优化，商业配套服务更加便捷，基础设施保障更加有力等。项目满足以下评价标准之一：

（一）加速引进或培育总部型企业（总部经济中介机构）；

（二）入驻的总部型企业（总部经济中介机构）社会、经济效益增长；

（三）既有总部型企业功能进一步完善。在京增设投资中心、财务中心、采购中心、研发设计中心、运营中心、知识产权中心、销售中心（含国际营销中心）、结算中心、列入相关规划的物流中心等功能性机构（满足其中之一）；

（四）入驻的总部型企业开展总部提级、入选权威机构排名、战略提升等能级提升（满足其中之一）；

（五）入驻的总部型企业（总部经济中介机构）在促进京津冀协同发展、服务业扩大开放试点、生活性服务业品质提升、“一带一路”、非首都功能疏解等全市重要工作中做出突出贡献；

（六）公共服务平台初步建成，总部企业发展环境进一步优化，园区（楼宇）服务设施更加健全，服务水平和服务品质显著提高，有明显的社会效益，项目具有一定示范性和带动性。

总部型企业是指总部企业、科技创新型准总部企业、其他总部类型的企业。

五、资金支持方式

主要分两种方式：补助、奖励。

（一）补助方式：对符合项目支持方向且评审、验收合格的项目给予一定的补助资金，补助金额不超过经审核认定总投资的50%，最多不超过500万元。

（二）奖励方式：对达到相关标准且验收合格的项目给予一定的资金奖励，奖励金额不超过经认定投资总额50%，最多不超过1000万元。

奖励和补助资金对被市商务委授予总部经济集聚区、总部经济发展新区称号的园区优先给予支持。

六、项目申报程序

（一）自主申报：各区商务委、组织本辖区内符合条件的园区、总部型楼宇或企业进行自主申报。

（二）区初审：各区商务委、北京经济技术开发区根据申报情况，联合本区有关部门，审核相关材料，提出初步申报意见。

（三）市级评审：市商务委根据各区推荐报送的项目情况，参照项目实施标准对项目进行审核，提出审核意见。

（四）中介评审：审核通过的项目交由中介机构评审。

（五）联合验收：市区商务委、北京经济技术开发区相关人员、专家组成验收工作组实施验收工作。

附表：2016年度总部经济公共服务平台建设项目扶持标准及要求

（总部经济发展处　杜大琳；联系电话：87211909）

附表

2016 年度总部经济公共服务平台建设项目扶持标准及要求

序号	类别	新建或规范网点应达到的标准	数量(个、家)	单个网点扶持金额(万元)	联系处室
1	公共服务设施改造升级	(一)新建或改建公共服务设施标准：	1—3	对达到标准的项目给予一定的补助资金，补助金额不超过经审核认定总投资的50%，最多不超过500万元。	总部经济发展处
		1. 为总部型企业或总部经济中介机构提供良好的服务设施；			
		2. 服务设施的改造升级包括以下几类：公共空间绿化、道路修缮、公共设施的改造；办公楼或厂房楼体改造、老旧电梯更换维修、室内装修改造；新建或改建展示厅、会议室、公共休闲场所、餐饮娱乐场所、停车系统等；			
		3. 项目运营后服务不少于10家总部型企业；			
		4. 项目建设手续要求：(1)若项目内容为土建工程(新建、改扩建)等内容，需要有立项、规划、建设等相关手续；已开始建设的，需要有施工许可证；(2)若项目内容为房屋装修及工程改造等内容，需要有房屋房产证等证明房屋合法性的证明文件；(3)若场地、房屋为租赁，需要提供相应租赁协议，租赁使用期限不少于2年；			
		5. 项目实施后园区(楼宇)服务水平和服务能力明显改善，办公环境进一步优化，商业配套服务更加便捷，基础设施保障更加有力；			
		6. 有规范的管理制度和服务制度；			
		7. 配备不少于2名经专业培训的工作人员。			
		(二)判断新建项目的依据			
		申报主体资金投入时间为：2015年1月1日—2016年10月31日。			

（续）

序号	类别	新建或规范网点应达到的标准	数量(个、家)	单个网点扶持金额(万元)	联系处室
2	公共服务平台建设—“互联网＋收发室”	(一)新建“互联网＋收发室”平台标准：	20—80	对达到标准且验收合格的项目给予不超过投资总额 50％的资金补助，且补助金额不超过限定金额：8 万元/10－15(含)平方米；10 万元/15－20(含)平方米；12 万元/20 平方米以上。	总部经济发展处
		1. 为总部型企业或总部经济中介机构提供信息管理、综合服务；			
		2. 服务人数不少于 2000 人次/年；			
		3. 项目建设空间因地制宜，有相对独立的空间，且建筑面积不小于 10 平方米；			
		4. 配备标准化货架、电脑、冷链末端存放设备(选配)、运输设备、安防设备、消防设备、安监设备(选配)等设备；			
		5. 具备三大服务功能：(1)信息管理：与快递公司 IT 系统实现数据共享，并全面支持互联网移动端业务；(2)综合服务：快递收揽业务、接待、物品存放、基建配套、视觉识别；(3)安全保障：安防、消防、安监(选配)；			
		6. 配备不少于 2 名经专业培训的工作人员；			
		7. 总部型企业服务水平和服务能力显著改善，企业、物业公司、管委会等相关部门满意度提升；			
		8. 有规范的管理制度、服务制度和运营情况记录；			
		9. 与物业公司、管委会等相关单位签订的租赁使用期限不少于 2 年。			
		(二)判断新建项目的依据			
		申报主体资金投入时间为：2015 年 1 月 1 日—2016 年 10 月 31 日。			

（续）

序号	类别	新建或规范网点应达到的标准	数量（个、家）	单个网点扶持金额（万元）	联系处室
3	公共服务信息系统建设	（一）新建或改建公共服务信息系统标准： 1. 为总部型企业或总部经济中介机构提供信息综合服务； 2. 完成基础设施资源（通信中心、数据中心等）的建设与改造，为园区（楼宇）实现平台服务及其各项应用提供基础保障； 3. 提升园区服务品质，增强产业服务能力，丰富产业服务内涵，为园区（楼宇）入驻企业提供展示、查询、商务、生活等综合服务； 4. 为 10 家以上总部型企业提供基于移动互联网的综合企业服务； 5. 有规范的管理制度和服务制度； 6. 与物业公司、管委会等相关单位签订的租赁使用期限不少于 2 年。 （二）判断新建项目的依据 申报主体资金投入时间为：2015 年 1 月 1 日—2016 年 10 月 31 日。	1—3	对达到标准的项目给予一定的补助资金，补助金额不超过经审核认定总投资的 50%，最多不超过 500 万元。	总部经济发展处

附件 12

商务服务业主题示范楼宇和商务服务业集聚区公共服务平台升级改造项目要求

为进一步做好本市商务服务业主题示范楼宇（集聚区）升级改造和培育发展工作，推动本市商务服务业的振兴发展，带动产业结构调整和升级，引导本市商务服务业企业提高综合集聚、专业集聚程度，提升行业配套水平、综合服务功能和客户便利度，改善楼宇（集聚区）发展环境，促进楼宇（集聚区）经济健康发展，相关要求如下：

一、支持方向和重点

专项资金支持商务服务业主题示范楼宇（集聚区）公共服务平台升级改造和培育发展，优先支持以下方向：

（一）各类商务服务业企业办事机构相对集中、在全市或区域范围内具有示范性质的办公楼宇（集聚区），对本市楼宇（集聚区）公共服务设施进行升级改造，可由楼宇（集聚区）业主单位或具有区域独立运作的服务管理机构、经营单位、物业管理单位申请商务服务业主题示范楼宇（集聚区）升级改造工作奖励。

（二）整栋楼宇或同属一个业主（或经营单位、物业管理单位）的功能相近的连片楼宇，可按一个项目主体开展商务服务业主题示范楼宇升级改造并列入本意见规定的奖励范围。

（三）重点支持知识密集型商务服务业企业集聚的楼宇（集聚区）进行主题示范楼宇（集聚区）升级改造。

二、申报路径和方式

采取区级初审、市级评审与市商务委员会审核确定相结合的认定程序。

（一）自主申报：各区商务委员会组织本辖区内符合条件的楼宇业主（商务服务业集聚区管理机构）或独立运营服务管理机构进行自主申报。申报单位提出申报请示和相关申报材料（见附件一、二），加盖主管部门或独立运营服务管理机构公章后，报各区商务主管部门初审。

（二）区级初审：各区商务委员会根据楼宇申报情况，审核相关材料，出具初审意见，加盖公章后报送至北京市商务委员会商务服务业发展协调处。

（三）市级评审：市商务委员会根据各区初审情况，会同区相关商务主管部门部门进行审核并提出审核意见，经市商务委员会领导同意后纳入年度商务服务业主题示范楼宇（集聚区）公共服务平台升级改造工作范围。

（四）纳入年度商务服务业主题示范楼宇（集聚区）公共服务平台升级改造工作范围且按照项目申报书确定的项目改造时间完成改造内容的楼宇（集聚区），由市区商务部门进行验收，验收结果须经第三方评估机构进行评审。具体验收要求按照《北京市商务委员会关于商务服务业主题示范楼宇升级改造和培育发展项目验收规范及操作规程》

（见附件一）执行。对验收合格并通过第三方评估机构评审的项目，给予适当奖励。

三、申报主体要求

商务服务业主题示范楼宇（集聚区）公共服务平台升级改造奖励由楼宇（集聚区）业主单位或经营单位、物业管理单位及商务服务业集聚区内独立运作的服务管理机构自主申报。申报主体需符合下列条件：

（一）商务楼宇

1. 楼宇有明确的产权归属，业主为在本市注册、具有独立法人资格、独立核算的企业或单位。楼宇具有规划建设手续，且符合当地经济社会发展的总体规划。

2. 楼宇具备一定的建筑规模和企业入驻规模。原则上综合性楼宇建筑面积不少于20000平方米，专业性楼宇建筑面积不少于5000平方米。驻楼企业数量20个以上，其中商务服务业企业数量占比在25%以上的楼宇为商务服务业综合主题楼宇；驻楼单位中同类别商务服务业企业数量占比在50%以上的楼宇为商务服务业专业主题楼宇。

3. 楼宇具备较鲜明的商务服务业聚集效应，商务服务业发展良好，上一年度楼宇在完成产值、利税、就业等主要经济指标方面成绩显著。

4. 楼宇运营管理机构建有科学规范的管理机制和运营机制，能有效开展楼宇的管理、运营、服务等各项工作。

5. 商务服务业主题示范楼宇公共服务平台升级改造工作完成后，具备完善的基础设施和优良的发展环境，能为驻楼商务服务业企业提供保障和服务。需具备以下四大办公功能：

一是适合的基本办公环境。提供适合驻楼单位层高、承重、开间面积等要求的办公条件。

二是安全的办公环境。商务楼宇拥有良好的安保、消防和突发事件应急处置的基本服务功能，具有稳定的供配电系统。

三是便捷的办公环境。提供便捷的交通服务：有便捷的停车系统；有方便快捷的楼内立体交通；提供顺畅的互联网和通讯办公环境。

四是舒适的办公环境。具有良好的空调系统和通风系统；具有及时到位的保洁、设施设备维修维护等服务。

（二）集聚区或产业园区

1. 具有区及以上人民政府或相关行政管理部门批准设立的文件；

2. 具有明确的四至范围；

3. 具有专门的、能够独立运作的服务管理园区或园区内区域独立运作的服务机构；

4. 具有招引促进商务服务业企业集聚发展的相关政策；

5. 能够定期掌握园区内产业及商务服务业发展情况；

6. 园区内商务服务业企业数量在50家及以上；

7. 具有一定的资源配置功能和经济辐射带动能力；

8. 具有较好的营商环境、综合配套设施和公共服务能力；

9. 远郊区根据情况奖励条件可适当放宽。

四、2016年公开征集项目的支持标准

2016年度面向社会公开征集项目采用奖励的方式进行支持。

商务服务业主题示范楼宇升级改造和商务服务业集聚区公共服务平台建设项目奖励

标准：

对同一项目支持的最高限额不超过：项目总投资的50%或200万元。同一楼宇或商务服务业集聚区在两年内获得过政府其他专项补助资金支持的，不得重复申请奖励资金支持。

五、下列情形不予支持

（一）市商务委员会委托第三方评估机构评审未通过的；

（二）项目知识产权有争议的；

（三）申请单位因严重违法违规行为被执法部门依法处罚未满2年的；

（四）申请单位在项目申报前2年内，在经营活动中有重大违法违规记录的；

（五）因涉嫌违法行为正在被有关部门调查或侦查的；

（六）正在进行影响该单位正常经营活动的重大诉讼或者仲裁的；

（七）项目单位被工商行政管理、市场监督管理部门列入经营异常名录或严重违法失信企业名单，并在企业信用信息公示系统上予以公示的；

（八）经审议认为影响该单位正常经营活动以及其他不予支持的事项。

六、项目管理总体流程

（一）项目申请。自公告发布之日起，项目申报单位请登录市商务委员会网站，按公告要求进行申报，项目纸制申请材料一式两份，应按顺序装订成册，并加盖单位公章。

（二）项目审核。按照属地原则，由各区商务委员会对申报项目进行初审；市区商务委员会联合审核并报经市商务委员会领导批准，纳入年度商务服务业主题示范楼宇升级改造和商务服务业集聚区公共服务平台建设工作范围。

（三）补充和提交资料。对于符合要求的项目将通知项目单位进一步准备详细资料，并在规定期限内提交至受理单位。

（四）项目实地踏勘。对纳入年度商务服务业主题示范楼宇升级改造和商务服务业集聚区公共服务平台建设工作范围的项目，由市区商务主管部门联合进行现场踏勘核实。

（五）纳入年度商务服务业主题示范楼宇升级改造工作范围并完成改造内容的楼宇，由市区商务部门进行联合验收。

（六）验收合格的项目，由市商务委员会委托第三方评估机构进行评审。具体验收要求按照《北京市商务委员会关于商务服务业主题示范楼宇升级改造和培育发展项目验收规范及操作规程》（见附件一）执行。对通过第三方评估机构评审的项目，按相关财务制度规定程序给予适当奖励。

（七）项目监督检查和绩效考评。市商务委员会会同各区商务主管部门对项目进度、制度建设等情况进行监督检查和绩效考评。

七、管理与服务

（一）任务分工

按照“市区共建、属地管理”的原则，推进商务服务业主题楼宇（集聚区）的管理和服务工作。

市商务委负责全市商务服务业主题楼宇（集聚区）的培育发展，组织指导全市商务服务业主题楼宇的升级改造，加强检查督导，对全市商务服务业主题楼宇（集聚区）运营情况进行汇总分析；

各区商务部门要切实加强对商务服务业主题楼宇（集聚区）的服务和管理，认真做好商务服务业主题楼宇（集聚区）周边环境和配套服务能力的提升，建立动态档案管理制度，按季度向市商务委报送商务服务业主题楼宇（集聚区）运营与发展情况。

市区商务主管部门要研究制定针对性的发展促进政策，采取多种切实可行的措施，对商务服务业主题楼宇（集聚区）的培育发展给予适当奖励，优化楼宇和企业发展环境。

（二）楼宇（集聚区）服务

区商务主管部门要加强楼宇特色发展方向和经营情况的指导、跟踪服务。市级商务主管部门要加强对楼宇（集聚区）特色和经营情况的检查和复核。

升级改造后的商务服务业主题楼宇（集聚区），要建立高效的组织机构和科学规范的运营管理机制，积极探索商务服务业主题楼宇（集聚区）专业化、产业化的发展模式，逐步建立完善公共服务平台体系，不断提升服务、管理、后勤保障等楼宇（集聚区）综合配套服务功能。同时，按照《北京市商务委员会关于建立商务服务业重点企业联系服务工作制度的意见（试行）》（京商务商服字〔2013〕3号），建立规范的商务服务业重点企业联系服务工作制度，指定一名分管领导同志具体负责，明确一个管理部门承担此项工作职责，确定一名部门负责同志为联络员，切实加强与入驻企业沟通并及时提供服务，强化企业与政府之间的沟通联络工作，按照市区两级商务主管部门的要求，负责楼宇（集聚区）信息的搜集和报送工作。

八、工作要求

（一）高度重视，扎实推进。

商务服务业主题楼宇（集聚区）的发展培育和升级改造工作，是一项发挥商务楼宇（集聚区）集聚带动作用，促进经济结构调整和升级，加快发展方式转变的重要工作。区（县）商务委要充分认识做好这项工作对于促进本地区发展的重要意义，把商务服务业楼宇（集聚区）的发展培育和升级改造工作，纳入本区县商务工作整体规划中。要组织专门力量，全面摸底、筛选，积极组织本区域内具有示范性的商务服务业主题楼宇（集聚区）进行申报，加快推进商务服务业主题楼宇（集聚区）的培育发展。

（二）密切配合，协同推进。

要调动各方面的积极性，强化部门协调联动，加强与财政、社会管理机构、行业监管部门、功能区管理机构和行业协会等的联系和配合，整合多方资源，在促进商务服务业主题楼宇（集聚区）升级改造、功能提升、企业聚集、建立行业运行监测、健全社会化、专业化促进网络等方面，共同努力，协同推进，为商务服务业发展创造有利条件。

附件：

1.《北京市商务委员会关于对本市商务服务业主题示范楼宇升级改造工作给予适当奖励的实施意见》（京商务商服字〔2014〕1号）

2. 北京市商务服务业集聚区公共服务平台升级改造申报材料

3. 北京市商务委员会关于对本市商务服务业集聚区公共服务平台升级改造验收规范及操作规程

4.《北京市商务委员会关于建立商务服务业重点企业联系服务工作制度的意见（试行）》（京商务商服字〔2013〕3号）

附件 1：

北京市商务委员会关于对本市商务服务业主题示范楼宇升级改造工作给予适当奖励的实施意见

（京商务商服字〔2014〕1号）

为进一步做好本市商务服务业主题示范楼宇升级改造和培育发展工作，推动本市商务服务业的振兴发展，带动产业结构调整和升级，引导本市商务服务业企业提高综合集聚、专业集聚程度，提升行业配套水平、综合服务功能和客户便利度，改善楼宇发展环境，促进楼宇经济健康发展，特制定如下实施意见：

一、奖励对象和范围

（一）各类商务服务业企业办事机构相对集中、在全市或区域范围内具有示范性质的办公楼宇，对本楼宇公共服务设施进行升级改造，可由楼宇业主单位（或经营单位、物业管理单位）申请商务服务业主题示范楼宇升级改造工作奖励。

（二）整栋楼宇或同属一个业主（或经营单位、物业管理单位）的功能相近的连片楼宇，可按一个项目主体开展商务服务业主题示范楼宇升级改造并列入本意见规定的奖励范围。

（三）重点支持知识密集型商务服务业企业集聚的楼宇进行主题示范楼宇升级改造。

二、奖励条件和标准

商务服务业主题示范楼宇升级改造奖励由楼宇业主单位（或经营单位、物业管理单位）自主申报。

（一）申报主体需符合下列条件：

1. 楼宇有明确的产权归属，业主为在本市注册、具有独立法人资格、独立核算的企业或单位。楼宇具有规划建设手续，且符合当地经济社会发展的总体规划。

2. 楼宇具备一定的建筑规模和企业入驻规模。原则上综合性楼宇建筑面积不少于20000平方米，专业性楼宇建筑面积不少于5000平方米。驻楼企业数量20个以上，其中商务服务业企业数量占比在25%以上的楼宇为商务服务业综合主题楼宇；驻楼单位中同类别商务服务业企业数量占比在50%以上的楼宇为商务服务业专业主题楼宇。

3. 楼宇具备较鲜明的商务服务业聚集效应，商务服务业发展良好，上一年度楼宇在完成产值、利税、就业等主要经济指标方面成绩显著。

4. 楼宇运营管理机构建有科学规范的管理机制和运营机制，能有效开展楼宇的管理、运营、服务等各项工作。

5. 商务服务业主题示范楼宇升级改造工作完成后，具备完善的基础设施和优良的发展环境，能为驻楼商务服务业企业提供保障和服务。需具备以下四大办公功能：

一是适合的基本办公环境。提供适合驻楼单位层高、承重、开间面积等要求的办公条件。

二是安全的办公环境。商务楼宇拥有良好的安保、消防和突发事件应急处置的基本服务功能，具有稳定的供配电系统。

三是便捷的办公环境。提供便捷的交通服务：有便捷的停车系统；有方便快捷的楼内立体交通；提供顺畅的互联网和通讯办公环境。

四是舒适的办公环境。具有良好的空调系统和通风系统；具有及时到位的保洁、设施设备维修维护等服务；具有良好的室内绿化和空气环境。

（二）奖励标准

商务服务业主题示范楼宇升级改造奖励资金对同一项目支持的最高限额不超过：项目总投资的50%或200万元。同一楼宇在两年内获得过政府其他专项补助资金支持的，不得重复申请奖励资金支持。

三、申报程序

采取区、县级初审和市级评审相结合的认定程序。

1. 自主申报：各区（县）商务委组织本辖区内符合条件的楼宇业主或运营管理机构进行自主申报。申报单位提出申报请示和相关申报材料（见附件一），加盖主管部门或运营管理机构公章后，报各区（县）商务主管部门。

2. 区县初审：各区（县）商务委根据楼宇申报情况，联合本区县有关部门，审核相关材料，提出初步申报意见，加盖公章后报送至北京市商务委员会。

3. 市级评审：市商务委根据各区县推荐报送的楼宇情况，会同市政府有关部门进行审核并提出审核意见，经市商务委领导同意后纳入年度商务服务业主题示范楼宇升级改造工作范围。

四、验收工作

纳入年度商务服务业主题示范楼宇升级改造工作范围且按照项目申报书确定的项目改造时间完成改造内容的楼宇，由市区商务部门会同市区财政部门进行验收，验收结果须经第三方评估机构进行评审。具体验收要求按照《北京市商务委员会关于商务服务业主题示范楼宇升级改造和培育发展项目验收规范及操作规程》（见附件二）执行。对验收合格并通过第三方评估机构评审的项目，给予适当奖励。

五、管理与服务

（一）任务分工

按照“市区共建、属地管理”的原则，推进商务服务业主题楼宇的管理和服务工作。

市商务委负责全市商务服务业主题楼宇的培育发展，组织指导全市商务服务业主题楼宇的升级改造，加强检查督导，对全市商务服务业主题楼宇运营情况进行汇总分析；

各区（县）商务部门要切实加强对商务服务业主题楼宇的服务和管理，认真做好商务服务业主题楼宇周边环境和配套服务能力的提升，建立动态档案管理制度，按季度向市商务委报送商务服务业主题楼宇运营与发展情况。

市区（县）商务主管部门要研究制定针对性的发展促进政策，采取多种切实可行的措施，对商务服务业主题楼宇的培育发展给予适当奖励，优化楼宇和企业发展环境。

（二）楼宇服务

区（县）商务主管部门要加强楼宇特色发展方向和经营情况的指导、跟踪服务。市级商务主管部门要加强对楼宇特色和经营情况的检查和复核。

升级改造后的商务服务业主题楼宇，要建立高效的组织机构和科学规范的运营管理机制，积极探索商务服务业主题楼宇专业化、产业化的发展模式，逐步建立完善公共服务平台体系，不断提升服务、管理、后勤保障等楼宇综合配套服务功能。同时，建立规范的联系工作制度，指定一名分管领导同志具体负责，明确一个管理部门承担此项工作职责，确定一名部门负责同志为联络员，切实加强与入驻企业沟通并及时提供服务，强化企业与政府之间的沟通联络工作，按照市区两级商务主管部门的要求，负责楼宇信息的搜集和报送工作。

六、工作要求

（一）高度重视，扎实推进。

商务服务业主题楼宇的发展培育和升级改造工作，是一项发挥商务楼宇集聚带动作用，促进经济结构调整和升级，加快发展方式转变的重要工作。区（县）商务委要充分认识做好这项工作对于促进本地区发展的重要意义，把商务服务楼宇的发展培育和升级改造工作，纳入本区县商务工作整体规划中。要组织专门力量，全面摸底、筛选，积极组织本区域内具有示范性的商务服务业主题楼宇进行申报，加快推进商务服务业主题楼宇的培育发展。

（二）密切配合，协同推进。

要调动各方面的积极性，强化部门协调联动，加强与财政、社会管理机构、行业监管部门、功能区管理机构和行业协会等的联系和配合，整合多方资源，在促进商务服务业主题楼宇升级改造、功能提升、企业聚集、建立行业运行监测、健全社会化、专业化促进网络等方面，共同努力，协同推进，为商务服务业发展创造有利条件。

1. 商务服务业主题楼宇申报材料

2. 验收规范及操作流程

1. 商务服务业主题楼宇申报材料

一、申报申请书、项目可行性报告；

二、单位法人证明文件（营业执照、组织机构代码证书、法定代表人身份证明或物业管理合同等）及项目申报单位承诺书；

三、楼宇基本情况（建筑面积、楼宇出租率、入驻企业数、商务服务业企业所占比例、商务服务业主要行业企业所占比例、楼宇内主要特色行业等）；

四、楼宇经营情况（上一年度完成产值、利税、就业等主要经济指标情况）、项目已发生费用明细表；

五、其他与项目相关的证明材料。

项目申请材料应按顺序装订成册，并加盖单位公章。

注：黑体字部分为补充要求的申报材料。

项目申报单位承诺书

北京市商务委员会：

我单位将严格按照《北京市商业流通发展专项资金管理暂行办法》、《北京市商务委员会关于对本市商务服务业主题示范楼宇升级改造工作给予适当奖励的实施意见》、《北京市商务委员会关于建立商务服务业重点企业联系服务工作制度的意见》（试行）及相关配套管理办法的有关规定组织实施＿＿＿＿＿＿＿＿＿＿项目：

一、保证向市商务委及有关部门提供的资料真实、有效，项目建设各项手续齐全、合规，项目建设资金落实到位，项目按计划实施，确保项目建设效果。

二、建立规范的重点企业联系服务工作制度。指定一名分管领导同志具体负责，明确一个管理部门承担此项工作职责，确定一名部门负责同志为联络员，按要求及时与市、区商务委主管部门开展信息交流和工作对接。按月填报商务服务业信息监测和服务网络平台运行工作中涉及的企业有关信息和情况，并保证数据真实、完整。

我单位承诺严格执行以上制度规定，保证不出现任何项目建设违法违规行为，如出现上述问题我单位将承担一切责任，并主动接受市、区商务主管部门采取的整改及调整措施。

项目单位法人代表：

单位公章

年　月　日

项目已发生费用明细表

填报单位：（公章）

序号	记账时间	会计凭证号	费用名称	金额（元）
1				
2				
3				
4				
5				
6				
7				
8				
9				
10				
11				
12				
13				
14				
	合计			

注：项目已发生费用明细按时间先后顺序填写

商务服务业主题示范楼宇情况表

楼宇名称			楼宇地址			
业主单位（或经营单位、物业管理单位）		法人代表		联系电话		
楼宇基本情况	建筑面积（平方米）		楼宇面积出租率（%）		入驻企业总数（个）	
	商务服务业职工数量（人）		商务服务业企所占比例（%）			
	主要特色行业		入驻的特色行业企业数（个）		特色行业企业所占商务服务企业比例（%）	
楼宇经营情况	驻楼企业营业总收入（万元）		驻楼企业缴税（万元）		驻楼商务服务业企业营业总收入（万元）	
	驻楼商务服务业企业缴税（万元）		驻楼企业职工数量（人）		入驻商务服务业职工数（人）	

2. 北京市商务委员会关于商务服务业主题示范楼宇升级改造和培育发展项目验收规范及操作规程

一、验收对象

纳入年度项目改造培育范围且按照项目申报书确定的项目改造时间完成改造内容的商务服务业主题示范楼宇。

二、验收主体

市区商务、财政部门相关人员组成验收工作组实施验收工作。

三、验收形式

采取实地查验、听取汇报、查看资料等形式验收。

四、验收规范

（一）改造内容验收标准

对于评审前已经完工的项目，主要对项目改造内容、绩效验收。严格对照项目申报书申报内容和第三方评审报告审定内容，对工程细项、工程量、相关票据、合同逐项、建设资金支付情况进行查验。对于比第三方评审报告缺项的内容（除非有充分理由），视同于未完成项目改造；对于超出申报内容且未经市区两级商务、财政部门同意的，不纳入验收和奖励范围。

对于评审前在原项目计划安排中尚未完工的项目，主要对规定时段内完成的改造项目内容进行阶段性验收。对于阶段性改造内容验收，严格按照第三方评审报告审定内容进行验收，对于比第三方评审报告内容缺项的内容（除非有充分理由），视同于未完成项目改造；对于超出评审范围且未经市区两级商务、财政部门同意的，不纳入验收和奖励范围。

（二）绩效验收标准

1. 驻楼单位数量20个以上，且商务服务业企业数量占比在25%以上。

2. 楼宇具备一定的建筑规模，单体面积2万平方米以上。主题特色楼宇，建筑面积在5000平方米以上。

3. 项目改造完成并投入使用后，达到项目申报时提出的绩效目标，包括楼宇出租率、商务服务业企业占比增幅、租金标准等方面的内容。

企业主体要提交改造前后入驻企业名单和租用面积、商务服务业企业名单和租用面积的清单。

4. 经营信息监测基本要求。楼宇应采取抽样调查等方式，选择具有代表性驻楼企业，建立稳定的经营信息报送体系和完善的经营信息报送制度，指派专人或机构负责信息采集、汇总和报送工作，保证信息报送及时、准确和完整。

五、验收程序

（一）验收申请。项目单位在工程改造完成后，应书面向区县商务委申请进行验收，区县商务委向市商务委书面申请验收。

（二）验收实施。市商务委根据验收申请，会同市财政、区县商务、财政部门进行联合验收。

（三）验收结果。验收工作组根据验收情况填写验收单（见附表 1），并加盖市商务委公章，并通知项目单位和相关部门。

有关阶段性验收程序参照本条执行，由市商务委会同市财政、区县商务、财政部门对于未申请验收的项目进行阶段性验收，具体要求及验收内容参见附表 2。

六、相关要求

各楼宇申报单位要根据上述验收内容分别编写报告和相关工程合同、财务票据（复印件），一式三份，两份提前报送市商务委，一份供现场查验；阶段性验收主要报送工程进度情况，并附相关工程合同、财务票据（复印件），一式三份，两份提前报送市商务委，一份供现场查验。

各楼宇申报单位对申报资料的真实性和有效性负全部责任，在验收过程中，发现存在资料造假或数据不实等情况，验收不予通过，不予奖励支持。

附表 1：

商务服务业示范楼宇改造项目验收单

<table>
<tr><td>楼宇名称</td><td colspan="2"></td><td>项目单位</td><td></td></tr>
<tr><td>地　　址</td><td colspan="2"></td><td>验收日期</td><td></td></tr>
<tr><td>验收标准</td><td colspan="4">《北京市商务委员会关于商务服务业主题示范楼宇升级改造和培育发展项目验收规范及操作规程》</td></tr>
<tr><td>第三方评审时间</td><td colspan="2"></td><td>评审时是否完工</td><td>是（　　）否（　　）</td></tr>
<tr><td>材料报送</td><td colspan="4">齐备（　　）　　不齐备（　　）</td></tr>
<tr><td rowspan="3">验收情况</td><td>验收内容</td><td colspan="3">验收情况</td></tr>
<tr><td>改造内容</td><td colspan="3"></td></tr>
<tr><td>绩　　效</td><td colspan="3"></td></tr>
<tr><td rowspan="4">验收单位及意见</td><td colspan="4">市商务委：

验收人签字：</td></tr>
<tr><td colspan="4">市财政局：

验收人签字：</td></tr>
<tr><td colspan="4">区商务委：

验收人签字：</td></tr>
<tr><td colspan="4">区财政局：

验收人签字：</td></tr>
<tr><td>验收意见</td><td colspan="4">盖章</td></tr>
</table>

附表 2：

商务服务业示范楼宇改造项目阶段性验收单

<table>
<tr><td>楼宇名称</td><td></td><td>项目单位</td><td></td></tr>
<tr><td>地　　址</td><td></td><td>验收日期</td><td></td></tr>
<tr><td>验收标准</td><td colspan="3">是否符合《项目申报书》工程进度要求</td></tr>
<tr><td>第三方评审时间</td><td></td><td>评审时是否完工</td><td>是（　　）否（　　）</td></tr>
<tr><td>材料报送</td><td colspan="3">齐备（　　）　不齐备（　　）</td></tr>
<tr><td rowspan="3">验收情况</td><td>验收内容</td><td colspan="2">项目工程进度</td></tr>
<tr><td>项目工程预计进度</td><td colspan="2"></td></tr>
<tr><td>项目工程实际进度</td><td colspan="2"></td></tr>
<tr><td rowspan="4">阶段性验收单位及意见</td><td colspan="3">市商务委：

验收人签字：</td></tr>
<tr><td colspan="3">市财政局：

验收人签字：</td></tr>
<tr><td colspan="3">区商务委：

验收人签字：</td></tr>
<tr><td colspan="3">区财政局：

验收人签字：</td></tr>
<tr><td>阶段性验收意见</td><td colspan="3">盖章</td></tr>
</table>

附件 2：

商务服务业集聚区申报材料

一、申报申请书、项目可行性报告；

二、项目申报单位承诺书；

三、项目单位法人证明文件（营业执照、组织机构代码证书、法定代表人身份证明或物业管理合同等）；

四、集聚区基本情况（建筑面积、集聚区内楼宇出租率、入驻企业数、商务服务业企业所占比例、商务服务业主要行业企业所占比例、集聚区内主要特色行业等）；

五、集聚区经营情况（上一年度完成产值、利税、就业等主要经济指标情况）；

六、项目已发生费用明细表；

七、商务服务业集聚区运行表（电子表格）；

八、其他与项目相关的证明材料。

项目申请材料应按顺序装订成册，并加盖单位公章。

商务服务业集聚区情况表

<table>
<tr><td>集聚区名称</td><td colspan="2"></td><td>集聚区地址</td><td colspan="3"></td></tr>
<tr><td>业主单位（或经营单位、物业管理单位）</td><td></td><td>法人代表</td><td></td><td>联系电话</td><td colspan="2"></td></tr>
<tr><td rowspan="3">集聚区基本情况</td><td>建筑面积（平方米）</td><td></td><td>集聚区内楼宇面积出租率（%）</td><td></td><td>入驻企业总数（个）</td><td></td></tr>
<tr><td>商务服务业职工数量（人）</td><td></td><td>商务服务业企所占比例（%）</td><td></td><td colspan="2"></td></tr>
<tr><td>主要特色行业</td><td></td><td>入驻的特色行业企业数（个）</td><td></td><td>特色行业企业所占商务服务企业比例（%）</td><td></td></tr>
<tr><td rowspan="2">集聚区经营情况</td><td>驻区企业营业总收入（万元）</td><td></td><td>驻区企业缴税（万元）</td><td></td><td>驻区商务服务业企业营业总收入（万元）</td><td></td></tr>
<tr><td>驻区商务服务业企业缴税（万元）</td><td></td><td>驻区企业职工数量（人）</td><td></td><td>入驻商务服务业职工数（人）</td><td></td></tr>
</table>

附件3：

北京市商务委员会关于对本市商务服务业集聚区公共服务平台升级改造验收规范及操作规程

一、验收对象

纳入年度升级改造培育范围的商务服务业集聚区。

二、验收主体

市区商务、财政部门相关人员组成验收工作组并实施验收工作。

三、验收形式

采取实地查验、听取汇报、查看资料等形式验收。

四、验收内容

（一）项目申报书确定的项目改造内容及完成时限。

（二）项目升级改造完成并投入使用后，达到项目申报时提出的绩效（社会效益、经济效益等）目标，如商务服务业企业占比增幅、能耗下降、公共环境、公共设备设施、公共服务水平得到提升和改善等内容。

（三）经营信息监测基本要求。应采取抽样调查等方式，选择具有代表性企业，建立稳定的经营信息报送体系和完善的经营信息报送制度，有专人或机构负责信息采集、汇总和报送工作。

五、验收程序

（一）验收申请。项目单位在工程改造完成后，应书面向区县商务委提出验收申请，区县商务委向市商务委书面提出验收意见。

（二）验收实施。市商务委根据区县商务委向市商务委书面提出验收意见，会同市财政、区县商务、财政部门进行联合验收。

（三）验收结果。验收工作组根据验收情况填写验收单（见附表1），并加盖市商务委公章，并通知项目单位和相关部门。验收合格项目送交第三方评审。

六、相关要求

项目申报单位要根据上述验收内容分别编写验收（总结）报告和相

关工程合同、财务票据（复印件），一式三份，两份提前报送市商务委，一份供现场查验。

项目申报单位对申报资料的真实性和有效性负全部责任，在验收过程中，发现存在资料造假或数据不实等情况，验收不予通过，不予奖励支持。

附表 1：

商务服务业集聚区公共服务平台升级改造项目验收单

<table>
<tr><td>集聚区名称</td><td colspan="2"></td><td>申报单位</td><td></td></tr>
<tr><td>地　　址</td><td colspan="2"></td><td>验收时间</td><td></td></tr>
<tr><td>验收依据</td><td colspan="4">《北京市商务委员会关于对本市商务服务业集聚区公共服务平台升级改造验收规范及操作规程》</td></tr>
<tr><td>材料报送</td><td colspan="4">齐全（　　）　　不齐全（　　）</td></tr>
<tr><td rowspan="3">验收内容</td><td>申报内容</td><td colspan="3"></td></tr>
<tr><td>改造内容</td><td colspan="3"></td></tr>
<tr><td>绩效和信息报送情况</td><td colspan="3"></td></tr>
<tr><td rowspan="4">验收单位</td><td colspan="4">市商务委验收人签字：</td></tr>
<tr><td colspan="4">市财政局验收人签字：</td></tr>
<tr><td colspan="4">区商务委验收人签字：</td></tr>
<tr><td colspan="4">区财政局验收人签字：</td></tr>
<tr><td>验收意见</td><td colspan="4">盖章</td></tr>
</table>

附表 2：

商务服务业集聚区公共服务平台升级改造项目阶段性验收单

<table>
<tr><td>集聚区名称</td><td colspan="2"></td><td>项目单位</td><td></td></tr>
<tr><td>地　　址</td><td colspan="2"></td><td>验收日期</td><td></td></tr>
<tr><td>验收标准</td><td colspan="4">是否符合《项目申报书》工程进度要求</td></tr>
<tr><td>第三方评审时间</td><td colspan="2"></td><td>评审时是否完工</td><td>是（　　）否（　　）</td></tr>
<tr><td>材料报送</td><td colspan="4">齐备（　　）　不齐备（　　）</td></tr>
<tr><td rowspan="3">验收情况</td><td>验收内容</td><td colspan="3">项目工程进度</td></tr>
<tr><td>项目工程预计进度</td><td colspan="3"></td></tr>
<tr><td>项目工程实际进度</td><td colspan="3"></td></tr>
<tr><td rowspan="4">阶段性验收单位及意见</td><td colspan="4">市商务委：
验收人签字：</td></tr>
<tr><td colspan="4">市财政局：
验收人签字：</td></tr>
<tr><td colspan="4">区商务委：
验收人签字：</td></tr>
<tr><td colspan="4">区财政局：
验收人签字：</td></tr>
<tr><td>阶段性验收意见</td><td colspan="4">盖章</td></tr>
</table>

附件4：

北京市商务委员会关于建立商务服务业重点企业联系服务工作制度的意见（试行）

各区（县）商务委、各有关单位：

近年来，本市商务服务业迅速发展，战略地位不断提升，已成为全市服务业发展的重要增长点。根据市委、市政府关于建设国际商贸中心的决定及全市商务工作会议的有关精神，为建立健全本市商务服务业统筹发展和促进体系，搭建信息交流和服务平台，优化本市商务服务业企业的发展环境，现就建立商务服务业重点企业联系服务工作制度提出如下意见。

一、工作目标

按照创建规范化服务型政府的要求，进一步密切本市市区两级商务主管部门与商务服务业企业的联系，通过建立全市商务服务业信息监测和服务网络平台，构建市商务委—区县商务委—商务服务业重点企业信息交流和服务体系，为政府及相关部门、行业协会、商务服务业重点企业提供多元化、全方位的服务，引导商务服务业企业提高集聚度，提升行业配套服务水平和专业服务能力，推动本市商务服务业实现新发展。

二、重点联系服务的企业范围

根据本市商务服务业发展的实际情况，目前，暂定下列范围内的企业为市商务委重点联系服务企业：

（一）会展业重点联系服务企业。一是按照《北京市商务委北京市财政局关于促进我市商业会展业发展的通知》（京商务贸发字〔2012〕55号）规定，获得市财政资金支持的会展企业；二是列入《北京市引导支持品牌会展名录》的会展企业；三是列入商务部重点联系范围内的本市会展业企业；四是本市主要展馆营运管理企业；五是具有一定代表性和影响力的本市会展企业（企业自愿申请，并由所在地区县商务委推荐，市商务委核准）。

（二）主题商务楼宇营运管理企业。一是市商务委认定命名的商务主题示范楼宇；二是由市商务委确定并获得市财政资金补助进行改造升级的主题商务楼宇。三是部分设立党建工作站的商务楼宇（由区县商务委审核推荐，市商务委核准）；

（三）市商务委认定命名的商务服务业集聚区运营管理单位或企业。

（四）北京市商务服务业企业联合会主要成员企业。

市商务委商务服务业重点联系服务企业实行动态管理，每年可视情况进行适当调整，但调整幅度原则上应控制在20%以内。

三、重点联系服务企业工作制度的主要内容

（一）建立市商务委与市政府相关工作部门、区县商务委顺畅的交流协调工作平台。依托商务服务业信息监测和服务网络平台，及时交流行业发展动态，沟通工作情况，协调解决相关问题，为本市商务服务业企业提供良好的政策发展环境和条件。

（二）建立市商务委、区县商务委与商务服务业企业信息交流和服务工作体系。依托商务服务业信息监测和服务网络平台以及市商务委已在互联网开通运行的会展业企业QQ群、主题商务楼宇企业QQ群、商务服务业集聚区QQ群等多种渠道，通过深入重点联系企业进行走访、调查研究、召开工作会议、专题座谈会等方式，切实加强与企业之间的联系，开展全市商务服务业企业运行监测、发展态势动态分析，沟通交流并及时反映企业发展情况，为政府制定相关政策及开展服务提供决策依据。

（三）探索构建本市商务服务业企业之间相互沟通交流、开展业务活动的合作交易平台。在商务服务业信息监测和服务网络平台基础上，建立商务服务业企业之间交流合作模块，为企业间相互沟通交流、开展合作交易等活动提供政策咨询及相关便利。

四、工作措施和要求

（一）市、区县商务委要根据重点联系服务的企业范围确定企业并在市商务委网站予以公布。凡确定的重点联系服务企业，今后将纳入市商务委有关会展业发展项目、主题商务楼宇改造升级项目、商务服务业集聚区发展项目等方面政策支持范围。同时，可选择性参与市、区县商务委组织的相关工作会议（座谈会、经验交流会等）及参观考察等交流活动。

（二）市、区县商务委应进一步落实相关工作职责和具体工作部门以及责任人，切实加强与政府相关职能部门、社会管理机构、行业协会及重点联系服务企业的沟通和联系，密切配合，及时发布相关信息，开展政策宣传和服务指导。

（三）重点联系服务企业要充分发挥商务服务业信息监测和服务网络平台在政策咨询、信息交流、情况反映等方面与政府部门的互动优势，强化企业与政府之间的沟通联络工作，助力企业科学规范化发展。建议上述企业也要建立规范的联系工作制度，指定一名分管领导同志具体负责，明确一个管理部门承担此项工作职责，确定一名部门负责同志为联络员。市商务委商务服务业发展协调处将会同有关区县商务委，及时与重点联系服务企业及有关人员开展工作对接。重点联系服务企业应按照市区两级商务主管部门的要求，按月填报商务服务业信息监测和服务网络平台运行工作中涉及的企业有关信息和经济数据，并保证数据真实、完整。如不能按要求提供相关信息，市、区县商务主管部门将根据实际情况，采取必要措施进行整改及调整。

2013年6月8日

（联系人：林丛军；联系电话：87211896）

附件 13

项目申报表

项目名称：	
项目单位：	
企业注册地：	
申报日期：	

项目信息表

<table>
<tr><td>项目名称</td><td colspan="3"></td></tr>
<tr><td>项目负责人</td><td></td><td>手机电话</td><td></td></tr>
<tr><td>单位地址</td><td></td><td>邮政编码</td><td></td></tr>
<tr><td>注册资本</td><td></td><td>办公电话</td><td></td></tr>
<tr><td>上年收入</td><td></td><td>企业规模</td><td></td></tr>
<tr><td>项目申请理由
及项目主要内容</td><td colspan="3"></td></tr>
<tr><td>项目经济效益</td><td colspan="3"></td></tr>
<tr><td>项目社会效益</td><td colspan="3"></td></tr>
<tr><td rowspan="4">阶段性目标</td><td>实施阶段</td><td>目标内容</td><td>起止时间（年月）</td></tr>
<tr><td>第一阶段</td><td></td><td></td></tr>
<tr><td>第二阶段</td><td></td><td></td></tr>
<tr><td>第三阶段</td><td></td><td></td></tr>
<tr><td colspan="4">项目组织实施条件</td></tr>
</table>

项目支出预算明细表

项目支出预算及测算依据	项目资金来源	来源项目	申报额（万元）
		项目总投资	
		其中：自筹资金	
		银行贷款	
	项目支出明细预算	支出明细项目	金额（万元）
		合计	
	预算依据及说明		

项 目 可 行 性 执 行 报 告
一、基本状况   二、必要性与可行性   三、实施条件

附件 14

项目已发生费用明细表

填报单位：（公章）

序号	记账时间	会计凭证号	费用名称	金额（元）
1				
2				
3				
4				
5				
6				
7				
8				
9				
10				
11				
12				
13				
14				
15				
16				
17				
18				
19				
20				
	合计			

注：项目已发生费用明细按时间先后顺序填写

附件 15

2016 年市商业专项资金申报项目情况表

填报单位:(盖章)　　　　　　　　　　　　　　　　　　　　　　单位:万元

序号	项目单位	项目名称	计划投资			企业性质	企业注册资金	项目已投资	项目进度		项目负责人	办公电话	手机	项目主要内容	项目主要支出预算
			总额	自筹资金	银行贷款				开工时间	完工时间					
一	市商业流通发展资金项目														
二	市支持中小企业发展专项资金项目														
总计															

填报人:　　　　　　　　　　审核人:

备注:此表由项目申报单位填写,由区商务委、市属商业企业集团汇总。

附件 16

项目申报单位承诺书

北京市商务委员会：

我单位将严格按照《北京市商业流通发展专项资金管理暂行办法》、《北京市支持中小企业发展专项资金管理暂行办法》及相关配套管理办法的有关规定组织实施____________________项目，保证向市商务委及有关部门提供的资料真实、有效，项目建设各项手续齐全、合规，项目建设资金落实到位，项目按计划实施，确保项目建设效果。

我单位承诺保证不出现任何项目建设违法违规行为，如出现上述问题我单位将承担一切责任。

项目单位法人代表（签字）：__________ 单位公章

年 月 日

关于开展2016年北京市物流标准化试点项目申报工作的通知

京商务物流字〔2016〕6号

各区商务委、各有关企业、行业协会：

为贯彻落实财政部经济建设司、商务部流通发展司和国家标准委服务业标准部《关于组织申报物流标准化试点城市的通知》精神，稳步深入地推进北京物流标准化工作，现征集2016年物流标准化试点企业和项目，具体事项通知如下：

一、工作思路

按照“市场主导、政府引导、点面结合、协同推进”的原则，以标准托盘（1.2m×1.0m）及其循环共用为切入点，带动上下游物流设施设备和包装标准化水平提升；以快消品、农副产品、药品、电商等领域为重点，带动物流服务标准化水平提升；以物联网应用、信息平台为主线，带动物流信息化水平提升，促进构建标准化的智慧物流配送体系，形成标准托盘与物流包装联动、地区之间互动联动的局面。

二、工作任务及政策支持范围

（一）工作任务

在京津冀区域内，推动以第三方物流（快递）服务企业、商贸批发企业、快速消费品生产企业、连锁零售（网络零售）企业、农副产品（药品）生产销售企业、标准化设备和信息服务商为主体，以标准化托盘循环共用为牵引带动，以标准化周转箱和周转笼车为补充，有效促进物流标准化相关设施设备的建设和升级改造，提升企业信息管理和利用水平。

在2015年推进物流标准化“四种模式”（配送中心主导模式、第三方物流主导模式、农产品物流一贯化模式、国际物流一贯化模式）的基础上，深入推进覆盖京津冀的标准化物流运营和服务体系建设，构建“一个跨区域物流网络”、推进“两项重点任务”、实现“三个创新突破”。

1. 构建“一个跨区域物流网络”

加强京津冀区域和企业间稳步合作，聚焦商贸流通领域，推进物流标准化和农产品物流跨区域协同发展，探索出区域高效集约的标准化物流保障和农产品供应模式，逐步形成功能完备、分工明确、布局合理的环首都标准化物流网络。

2. 推进“两项重点任务”

一是推进快速消费品标准化托盘循环共用体系建设。加快标准化托盘及循环共用在快消品领域的推广应用，探索推进从快消品生产到零售终端的带托运输模式，促进资源循环利用，提高物流效率，降低物流成本；加强京津冀标准化物流基础设施建设合作，鼓励企业根据区域功能定位和经济发展需求，在北京周边地区建设标准化仓储物流设施，完善首都生活必需品供应物流网络，提高对首都的服务保障能力，探索创新循环共用和绿色发展模式。

二是推进“环首都1小时鲜活农产品物流圈”标准化建设。按照《京津冀协同发展纲要》要求，加快构建“环首都1小时鲜活农产品物流圈”，在河北和天津环京地区建设和改造服务首都市场的蔬菜、肉蛋等农副产品生产基地和物流仓储、分拣、加工、配送等设施，探索标准化周转箱在农产品物流中的推广应用模式，提升农产品物流服务效率，完善首都生活必需品供应物流网络。

3. 实现“三个创新突破”

一是体制机制创新。创新推进京津冀物流标准化协同发展，加强标准化顶层设计，统筹物流规划，搭建合作平台，促进区域物流标准化一体化。

二是项目组织模式创新。突破现有城市物流发展格局，加大区域间物流标准化合作和带动作用，发挥商贸流通领域龙头企业的主导优势，整合上下游物流服务资源，支持建立京冀物流标准化企业联盟，实现跨区域物流联动。

三是标准化带动流通模式创新。通过推进跨区域的标准化物流运营和服务体系，突破现有零售终端交接货模式，以标准化托盘应用为依托，以整托货物外包装无破损为交接货现场免验收标准，逐步实现跨区域的现场免验货，减少商品交接环节的作业时间，提高收货效率。

（二）政策支持范围

1. 推动建立社会化的托盘共用体系。鼓励各类生产、流通企业主体提高标准托盘普及率。支持补贴托盘使用方租赁标准托盘（不支持购买），或盘活存量标准托盘开展社会化租赁共用服务，推广带托盘运输。支持围绕标准托盘和物流包装的循环利用建立公共服务体系，形成托盘与周转箱（筐）、包装联动局面。支持标准托盘应用与供应链、共同配送、多式联运、甩挂运输相结合，发展单元化物流，提高流通效率。

2. 提高物流设施设备和服务标准化水平。支持与标准托盘（1.2m×1.0m）相配套的设施设备更新和改造，包括仓库、配送中心、零售门店等配送设施的标准化改造，货架、叉车、笼车、周转筐、运输车辆、管理信息系统等标准化更新，提高物流配送与包装标准化水平。支持仓储、包装、分拣、装卸、配送的流程服务标准化，促进物流单元化、一体化作业。支持快消品、农副产品、药品、电商等重点物流领域服务的标准化，建立企业物流标准体系，提升服务水平。支持物流设备服务商扩大标准托盘租赁和包装循环利用等业务，拓展增加服务网点，提高专业化服务能力。

3. 加强标准化的物流信息服务平台建设。支持托盘共用系统平台建设，拓展标准载具租赁、回收、流转监控等功能，整合托盘及包装市场领域资源，逐步推进由静态租赁到动态循环，由联盟交换向区域交换过渡。支持智慧物流配送发展，鼓励物联网、大数据等先进设备技术应用，推广共同配送，建设标准化智慧仓储配送中心、智慧末端配送站。

4. 创新循环共用与绿色发展模式。支持集团企业内部在全国范围内带托盘运输，企业间“结联盟”、“结对子”共推标准化，以托盘（周转箱等载具）为单元进行订货、收发货，推动供应链全程“不倒盘、不倒筐”。支持探索回购制托盘共用系统和托盘服务市场，实行社会化开放式运营，推动标准托盘循环共用。支持从商品生产源头按照电商物流要求进行标准化包装，减少流通过程的二次包装。支持利用配送渠道、押金制、积分制等对电商物流包装物回收、重复使用。支持推广标准化精准包装，防止过度包装和欠包装，探索“周转箱＋托盘”的单元包装和无包装模式。支持仓储配送企业与电商、回收企业合作，对包装物分类、再利用，推广易降解包装材料，促进仓储配送和包装绿色化发展。

5. 推进“环首都 1 小时鲜活农产品物流圈”建设。鼓励农超对接、农产品基地直供直销等多种产销衔接模式，支持企业在津冀建设蔬菜、肉蛋等农副产品分拨配送中心、绿色食品生产加工基地建设。支持产地冷链物流发展，加强冷链基础设施建设，支持在津冀建设产地预冷、冷藏中心，支持对冷链设施设备的升级改造，支持农产品冷链监控系统、可追溯系统及信息系统建设，支持上下游高效衔接的全程冷链物流服务。支持企业购买或租赁农产品标准化周转箱，逐步实现从地头到零售终端的农产品物流标准化。支持编制《“环首都 1 小时鲜活农产品物流圈”设施布局规划》，对于纳入《“环首都 1 小时鲜活农产品物流圈”设施布局规划》的项目，符合相关条件的，在项目征集时可以优先考虑支持。

三、试点单位及项目申报条件

（一）基本条件

1. 在北京市登记注册的独立法人单位，试点单位类别为：第三方物流服务企业、商贸批发企业、快速消费品生产企业、从事终端销售的零售连锁企业、电商企业、农副产品（药品）流通企业、物流标准化设备服务商、专业组织（协会、高校科研机构）等；

2. 申报单位经营状况良好，财务管理制度健全；

3. 申报单位依法经营，近三年无重大违法违规记录；

4. 申报项目需在 2016 年 12 月 31 日前完工并投入使用；

5. 同一项目已享受政府其他专项补助资金的，原则上不得重复申报；

6. 申报试点企业承诺在试点期间能够向试点工作推进部门提供年度企业试点项目推进情况。配合开展调研工作，接受审计、财政等相关部门的审计考核工作。

（二）不同类型单位的承诺条件

1. 第三方物流企业、商贸批发企业、快速消费品生产企业。承诺在试点期间内，标准化托盘使用量达到 90％以上，其中 50％为租赁使用，实现带托配送、托盘循环共用、免检直通模式门店占到总配送门店的 40％以上。

2. 零售连锁企业。承诺在试点期间内，第三方物流及商贸批发企业直送门店的货物 5％以上实现带托运输，托盘进入循环共用体系。以托盘为送（接）货单元、免验货（或延迟验货）门店数量占连锁门店总数的 40％以上，且至少达到 5 家。

3. 物流标准化设备服务商。承诺向物流标准化工作政府推进部门提供标准托盘、周装箱使用情况等。

4. 协会（社会团体）、研究机构。承诺在试点期限内，相关规划研究完成。

四、申报材料及程序

（一）材料要求

1. 项目申报书（含项目申报表、信息表、支出预算明细和可行性报告格式要求，见附件 1）；

2. 项目申报单位责任承诺书（见附件 2）；

3.2016年北京市物流标准化试点项目申报表（见附件3）；

4.2016年北京市物流标准化试点企业情况表（见附件4）；

5.项目单位法人证明文件复印件（营业执照、组织机构代码证书、法定代表人身份证明等）；

6.项目单位近两年财务报表（资产负债表、损益表、现金流量表）；

7.试点项目年度支出预算明细；

8.其他与项目相关的证明材料。

（二）申报审批程序

项目实施属地化管理原则，企业向注册地区商务委提交申报材料。

1.申报材料：项目申报采取纸质和电子版申报方式。项目单位在网页内下载附件填报。项目纸制申请材料一式两份，按顺序装订成册，并加盖单位公章，与电子版材料同时报企业注册地区商务委。

2.部门初审：申报材料经区商务委初审合格后，由区商务委将符合条件的项目汇总后报市商务委。

3.后续审批：初审通过的项目经试点领导小组组织专家进行遴选，确定试点项目。

4.项目验收、评审及资金拨付：根据项目实施进度情况开展项目验收、评审工作。对通过第三方评审公司评审通过的项目，拨付资金。

五、时间安排

企业应于2016年7月22日前将申报材料上报至各区县商务委，各区商务委应于2016年7月29日前上报汇总材料至市商务委。

六、工作要求

（一）各项目申报单位要确保申报材料内容真实、准确、完整，保证项目各项建设手续合规、项目建设资金落实到位、项目按时保质完成，并向市商务委做出书面承诺。获得专项资金支持的各项目单位在项目完工后1个月内应将项目实施、资金使用等情况向主管部门书面报告。

（二）区商务部门应积极组织企业进行申报，对申报项目材料的规范性、完整性及真实性等进行具体指导和审核，严格把关，认真做好项目征集、审核等相关工作。行业协会要做好宣传动员工作。

（三）各主管部门应加强对已支持项目的后续指导和执行情况的监管，定期对项目进行监督检查，确保项目实施效果，提高财政资金的使用效益。

（四）对试点企业实施动态管理。对入选的试点企业和项目进行进度跟踪，不能完成阶段性任务，或未达到阶段性目标的试点企业取消试点资格。

联系人：物流发展处　余博

联系电话：87211778

相关附件：

附件1.项目申报书

附件2.项目申报单位承诺书

附件3.2016年北京市物流标准化试点项目申报表

附件4.2016年北京市物流标准化试点企业情况表

附件 1.1：

项目申报表

项目名称：	
项目单位：	
企业注册地：	
申报日期：	

附件 1.2：

项目信息表

<table>
<tr><td>项目名称</td><td colspan="3"></td></tr>
<tr><td>项目负责人</td><td colspan="2"></td><td>手机电话</td><td></td></tr>
<tr><td>单位地址</td><td colspan="2"></td><td>邮政编码</td><td></td></tr>
<tr><td>注册资本</td><td colspan="2"></td><td>办公电话</td><td></td></tr>
<tr><td>上年收入</td><td colspan="2"></td><td>企业规模</td><td></td></tr>
<tr><td>项目申请理由
及项目主要内容</td><td colspan="4"></td></tr>
<tr><td>项目经济效益</td><td colspan="4"></td></tr>
<tr><td>项目社会效益</td><td colspan="4"></td></tr>
<tr><td rowspan="4">阶段性目标</td><td>实施阶段</td><td>目标内容</td><td colspan="2">起止时间（年月）</td></tr>
<tr><td>第一阶段</td><td></td><td colspan="2"></td></tr>
<tr><td>第二阶段</td><td></td><td colspan="2"></td></tr>
<tr><td>第三阶段</td><td></td><td colspan="2"></td></tr>
<tr><td colspan="5">项目组织实施条件</td></tr>
</table>

附件 1.3：

项目支出预算明细表

<table>
<tr><td colspan="2">项目名称</td><td colspan="2"></td></tr>
<tr><td rowspan="27">项目支出预算及测算依据</td><td rowspan="9">项目资金来源</td><td>来源项目</td><td>申报额（万元）</td></tr>
<tr><td></td><td></td></tr>
<tr><td>项目总投资</td><td></td></tr>
<tr><td>其中：自筹资金</td><td></td></tr>
<tr><td>银行贷款</td><td></td></tr>
<tr><td></td><td></td></tr>
<tr><td></td><td></td></tr>
<tr><td></td><td></td></tr>
<tr><td></td><td></td></tr>
<tr><td rowspan="17">项目支出明细预算</td><td>支出明细项目</td><td>金额（万元）</td></tr>
<tr><td>合计</td><td></td></tr>
<tr><td></td><td></td></tr>
<tr><td></td><td></td></tr>
<tr><td></td><td></td></tr>
<tr><td></td><td></td></tr>
<tr><td></td><td></td></tr>
<tr><td></td><td></td></tr>
<tr><td></td><td></td></tr>
<tr><td></td><td></td></tr>
<tr><td></td><td></td></tr>
<tr><td></td><td></td></tr>
<tr><td></td><td></td></tr>
<tr><td></td><td></td></tr>
<tr><td></td><td></td></tr>
<tr><td></td><td></td></tr>
<tr><td></td><td></td></tr>
<tr><td>预算依据及说明</td><td colspan="2"></td></tr>
</table>

附件 1.4：

项 目 可 行 性 执 行 报 告
一、基本状况
二、必要性与可行性
三、实施条件

附件2：

项目申报单位承诺书

北京市商务委员会：

我单位将严格按照《关于开展物流标准化2016年试点项目申报工作的通知》及相关配套管理办法的有关规定组织实施____________________项目，保证向市商务委及有关部门提供的资料真实、有效，项目建设各项手续齐全、合规，项目建设资金落实到位，项目按计划实施，确保项目建设效果。

我单位承诺保证不出现任何项目建设违法违规行为，如出现上述问题我单位将承担一切责任。

项目单位法人代表（签字）：__________ 单位公章

年 月 日

附件3：

2016年北京市物流标准化试点项目申报表

填报单位：（公章）　　　　　　　　　　　　　　　　　　单位：万元

<table>
<tr><td>单位性质</td><td colspan="6"></td></tr>
<tr><td>注册资本</td><td colspan="6"></td></tr>
<tr><td>上年度销售额（营业收入）</td><td colspan="6"></td></tr>
<tr><td>企业职工人数</td><td colspan="6"></td></tr>
<tr><td colspan="2">加入物流标准化联盟意愿</td><td colspan="5">□愿意　□不愿意</td></tr>
<tr><td>申报项目名称</td><td colspan="6"></td></tr>
<tr><td rowspan="2">单位类型</td><td colspan="2">□大型　□中型</td><td colspan="4">□第三方物流　□商贸批发　□零售连锁　□农副产品　□药品</td></tr>
<tr><td colspan="2">□小型</td><td colspan="4">□标准设备服务商　□其他组织（协会、高校科研机构等）</td></tr>
<tr><td>申请项目类型</td><td>物流标准化设施设备标准化改造项目</td><td></td><td>与物流标准化相关信息化建设改造项目</td><td></td><td>环首都1小时鲜活农产品物流圈</td><td></td></tr>
<tr><td>项目计划投资总额</td><td colspan="6"></td></tr>
<tr><td>其中：自筹资金</td><td colspan="6"></td></tr>
<tr><td>银行贷款</td><td colspan="6"></td></tr>
<tr><td>项目进度</td><td>开工时间</td><td colspan="2"></td><td>完工时间</td><td colspan="2"></td></tr>
<tr><td>项目主要建设内容</td><td colspan="6"></td></tr>
<tr><td>项目负责人</td><td colspan="6"></td></tr>
<tr><td>办公电话</td><td colspan="6"></td></tr>
<tr><td>手机</td><td colspan="6"></td></tr>
<tr><td>邮箱</td><td colspan="6"></td></tr>
</table>

填报人：　　　　　　联系电话：　　　　　　　　　　　　审核人：

附件 4:

2016 年北京市物流标准化试点企业情况表

企业名称							
注册地址					注册资金 （万元）		
联系人		联系电话		手机号		邮箱	
企业登记类型	□国有　□集体　□私营　□外资　□其它						
2015 年销售额 （营业收入） （亿元）		同比％		现有职工 人数（人）		自有运输车辆数 （辆）	
仓储设施（平方米）		自用所占比重％		仓库类型	□立体库□单层库 □冷库	货物储存量 （万吨）	
使用托盘总数 ________个	按照托盘标准化	其中:1200mm＊1000mm ________个;1100mm＊1100mm ________个;其它(请注明尺寸)________个					
	按照托盘所有者	其中:自有托盘数量________个 租用托盘数量________个;2015 年租金价格________元/年 使用第三方物流或供应商托盘数量________个					
	按照托盘使用范围	其中:企业内部封闭使用托盘数量________个 与第三方物流企业或供应商循环使用的托盘数量________个(包括使用他人的、及供他人使用的)					
使用周装箱总数 ________个		使用环节	□基地收购　□基地—配送中心—零售　□基地—零售 □配送中心—零售			使用方式	□ 购买 □ 租赁

（续）

<table>
<tr><td colspan="8">标准化改造情况</td></tr>
<tr><td colspan="8">□通用仓库 □冷库 □配送中心 □货架 □叉车 □月台 □管理信息系统 □购买配送车辆（含冷藏车） □监控系统 □购买周转箱</td></tr>
<tr><td colspan="8">与供应链上下游免验收企业情况</td></tr>
<tr><td>免验收企业
________个</td><td colspan="2">企业名称 1.</td><td>企业名称 2.</td><td>企业名称 3.</td><td>企业名称 4.</td><td colspan="2">名称企业 5.</td></tr>
<tr><td colspan="8">标准化试点目标</td></tr>
<tr><td>标准化托盘
的使用率</td><td></td><td>标准化托盘的
租赁率</td><td></td><td>免验收企业的
增加个数</td><td></td><td>免验收的货运量
占比%</td><td></td></tr>
<tr><td rowspan="3">使用托盘总数
________个</td><td>按照托盘标准化</td><td colspan="6">其中：1200mm * 1000mm ________个；
标准周转箱________个 请注明规格：</td></tr>
<tr><td>按照托盘所有者</td><td colspan="6">其中：自有托盘数量________个
租用托盘数量________个；租金价格________元/个 * 天
使用第三方物流或供应商托盘数量________个</td></tr>
<tr><td>按照托盘使用范围</td><td colspan="6">其中：企业内部封闭使用托盘数量________个
与第三方物流企业或供应商循环使用的托盘数量________个（包括使用他人的及供他人使用的）</td></tr>
</table>

关于申报2016年度商业专项资金的通知（第二批）

京商务财务字〔2016〕19号

各区商务委、市属国有企业集团、有关单位：

根据《北京市商业流通发展专项资金管理暂行办法》、《北京市支持中小企业发展专项资金管理暂行办法》、《北京市提高生活性服务业品质行动计划》等文件规定，结合全市重点商务工作，现将申报2016年度商业专项资金的有关事项通知如下：

一、支持方向和重点

统筹使用商业流通发展专项资金和中小企业发展专项资金，对符合标准和要求的项目采取项目补助、政府购买服务、以奖代补等形式给予支持。优先支持符合政策的公共平台建设和典型示范类项目。专项资金主要支持商业流通发展领域内符合首都城市战略定位的促消费、稳增长，推动保障民生的项目；促进生活性服务业品质提升，推动商业便民利民发展的项目；促进产业转型升级，推动“高精尖”经济结构构建的项目；支持现代服务业发展项目等规范化、连锁化、品牌化、特色化和便利化项目。

二、申报条件

（一）在北京市登记注册、独立核算的企业、机构、经济组织等单位；

（二）项目申报单位经营状况良好，财务管理制度健全；

（三）项目申报单位近三年无重大违法违规记录；

（四）申报项目能够按申报计划实施；

（五）为避免重复支持，对于已获得或确定将获得其他政府资金支持的项目原则上不得参加申报。

三、申报材料要求

（一）项目申报书（含项目可行性报告）；

（二）项目已发生费用明细表；

（三）2016年市商业专项资金申报项目情况表；

（四）项目申报单位承诺书；

（五）项目单位法人证明文件复印件（营业执照、组织机构代码证书、法定代表人身份证明等）；

（六）项目单位近两年财务报表（资产负债表、损益表、现金流量表）；

（七）其他与项目相关的证明材料。

项目申请材料一式两份，应按顺序装订成册，并加盖单位公章。项目申报材料不予退回。

四、项目申报流程

（一）项目申报。自通知发布之日起，项目申报单位填报项目申报材料，市属国有企业向市属国有企业集团提交申报材料，其他项目申报单位向注册地商务委提交申报材料。

（二）项目初审。按照管理权限和属地原则，由市属国有企业集团和各区商务委对申报项目进行初审；通过初审的项目汇总后报市商务委进行复审。

五、申报时限

为方便企业进行项目申报，2016年征集工作不设时限要求，符合项目申报条件的企业可全年申报，市商务委将在年度预算额度内，按照审核标准（具体要求详见附件1—11）根据项目完成情况择优给予支持。

六、工作要求

（一）各项目申报单位应确保申报材料真实、准确、完整，保证项目各项建设手续合规、建设资金及时落实到位、项目按时保质完成，并向市商务委做出书面承诺。

（二）对于伪造相关材料，提供虚假发票和虚假材料的项目申报单位，取消其当年申报资格，且三年内不得申报专项资金支持。

（三）获得专项资金支持的项目申报单位应积极配合相关监督检查、审计等工作。

（四）各初审单位应积极组织项目申报，切实做好指导与审核，严格把关，按照规定程序做好相关工作。

（五）各初审单位应加强对已支持项目的后续指导和跟踪监管，确保项目实施效果，充分发挥财政资金使用效益。

（六）项目申报单位原则上应将获得的专项资金列入“营业外收入”科目核算，相关法规另有规定的从其规定。

七、其它事项

（一）本文件电子版请登录市商务委官方网站：

www.bjcoc.gov.cn；

（二）具体支持内容咨询电话：详见附件1—11。

（三）市商务委对本通知负责解释。

联系人：财务处　宋欣

联系电话：87211637

相关附件：

1.2016年度新建或规范提升便民商业网点支持项目申报指南

2.促进生活性服务业发展项目申报指南

3.社区商业建设项目申报指南

4.促进农产品流通体系建设项目申报指南

5.农超对接建设项目申报指南

6.再生资源回收体系项目申报指南

7.促进二手车流通项目申报指南

8.老字号传承发展项目申报指南

9.电子商务创新示范及商业流通领域线上线下融合发展项目申报指南

10.支持跨境电子商务直购体验店建设项目申报指南

11.特色商业街申报指南

12.项目申报书

13.项目已发生费用明细表

14.2016年市商业专项资金申报项目情况表

15.项目申报单位承诺书

附件 1

2016 年度新建或规范提升便民商业网点支持项目申报指南

为进一步提高服务的规范化和便利化，市商务委拟在全市范围内对 2016 年度新建或规范提升便民商业网点支持项目进行征集，具体要求如下：

一、支持内容及目标

2016 年 12 月底前，全市计划完成新建或规范提升便利店（超市）、餐饮、便民菜店等生活性服务业网点 1500 个以上。其中新建或规范提升连锁便利店（超市）200 家以上、早餐网点 150 个以上、末端配送网点 150 个以上、蔬菜零售网点 300 个以上、洗染店 100 个以上、美容美发店 100 个以上、家政服务网点 200 个以上、再生资源回收网点 300 个以上。

新建或规范提升 1500 个以上网点包含北京市 2016 年为群众拟办重要民生实事中“提升生活性服务业品质，加强社区商业便民服务，全市新增规范化、连锁化、品牌化的便利店（超市）、餐饮、便民菜店等生活性服务业网点 500 个”的网点数量。

二、建设扶持标准及要求

有关建设扶持标准及要求详见附表。

三、时间进度要求

11 月底前完成。

四、申报主体需提交材料

（一）企业资质证明材料（营业执照、组织机构代码证等）；

（二）满足附表标准和要求的相关材料；

（三）其他需要提供的相关材料。

附表：2016 年度新建或规范提升便民商业网点建设扶持标准

（联系人：服务交易处　安玉新 87211834；流通发展处　张爽 87211822；流通规划处　林英杰 87211872；消费促进处　李志鹏 87211690；物流发展处　余博 87211778）

附表

2016年度新建或规范提升便民商业网点建设扶持标准

序号	类别	新建或规范提升网点应达到的标准	数量（个、家）	单个网点扶持金额（万元）	联系处室
1	便利店（超市）	（一）新建网点应达到的标准 1. 为连锁企业直营店。 2. 有工商行政部门颁发的《营业执照》和环保、食药、卫生等部门颁发的《经营许可证》或经营项目许可证明、报告等。 3. 能够采取统一核算、统一采购、统一配送、统一销售，实施与总部连锁品牌实行统一管理要求。 4. 能够按照提升生活业服务业品质要求，搭载便民服务项目。 5. 具有与经营相适应的设备和不少于1年的租赁期的固定营业场所。 （二）判断新建网点的依据 拥有工商行政部门2015年10月1日—2016年9月30日间颁发的《营业执照》。	200	不超过15万元	流通发展处
2	早餐	（一）新建网点应达到的建设标准： 早餐固定门店和搭载早餐服务的便利店应分别符合商务部《固定门店式餐饮网点建设规范》和《便利店搭载早餐网点建设规范》。 （二）新建网点应达到的运营标准： 1. 应为连锁企业直营门店。 2.《工商营业执照》、《餐饮服务许可证》或《食品经营许可证》等法律必备文件有效、齐全。 3. 统一门店形象，统一经营设施，统一营业时间，统一食品配送。 4. 早餐经营符合《早餐经营规范》有关规定。 5. 早餐经营网点自验收合格投入运营之日起持续经营时间不少于1年。如网点有拆迁、关张等情况，应本着就近原则补齐。 6. 优先支持已开设老年餐桌或具备老年优待卡结算功能的项目，优先支持符合食品药品监管部门的食品安全量化分级要求（B二星及以上等级）和明厨亮灶要求的项目。	155	参照2016年早餐示范工程支持标准，新建或改造固定早餐门店，每个支持金额不超过40万元，且不超过总投资额的50%；新建或改造的搭载早餐服务的连锁便利店，每个支持金额不超过10万元，且不超过总投资额的50%。	消费促进处

（续）

序号	类别	新建或规范提升网点应达到的标准	数量（个、家）	单个网点扶持金额（万元）	联系处室
		（三）判断新建网点的依据 具备工商、食药监等部门2015年10月1日—2016年9月30日间颁发的《工商营业执照》、《餐饮服务许可证》或《食品经营许可证》等有效证照。			
		（一）改造规范项目应达到的标准 规范提升后满足新增网点的所有标准，改造前后提升效果较为明显。			
		（二）判断改造项目的依据 《工商营业执照》、《餐饮服务许可证》或《食品流通许可证》等证照齐全、有效，相关改造投资票据齐全、有效。			
3	末端配送	新建网点 （一）实体店 配送服务网点设置 1. 网点选址和建设要严格按照国家安全规范和有关规定执行。 2. 建筑面积原则上应不少于15平方米。 3. 采取连锁经营，配送网点数量不少于10家。 4. 实施主体具有工商行政部门颁发的《营业执照》。 5. 承诺使用期不低于1年。 末端配送服务设施服务规范 1. 服务内容（不限于）。为客户提供自提服务。也可提供上门配送服务。有快递服务资质的可开展揽收服务。支持共同配送模式。 2. 服务方式（基本要求）。配送员配送快件（包裹）、店员签收（交接）、客户上门自提签收、店员确认妥投，全过程采用APP或微信扫描方式交接，管理平台系统可查询。 （二）智能快件箱（优先支持在校区、办公场所内使用） 1. 网点选址和建设要严格按照国家安全规范和有关规定执行。 2. 采取连锁经营，已投放运营的智能快件箱需达到30组以上，每组格口总数不少于20个，并供三个以上快递品牌企业使用。 3. 承诺运营期不低于1年。	150	实体店：新建或改造末端配送网点，每个支持金额为总投资额的50%，且不超过15万元。 智能快件箱：每个格口支持100元。	物流发展处
		规范提升网点应达到的标准 规范提升后满足新增网点的所有标准。改造前后提升效果较为明显。			

（续）

序号	类别	新建或规范提升网点应达到的标准	数量（个、家）	单个网点扶持金额（万元）	联系处室
4	社区菜店	（一）建设标准 1. 为连锁企业直营或加盟店，统一采购、统一配送、统一经营、统一品牌、统一标识。 2. 选址符合区商务部门关于社区蔬菜零售网点规划布局要求。 3. 营业场所符合《北京市工商行政管理局贯彻北京市人民政府办公厅转发市工商局关于进一步支持产业优化升级加强业态调整促进经济发展方式转变工作意见文件的通知》（京工商发〔2012〕11 号）中规定的经营场所合法性和经营用途要求。 4. 经营范围：蔬菜等生鲜为主的农副产品，且符合国家和地方有关食品安全标准。原则上营业面积不低于 20 平米，其中，生鲜经营面积不低于营业面积的 2/3，蔬菜经营面积不低于营业面积的 1/3，经营蔬菜品种不低于 15 种。 5. 需承诺经营期不低于 1 年。 6. 获得工商行政部门颁发的《营业执照》。 （二）鼓励社区菜店按照本市肉类蔬菜流通追溯建设规范的相关要求建设改造。 （三）判断新增或规范提升项目的依据： 拥有工商行政部门 2015 年 10 月 1 日－2016 年 9 月 30 日期间颁发的《营业执照》为新增项目，在此之前的为规范提升项目。	300	1. 直营店：新增项目每店 10 万元；规范提升项目每店 5 万元。达到本市肉类蔬菜流通追溯建设规范相关要求的，单店扶持金额上浮 20%。 2. 加盟店：在上述扶持金额基础上减半。达到本市肉类蔬菜流通追溯建设规范相关要求的，单店扶持金额上浮 20%。 3. 项目投资情况需经第三方评审机构审定，扶持资金均不超过实际投资额的 50%。 4. 区级财政资金支持的项目，可以同时申报市商务委资金支持，市区两级合计支持资金不超过单个项目实际投资的 70%。	流通规划处
5	洗染	一、前店后厂网点 （一）新建前店后厂网点应达到的标准 1. 为连锁企业自营或加盟店。 2. 有工商行政部门颁发的《营业执照》。 3. 有环境行政主管部门出具的“建设项目环境设施验收”的行政许可文件。 4. 干洗店、干洗机应当符合 GB16204—1996、QB/T2326—1997（修订）的技术指标规定。 5. 有专用的存衣设施和收付衣物的柜台。 6. 有与经营项目相适应的设备。 7. 经营场所房屋面积不少于 50 平米以上，需承诺经营期不低于 1 年。 （二）判断新建网点的依据 拥有工商行政部门 2015 年 10 月 1 日－2016 年 9 月 30 日期间颁发的《营业执照》。	100	不超过 20 万元	服务交易处

（续）

序号	类别	新建或规范提升网点应达到的标准	数量（个、家）	单个网点扶持金额（万元）	联系处室
		二、洗衣代收网点 （一）新建洗衣代收网点应达到的标准 1. 为连锁企业自营或加盟店。 2. 有工商行政部门颁发的《营业执照》。 3. 有专用的存衣设施和收付衣物的柜台。 4. 经营场所房屋面积不少于30米以上，需承诺经营期不低于1年。 （二）判断新建网点的依据 拥有工商行政部门2015年10月1日—2016年9月30日期间颁发的《营业执照》，或其他类公司的《营业执照》经营范围在2015年10月1日—2016年9月30日期间新增有包含“清洁服务或代收洗衣”等相关内容。		不超过10万元	
		（一）规范提升网点应达到的标准 规范提升后满足新增网点的所有标准。 （二）判断规范提升网点的依据 申报主体（含加盟店）2015年10月1日—2016年9月30日间有不低于10万元的升级改造投资。		1. 补助金额不超过实际投资（需经第三方评审机构审定）的50%。 2. 规范提升单店补助金额不超20万元。	
6	美容美发	（一）新建网点应达到的标准 1. 为连锁企业自营或加盟店。 2. 有工商行政部门颁发的《营业执照》和卫生部门颁发的《卫生许可证》。 3. 有固定的店堂或营业场所，美容场所经营面积应不小于30平方米，美发场所经营面积应不小于10平方米。 4. 理发座椅、美容床及所需各类工具；有与经营美容服务相适应的仪器和器械用具。 5. 需承诺经营期不低于1年。 （二）判断新建网点的依据 拥有工商行政部门2015年10月1日—2016年9月30日期间颁发的《营业执照》。	100	不超过15万元	服务交易处
		（一）规范提升网点应达到的标准 规范提升后满足新增网点的所有标准。 （二）判断规范提升网点的依据 申报主体（含加盟店）2015年10月1日—2016年9月30日间有不低于10万元的升级改造投资。		1. 补助金额不超过实际投资（需经第三方评审机构审定）的50%。 2. 规范提升单店补助金额不超15万元。	

（续）

序号	类别	新建或规范提升网点应达到的标准	数量（个、家）	单个网点扶持金额（万元）	联系处室
7	家政服务	(一)新增网点应达到的标准 1. 为连锁企业自营或加盟店。 2. 有工商行政部门颁发的《营业执照》。 3. 有不少于2人的专职工作人员(总部专职工作人员不少于5人)。 4. 有与业务范围相适应的固定经营场所,使用面积不少于30平方米(总部面积不少于50平米)。 5. 配备经营必要的计算机、电话机及其辅助设备等。 6. 需承诺经营期不低于1年。	200	不超过10万元	服务交易处
		(二)判断新增网点的依据 拥有工商行政部门2015年10月1日—2016年9月30日期间颁发的《营业执照》,或其他类公司的《营业执照》经营范围在2015年10月1日—2016年9月30日期间新增有包含《家政服务通用要求》2.1条规定的相关内容。			
		(一)规范提升网点应达到的标准 规范提升后满足新增网点的所有标准。		1. 补助金额不超过实际投资(需经第三方评审机构审定)的50%。 2. 规范提升单店补助金额不超10万元。	
		(二)判断规范提升网点的依据 申报主体(含加盟店)2015年10月1日—2016年9月30日期间有不低于3万元的升级改造投资。			
8	再生资源回收	(一)新增网点应达到的标准 1. 为拥有回收亭数量超过20个的再生资源回收经营者,或拥有回收柜数量超过500个,具有自主经营能力的再生资源回收经营者。(含2016年新增网点数) 2. 再生资源固定回收网点是指:专门用于再生资源回收、分类、存储、中转的再生资源回收亭、回收屋、回收柜。 3. 回收亭选址在方圆100米内无其他回收网点的再生资源回收网点空白区域内,回收柜选址在居民小区内,不妨碍正常交通。 4. 回收亭建筑设计符合GB2894《安全标识及其使用导则》、GB50016《建筑设计防火标准》要求。 5. 回收亭应为封闭式建筑。营业面积一般不小于10平方米,容积不低于20立方米。门面招牌均需采用统一规范的站名和设计。回收柜应具备防盗功能,容积不低于550升。	50	回收亭单个2万元	服务交易处

（续）

序号	类别	新建或规范提升网点应达到的标准	数量（个、家）	单个网点扶持金额（万元）	联系处室
		6. 回收亭建筑材料应使用彩钢板和轻钢结构。外墙彩钢板厚度不得小于0.5mm,夹心板厚度不得小于50mm,轻钢龙骨用8号c型钢,厚度不低于25mm,底托采用钢板托架,承重钢梁不用8号c型钢,厚度25mm,承重不得低于1.5吨。顶部需设置方管横梁承重,最小不少于40＊60mm。厚度不低于25mm。回收柜应采用冷轧钢板材质。柜体冷轧板厚度不低于1.2mm,边长不小于0.7m,高度不低于1.7m,底部需与地面固定。(土木结构的回收屋、智能回收机不受此条限制) 7. 回收亭悬挂《再生资源回收经营者备案登记证明》(复印件),收购品种及价格表,服务公约和公安部门严令禁止收购的物品名称。回收柜应标注经营企业及回收品种、投放说明等。 8. 回收亭应配备标准衡器、灭火器;装有照明设施的回收网点,电器线路需采用阻燃材料保护。 9. 与街道(乡镇)、社区(村委会)、物业公司等相关单位签订的服务协议不少于1年,且承诺使用期限不低于1年。			
		(二)判断新增网点的依据 建设后回收网点是经区商务部门2015年10月1日—2016年9月30日间确认的新增回收网点,且申报主体在此期间有不低于10万元的投资。			
		(一)新增回收柜应达到的标准 回收柜选址在居民小区内,具备防盗功能,容积不低于550L,应采用冷轧钢板材质,柜体冷轧板厚度不低于1.2mm,边长不小于0.7m,高度不低于1.7m,底部需与地面固定。应标注经营企业及回收品种、投放说明等。		补助金额单个回收柜不超过800元,且不超过实际投资(需经第三方评审机构审定)的50%。	
		(二)判断新增回收柜的依据 申报主体2015年10月1日—2016年9月30日期间有不低于3万元的投资。			
		(一)规范提升网点应达到的标准 规范提升后满足新增网点的所有标准。	250	给予相应投资的全额补助,但每个规范提升的回收站点补助金额不超过限定金额,限额分别为:10—25平方米的补助1万元,25—50平方米的补助1.5万元,50平方米以上的补助2万元。(需经第三方评审机构审定)	
		(二)判断规范提升网点的依据 申报主体2015年10月1日—2016年9月30日间有不低于10万元的升级改造投资。			
备注	1. 本文所指的连锁企业是指具有统一的品牌、标识且执行统一的标准,在本市至少拥有10家自营或加盟店(含2016年新建网点数量)的企业。				
	2. 本文所指的再生资源回收主体企业是指各区商务委认定规范开展业务并报市商务委备案的再生资源回收企业。				

附件 2

促进生活性服务业发展项目申报指南

为贯彻落实好郭金龙书记在市委十一届十次全会提出“抓好街道社区建设，打造一批有特色、有活力、有韵味的街道”的工作要求，按照《北京市提高生活性服务业品质行动计划》要求，加快推进本市生活性服务业规范化、连锁化、便利化、品牌化、特色化发展，不断提升服务水平和劳动生产率，重点支持连锁化经营典型示范项目和试点培育打造一批以“便民、利民、为民”为核心目标，为市民提供“五化”服务的生活性服务业示范街区。

一、支持方向及内容

（一）支持连锁化经营企业或行业协会开展“互联网＋”、公共信息系统、公共服务平台等示范项目。

（二）支持连锁化经营生活性服务业企业参与京津冀合作项目。

（三）支持生活性服务业示范街区建设项目。

二、相关标准

（一）申报示范项目的企业主体应为连锁化经营企业、协会应为生活性服务业领域的行业协会，项目需具有一定示范性和创新性。

（二）原则上申报“互联网＋”示范项目的主体应为连锁化经营企业性质，申报公共信息系统、公共服务平台类的项目主体可以为连锁化经营企业或生活性服务业领域的相关行业协会。

（二）生活性服务业连锁化经营企业参与京津冀合作项目包括：在京津冀地区建设从业人员输入输出对接基地等内容。

三、资金支持标准

（一）“互联网＋”、公共信息系统、公共服务平台等示范项目补助或支持资金不超过该项目审定实际投资的 50%，最多不超过 200 万元。

（二）生活性服务业连锁化经营企业参与京津冀合作项目补助或支持资金不超过该项目审定实际投资的 50%，最多不超过 500 万元。

（三）有关生活性服务业示范街区建设项目支持标准另行发布。

（联系人：王喜艳，王璇　联系电话：87211852，87211840）

附件 3

社区商业建设项目申报指南

为进一步推进流通领域供给侧结构性改革，引导社区商业服务业规范化、连锁化、便利化、品牌化、特色化发展，不断满足居民多元化的消费需求，提高生活性服务业品质，现面向社会公开征集 2016 年度社区商业建设项目，并对符合条件的项目予以资金支持。

一、支持内容

（一）社区商业便民服务综合体建设

1. 商业服务业企业立足社区消费需求，以居民为服务对象，建设集生活必需品零售、餐饮、生活服务、休闲娱乐等多功能于一体的便民服务综合体项目。

2. 商业服务业连锁企业对原有社区商业设施进行规范化、综合化改造，引进生活性服务品牌连锁企业，拓展社区商业的生活服务功能，建设整合餐饮、生鲜便利、家政、修理、洗染、美容美发、代收代缴等多种便民服务的社区商业中心项目。

（二）社区线上线下融合服务平台建设

社区商业服务业实体企业以以服务社区居民家庭生活为目的，依托线下门店和服务网点优势，广泛利用互联网、物联网、大数据等现代信息技术，开发社区商业线上服务平台、为社区居民提供线上线下一体化的生活服务项目。

二、支持条件

（一）申报项目和经营范围符合北京市新增产业的禁止和限制目录规定，符合本市商业规划中关于社区商业的网点建设要求。

（二）社区商业便民服务综合体经营面积不少于 200 平米，社区线上线下融合服务平台应同时具备实体服务场所，搭载多种便民服务项目。

（三）优先支持品牌连锁企业的社区商业建设项目。

三、资金支持标准

项目支持资金不超过项目实际审定投资的 50%。

（联系人：流通发展处　耿英贞　电话：87211820）

附件4

促进农产品流通体系建设申报指南

为加快我市农产品流通体系建设，提升农产品保障供应能力，打造更加安全、快捷、便利的农产品服务保障体系，对新建或升级改造的农产品批发市场、社区菜店、菜市场、生鲜超市等给予一定的资金支持。

一、支持方向及内容

（一）支持符合北京市农产品流通体系发展规划的农产品批发市场转型升级，完善标准化交易专区、集配中心、冷藏冷冻、电子结算、信息化、电子商务平台、检验检测、废弃物循环利用与处理、安全监控等设施设备建设。

（二）支持新建和规范提升社区菜市场，支持场内装修、交易陈展、地面硬化、给排水、供电、通风、卫生、照明、检测、废弃物循环利用与处理、安全监控等设施设备建设。

（三）支持新建和规范提升连锁社区菜店，支持店面装修、交易陈展、供电、通风、卫生、照明等设施设备建设。鼓励社区菜店按照本市肉类蔬菜流通追溯建设规范的相关要求建设改造。

（四）支持新建连锁生鲜超市，支持交易陈展、加工、保鲜储藏、卫生安全、信息系统等方面的软硬件设施设备建设。

（五）支持蔬菜（肉）车载车售企业进入社区服务。

二、申报主体要求

在北京市注册，具有独立法人资格，《工商营业执照》等法律必备证照齐全有效的企业。

三、相关标准

（一）农产品批发市场

需符合《农产品批发市场管理技术规范》（GB/T19575—2004）。

（二）社区菜市场

需符合《社区菜市场（农贸市场）设置与管理规范》（DB11/T 309—2005）。

（三）社区菜店

1. 为连锁企业直营或加盟店，连锁规模需达到10家店以上（含10家），统一采购、统一配送、统一经营、统一品牌、统一标识。

2. 选址符合区商务部门关于社区蔬菜零售网点规划布局要求。

3. 营业场所符合《北京市工商行政管理局贯彻北京市人民政府办公厅转发市工商局关于进一步支持产业优化升级加强业态调整促进经济发展方式转变工作意见文件的通知》（京工商发〔2012〕11号）中规定的经营场所合法性和经营用途要求。

4. 经营范围：蔬菜等生鲜为主的农副产品，且符合国家和地方有关食品安全标准。原则上营业面积不低于20平米，其中，生鲜经营面积不低于营业面积的2/3，蔬菜经营面积不低于营业面积的1/3，经营蔬菜品种不低于15种。

5. 获得工商行政部门颁发的《营业执照》。

（四）生鲜超市

1. 连锁规模需达到3家店以上（含3家）。

2. 销售生鲜农产品的环境、基础设施

设备等需符合《超市销售生鲜农产品基本要求》(GB/T22502—2008)。

3. 经营范围：蔬菜、水果、畜禽肉、水产品、鲜蛋等食品，且符合国家和地方有关食品安全标准。营业面积原则上不低于500平米（城六区以外其他区原则上不低于300平米），其中，蔬菜等生鲜经营面积不低于营业面积的2/3。

4. 获得工商行政部门颁发的《营业执照》。

（五）蔬菜（肉）车载车售

1. 需拥有10辆以上（含10辆）投入运营的社区售菜（肉）车。

2. 自2015年以来，新进入10个以上（含10个）社区、每个社区每周售菜（肉）不低于两次且服务满一年。

3. 符合上述要求的社区数量及名单需区商务部门出具证明。

四、资金支持标准

（一）农产品批发市场转型升级项目，投资情况需经第三方评审机构审定，支持资金不超过实际投资的50%，最高不超过500万元。

（二）新建和规范提升社区菜市场项目，投资情况需经第三方评审机构审定，支持资金不超过单个项目实际投资的50%，最高不超过50万元。

（三）社区菜店

1. 直营店：新增项目每店10万元；规范提升项目每店5万元。达到本市肉类蔬菜流通追溯建设规范相关要求的，单店支持金额上浮20%。

2. 加盟店：在上述支持金额基础上减半。达到本市肉类蔬菜流通追溯建设规范相关要求的，单店支持金额上浮20%。

3. 直营店和加盟店投资情况需经第三方评审机构审定，支持资金均不超过单个项目实际投资的50%。

（四）生鲜超市项目投资情况需经第三方评审机构审定，支持资金不超过单个项目实际投资的50%，最高不超过100万元。

（五）蔬菜（肉）车载车售项目，根据符合要求的社区数量，按每个社区2万元给予蔬菜（肉）车载车售企业奖励，最高不超过100万元。

（六）区级财政资金支持的项目，可以同时申报市商务委资金支持，市区两级合计支持资金不超过单个项目实际投资的70%。

（联系人：林英杰　联系电话：87211872）

附件 5

农超对接建设项目申报指南

为贯彻落实国务院常务会议关于开展农超对接试点建设、加强鲜活农产品流通体系建设的工作要求，充分发挥连锁超市在农产品销售领域的规模优势和体系优势，提高本市连锁超市企业农产品产地直采能力，进一步扩大农超对接规模，通过优化供给保障食品质量和安全，提高居民生活品质，现面向社会公开征集2016年农超对接建设项目，并对符合条件的项目予以资金支持。

一、支持内容

（一）连锁超市企业与京内外农业生产合作社、农业产业化龙头企业、农产品生产加工基地建立直采直供关系，开展鲜活农产品产地直接采购，直接进入门店方式销售。

（二）连锁超市企业建设生鲜联合采购平台，与鲜活农产品基地建立直采直供关系，开展农产品联合采购行动，发挥联合采购的规模优势，为其它农产品零售企业提供采购信息、渠道和运输协同服务。

二、支持条件

（一）在北京市注册、具有独立法人资格的连锁超市企业，在北京市拥有的连锁门店不少于10家，《营业执照》等法律必备证照齐全有效，自申报之日前两年内无重大违法违规记录。

（二）生鲜农产品自营，与5个以上农产品基地建立对接关系，保持合作关系2年以上。

（三）为开展农超对接项目，建设专业生鲜配送中心、产地集配中心等基础设施，改造扩大鲜活农产品经营区等审定投资总额不低于100万元。

（四）具有完善农产品采购标准体系，具有快速检测设备和能力，对每批次采购农产品进行抽检且记录完备。

（五）承诺向对接基地收购农产品，不得附加不合理条款，不得以任何形式收取额外费用，执行较短的帐期，转账结算一般不超过15天，一般情况下应主动承担物流及相关费用。

（六）积极参加市区两级商务部门组织的区域商务合作和产销对接活动，配合政府有关部门开展针对出现“卖难”问题的农产品产地联合采购行动。

三、支持标准

以各申报企业2016年1月1日至2016年6月30日农超对接直采成交额从高低到低排序，在预算资金额度内按不超过项目实际审定投资的50%予以资金支持。

（联系人：张爽　联系电话：87211822）

附件 6

再生资源回收体系建设项目申报指南

为进一步加快推进本市再生资源回收行业规范化、连锁化发展，促进我市再生资源高效回收，提高生活性服务业品质，对 2016 年再生资源回收体系建设项目进行支持。

一、支持方向及内容

支持与城市垃圾分类结合的再生资源分拣中心、信息化平台、回收运输车辆等再生资源回收体系建设项目。

二、申报主体要求

在我市商务部门备案的再生资源回收企业。

三、相关标准

（一）分拣中心建设符合《再生资源分拣中心建设管理规范（SB/T 10720－2012）》要求。

（二）信息化平台具备公共服务功能，方便市民交售再生资源，提高再生资源回收效率。

（三）回收运输车辆符合本市《北京市再生资源回收车辆标准》。

四、资金支持标准

补助或支持资金不超过项目审定实际投资（以评审结果为依据）的 50%，单个项目最多支持不超过 200 万。

（联系人：曹民　联系电话：87211831）

附件 7

促进二手车流通项目申报指南

为进一步加快推进我市报废汽车回收拆解行业规范化发展，不断满足我市居民日益增长的报废汽车需求，对 2016 年报废汽车改造升级项目进行支持。

一、支持方向及内容

（一）支持报废汽车回收拆解企业引进现代拆解设备，进行技术改造、提升装备及信息化水平。

（二）支持二手车交易市场、二手车经营主体建立和完善二手车交易服务和管理信息系统等促进二手车流通项目。

二、申报主体要求

在我市商务部门备案的报废汽车回收拆解企业、二手车交易市场和二手车经营主体。

三、相关标准

（一）报废汽车回收拆解项目建设符合《报废汽车回收拆解企业拆解规范》的要求，内容主要为设备更新改造。

（二）二手车交易信息服务平台项目应有利于增加交易透明度，方便客户交易，提高工作效率，促进我市二手车流通。

（三）项目建设手续合规，资金使用符合相关要求。

四、资金支持标准

报废汽车回收拆解企业升级改造项目、二手车交易市场、二手车经营主体促进二手车流通项目补助或支持资金不超过该项目审定实际投资的 50%，最多不超过 200 万元。

（联系人：曹民　联系电话：87211831）

附件 8

老字号传承发展项目申报指南

为进一步弘扬民族优秀文化，振兴民族商业，引导北京老字号传承传统技艺、革新生产工艺、创新经营模式和营销方式、保护品牌和知识产权，提升经营效益，进一步推动北京老字号品牌发扬光大，促进特色消费市场的繁荣稳定，现面向社会公开征求老字号传承发展项目，并对符合条件的项目予以资金支持。

一、支持内容

（一）老字号企业传承创新发展

1. 应用现代流通方式，发展连锁经营，新建直营连锁门店，建设现代物流配送中心。

2. 弘扬中华民族传统文化，发掘继承传统工艺和技术，研发新产品，提高商品和服务品质。

3. 传承独特技艺及加强特有专业人才培养，建立传承人工作室、博物馆、非遗展厅。

4. 建设原料生产基地，建立食品源头追溯体系等保障食品安全。

5. 弘扬中华民族传统文化，与文化创意产业相结合，发掘和宣传老字号文化内涵。

6. 利用互联网、大数据等现代信息技术，开展电子商务，创新营销方式和渠道。

7. 实施技术改造，提升产品和服务的科技含量，创新服务内容和方式，提升品牌竞争力。

（二）老字号公共服务平台建设

1. 为老字号企业构建公共服务平台和服务体系，提供经营管理咨询和培训，开展拓展国内外市场的整体宣传、展示、推介活动。

2. 为老字号企业搭建平台，提供营销渠道和信息技术支持。

3. 为老字号企业提供国内及海外知识产权保护及维权服务。

二、支持条件

（一）老字号企业传承创新发展项目申报主体须为商务部认定的中华老字号企业或北京市老字号协会认定的北京老字号企业，申报老字号传承创新发展项目的老字号商业服务业企业应在北京市行政区域内至少开设两家直营连锁门店。

（二）老字号公共服务平台建设项目申报主体应为法人单位，且为5家以上老字号企业提供至少持续一年的各类市场化服务。

三、支持标准

（一）老字号企业传承创新发展项目的资金支持不超过项目实际审定投资的50%，最高不超过500万元。

（二）老字号公共服务平台类项目的资金支持不超过项目实际审定投资的50%，最高不超过200万元。

（联系人：耿英贞　电话：87211820）

附件 9

电子商务创新示范及商业流通领域线上线下融合发展项目申报指南

为进一步激发创新活力，鼓励电子商务与实体商业融合发展，促进消费供给侧结构调整，带动流通产业转型升级，推进非首都功能疏解，提升生活性服务业品质，对电子商务创新示范及商业流通领域线上线下融合发展项目给予资金支持。

一、重点支持内容

（一）电子商务创新示范和资源协同。

1. 电子商务企业开设线下体验店等，完善基础设施，优化购物体验，推广互动式、体验式、个性化消费，拓展消费新领域。

2. 延伸服务链条，通过开设便利店自提点、智能自提柜等，提升服务保障能力。

3. 整合优势资源，完善电子商务支撑体系，为中小企业开放服务平台，提供线上商品展示、交易撮合、金融支付、信用评价、供应链管理、大数据分析、专业咨询及培训等综合服务。

4. 激发创新活力，发展协同经济新模式，鼓励企业通过互联网平台，推广众包、众创、众扶等新型模式，建立产业链上下游企业及创业者协作体系，优化资源配置，促进创业就业。

（二）传统商业转型升级。

1. 优先支持商业连锁企业等升级消费环境，建设 WIFI 等信息化基础设施，应用移动互联网、物联网、大数据等信息技术，提升营销、支付、售后等服务水平，满足消费者多元化消费需求。

2. 优先支持商业连锁企业等应用电子商务开展多渠道经营，通过自建网站、入驻第三方电商平台等，拓展线上销售，降低流通成本。

3. 引导线上线下互动消费，支持实体零售企业等利用现有商业设施改造发展网购体验专区等，布局购物、餐饮、休闲、娱乐等体验式消费业态，增强实体店消费粘性；鼓励发展线上线下融合的体验式智慧商圈，促进商圈内业态优势互补，提升消费聚集度。

4. 支持传统批发市场创新商业模式，拓展线上业务，探索向大宗商品线上交易平台转型，提升发展质量和效益。

（三）互联网＋生活性服务业。

1. 推动移动互联网、大数据、云计算等新技术与生活性服务业融合发展，支持企业建设生活性服务业线上平台、社区购物服务应用软件、社区智能终端等，整合生活性服务业信息，提供查询、预约、缴费、快递自提等服务，便利居民日常生活。

2. 支持“一站式”O2O 便民服务示范店建设，鼓励电商企业与社区实体便民服务网点合作、改造利用社区闲置资源等，将餐饮、家政、洗染、美容美发、维修多业态的社区服务资源进行线上线下整合，完善在线交易、服务到家等消费功能，提升生活性服务业品质。

（四）电子商务进农村、进社区。

1. 发挥区域优势，通过自建特色农产

品电子商务服务平台或搭载龙头电商平台等方式，助力区域特色农产品开展线上销售。

2. 鼓励农产品垂直电商等完善冷链配送服务体系，为农产品生产、流通等企业提供一站式服务，降低农产品流通成本，提高食品安全化水平。

3. 支持农村连锁企业、邮政企业等应用电子商务升级改造农村便民服务网点，拓展线上线下服务功能，完善农村消费环境。

4. 鼓励发展社区电子商务，加强电子商务企业与社区商业网点融合互动；支持社区购物服务类应用软件项目；支持在社区范围内进行物流分拨、快件自取、电子缴费等服务项目，提升社区居民生活品质。

（五）推广应用电子发票。

1. 支持电子发票公共服务平台建设，鼓励技术创新应用，通过移动互联网、大数据等技术，研发“多屏合一”的电子发票管理及客户端，完善平台服务功能，提升交易大数据分析能力，降低企业成本，提升使用体验。

2. 鼓励商贸流通企业应用电子发票，支持企业对接本市电子发票公共服务平台，进行系统改造和电子发票应用。

二、项目建设标准

（一）符合首都城市功能定位和产业发展方向，新建项目不在《北京市新增产业的禁止和限制目录（2015 年版）》的禁限范围。

（二）网点改造类等项目已取得环评等相关审批备案文件。

（三）项目建设及投资进度不低于审定计划总投资的 70%，优先支持已建设完成并投入使用的项目。

三、资金支持标准

项目采取财政补助方式给予支持：

1. 资金支持比例最高不超过项目审定实际已投资的 50%。

2. 涉及房租类项目，对年度房租的支持比例最高不超过该项目审定非房租类实际已投资的 50%。

3. 单个项目支持金额最高为 500 万元。

（联系人：许凯　电话：87211821）

附件 10

支持跨境电子商务直购体验店建设项目申报指南

为进一步推进本市跨境电子商务持续健康发展，回拉境外消费，培育新的外贸增长点和消费增长点，促进生活性服务业品质提升，对跨境电子商务直购体验店建设项目进行征集。

一、支持目标

2016 年，全市计划完成 10 家以上跨境电子商务直购体验店建设。

二、支持内容

对本市企业在大型商圈、成熟社区、大型客运枢纽内部及周边，开设跨境电子商务直购体验店，采取线下展示、线上下单方式，以及现场销售部分完税商品的形式，开展跨境电子商务业务的给予支持。

三、支持条件

（一）申报主体需在北京市注册，具有独立法人资格，《工商营业执照》等法律必备证照齐全有效。

（二）体验店选址和建设要严格按照国家安全规范和有关规定执行。

（三）经营场所房屋使用面积不少于 100 平米，租赁时间至少 1 年以上。

（四）体验店内现场展示商品的 SKU 总数量不少于 500 种，其中通过线上售卖的商品 SKU 数量不少于本店内全部展示商品 SKU 数量的 50%。

（五）有自己的网站或移动 APP，提供线上交易、支付等服务，通过自有或第三方物流提供商品配送服务。

四、支持方式及标准

对企业开设跨境电子商务直购体验店，采取以奖代补的方式进行支持。

（一）资金支持比例最高不超过项目审定实际已投资的 50%。

（二）涉及房租类项目，对年度房租的支持比例最高不超过该项目审定非房租类实际已投资的 50%。

（三）单个项目支持金额最高为 500 万元。

五、申报时间要求

自 2015 年 1 月 1 日起在本市范围内建设的跨境电子商务直购体验店均可进行项目申报，按照申报时间顺序逐批送评审，申报工作截至 2016 年 9 月底。

（联系人：宋志雷　联系电话：87211813）

附件 11

特色商业街申报指南

为进一步推动现有特色商业街升级改造，完善街区软硬件服务功能，促进北京市特色商业街持续健康发展，提升市民生活品质，对符合首都城市战略定位的特色商业街的升级改造给予一定的资金支持。

一、支持方向及内容：

（一）支持符合首都功能定位的特色商业街改造提升。

（二）主要支持：特色商业街整体规划设计及相关专项设计、风貌景观整饬改造、街区功能完善、管理信息系统的建设与改造、节能环保专项工程改造、业态和经营结构调整等内容。

二、相关要求：

申报主体为企业的，需在北京市注册，具有独立法人资格，《工商营业执照》等法律必备证照齐全有效。

三、资金支持标准：

支持金额不超过实际投资的50%，最高不超过500万元。

（联系人：林英杰　联系电话：87211872）

附件 12

项目申报表

项目名称：	
项目单位：	
企业注册地：	
申报日期：	

项目信息表

<table>
<tr><td>项目名称</td><td colspan="3"></td></tr>
<tr><td>项目负责人</td><td></td><td>手机电话</td><td></td></tr>
<tr><td>单位地址</td><td></td><td>邮政编码</td><td></td></tr>
<tr><td>注册资本</td><td></td><td>办公电话</td><td></td></tr>
<tr><td>上年收入</td><td></td><td>企业规模</td><td></td></tr>
<tr><td>项目申请理由
及项目主要内容</td><td colspan="3"></td></tr>
<tr><td>项目经济效益</td><td colspan="3"></td></tr>
<tr><td>项目社会效益</td><td colspan="3"></td></tr>
<tr><td rowspan="4">阶段性目标</td><td>实施阶段</td><td>目标内容</td><td>起止时间（年月）</td></tr>
<tr><td>第一阶段</td><td></td><td></td></tr>
<tr><td>第二阶段</td><td></td><td></td></tr>
<tr><td>第三阶段</td><td></td><td></td></tr>
<tr><td>项目组织实施条件</td><td colspan="3"></td></tr>
</table>

项目支出预算明细表

<table>
<tr><td rowspan="29">项目支出预算及测算依据</td><td rowspan="8">项目资金来源</td><td>来源项目</td><td>申报额（万元）</td></tr>
<tr><td>项目总投资</td><td></td></tr>
<tr><td>其中：自筹资金</td><td></td></tr>
<tr><td>银行贷款</td><td></td></tr>
<tr><td></td><td></td></tr>
<tr><td></td><td></td></tr>
<tr><td></td><td></td></tr>
<tr><td></td><td></td></tr>
<tr><td rowspan="20">项目支出明细预算</td><td>支出明细项目</td><td>金额（万元）</td></tr>
<tr><td>合计</td><td></td></tr>
<tr><td></td><td></td></tr>
<tr><td></td><td></td></tr>
<tr><td></td><td></td></tr>
<tr><td></td><td></td></tr>
<tr><td></td><td></td></tr>
<tr><td></td><td></td></tr>
<tr><td></td><td></td></tr>
<tr><td></td><td></td></tr>
<tr><td></td><td></td></tr>
<tr><td></td><td></td></tr>
<tr><td></td><td></td></tr>
<tr><td></td><td></td></tr>
<tr><td></td><td></td></tr>
<tr><td></td><td></td></tr>
<tr><td></td><td></td></tr>
<tr><td></td><td></td></tr>
<tr><td></td><td></td></tr>
<tr><td></td><td></td></tr>
<tr><td>预算依据及说明</td><td colspan="2"></td></tr>
</table>

项目可行性执行报告
一、基本状况   二、必要性与可行性   三、实施条件

附件 13

项目已发生费用明细表

填报单位：（公章）

序号	记账时间	会计凭证号	费用名称	金额（元）
1				
2				
3				
4				
5				
6				
7				
8				
9				
10				
11				
12				
13				
14				
15				
16				
17				
18				
19				
20				
	合计			

注：项目已发生费用明细按时间先后顺序填写

附件 14

2016 年市商业专项资金申报项目情况表

填报单位:(盖章)　　　　　　　　　　　　　　　　　　　　单位:万元

序号	项目单位	项目名称	计划投资			企业性质	企业注册资金	项目已投资	项目进度		项目负责人	办公电话	手机	项目主要内容	项目主要支出预算
			总额	自筹资金	银行贷款				开工时间	完工时间					
一	市商业流通发展资金项目														
二	市支持中小企业发展专项资金项目														
总计															

填报人:　　　　　　　　　　审核人:

备注:此表由项目申报单位填写,由区商务委、市属商业企业集团汇总。

附件 15

项目申报单位承诺书

北京市商务委员会：

我单位将严格按照《北京市商业流通发展专项资金管理暂行办法》、《北京市支持中小企业发展专项资金管理暂行办法》及相关配套管理办法的有关规定组织实施________________________项目，保证向市商务委及有关部门提供的资料真实、有效，项目建设各项手续齐全、合规，项目建设资金落实到位，项目按计划实施，确保项目建设效果。

我单位承诺保证不出现任何项目建设违法违规行为，如出现上述问题我单位将承担一切责任。

项目单位法人代表（签字）：________ 单位公章

年 月 日

关于开展生活性服务业示范街区征集培育工作的通知

京商务交字〔2016〕104号

各区商务委员会：

为进一步提高生活性服务业品质，贯彻落实好郭金龙书记在市委十一届十次全会提出“打造一批有特色、有活力、有韵味的街道”的工作要求，为居民提供“规范化、连锁化、便利化、品牌化、特色化”的生活服务，依据《国务院办公厅关于加快发展生活性服务业促进消费结构升级的指导意见》（国办发〔2015〕85号）和《北京市提高生活性服务业品质行动计划》（京政发〔2015〕40号）文件精神，市商务委决定在全市范围内开展生活性服务业示范街区（以下简称“示范街区”）征集、培育等工作，现将有关事宜通知如下。

一、征集范围

本市行政区域范围内符合条件的新建街区（包括街道、社区、小区或商圈）或在原有基础上进行业态升级和商业模式创新的成熟街区。

二、基本要求

（一）示范街区总体要求

1. 符合本地经济和社会发展规划、城乡规划和土地利用总体规划；

2. 应为在建或已建成街区，有明确的四至范围；

3. 蔬菜零售、便利店（超市）、早餐（餐饮）、洗染、美容美发、家政服务、再生资源回收和末端配送等基本便民服务在区域内全覆盖；

4. 区域内至少拥有：健康服务、养老服务、旅游服务、体育服务、文化服务、法律服务、住宿餐饮服务、教育培训服务等三类及以上的其他生活性服务业行业；

5. 项目资金能够落实，并有明确的投资预算计划安排；

6. 具有专门的、能够独立运作的管理机构；

7. 具有较好的公共配套设施和经营环境。

（二）示范街区入驻门店要求

1. 入驻门店证照齐备；

2. 连锁经营门店总数不低于街区入驻门店总数的60%。

三、征集程序及时限

采取区级初审和市级评审相结合的征集程序。

（一）区级申报

每年1月份（2016年为7月—8月中旬），各区商务委组织本辖区内符合条件的项目实施主体进行申报。申报单位将加盖单位公章的申报请示和相关申报材料（详见附件）报区商务委，各区商务委依据本通知基本要求审核相关材料，提出初步意见，加盖公章后报送至市商务委。

（二）市级评审

每年2月份（2016年为8月中旬—8月

底），市商务委根据各区推荐报送的项目情况，会同市政府有关部门和专家进行评审，确定拟支持对象。

（三）项目实施

按照项目拟支持方式，有序推进拟支持对象的各项工作。

（四）验收、公示、挂牌

示范街区项目建成后，市商务委按照有关要求逐项检查验收，按照“成熟一个、挂牌一个”的原则，对符合要求的示范街区，经公示无异议后，按照规定给予项目实施主体和入驻门店资金支持，并正式挂牌。

四、支持方式

（一）推动优质市场主体对接

鼓励和支持示范街区引入连锁品牌企业门店，市商务委将搭建示范街区项目申报单位与《北京生活性服务业品牌连锁企业资源库》入库企业的对接平台，积极协调解决品牌连锁企业入驻及经营过程中遇到的困难和问题。

（二）完善配套资金支持政策

对于验收合格的示范街区，安排专项资金对项目实施主体在示范街区前期规划、停车、标志、标识、街景美化、开放空间等为街区提供公共服务的设施改造，为街区提供公共服务管理信息系统的建设与改造，公共区域的经营配套服务功能区布局和经营环境改造等方面（以下简称“示范街区公共支出”）给予不超过上述投资总额50%且总额不超过2000万元的支持。

对以连锁经营等方式入驻的基本便民服务（包括蔬菜零售、便利店（超市）、早餐（餐饮）、洗染、美容美发、家政服务和末端配送）门店，参照市商务委年度项目征集公告给予支持。

对以连锁经营等方式入驻的其他业态生活性服务业门店在门店装修、服务经营设备设施购置、信息系统开发建设等方面给予每家不超过上述投资总额50%且总额不超过100万元的支持。

（三）鼓励示范街区实施主体申请生活性服务业发展基金支持

对拟支持的示范街区项目，市商务委将推荐给生活性服务业发展基金财政出资代持机构和基金团队，鼓励和支持示范街区实施主体通过市场化运作方式获得基金支持。

五、资金支持申报流程

对于验收合格的示范街区，资金支持申报流程如下：

（一）示范街区公共支出部分支持资金的申请

由示范街区实施主体向示范街区所在区商务部门进行申报，经区商务部门初审，第三方机构评审，市商务委审核后，按照规定给予支持。

（二）以连锁经营等方式入驻的基本便民服务门店支持资金的申请

参照市商务委年度项目征集公告给予支持。

（三）以连锁经营等方式入驻的其他业态生活性服务业门店支持资金的申请

经示范街区管理机构出具意见，由所入驻门店的总部向总部所在区商务部门进行申报，经区商务部门初审，第三方机构评审，市商务委审核后，按照规定给予支持。

六、工作要求

（一）高度重视

示范街区的培育打造工作，以“便民、利民、为民”为核心目标，各区商务委要高度重视此项工作的示范意义和带动效应，将其纳入本区提高生活性服务业品质专项工作之中。

（二）明确分工

按照“市区共建、属地管理”的原则，市商务委负责指导全市示范街区的培育和发展工作，研究、制定、落实支持政策，做好项目验收、挂牌以及项目资金使用的督查等；各区商务委负责组织本区域内符合要求的街区进行申报、初审、项目进展情况的数据报送以及项目建设实施工作的监管等。

（三）动态监管

示范街区挂牌后，所在地区商务委须加强指导、跟踪项目后续运营，并督导街区管理机构按季度上报示范街区运营发展情况，同时抄送市商务委；市商务委须加强对示范街区运营发展情况的检查和现场复核，同时建立动态调整机制，对于挂牌后运营发展过程中出现已经达不到有关要求、且经整改后仍无法达标的街区，可撤销其生活性服务业示范街区的称号。

特此通知。

（联系人：服务交易处　王璇；联系电话：87211840）

附件：北京生活性服务业示范街区申报材料

附件

北京生活性服务业示范街区申报材料

1. ×××关于申报北京生活性服务业示范街区的请示，请示应该包括街区基本情况（含街区位置、范围、生活性服务业各行业分布等）、申报单位基本情况、项目可行性分析（含资金筹措渠道和分类预算）、项目建设情况（含建设内容、建设目标、项目规划、进度安排和实施步骤）、项目实施效果等；

2. 北京生活性服务业示范街区申请表（见附表）；

3. 申报单位法人证明文件（营业执照、组织机构代码证书复印件等）；

4. 其他符合基本要求的相关证明材料。

项目申请材料应按顺序装订成册一式两份，加盖申报单位公章，经区商务委初审并出具意见后，报送到市商务委服务交易处；并将上述第1、2项材料的电子版发送到 wangxuan@bjcoc.gov.cn，邮件主题：单位简称+示范街区。

附表

北京生活性服务业示范街区申请表

（申报单位及公章） 单位：万元、个、人

区	名称	法定代表人	联系电话	示范街区基本情况			示范街区门店情况		
				项目资金预算总额	基本便民服务是否全覆盖	其他生活性服务行业	入驻门店总数	其中连锁经营门店总数	门店连锁化率

联系人： 电话： E-mail：

关于2016年度支持北京地区跨境电子商务发展的通知

京商务电商字〔2016〕10号

各区商务委，有关单位：

按照《北京市人民政府办公厅关于转发〈市商务委关于推进本市跨境电子商务发展的实施方案〉的通知》（京政办发〔2014〕16号）及《国务院办公厅关于促进跨境电子商务健康快速发展的指导意见》（国办发〔2015〕46号）等文件精神，为发挥首都区位资源优势，引导本市跨境电子商务加快发展，推进对外贸易转方式、调结构，在2015年北京地区支持跨境电子商务发展政策的基础上进行调整，出台对2016年度北京地区跨境电子商务建设项目进行扶持的政策。具体通知如下：

一、支持对象

跨境电子商务企业（包括自建跨境电子商务销售平台的电子商务进出口企业、利用第三方跨境电子商务平台开展电子商务进出口的企业、为电子商务进出口企业提供交易服务的跨境电子商务第三方平台）、物流企业、第三方支付机构企业及其他相关经营单位。

二、支持方向与标准

（一）支持与北京跨境电子商务公共信息平台（以下简称“公共信息平台”）对接的信息系统建设、升级改造等项目，每个申报单位（申报主体）依据评审后的金额给予一次性资金补助，每个项目最高不超过100万元。

（二）支持跨境电子商务通关辅助系统建设，包括安检机、同屏比对系统、视频监控系统、查验设备、机检系统、监管场所专用围网、防火墙系统、辅助设备和管理信息系统等，每个申报单位（申报主体）依据评审后的总投资给予不超过50%资金支持，每个项目最高不超过300万元。

（三）支持海外仓、智能口岸仓、出口集货仓、跨境电商专用冷链库建设，包括货架（货柜）、视频监控系统、传送系统、专用推车（叉车）、辅助设备和管理信息系统等，每个申报单位（申报主体）依据评审后的总投资给予不超过50%资金支持，每个项目最高不超过400万元。

三、支持条件

（一）在北京市行政区域内依法设立、具有独立承担民事责任的各类所有制法人企业（法人经营单位）；

（二）已经实现与公共信息平台对接并有实际经营业绩（以公共信息平台统计数据为准），或为跨境电商企业提供现场通关服务，或为通关申报系统与公共信息平台提供对接服务；

（三）企业在进出口业务、电子商务业务、财务、税收、外汇管理、海关监管等方面无违法、违规记录。

四、申报审核程序

（一）企业（经营单位）向北京市商务委员会提交项目申报资料，包括：

1. 项目申报书（含项目实施、资金使用等情况报告）；

2. 企业法人营业执照；

3. 提供在公共信息平台上的注册号（不含为跨境电商企业提供现场通关辅助服务的企业）；

4. 项目已发生费用明细表；

5. 2016年跨境电子商务发展专项资金申报项目情况汇总表；

6. 费用支出发票复印件；

7. 项目申报单位承诺书。

（二）申报项目要求：自2015年1月1日起实施且未享受过同类政策支持的项目均可进行申报，项目实际投资比例不低于计划总投资的70%。

（三）项目申报时间：自本通知发布之日起即可进行项目申报，北京市商务委员会将按照申报时间顺序进行项目评审，申报工作截至2016年9月15日。

（四）项目审核与拨付：北京市商务委员会对申报项目进行初审，委托第三方中介机构对初审合格的项目进行评审，根据评审结果确定支持资金额度，并按照国库集中支付有关规定拨付资金。

五、帐务处理

企业（经营单位）收到支持资金后，应按国家相关规定进行财务处理。

六、监督与检查

（一）获得资金支持的企业（经营单位）应接受政府有关部门的监督和检查。任何单位和个人不得以任何形式骗取、挪用和截留支持资金。对违反规定的，按照《财政违法行为处罚处分条例》（国务院令第427号）予以处理。

（二）各区商务部门和开发区、天竺综保区、中关村科技园区管委会主管部门要加强对支持项目的监督管理和跟踪。

联系人：市商务委电子商务处

宋志雷　87211813

市商务委财务处　张景云　87211638

市财政局经建一处　齐　雯　88549650

北京市商务委员会

北京市财政局

2016年7月29日

相关附件：

附件1：项目申报书

附件2：项目申报单位承诺书

附件3：项目已发生费用明细表

附件4：2016年跨境电子商务发展专项资金申报项目情况汇总表

附件 1

项目申报表

项目名称：	
项目单位：	
企业注册地：	
申报日期：	

项目信息表

<table>
<tr><td>项目名称</td><td colspan="3"></td></tr>
<tr><td>项目负责人</td><td></td><td>手机电话</td><td></td></tr>
<tr><td>单位地址</td><td></td><td>邮政编码</td><td></td></tr>
<tr><td>注册资本</td><td></td><td>办公电话</td><td></td></tr>
<tr><td>上年收入</td><td></td><td>企业规模</td><td></td></tr>
<tr><td>项目申请理由
及项目主要内容</td><td colspan="3"></td></tr>
<tr><td>项目经济效益</td><td colspan="3"></td></tr>
<tr><td>项目社会效益</td><td colspan="3"></td></tr>
<tr><td rowspan="4">阶段性目标</td><td>实施阶段</td><td>目标内容</td><td>起止时间（年月）</td></tr>
<tr><td>第一阶段</td><td></td><td></td></tr>
<tr><td>第二阶段</td><td></td><td></td></tr>
<tr><td>第三阶段</td><td></td><td></td></tr>
<tr><td>项目组织实施条件</td><td colspan="3"></td></tr>
</table>

项目支出预算明细表

<table>
<tr><td colspan="2">项目名称</td><td colspan="2"></td></tr>
<tr><td rowspan="26">项目支出预算及测算依据</td><td rowspan="8">项目资金来源</td><td>来源项目</td><td>申报额（万元）</td></tr>
<tr><td>项目总投资</td><td></td></tr>
<tr><td>其中：自筹资金</td><td></td></tr>
<tr><td>银行贷款</td><td></td></tr>
<tr><td></td><td></td></tr>
<tr><td></td><td></td></tr>
<tr><td></td><td></td></tr>
<tr><td></td><td></td></tr>
<tr><td rowspan="17">项目支出明细预算</td><td>支出明细项目</td><td>金额（万元）</td></tr>
<tr><td>合计</td><td></td></tr>
<tr><td></td><td></td></tr>
<tr><td></td><td></td></tr>
<tr><td></td><td></td></tr>
<tr><td></td><td></td></tr>
<tr><td></td><td></td></tr>
<tr><td></td><td></td></tr>
<tr><td></td><td></td></tr>
<tr><td></td><td></td></tr>
<tr><td></td><td></td></tr>
<tr><td></td><td></td></tr>
<tr><td></td><td></td></tr>
<tr><td></td><td></td></tr>
<tr><td></td><td></td></tr>
<tr><td></td><td></td></tr>
<tr><td></td><td></td></tr>
<tr><td>预算依据及说明</td><td colspan="2"></td></tr>
</table>

项目可行性执行报告
一、基本状况   二、必要性与可行性   三、实施条件

附件 2

项目申报单位承诺书

北京市商务委员会：

我单位将严格按照《北京市商务委员会 北京市财政局关于 2016 年度支持北京地区跨境电子商务发展的通知》的有关规定组织实施项目，保证向市商务委及有关部门提供的资料真实、有效，项目建设各项手续齐全、合规，项目建设资金落实到位，项目按计划实施，确保项目建设效果。

我单位承诺保证不出现任何项目建设违法违规行为，如出现上述问题我单位将承担一切责任。

项目单位法定代表人（签字）：

单位公章

年　月　日

附件 3

项目已发生费用明细表

填报单位：（公章）

序号	记账时间	会计凭证号	费用名称	金额（元）
1				
2				
3				
4				
5				
6				
7				
8				
9				
10				
11				
12				
13				
14				
15				
16				
17				
18				
19				
20				
	合计			

注：项目已发生费用明细按时间先后顺序填写

附件 4

2016 年跨境电子商务发展专项资金申报项目情况汇总表

填报单位:(盖章)　　　　单位:万元

序号	项目单位	项目名称	计划投资			企业性质	企业注册资金	项目已投资	项目进度		项目负责人	办公电话	手机
			总额	自筹资金	银行贷款				开工时间	完工时间			
总计													

填报人:　　　　审核人:

关于新增节能减排政策补贴商品类别的公告

京商务消促字〔2016〕14号

北京市自2015年11月27日开始，在全市范围内实施节能减排政策，鼓励消费者购买使用节能减排商品，对符合条件的消费者给予一定额度的资金补贴。为进一步扩大政策效应，助力供给侧结构性改革，引导绿色消费理念，促进节能减排，对北京市节能减排政策补贴商品类别进行调整，新增微波炉等3类补贴商品。现将有关事项公告如下：

一、新增节能减排商品类别

节能减排商品在符合国家质量标准的电视机、电冰箱、洗衣机、空调、热水器、吸油烟机、空气净化器、坐便器和自行车9类商品基础上，新增符合国家质量标准的微波炉、家用燃气灶具、淋浴器3类商品。

（一）微波炉、家用燃气灶具的能效标识须为中国能效标识一级或二级。

（二）淋浴器为通过节水认证且用水效率等级二级及以上商品（商品目录在市商务委网站 www.bjcoc.gov.cn公布，并根据实际情况定期对商品目录进行更新）。

二、补贴标准

参照现行节能减排政策补贴标准，对微波炉、家用燃气灶具两类商品按照能效标识为一级、二级的商品，分别按其销售价格13%、8%进行补贴；对符合节水标准的淋浴器商品，按其销售价格20%进行补贴。所有类别商品单台（个）最高补贴金额不超过800元。

三、补贴数量

在政策实施期内，每个消费者每类商品只能有1台（个）享受补贴政策。

四、其他事项

本公告内容自公告之日起施行。政策补贴范围及办理补贴流程等其他事项均按照现行节能减排政策执行。具体政策由市商务委、市财政局、市发展改革委、市水务局、北京节能环保中心根据各自职责负责解释。

咨询电话：87211692

关于做好2016年北京市外经贸发展专项资金项目申报工作的通知

京商务财务字〔2016〕24号

各有关单位：

根据财政部、商务部《外经贸发展专项资金管理办法》（财企〔2014〕36号，以下简称《资金办法》）及北京市财政局、北京市商务委员会《北京市外经贸发展专项资金管理实施细则》（京财企〔2015〕2277号）（以下简称《实施细则》）以及《财政部 商务部关于2016年度外经贸发展专项资金重点工作的通知》（财行〔2016〕212号）的有关规定，为做好2016年北京市外经贸发展专项资金项目申报工作，现将有关事项通知如下：

一、支持方向和重点

专项资金主要支持外贸中小企业开拓市场；鼓励扩大先进设备和技术、关键零部件产品进口；鼓励承接国际服务外包业务；鼓励技术及技术服务出口；引导有序开展重点领域的对外承包工程和境外投资等业务。

二、申报条件

（一）在北京市登记注册、独立核算的企业、机构、经济组织等单位。

（二）项目申报单位经营状况良好，财务管理制度健全。

（三）项目申报单位近三年无重大违法违规记录。

（四）为避免重复支持，对于已获得或确定将获得其他政府资金支持的项目原则上不得参加申报。

（五）申报项目在实施期内须完成实施、履行付款手续并取得真实合规的发票，项目付款需符合《现金管理暂行条例》（国务院令第12号）第三条“开户单位之间的经济往来，除按本条例规定的范围可以使用现金外，应当通过开户银行进行转帐结算”的规定。

（六）申报项目已进行帐务核算并已装订成册。

各支持方向对项目申报条件有特殊要求的从其规定。

三、工作要求

（一）各项目申报单位应确保申报材料真实、准确、完整，并向市商务委做出书面承诺。

（二）对于伪造相关材料，提供虚假发票和虚假材料的项目申报单位，取消其当年申报资格，且三年内不得申报专项资金支持。

（三）获得专项资金支持的项目申报单位应积极配合相关监督检查、审计等工作。

（四）各初审单位应积极组织项目申报，切实做好指导与审核，严格把关，按照规定程序做好相关工作。

（五）各初审单位应加强对已支持项目的后续指导和跟踪监管，确保项目实施效果，充分发挥财政资金使用效益。

（六）项目申报单位原则上应将获得的专项资金列入“营业外收入”科目核算，相关法规另有规定的从其规定。

四、其它事项

（一）本文件电子版请登录市商务委官方网站：www.bjcoc.gov.cn；

（二）各支持方向具体支持内容、申报条件、申报材料要求、项目申报流程、申报时限及咨询电话详见附件。

（三）市商务委对本通知负责解释。

特此通知。

联系人：财务处　薛俊芳

联系电话：87211630

相关附件：

附件1.支持外贸中小企业开拓市场申报要求

附件2.进口贴息事项申报要求

附件2－1.2 2016年进口贴息附表

附件3.2016年度承接国际服务外包业务专项资金申报工作指南

附件3－1

附件3－2

附件3－3.4.5.6.7（企业版）

附件4.2016年度服务外包公共服务平台专项资金申报工作指南

附件4－1

附件5.2016年度技术出口贴息项目专项资金申报工作指南

附件5－1　2016年度技术出口贴息资金申请汇总表

附件6.2016年对外投资合作专项资金申报要求

附件 1

支持外贸中小企业开拓市场申报要求

一、申报条件

（一）在北京市办理工商注册，依法取得进出口经营资格或依法办理对外贸易经营者备案登记的企业法人；

（二）近三年无重大违法、违规记录；

（三）具有从事国际市场开拓的专业人员，对开拓国际市场有明确的工作安排和市场开拓计划；

（四）未拖欠应缴还的财政性资金。

“双自主”企业还应满足以下三个条件之一：

（一）同时拥有国内及出口市场（含港、澳、台地区，下同）注册商标；

（二）同时拥有国内及出口市场专利（包括发明专利、实用新型专利和外观设计专利）；商标及专利持有人原则上应为申请支持资金的企业或企业在国内的全资控股的母公司；

（三）获得国家相关部门颁发的中华老字号证书的企业。

二、支持方向

一般外贸企业支持内容包括：境外展览会、管理体系认证、产品认证、境外专利申请、商标注册。

“双自主”企业支持内容包括：境外展览会、管理体系认证、产品认证、境外专利申请、商标注册、国际市场宣传推介、外贸软件云服务等信息化建设、境外广告、国际市场考察（参展人员费）、境外投（议）标。

支持内容和标准见附件 1

三、项目计划申报时间

第一次：2016 年 8 月 15 日 9 时至 2016 年 8 月 26 日 24 时；

第二次：2016 年 12 月 1 日 9 时至 2016 年 12 月 15 日 24 时。

符合申报条件的项目单位登录外经贸发展专项资金网络管理系统 www.smeimdf.org 进行网上申报，无需提供书面材料。

四、申报项目限制

一般外贸企业：每个企业全年申报项目个数不超过 25 个；

“双自主”企业：每个企业全年申报项目个数不超过 45 个。

五、申报要求

申报的项目计划应为 2016 年已经实施完成的项目。

申报过程中遇到问题请与市商务委外贸运行处或经授权的 12 个区商务部门（见附件 2）联系。

联系人：刘均环　　联系电话：87211882

附件 1：

外贸中小企业开拓市场支持内容及标准

金额单位：元

序号	支持方向		最高支持比例（%）	最高限额（人民币）	备注
一	境外展览会	展位费	50 或 70	30000/每个展位（9 平米），最多可申请 10 个展位	只支持展位费，不支持企业注册费和展位搭建费。
		大型展品回运费（金额列入境外展览会的其他费用）	50 或 70	100000	大型展品回运费只支持单位体积 1 立方米且重量 1 吨以上的展品回运费用。
二	管理体系认证	ISO9000 系列质量管理体系标准认证、ISO14000 系列环境管理体系标准认证、职业安全管理体系认证、卫生管理体系认证等管理体系认证	50	50000	1. 认证机构应经中国认证认可监督管理委员会批准（可通过 www.cnab.org.cn 进行查询）。 2. 企业须在认证结束并取得相应认证证书的当年提交资金拨付申请。 3. 只支持企业初次认证费，不支持咨询费、培训费。
三	产品认证	开发能力成熟度模型集成（CMMI）认证、开发能力成熟度模型（CMM）认证、人力资源成熟度模型（PCMM）认证、信息安全管理认证、IT 服务管理认证、服务提供商环境安全性认证	50	300000	1. 支持根据产品进口国的有关法规或合同要求进行的产品认证（国内认证不支持）。 2. 产品认证机构应具有产品认证资格。 3. 产品认证须在认证结束并取得相应资质证书的年度申请资金支持。只支持认证费、认证过程中的检测费。
		其他产品认证	50	300000	

（续）

序号	支持方向		最高支持比例（%）	最高限额（人民币）	备注
四	境外专利申请	发明专利	50或70	50000	1. 专利申请项目是指中小企业通过巴黎公约或PCT专利合作条约（PATENT CO-OPERATION TREATY）成员国提出的专利申请。 2. 专利申请须在申请获得通过并取得专利证书的当年申请资金支持。 3. 只支持注册费，不支持支付境内中介机构的代理费。不同类别的专利项目应分别申请。每个专利最多支持在5个国家的申请。
		实用新型专利	50或70	50000	
		外观设计专利	50或70	50000	
五	商标注册	境外商标注册	50或70	50000	每个企业每种产品在一个国别（地区）只支持一次商标注册费用，应在取得注册证书的当年申请资金支持。
六	国际市场宣传推介（“双自主”企业可申请）	宣传材料的翻译及制作	50	15000	1. 宣传材料至少具有一种外国文字，不少于2000份。 2. 不支持产品外包装、说明书的制作费。
七	外贸软件云服务等信息化建设（“双自主”企业可申请）	创建中小企业网站	50	50000	1. 信息化建设项目的实施，应有助于中小企业开拓国际市场。 2. 企业网站应具有较丰富的内容，至少有一种外国文字或语言。 3. 企业网络营销活动是指企业在国内、国际有影响的互联网网站进行广告宣传、商品营销等活动（阿里巴巴网络营销今年暂不支持）。 4. 企业信息管理系统是指开发外贸业务单证管理、客户供应商管理、产品管理等外贸业务流程一体化的信息化管理项目。 5. 为企业提供信息化建设活动的服务商，应是依法注册、具有相应资质的法人企业。 6. 创建企业网站和开发信息管理系统只支持一次性的建设开发费用，不支持后期维护、改版、升级等费用。
		企业网络营销活动	50	50000	
		企业信息管理系统	50	50000	

（续）

<table>
<tr><th>序号</th><th colspan="2">支持方向</th><th>最高支持比例（%）</th><th>最高限额（人民币）</th><th>备注</th></tr>
<tr><td>八</td><td>境外广告（“双自主”企业可申请）</td><td>境外广告</td><td>50或70</td><td>50000</td><td>1. 境外广告只支持面向境外客户的报刊、杂志广告。
2. 报刊杂志广告需在样品中注明广告位置及相应中文翻译。</td></tr>
<tr><td rowspan="2">九</td><td rowspan="2">国际市场考察（参展人员费）（“双自主”企业可申请）</td><td>交通费</td><td>50或70</td><td>无</td><td rowspan="2">1. 企业参加境外展览会支持出访国家（地区）为1个、支持人数不超过2人。出访一个国家（地区）支持的天数不超过6天。
2. 交通费只支持国际航班的往返经济舱费用。生活补贴（包括住宿费和伙食费）按国家规定的访问国补助标准核算</td></tr>
<tr><td>生活补助</td><td>50或70</td><td>无</td></tr>
<tr><td rowspan="3">十</td><td rowspan="3">境外投（议）标（“双自主”企业可申请）</td><td>标书购置费</td><td>50或70</td><td>30000</td><td rowspan="3">1. 只支持未中标企业开展的境外投（议）标活动。
2. 境外投（议）标项目包括：成套设备和大型单机境外投（议）标、对外工程承包投（议）标和大宗商品采购投（议）标等。
3. 标书购置费指企业从项目发标方直接购买标书所支出的费用；项目设计费指企业委托专门设计研究机构进行设计所支出的费用。
4. 考察交通费与国际市场考察项目中的交通费核算方法相同。
5. 境外投（议）标项目应在投（议）标工作结束的当年申请，同一个项目只能申请一次。</td></tr>
<tr><td>项目设计费</td><td>50或70</td><td>50000</td></tr>
<tr><td>境外市场考察交通费</td><td>50或70</td><td>无</td></tr>
</table>

备注：1. “双自主”企业须在“北京市双自主企业国际市场开拓资金申报系统”上备案登记并取得资格。

2. 连续两年获得资金支持仍无业绩者，今年暂停申报。

附件2：

市、区商务部门联系方式

金额单位：元

商务主管部门	地址	联系电话
北京市商务委	丰台区横道沟西街2号院6号楼713	87211880 87211882 87211005
东城区商务委	永定门内东街中里13号崇文商务大厦315房间	67079135
海淀区商务委	海淀区四季青路6号海淀招商大厦东417房间	88498357
丰台区商务委	丰台区东安街三条六号1号楼409	63837580
石景山区商务委	石景山区实兴大街30号17号楼1层25号窗口	68865178 68862120
门头沟区商务委	门头沟区新桥大街36号对外贸易发展科	69834494
昌平区商务委	昌平区昌平镇南环路55号317房间	69711145
房山区商务委	房山区长阳镇昊天北大街38号C座708房间	81312971
平谷区商务委	平谷区综合行政服务大厅二层商务委窗口	89988293
密云区商务委	密云县檀西路21号101房间	89089311
怀柔区商务委	怀柔区怀柔区迎宾中路21号	69642877
朝阳区商务委	霄云路霄云里1号朝阳投资服务大厅1层北厅24窗口	84681126
顺义区商务委	顺义区站前街顺鑫国际商务中心	69445305

附件2

进口贴息事项申报要求

一、企业申请条件

（一）符合《资金办法》第十一条所规定的基本条件。

（二）以一般贸易方式、边境贸易方式进口列入国家发展改革委、财政部、商务部发布的《鼓励进口技术和产品目录（2016年版）》中的产品（不含旧品），或自非关联企业引进列入《目录》中的技术。

（三）进口产品的，申请进口贴息的企业应当是《进口货物报关单》上的收货单位；进口技术的，应当是《技术进口合同登记证书》上的技术使用单位。

（四）申请进口贴息的进口产品应当在2015年7月1日至2016年6月30日期间，已完成进口报关（以海关结关日期为准）；申请进口贴息的进口技术应当在2015年7月1日至2016年6月30日期间执行合同，并取得银行出具的付汇凭证。

（五）技术进口合同中不含违反《中华人民共和国技术进出口管理条例》（国务院令第331号）规定的条款。

（六）进口《目录》中“鼓励发展的重点行业”项下的设备，未列入《国内投资项目不予免税的进口商品目录（2012年调整）》（财政部、国家发展改革委、海关总署、国家税务总局公告2012年第83号）。

（七）符合以上条件的进口产品及技术进口总额不低于100万美元。

二、申报材料

（一）企业法定代表人签字的申请文件（见项目申报书），内容包括：企业基本情况、进口用途、预计可产生的效益、项目绩效目标（工作和完成情况）等。

（二）《2016年进口贴息事项申报说明》（详见附件2－1）及电子数据。

（三）企业营业执照（复印件）。

（四）《2016年进口贴息事项申请表》（详见附件2－2）及电子数据。

（五）进口产品订货合同或技术进口合同（复印件）。

（六）进口产品的，需提供《中华人民共和国海关进口货物报关单》（复印件）。

（七）进口技术的，需提供《技术进口合同登记证书》、《技术进口合同数据表》及银行出具的注明技术进口合同号的付汇凭证（复印件）。

（八）进口“鼓励发展的重点行业”项下的设备，需提供《国家鼓励发展的内外资项目确认书》（含进口设备清单复印件）、《进出口货物征免税证明》（复印件）及《进口货物报关单》（复印件）。

（九）重要装备有技术参数要求的，需提供列明商品技术参数的进口合同或产品说明书等相关证明材料。

（十）引进技术的应说明是否从关联企业引进，企业更名的应说明相关情况并附证明材料。

三、项目申报书

（一）基本情况

1. 项目单位情况简介

企业所属行业、职工人数、技术人员占比、年纳税额、产品名称、年进口情况、年出口情况、是否有双自主企业（自主品牌和自有产权，同时具有国内外商标或专利）

2. 项目基本情况

(1) 项目投资情况

(2) 项目建设具体情况（项目建设完成数量、项目实施进度、项目完成质量情况）

(3) 进口产品主要用途（自用、销售、研发、填补国内空白、消化吸收再创新、其他）

（二）项目组织情况

项目批复、备案情况，资金来源、采购方式、进度等。

（三）项目实施效果（资金使用情况及贴息资金作用及主要效果分析）

1. 项目实施背景（企业实施该项目受益情况分析、企业对该项目需求分析等）

2. 贴息资金使用方向（研发、开拓国际市场、扩大生产）

3. 项目实施的社会效益（务必结合项目本身实际情况进行量化的分析，便于后期考核）

4. 项目实施的经济效益（务必结合项目本身实际情况进行量化的分析，便于后期考核。）

四、申报程序

1. 项目申报培训。

2. 符合申报条件的项目单位提交书面材料电子版材料。

3. 项目初审。

4. 与市财政局会签，上报商务部、财政部。

五、申报时间

项目申报培训、项目申报日期，待《鼓励进口技术和产品目录（2016 年版）》下发后确定。

联系人：安琪

联系电话：87211805

附件 2－1

2016 年进口贴息事项申报说明

申请企业名称			
法定代表人姓名		企业注册地	省　　市
企业性质			
通讯地址		邮政编码	

申请人郑重声明如下：

1. 申请人共上报申报文件资料________页；
2. 申请人依法注册，具有独立法人资格，并合法经营；
3. 申请人申报的所有文件、单证和资料是准确、真实、完整和有效的；
4. 申请人申报的所有复印件均与原件核对，完全一致；
5. 申请人承诺接受有关主管部门为审核本申请而进行的必要核查。

申请企业法定代表人或授权人：（签名）

申请企业盖章：

日期：　　　　年　　　月　　　日

开户银行账户账号		开户银行账户户名	
开户银行名称		开户行地址	
企业联系人		联系电话	
电子邮件		移动电话	
联系传真			

说明：1. 申请企业法定代表人或授权人签名栏必须手签，使用名章无效；

2. 若由授权人签署，需提交由法定代表人手签并加盖公司印章的授权书原件；
3. 银行账户信息必须为公司账户，用于拨付贴息资金，务必正确填写；
4. 企业性质：国有、集体、民营、三资、研究院所、高校、其他。

附件 2－2

2016 年进口贴息事项申请表

申请企业：

序号	海关报关单号（技术进口填合同号）	商品税号（技术进口不填）	商品名称/技术名称	商品技术参数（技术进口不填）	实际进口额（美元）	原产地	商品/技术在目录中的序号
总计							

中央部门（机构），省、自治区、直辖市、计划单列市商务厅（委、局）意见：	省、自治区、直辖市、计划单列市财政厅（局）意见：
（盖章） 年　　月　　日	（盖章） 年　　月　　日

填表要求：

1. 本表应按海关报关单列明的项目逐项填报，不得将相同商品合计填报。申报进口产品的，应在“海关报关单号”栏中准确填写 18 位海关报关单号。
2. 对进口产品有技术参数要求的，应在本表“商品技术参数”栏内，填写该产品对应的实际参数，并注明参数在所附材料中的页码。
3.《进口货物报关单》或《付汇凭证》以非美元作为计价币种的，应将进口额折算成美元。折算率按照国家外汇管理局 2015 年 6 月底公布的《各种货币对美元折算率表》（国家外汇管理局网址：http://www. safe. gov. cn ）计算。

企业联系人：　　　　　　　　　　联系电话：

附件 3

2016 年度承接国际服务外包业务专项资金申报工作指南

一、申报条件

申请企业、单位应当符合商务部、财政部《外经贸发展专项资金管理办法》(财企〔2014〕36 号)第十一条所规定的基本条件,同时还应满足以下条件:

(一)企业应通过“服务外包与软件出口信息管理系统”(www.fwwb.gov.cn)如实填报商务部、国家统计局印发的《服务外包统计报表制度》规定的报表。

(二)服务外包业务范围参见“服务外包业务分类表”。

(三)企业已与服务外包发包商签订的业务合同,以“服务外包业务管理和统计系统”核准的执行额为依据,且满足以下条件之一:

1. 2015 年度提供服务外包业务额不低于 50 万美元,其中向境外最终客户提供服务外包业务额占本企业服务外包业务额 50%以上。

2. 2015 年度提供服务外包业务额不低于 500 万美元,其中向境外最终客户提供服务外包业务额占本企业服务外包业务额 35%以上。

3. 2015 年度提供服务外包业务额不低于 1000 万美元,其中向境外最终客户提供服务外包业务额占本企业服务外包业务额 20%以上。

(四)企业具有服务外包承接能力及服务外包市场开拓和项目管理人员,大学(含大专,下同)毕业及以上学历员工占员工总数 50%以上。

(五)培训机构具有符合条件的场地、设施、专业教材和师资力量,并由北京市商务委员会和北京市教育委员会联合认定。

二、支持标准和方式

(一)对服务外包企业取得的以下认证及认证的系列维护、升级给予支持,每个企业不超过 5 个项目,并参照同类认证费用支出情况按照就低原则,给予每个项目不超过 50 万元的补助。包括:开发能力成熟度模型集成(CMMI)、开发能力成熟度模型(CMM)、人力资源成熟度模型(PCMM)、信息安全管理(ISO27001/BS7799)、IT 服务管理(ISO20000)、服务提供商环境安全性(SAS70)、国际实验动物评估和认可委员会认证(AAALAC)、优良实验室规范(GLP)、信息技术基础架构库认证(ITIL)、客户服务中心认证(COPC)、环球同业银行金融电讯协会认证(SWIFT)、质量管理体系要求(ISO9001)、业务持续性管理标准(BS25999)等相关认证。

(二)对服务外包企业 2015 年 1 月—12 月期间新录用的 2013—2015 年内毕业的、大学以上学历(含大专,下同)员工从事服务外包工作,签订 1 年以上(含 1 年,下同)劳动合同的,且未申报过服务外包人才补助资金的,按照每人不超过 7000 元的标准给予企业补助。对被录用人员提前解除合同,并在原合同规定的 1 年期内,与其他服务外包企业或原企业签订新的劳动合同的及申报规定期以前就已入职的员工除外。

（三）对培训机构新培训从事服务外包业务、大学以上学历人员，通过服务外包业务专业知识和技能培训考核的，按照每人不超过500元的标准给予培训机构培训后补助。

（四）对在服务外包企业连续任职3年以上（含3年）员工进行在职能力培训，并取得以下认证的，给予不高于考试认证费用50%的补助，每个企业当年支持金额不超过100万元。包括：国家计算机技术与软件专业技术中、高级专业资格（水平）、项目管理专业人士资格（PMP）、网络高级工程师、网络安全专家、解决方案开发专家、执业药师等相关认证。

（五）支持服务外包企业提升创新研发水平。对2015年度通过自主研发取得的专利、注册商标、软件著作权等给予注册费实际支出额不超过50%的资金支持。其中，给予每个企业发明专利不超过20万元、国际专利不超过20万元、实用新型专利不超过5万元、外观设计专利不超过5万元、注册商标不超过5万元、软件著作权不超过5万元的补助。

三、申报材料

（一）申请承接国际服务外包业务资金补助的企业需提供以下基本材料：

1. 由企业法定代表人签字的《承接国际服务外包业务资金补助申请报告》，内容包括：企业基本情况，开展服务外包业务情况，申请项目执行或完成情况（包括但不限于项目数量、项目投资、项目实施的经济效益及社会效益等），近五年有无严重违法违规行为、是否拖欠应缴还的财政性资金等情况。

2. 企业营业执照复印件。

3. 经会计师事务所审计的2015年度财务会计报告复印件。

4. 2015年度服务外包业务专项审计报告原件。

5. 2015年度服务外包合同或协议的复印件。

6. “结汇转账贷方凭证”或“涉外收入申报单”的复印件；以人民币进行跨境结算的，须提交相关业务凭证复印件。

7. 由企业法定代表人签字的《承接国际服务外包业务资金补助申请承诺书》。

（二）根据申请项目的不同，申请承接国际服务外包业务资金补助的企业还需分别提供以下相关材料：

1. 申请国际资质认证补助的企业应向所在地商务主管部门提交以下材料：

（1）《北京市服务外包企业国际资质认证补助申请表》。

（2）国际资质认证证书复印件。

（3）与相关国际认证评估顾问公司签订的合同协议复印件。

（4）缴纳认证费用凭证的复印件，包括认证费用发票和相对应的银行出具的支付凭证。

（5）其他有关证明材料。

以上材料均需加盖企业公章。

2. 申请新录用人员补助的服务外包企业应向所在地商务主管部门提交以下材料：

（1）《北京市服务外包企业新录用人员补助申请表》。

（2）若2015年1月至12月期间新录用人员属于分公司的，需提供分公司营业执照复印件。

（3）2015年1月至12月期间新录用人

员身份证明，大学以上学历证明，以及签订1年以上的《劳动合同》的复印件；企业在2015年度为新录用人员所缴纳的社会保险证明（或个税证明）的复印件。

（4）其他有关证明材料。

以上材料均需加盖企业公章。

3. 申请服务外包人才培训后补助的培训机构应向所在地商务主管部门提交以下材料：

（1）《北京市服务外包培训机构人才培训后补助申请表》。

（2）培训人员身份证明、大学以上学历证明。

（3）培训机构颁发被培训人员专业知识和技能培训考核合格证书，以及被培训人员缴费凭证的复印件。培训机构为学校的需提供《全国普通高等学校毕业生就业协议书》（协议三方为：培训学校、在我市“服务外包业务管理和统计系统”中登记的服务外包企业、毕业学生）复印件；其他培训机构需提供培训人员缴费证明、与在我市“服务外包业务管理和统计系统”中登记的服务外包企业签订1年以上的《劳动合同》的复印件（或培训人员为近三年在京大学毕业的，提供毕业证书复印件）。

（4）经商务主管部门备案的培训机构的证明复印件。

（5）其他有关证明材料。

以上材料均需加盖单位公章。

4. 申请在职人员专业资格认证补助的服务外包企业向所在地商务主管部门提交以下材料：

（1）《北京市服务外包企业在职人员专业资格认证补助申请表》。

（2）申请人员身份证明，在企业连续任职满3年以上的任职证明（包括个人简历、任职情况等）、劳动合同，企业为申请人员在任职期间连续缴纳社会保险满3年（含3年）以上的证明复印件。

（3）参加相关专业资格考试的准考证、通过考试获得的证书复印件。

（4）报名考试费用凭证或银行付款凭证复印件。

（5）其他有关证明材料。

以上材料均需加盖企业公章。

5. 申请创新研发补助的企业向所在地商务主管部门提交以下材料：

（1）《北京市服务外包企业创新研发补助申请表》。

（2）企业所获得的专利证书、商标注册证书、软件著作权证书复印件。

（3）专利、商标、软件著作权等申请过程中的注册费用凭证复印件。

（4）其他有关证明材料。

以上材料均需加盖企业公章。

四、申报材料的上报与审核

（一）资金采取网上和书面相结合的申请方式，符合条件的企业、单位应于2016年10月17日之前，在“服务外包与软件出口信息管理系统”（www.fwwb.gov.cn）网站上向市商务委和所在区（开发区）商务主管部门同时填报申请材料（在职人员专业资格认证补助、创新研发补助事项申请除外）。同时，将填报的纸质材料一式两份，按属地原则报所在区（开发区）商务主管部门。

（二）2016年11月4日之前，各区（开发区）商务主管部门对企业上报申请材料进行审核，形成审核记录，将纸质材料一式一份，并附相应电子材料上报市商务委。

（三）市商务委会同市财政局对上报材料进行审定，最终确定支持企业名单及支持资金额度。

（四）按相关要求进行拨付，并将企业申请材料汇总后存档。

五、有关要求

（一）申请材料中所需附表请登陆“服务外包与软件出口信息管理系统”（www.fwwb.gov.cn）下载。

（二）申报材料中需要法人签字的地方，由法人亲笔签字，使用人名章无效。如果授权签字，须附上授权委托书原件，写明授权的范围和权责，由授权人和被授权人同时签字后，加盖公司公章。

（三）申报材料请列明目录并按顺序装订，A4 纸左侧胶装，标注页码，加盖骑缝章。

联系人：于新成

联系电话：87211757

附表 3－1

服务外包业务范围

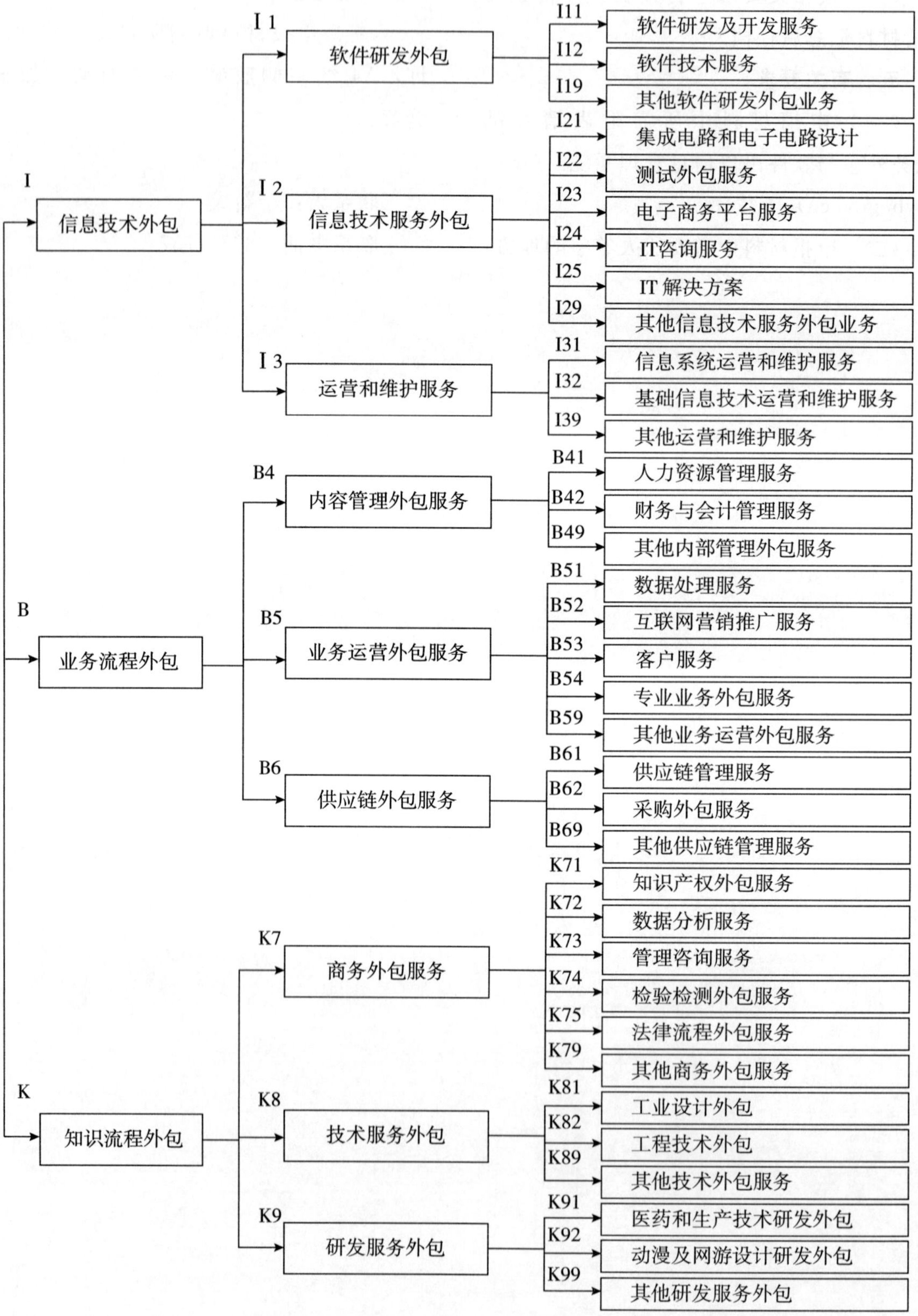

附表3－2

承接国际服务外包业务资金补助申请承诺书

（申报年度）

根据20××年度承接国际服务外包业务资金补助申报要求，我单位（单位名称________）拟申请项目如下：企业国际资质认证（维护）补助________项；企业新录用人员补助________人；培训机构人才培训后补助________人；企业在职人员专业资格认证补助________人；企业创新研发补助________项。并做出以下承诺：

一、已认真阅读和全面了解专项资金申报规定及资金使用管理办法，承诺严格符合申报条件和要求，并将严格按照专项资金管理办法组织项目的实施；

二、保证提供的所有申报文件和资料真实有效，并承担相应的法律责任；

三、接受有关部门及市商务委、市财政局组织的验收及指派的审计机构和评估机构的监督、评估；

四、如违反专项资金管理制度或有违法违纪行为，将承担一切责任，并在规定的时限内如数退还资金。

五、保证配合相关部门工作要求，按期提供申报项目相关信息和统计数据。

申请人：（法人签字并加盖公章）

申请日期：　　　年　月　日

（说明：法人必须手签字，盖名章无效；如授权签字需付授权委托书原件）

附件 3－3

北京市服务外包企业国际资质认证补助申请表(申报年度)

申报单位(盖章)： 页码/总页

序号	国际资质认证名称	证书号	获得日期(年/月/日)	认证(维护费)(万元)	备注
金　额　合　计					

联系人： 联系电话：

附件 3－4

北京市服务外包企业新录用人员补助申请表(申报年度)

申报单位(盖章)：　　　　页码/总页

序号	姓名	性别	身份证号	毕业院校	所学专业	学历	毕业日期 （　年　月　日）	劳动合同签订日期 （　年　月　日－ 年　月　日）	缴纳社保日期 （　年　月　日－ 年　月　日）	备注

联系人：　　　　联系电话：

附件 3－5

北京市服务外包培训机构人才培训后补助申请表(申报年度)

培训机构(盖章)： 页码/总页

序号	姓 名	性 别	身份证号	毕业院校	学 历	毕业时间	接收服务外包企业	培训内容	培训日期（ 年 月 日— 年 月 日）	培训费用（ 万元）	备注

联系人： 联系电话：

附件 3－6

北京市服务外包企业在职人员专业资格认证补助申请表(申报年度)

申报单位(盖章)：　　　　页码/总页

序号	姓名	性别	身份证号	学历	职务	任职日期（　年　月　日－　年　月　日）	获得证书名称	证书编号	缴纳社保日期（　年　月　日－　年　月　日）	支出费用（　万元）	备注

联系人：　　　　联系电话：

附件 3－7

北京市服务外包企业创新研发补助申请表(申报年度)

申报单位(盖章)：　　　　　　　　　　　　　　页码/总页

序号	专利证书/商标注册证书/软件著作权登记证书名称	证书号	专利号/登记号	获得日期（年/月/日）	费用(万元)	备注
金额合计						

联系人：　　　　　　　　联系电话：

附件4

2016年度服务外包公共服务平台专项资金申报工作指南

一、申报条件

申报服务外包平台的项目主体，须符合以下条件：

（一）在京注册，具有独立的企业法人资格，且为服务外包平台项目的实际投资运营单位；

（二）服务的对象包括承接国际服务外包业务的企业及培训机构；

（三）具有一定数量与业务相适应的专业人员、管理人员，具备满足服务外包平台运营必要的场地、设备等；

（四）服务外包平台建设和运营的所有相关工作符合国家有关法律法规的要求。

每个项目实施主体在项目完成周期内原则上只能对一个服务外包平台项目提出资金资助申请。

二、支持标准和方式

服务外包公共服务平台用于支持示范城市建立服务外包公共技术服务、信息服务、公共培训服务、信息安全及知识产权体系、国际市场品牌推广、开展产业研究等平台所需的设备购置、系统和软件开发或购置、运营及维护费用。

服务外包公共服务平台面向全市服务外包平台项目，在建、新建项目支持资金不超过平台项目建设所需设备购置、软件开发或购置费用的50%，支持金额不超过200万元；已完成项目，支持资金不超过服务外包平台项目建设所需设备购置、软件开发或购置费用的40%，支持金额不超过200万元；运营及维护项目费用，按照年度实际发生费用的50%给予支持，支持金额不超过50万元，原则上运营及维护费用支持年限不超过三年。

三、申报材料

申请服务外包平台建设项目资助的，应提供如下材料：

（一）在建、新建服务外包平台项目

1.《北京市服务外包公共平台项目资助申请表》。

2.项目申请报告及资金使用承诺书，由法人签字并加盖公章。

3.项目可行性研究报告，包含项目设立背景和基本情况、国内外相关产业发展与市场情况说明、项目申报单位基本情况和已有工作基础、项目具体实施方案、预期达到的技术经济指标及效果、承担项目的可行性分析、项目进度安排与考核指标、经费预算和使用方案等。可行性研究报告需经法人签字、加盖公章，并将作为后续专家评审及项目验收的主要依据。

4.项目实施主体法律地位证明文件（营业执照副本复印件、税务登记证复印件、组织机构代码证复印件）以及上年度审计报告（加盖公章）。

5.服务外包平台设备购置、系统和软件开发或购置清单，已实施部分需提供付款凭证。

6.与项目申报有关的其他材料。

（二）已完成服务外包平台项目

1.《北京市服务外包公共平台项目资助申请表》。

2. 项目申请报告及资金使用承诺书，由法人签字并加盖公章。

3. 项目完成验收报告，服务外包平台项目目前运行情况与服务企业情况等。

4. 项目实施主体法律地位证明文件（营业执照副本复印件、税务登记证复印件、组织机构代码证复印件）以及上年度审计报告（加盖公章）。

5. 完成项目的专项审计报告（含服务外包平台设备购置、系统和软件开发或购置清单及付款凭证）。

6. 与项目申报有关的其他材料。

（三）平台运营维护项目

1.《北京市服务外包公共平台项目资助申请表》。

2. 项目申请报告及资金使用承诺书，由法人签字并加盖公章。

3. 项目运行情况报告，包含项目申报单位基本情况、项目基本情况及运营情况、运营和维护费用明细、申请资金资助的金额、经注册会计师审计的项目上年度运营及维护费用支出审计报告等，项目运行情况报告需由法人签字并加盖公章。

4. 项目上年度运营及维护费用支出凭证复印件。

5. 项目实施主体法律地位证明文件（营业执照副本复印件、税务登记证复印件、组织机构代码证复印件）以及上年度审计报告（加盖公章）。

6. 与项目申报有关的其他材料。

四、申报流程

（一）项目申报单位将申报材料（一式两份）在2016年9月20日前提交至市商务委。

（二）市商务委会同市财政局对上报的申请材料进行评审，确定补助项目和补助金额。市商务委根据评审意见，报市财政局办理资金拨付手续。

（三）申请服务外包平台建设资金资助并列入资助项目范围的，在建、新建服务外包平台项目，由市财政局预拨补助金额的70%，项目完成并通过市商务委、市财政局组织的验收后，由市财政局拨付剩余资金；已建成服务外包平台项目，由市财政局根据补助金额予以拨付。

申请服务外包平台运营及维护费用资金资助并列入补助项目范围的，由市财政局根据补助金额予以拨付。

五、有关要求

（一）申请材料中所需附表请登陆“服务外包与软件出口信息管理系统”（www.fwwb.gov.cn）下载。

（二）申报材料中需要法人签字的地方，由法人亲笔签字，使用人名章无效。如果授权签字，须附上授权委托书原件，写明授权的范围和权责，由授权人和被授权人同时签字后，加盖公司公章。

（三）申报材料请列明目录并按顺序装订，A4纸左侧胶装，标注页码，加盖骑缝章。

联系人：于新成

联系电话：87211757

附件 4－1

北京市服务外包公共平台项目申请表

（在建/新建/运营维护）

项目名称：________________________________

申报单位（盖章）：__________________________

法定代表人（签字）：________________________

申报单位详细地址：__________________________

开户银行：________________________________

开户银行帐号：____________________________

联　系　人：______________________________

电话及传真：______________________________

邮政编码：________________________________

<table>
<tr><td colspan="6">一、申报单位基本情况</td></tr>
<tr><td>名称</td><td colspan="5"></td></tr>
<tr><td>企业代码</td><td colspan="2"></td><td>信用等级</td><td colspan="2"></td></tr>
<tr><td>单位负责人</td><td colspan="2"></td><td>联系电话（手机）</td><td colspan="2"></td></tr>
<tr><td>主管部门</td><td colspan="5"></td></tr>
<tr><td>注册登记类型</td><td colspan="5">1. 国有企业　2. 集体企业　3. 股份合作企业　4. 联营企业　5. 有限责任公司
6. 股份有限公司　7. 私营企业　8. 外商投资企业　9. 其他（请注明：　　　　）</td></tr>
<tr><td>注册资金</td><td colspan="2">万元</td><td>其中外资（含港澳台）比例</td><td colspan="2">%</td></tr>
<tr><td>职工总数</td><td>人</td><td>其中本科以上</td><td>人</td><td>其中研究开发人员</td><td>人</td></tr>
<tr><td colspan="2">上年度企业总收入</td><td>万元</td><td colspan="2">上年度企业净利润</td><td>万元</td></tr>
<tr><td colspan="2">上年末企业总资产</td><td>万元</td><td colspan="2">上年度企业交税总额</td><td>万元</td></tr>
<tr><td colspan="2">获得的相关企业认证：</td><td></td><td colspan="2">获得的专利：</td><td></td></tr>
<tr><td colspan="2">通过的相关产品认证：</td><td></td><td colspan="2">企业拥有的品牌：</td><td></td></tr>
<tr><td colspan="6">申报单位简介（限500字以内）：</td></tr>
</table>

二、项目基本情况

项目名称			
合作单位名称			
项目起始时间	年　月	项目预计（已）完成时间	年　月
项目维护日期	年　月　至　年　月		
项目负责人		联系电话（手机）	
项目现处阶段	1. 新（在）建阶段，已做的相关准备：______ 2. 完成阶段，已开展的服务内容：______ 3. 运营维护阶段，已完成的维护内容：______		
项目主要建设内容	（限500字以内）		

<table>
<tr><td>项目实施场地</td><td></td></tr>
<tr><td>现有服务设施</td><td></td></tr>
<tr><td>技术来源</td><td>□ 1. 自有技术 2. 产学研合作开发技术 3. 国内其他单位技术
4. 引进技术本企业消化创新 5. 国外技术</td></tr>
<tr><td>项目主要优势</td><td>1. 市场发展前景很好 2. 产品或工艺创新性突出 3. 经济效益显著
4. 社会效益显著 5. 其他（请注明： ）</td></tr>
<tr><td>项目完成后
验收指标</td><td>1.
2.
3.
…………</td></tr>
<tr><td>项目完成后
计划实现指标</td><td>1.
2.
3.
…………</td></tr>
</table>

<table>
<tr><td colspan="6">三、项目资金情况</td></tr>
<tr><td colspan="2" rowspan="3">项目计划总投资金额</td><td colspan="2">合 计</td><td colspan="2">万元</td></tr>
<tr><td colspan="2">固定资产投资</td><td colspan="2">万元</td></tr>
<tr><td colspan="2">流动资金投资</td><td colspan="2">万元</td></tr>
<tr><td rowspan="4">已投资金额</td><td>企业自筹</td><td colspan="4">万元</td></tr>
<tr><td>银行贷款</td><td colspan="4">万元</td></tr>
<tr><td>财政拨款</td><td colspan="4">万元</td></tr>
<tr><td>其他</td><td colspan="4">万元</td></tr>
<tr><td rowspan="5">计划新增
投资来源</td><td>企业自筹</td><td colspan="4">万元</td></tr>
<tr><td>银行贷款</td><td colspan="4">万元</td></tr>
<tr><td rowspan="2">财政拨款</td><td rowspan="2">万元</td><td colspan="2">其中专项资金资助</td><td>万元</td></tr>
<tr><td colspan="2">其中地方政府配套</td><td>万元</td></tr>
<tr><td>其他</td><td colspan="4">万元</td></tr>
<tr><td colspan="3">本次计划申请专项资金资助金额</td><td colspan="3">万元</td></tr>
<tr><td>申请专项资金
用途</td><td colspan="5">（请选择并另附费用计划使用明细）
1. 固定资产购置费用 2. 运营维护费用 3. 与项目相关的其他支出</td></tr>
</table>

附件 4－2

北京市服务外包公共平台项目申请承诺书

（在建/新建/运营维护）

根据20××年度北京市服务外包公共服务平台建设项目申报要求，我单位（　单位名称　　　　）拟申请（　　　　　服务外包公共平台项目名称）项目资金支持×××万元，并做出以下承诺：

1. 已认真阅读和全面了解专项资金申报规定及资金使用管理办法，承诺严格符合申报条件和要求，并将严格按照专项资金管理办法组织项目的实施；

2. 保证提供的所有申报文件和资料真实有效，并承担相应的法律责任；

3. 接受有关部门及市商务委、市财政局组织的验收及指派的审计机构和评估机构的监督、评估；

4. 如违反专项资金管理制度或有违法违纪行为，将承担一切责任，并在规定的时限内如数退还资金。

5. 保证配合相关部门工作要求，按期提供申报项目相关信息和统计数据。

申请人：（法人签字并加盖公章）

申请日期：　　　　年　　月　　日

（说明：法人必须手签字，盖名章无效；如授权签字需付授权委托书原件）

附件 5

2016 年度技术出口贴息项目专项资金申报工作指南

一、企业申请条件

申请企业、单位应当符合《财政部、商务部关于〈外经贸发展专项资金办法〉的通知》（财企〔2014〕36 号）第十一条所规定的基本条件及本通知的有关要求，同时还应满足以下条件：

（一）根据《中华人民共和国技术进出口管理条例》（中华人民共和国国务院令第 331 号），已在商务部“服务贸易综合监管服务平台（技术进出口信息管理系统）”中登记 2015 年度实际出口额。

（二）出口的技术应当在 2015 年 1 月 1 日至 2015 年 12 月 31 日期间取得银行出具的收汇凭证，且企业的技术出口收汇额在 50 万美元以上（含 50 万美元）。

二、支持标准和方式

对企业在 2015 年 1 月 1 日至 2015 年 12 月 31 日期间取得收汇凭证的技术出口业务，以技术出口的收汇金额作为计算贴息的本金，按照不超过中国人民银行公布的 2015 年度最后一期 1 年期人民币贷款基准利率给予贴息支持。对同一企业的贴息总额最高不超过 800 万元人民币。服务外包企业开展的技术出口业务适用于以上技术出口贴息政策。

三、企业填报所需的申报材料

（一）法定代表人签字的贴息资金申请文件，内容包括：企业基本情况、出口技术概要、本企业近五年无严重违法违规行为，是否拖欠政府性资金、同一项目是否已申请或享受其他财政资金等，以及申报说明。

（二）《＊＊年企业技术出口贴息申请表》电子数据。

（三）由企业法定代表人签字的《技术出口贴息申请承诺书》。

（四）企业营业执照复印件。

（五）技术出口合同复印件。

（六）《技术出口合同登记证书》和《技术出口合同数据表》及《技术出口数据变更记录表》复印件。

（七）银行出具的收汇凭证复印件（收汇凭证以非美元作为计价币种的，应将出口额换算成美元，折算率使用国家外汇管理局公布的上一年第 12 期《各种货币对美元折算率表》汇率。

（八）涉外收入申报单复印件。

（九）涉及专利权转让的单位需提供著录项目变更手续合格通知书复印件。

（十）经会计师事务所审计的企业上一年度财务会计报告复印件。

以上材料均须加盖企业公章。

四、申报材料的上报与审核

（一）符合条件的企业应于 2016 年 9 月 10 日之前，将申报材料报所在区（开发区）商务主管部门。

（二）各区（开发区）商务主管部门对企业上报申请材料进行初审并形成初审报告，按照《2016 年技术出口贴息资金申请汇总表》汇总企业申报信息，于 2016 年 9 月 20 日前将初审报告一式一份、《2016 年技术出口贴息资金申请汇总表》、企业申报材料（及电子版）上报市商务委。

（三）市商务委会同市财政局对上报材料进行审核，最终确定支持企业名单及资金额度。

（四）按相关要求进行拨付，并将企业申请材料汇总后存档。

联系人：郑勇

联系电话：87211747

附件 5－1

2016 年技术出口贴息资金申请汇总表

（使用 EXCEL 格式）

区（开发区）

序号	企业名称	合同数量	实际出口总额（美元）	备注
1				
2				
3				
4				
5				
6				
7				
8				
9				
10				
11				
12				
13				
14				
15				
16				
17				
18				
19				
20				
21				
22				
23				
24				
25				
26				
27				
28				
总计				

商务部门联系人：　　　　　　　　　　　　　　　　联系电话：

附件 6

2016 年对外投资合作专项资金申报要求

一、专项资金支持的内容、方式及标准

专项资金支持的对象、内容、方式及标准详见《实施细则》及《实施细则》附件 6 的相关规定，并补充通知如下：

（一）贷款贴息

贷款贴息补助标准调整为："用于支持对外投资合作项目的贷款贴息，不超过贷款实际支付利息。每个项目可获得累计不超过 3 年的贴息支持，每年度不超过 1000 万元人民币。"

（二）对前期费用的补助

我市企业为开展境外农、林、牧、渔业、采矿业投资合作，在项目所在国注册（登记）、购买资源权证之前，或对外承包工程签订合同（协议）之前，为获得项目而发生的相关费用，具体包括以下内容：(1) 法律、技术及商务咨询费。指委托具有相应资格的专业机构为项目提供法律、技术、商务和投融资咨询服务所发生的支出。(2) 勘测、调查费。项目勘察费（不包括油气、矿产资源勘探费）、论证费和规划费；渔业资源探捕：购买探捕仪器设备费、代理费、船舶注册费。(3) 项目可行性研究报告、安全评估报告编制费。指委托具有相应资格的专业机构编制项目建议书、预可研报告、可行性研究报告和项目安全评估报告所发生的支出。(4) 购买规范性文件和标书等资料费。购买项目（资源）勘察许可证、捕捞许可证、标书、技术资料、软件等所发生的支出。(5) 规范性文件和标书等资料翻译费。指委托专业机构或人员翻译规范性文件和标书等资料所发生的费用。

补助标准：企业申报前期费用支持金额不超过项目中方投资额或对外承包工程合同额的 15%，一个项目只能享受一次支持，增资项目不予支持。

（三）资源回运运保费

我市企业开展境外资源开发，将其所获合作权益以内的农、林、牧、渔业和矿业等产品运回国内，对从境外起运至国内口岸间的运保费给予补助。计算运保费的资源产品进口数量以海关统计数据为准。企业实施对外承包工程项目换回的，不超过与外方签署的开发投资合作协议合同总金额的资源产品运回国内，对从境外起运地至国内口岸间的运保费给予补助；享受补助的回运资源种类比照上述境外农、林、牧、渔、矿合作项目执行。

二、项目申报、审核和拨付程序

申请专项资金补助的项目申报、审核和资金拨付程序详见《实施细则》的附件 6，并补充说明如下：

（一）项目申报

(1) 符合条件的企业需在"商务部外经贸发展专项资金管理系统"上统一进行项目申报，并按照《实施细则》要求提供书面申报材料（A4），申报境外投资、对外承包工程、对外劳务合作业务专项资金的材料必须分别装订；项目申报材料中须报送"项目申报书"和提供我驻项目所在国使馆"经商参处（室）意见"，如有外文须附加中文译本；申报材料中的具体数据要按资料要求的币种及单位填写，汇率按 2015 年 12 月 31 日汇率计算，并保留两位小数。

（2）第一次申请专项资金贴息的项目，项目合同和贷款合同在2015年1月1日至2015年12月31日期间正在执行并在此期间支付利息。

对已取得专项资金贴息支持并仍可继续享受贴息（累计不超过3年）支持的项目，贴息期的计算从上次贴息截止期至2015年12月31日。

（3）第一次申请对外承包工程营业额补助的，项目须在2015年1月1日至2015年12月31日期间签约并正在执行。

（4）申请一次性补助的对外投资项目，新设境外企业应在2015年1月1日至2015年12月31日期间设立，并符合《实施细则》规定的实际出资要求。

（5）申请海外投资保险费用补助的对外投资合作项目，应为2015年1月1日至2015年12月31日期间签订投保协议并支付保费的项目。

（二）项目审核

企业项目申报材料经北京市商务委员会初审后，交由委托的中介机构进行项目评审，在评审基础上经市财政局复审后确定予以支持的项目。

（三）资金拨付

北京市财政局会同北京市商务委员会根据审核结果以及年度资金预算规模，按国库集中支付程序办理资金拨付手续。项目单位收到专项资金后，需按国家相关规定进行账务处理，并接受市财政局、市商务委对专项资金使用的后期监管和绩效管理；各申报企业在收到专项资金30日内，向北京市商务委提交“绩效管理报告”（具体时间另行通知）。

三、申报时间及相关要求

符合申报条件的企业请于2016年9月6日（星期二）12：00前，将申请材料（一式两份）报送北京市商务委员会对外经济合作处（北京市丰台区横道沟西街2号院6号楼417房间），逾期不予受理。未按要求报送对外投资合作统计资料的企业不得申报资金补助。

各申报企业应将：1.《北京市使用对外投资合作专项资金申请表》；2.对外投资合作专项资金项目申报书；3.申报项目明细表”的电子版发送到wjc@bjcoc.gov.cn。

对外经济合作处联系人：李恩、周煊、袁渤；

联系电话：87211761、87211765、
87211767

附件1：

项目申报书

一、基本情况

（一）项目单位情况

（二）项目基本情况

1. 项目投资情况

2. 项目建设具体情况（项目建设完成数量、项目实施进度、项目完成质量情况）

二、项目组织情况

三、项目实施效果

（一）项目实施背景（企业实施该项目受益情况分析、企业对该项目需求分析等）

（二）项目实施的社会效益（务必结合项目本身实际情况进行量化的分析，便于后期考核）

（三）项目实施的经济效益（务必结合项目本身实际情况进行量化的分析，便于后期考核，切勿夸大数据）

附件 2：

申报单位承诺书应包含的主要内容

一、了解合作资金管理制度并严格按照资金管理制度组织实施；

二、本次申报中提供的所有申报文件和资料真实有效，并承担相应法律责任；

三、接受有关部门及市商务委审计联席工作小组指派的审计机构和评估机构的监督、评估；

四、如违反资金管理制度或有违法违纪行为，将承担一切责任并如数退还资金；

五、法定代表人或负责人签字及单位公章。

附件3：

北京市使用对外投资合作专项资金申请表

1. 申请单位名称		2. 法定代表人姓名	
3. 联系人		4. 联系电话	
5. 开户银行名称		6. 银行账号	
7. 账户名称			

	名称	批准证书、资格证书号或批准文件
8. 申请专项资金支持的境外企业（机构），对外承包劳务项目		

9. 贷款贴息申请

贷款金融机构	贷款期限	贷款金额	贷款用途	本次申请贴息起止时间	支付利息额	专项资金贴息次数

10. 资金补助申请

项目名称、合同额、申报期完成营业额（万美元）	申请补助的类型①	申请补助金额	专项资金补助次数

11. 本次申请共计：

申请贴息项目　　个，申请贴息　　万元人民币；

申请资金补助项目　　个，申请补助金额　　万元人民币。

备注：

法定代表人（签字）：　　　　单位盖章：

申报日期：　　年　　月　　日

填表须知：1. 申报单位按此表样制作、填写并打印报送；2. 申报单位银行账户信息若有变动，请及时报告；3. 资金单位为万元（人民币或外币）；4. 项目较多时，可将表中8、9、10栏按表中栏目式样另纸制表并加盖公章，作为本表附件，并在本表备注栏说明。本表相应栏目不再填写。

① 按《实施细则》第七条（二）至（六）项划分。填写时，分别对应以下简称：对外承包工程类、对外投资类、对外劳务类、保险费用类、促进工作类。

附件 4：

驻外经济商务参赞处（室）意见

申报企业名称（盖章）：		
项目名称：		
项目所在国家、城市：		
项目是否正常运营：		
合作项目合同起止日期：		
是否为进入经确任的境外经贸合作区项目：		
经济商务参赞处（室）意见：		
参赞： （签字）	经商处（室）盖章：	
日期： 年 月 日		
经商处（室）联系人：		
电话：	传真：	电子邮件：

附件 5：

外派劳务人员适应性培训审查明细表

申报企业名称：

序号	姓名	外派劳务人员（研修生）培训合格证编号	护照号	护照复印件	项目审查表	项目或雇主名称	出境期间	工作准证复印件	省级审核情况
上述内容审核完毕，共计____名人员符合条件。 主管负责人签字： （公章）									

注：1. 表内所列资料另行报送商务主管部门，无需装订入册。

2. 内地输港澳劳务人员持往来港澳通行证代替护照。

3. 外派海员持海员证代替护照，以出境证明代替“工作准证”。

4. 对台渔渔船船员持《大陆居民往来台湾通行证》或《对台劳务人员登轮作业证》代替护照；持台湾“渔业署”颁发的《大陆地区渔船船员来台履行海峡两岸渔船船员劳务合作协议许可证》代替“工作准证”。

附件6：

申请贴息项目基本情况及2015年度银行贷款付息一览表

申请企业名称					
借款企业名称		（公章）			
项目名称				申报补贴类型	
项目总金额（万美元）				贷款银行	
中方投资金额（万美元）				贷款合同号	
境外企业名称				贷款金额（万元）	
境外企业注册登记时间				贷款起止时间	
项目有效期				贷款利率	
本项目已获得贷款贴息的年度：20　年、20　年、20　年					
提款情况		提款时间	提款金额（万元）	提款凭证（借款借据）复印件页码	备注
	第一次				
	…				
还款情况		还款时间	还款金额（万元）	还款凭证复印件页码	备注
	第一次				
	…				
2015年付息情况					
付息时间	利息所属期间	付息金额（人民币元）	付息凭证复印件页码		备注
合计					

备注：1. 提款、还款情况和年度付息情况行数不够及多笔贷款情况可复印本表，但须加盖公司印章。

2. 境外企业投资额以境外企业批准证书上相应金额填，其他类项目以项目合同签订金额填列。

附件 7：

银行贷款收息结算情况表

申请企业名称：　　　　　　　　　　　　　　　　　　　　金额单位：

利息清单序号	放贷银行	贷款合同号	贷款本金	贷款利率	贷款期间	申请贴息期间	贴息天数	本次贴息期间应支付利息	本次贴息期间已支付利息

备注：贴息期为 2015 年 1 月 1 日至 12 月 31 日；贴息天数为贷款期与贴息期的重合期间。

企业不存在欠息情况

放贷银行签章：　　　　日期：　　　　银行经办人签名：

企业存在欠息情况
（请注明欠息金额及欠款所属期间）

放贷银行签章：　　　　日期：　　　　银行经办人签名：

附件 8：

本表由放贷银行填报，仅证明企业银行贷款及付息情况的真实性。

直接补助项目基本情况及费用支出情况明细表

申请企业名称：　　　　项目名称：　　　　项目总金额：　　万美元

境外企业名称：　　　　境外公司注册登记时间：　　　　中方投资额：　　万美元

序号	费用名称	费用金额人民币元	支付凭证				费用合同				费用发票				备注
			金额			页码	金额			页码	金额			页码	
			原币（X 币种）	期末汇率	折合人民币		原币（X 币种）	期末汇率	折合人民币		原币（X 币种）	期末汇率	折合人民币		
合计		—	—		—		—		—		—		—		

备注：1. 支付凭证要求提供费用支付的银行单据，如果存在代付转付情况，需附各环节银行支付单据及相关说明。

2. 境外企业投资额以境外企业批准证书上相应金额填列，其他类项目以项目合同签订金额填列。

3. 原币(X 币种)由申请企业填写。

4. 支付凭证、费用合同、费用发票金额不一致时，取最小值填入费用金额列。

附件 9：

资源回运费用单据明细表—陆运项目

项目名称：　　　　　　　　　　　　　　　　　　　　　编制单位：
项目期间：　　　　　　　　权益数量：　　　　　　　　编制人：　　　　　　　　日期：

序号	海关报关单		购货发票			提单项目			保险发票			保险单			运费发票		实际支付运费		实际支付保险费用	
	编号	数量（×）	数量（×）	单价（×币种）	总计（×币种）	号码	数量（×）	湿重（×）	数量（×）	单价（×币种）	金额（×币种）	运费（×币种）	保险总额（×币种）	保险费（×币种）	数量（×）	运费发票（×币种）	原币（×币种）	折合人民币	原币（×币种）	折合人民币
合计																				

备注：1. 实际以外币支付的运费及保险费按照年末汇率中间价折合成人民币金额，在合计栏中填列。如果是人民币支付直接填人民币金额。

2. 购货发票、提单项目、运费发票、保险费用发票中的数量单位未标注，由申请企业自行填写数量单位。一般木材回运数量单位填写立方米，渔业和矿业数量单位填写吨。由企业自行填列。

附件10：

资源回运费用单据明细表—海运项目

项目名称： 编制单位：

项目期间： 权益产量： 编制人： 日期：

序号	海关报关单项目				购货发票项目			提单项目			运费发票				保险费用发票			实际支付运费		实际支付保险费用	
	编号	毛重（kg）	净重（kg）	数量（kg）	湿重（×）	干重（×）	总计金额（×币种）	号码	数量（×）	湿重（×）	提单号码	数量（×）	单价	运费（×币种）	提单号码	数量（×）	保费（×币种）	原币（×币种）	折合人民币	原币（×币种）	折合人民币
合计																					

备注：1. 实际以外币支付的运费及保险费按照年末汇率中间价折合成人民币金额，在合计栏中填列。如果是人民币支付直接填人民币金额。

2. 购货发票、提单项目、运费发票、保险费用发票中的数量单位未标注，由申请企业自行填写数量单位。一般木材回运数量单位填写立方米，渔业和矿业数量单位填写吨。由企业自行填列。

附件 11：

资源回运费用单据明细表—渔业项目

项目名称：　　　　　　　　　　　　　　　　　编制单位：

项目期间：　　　　　权益产量：　　　　　　　　编制人：　　　　　　　　日期：

序号	海关报关单项目				运费发票			提单项目		实际支付运费	
	编号	毛重（kg）	净重（kg）	数量（kg）	提单号码	数量（吨）	运费（×币种）	号码	毛重（kg）	原币（×币种）	折合人民币
合计		—	—	—		—	—		—	—	—

备注：实际以外币支付的运费按照年末汇率中间价折合成人民币金额，在合计栏中填列。如果是人民币支付直接填人民币金额。

附件 12：

对外投资合作专项资金到账确认函

北京市商务委员会：

我单位已收到贵委拨付的 2016 年对外投资合作专项资金×××万元。我公司承诺将严格按照专项资金使用管理相关规定使用，不出现任何违法违规行为。具体信息确认如下：

申请企业名称			备注
申请项目名称			
资金到账金额			
到账日期			
企业联系人			
联系电话/手机			
申请企业法人或授权人签字		申请企业盖章	

附件 13：

2016 年对外投资合作专项资金申报项目明细表

金额单位：万元人民币

序号	申请企业名称	项目名称	项目国别（地区）	项目业务类型	申请支持方式	境外投资中方投资额（万美元）	对外承包工程项目合同总金额（万美元）	对外投资合作专项资金申报金额	往年享受对外投资合作专项资金支持年度贴息起止时间	是否已享受其他专项资金情况	项目的社会经济效益
1	××××××公司										
2											
3											
4											
5											
说明	1. 项目业务类型包括：对外投资、对外承包工程、对外劳务合作；2. 项目支持方式包括：直接补助、贷款贴息；3. 往年享受对外投资合作专项资金支持年度：请注明往年该项目享受对外投资合作专项资金支持的年度；4. 项目的社会经济效益请注明该项目是否获取世界领先技术或重要资源，以及该项目是否形成重大国际影响等。										

关于修订报关出口软件合同登记要求的通知

京商务服贸字〔2016〕26号

各区、北京经济技术开发区商务主管部门及相关企业：

根据《北京市经济和信息化委员会关于高新软件出口企业确认事项有关工作意见的函》（京经信委函〔2016〕183号），鉴于国家取消了“软件企业和集成电路设计企业认定及产品的登记备案”行政审批事项，市经济和信息化委不再对“高新软件出口企业”进行认定。经我委与市经济和信息化委协商，现对我市报关出口软件合同登记的有关要求修订如下：

一、对报关出口软件进行合同登记时，不再要求提供“高新软件出口企业确认书（复印件，通过海关出口9803类软件企业提供）”，仅需提交以下材料：

（一）接包合同信息表（网上打印）；

（二）签订生效协议（主合同或框架合同）/执行情况（订单或变更协议），复印件（外文合同需附中文译本）；

（三）自理报关出口证明（复印件）；

（四）出口软件内容说明（须企业法人签字并加盖单位公章，通过海关出口9803类软件企业提供，内容包括但不限于软件名称、软件描述、软件设计方法、软件著作权及知识产权等）；

（五）软件著作权登记证书（复印件）；

（六）企业营业执照副本（复印件），营业执照未加载统一社会信用代码的企业即未进行“一照一码”登记的企业还需提供组织机构代码证（复印件）；

（七）企业进出口资质证明：内资企业提供《进出口资格证书》或《对外贸易经营者备案登记表》，外资企业提供《外商投资企业批准证书》或《港澳台投资企业批准证书》（复印件）；

（八）其他所需材料。

二、其它有关服务外包及软件出口合同登记的要求仍按《关于全面下放我市服务外包及软件出口合同登记管理的通知》（京商务服贸字〔2015〕5号）执行。

请各区、北京经济技术开发区商务主管部门及时更新修订有关办事流程，按新的要求做好报关出口软件的合同登记工作。

关于印发《关于进一步促进连锁经营发展的意见》的通知

京商务流通字〔2016〕7号

各区人民政府、市政府各有关部门：

《关于进一步促进连锁经营发展的意见》已经市政府同意，现印发给你们，请结合实际认真贯彻执行。

北京市商务委员会
北京市发展和改革委员会
北京市财政局
北京市规划和国土资源管理委员会
北京市工商行政管理局
北京市食品药品监督管理局
2016年8月16日

关于进一步促进连锁经营发展的意见

连锁经营是经营同类商品或服务的若干企业实行专业化分工、集中化管理、规范化经营，从而实现规模效益的一种现代流通方式。发展连锁经营，对于做大做强流通产业规模、调整优化流通产业结构、巩固提升流通经济整体效益具有重要意义。近年来，连锁经营在引导生产、搞活流通、扩大消费、改善民生等领域发挥了重要作用，但促进连锁经营发展的体制机制尚不健全，连锁经营发展的外部环境仍有待进一步完善，商业服务业连锁化程度仍有提升空间。为进一步适应现代流通业发展的要求，加快流通领域供给侧结构性改革，更好地满足市民多层次、多样化的消费需求，按照《国务院关于推进国内贸易流通现代化建设法治化营商环境的意见》（国发〔2015〕49号）和《国务院办公厅关于推进线上线下互动加快商贸流通创新发展转型升级的意见》（国办发〔2015〕72号）要求，为全面落实《北京市提高生活性服务业品质行动计划》（京政发〔2015〕40号），对进一步促进我市连锁经营发展，提出如下意见。

一、指导思想

全面贯彻党的十八大和十八届三中、四中、五中全会精神，践行“创新、协调、绿色、开放、共享”的发展理念，牢牢把握首都城市战略定位，按照市委、市政府关于疏解非首都功能、提高生活性服务业品质、构建高精尖经济结构的决策部署，进一步完善连锁经营发展的体制机制和政策措施，鼓励连锁企业扩大规模、提高效益，提高连锁品牌的市场集中度，全面提升我市流通产业的组织化、集约化、现代化水平，促进商业服务业供给侧结构性改革，推动实体商业转型升级，为“稳增长、促改革、调结构、惠民生”注入新动能，开拓新局面。

二、基本原则

（一）以人为本的原则。适应市民消费结构升级的趋势，发挥连锁经营的规范化、品牌化带动作用，淘汰一批小、散、乱的低端业态，创造更加便利、安全、放心的消费环境，提高居民生活质量。

（二）市场发挥决定性作用和更好地发挥政府作用的原则。发挥市场在资源配置中的决定性作用，更好地发挥政府作用，创新体制机制，营造有利于连锁经营发展的外部环境，调动各类市场主体的积极性，促进跨业态、跨领域连锁经营。

（三）规模、结构和质量并重的原则。继续扩大连锁企业网点覆盖面，巩固和扩大连锁经营规模优势，优化连锁经营的行业、业态结构，突出发展质量和效益，完善信息、物流支撑体系，提高连锁经营的科技含量和规范化水平。

（四）社会化的原则。推动连锁经营从商业零售向服务业拓展，从商业街区向社区、郊区拓展，从单一投资和直营连锁为主向多主体投资和特许连锁拓展，鼓励连锁企业与第三方物流合作，支持建设连锁服务的公共信息平台，提高连锁经营的社会化程度。

三、主要目标

“十三五”期末，我市连锁经营的规模化、组织化、集约化程度有较大提高，形成网点布局合理、配套设施完善、业态结构均衡、社会效益良好的连锁商业和服务业体系，确立连锁经营在流通业组织方式中的主体地位和主导作用。

“十三五”期末：

——连锁经营的行业业种达到30个以上；

——规模以上商业零售和餐饮业连锁化率达到40%以上；

——年销售额（营业额）超过20亿元的连锁企业达到20家以上，超过100亿元的连锁企业达到5家以上；

——连锁便利店门店总数比“十二五”期末翻一番，达到2200个以上。

四、重点任务

（一）培育连锁品牌龙头企业

加快商贸流通企业改革，完善国有商贸流通企业法人治理结构，建立起与发展连锁经营相适应的企业制度，培育和发展一批立足于本地、跨地域发展、具有较强竞争力的大型连锁企业集团。推动北京老字号和品牌企业突出经营主业，通过发展连锁经营，扩大品牌优势。鼓励相同业态的连锁企业通过并购、参股、品牌输出等形式进行重组，加快资源整合，实现低成本扩张和跨区域发展。鼓励和支持符合条件的连锁企业上市，增强融资能力和发展后劲。

（二）完善连锁便民服务网点

建立《北京生活性服务业品牌连锁企业资源库》，培育一批市场认可度高、品牌价值成长性强、配套服务便捷优质的连锁品牌。将发展连锁经营与社区商业建设、农村流通网络建设相结合，扶持一批民生领域连锁企业。鼓励品牌连锁企业进社区，支持与民生相关的连锁商业服务业企业在社区和农村设置网点，发挥品牌连锁经营的优势，提供规范、便捷、优质的服务，提高民生消费供给端规范化水平，使居民便利消费，放心消费。

（三）拓展连锁经营行业层次

推动连锁经营向多领域和深层次拓展。

鼓励连锁经营从商业零售、餐饮等传统商业服务业领域向更多其他服务领域延伸，加快发展居民和家庭服务业、健康与养老服务、教育培训、旅游休闲、娱乐健身、信息咨询等服务业连锁经营，提高连锁经营的行业覆盖率。鼓励连锁企业在以资本为纽带发展直营连锁的同时，借鉴国外特许经营的管理模式和技术手段，运用商品、商号、品牌、技艺、配送、管理等联结方式发展特许经营，推动特许经营的规范化发展。

（四）推动连锁经营模式创新

鼓励连锁企业开发新模式、新技术，发挥其对新消费的引领作用。支持连锁企业之间建立同业联盟或异业联盟合作关系，通过集中采购、合作采购、买断经营、开发自有品牌等方式，提高自营比例；鼓励连锁企业发挥线下实体店的物流、服务、体验等优势，与线上商流、资金流、信息流融合，实现优势互补和线上线下融合发展；支持连锁企业利用电子商务平台创新服务模式，提供网订店取、网订店送、上门服务、社区配送等各类集约化、便利化服务。

（五）完善信息技术和物流支撑体系

推动连锁企业利用信息技术进行供应链整合，加强产业链上下游协同，满足个性化、多样化的消费需求。提高物流配送社会化、标准化、信息化、专业化水平，支持连锁企业进行标准化配送中心和门店设施设备建设改造，鼓励物联网、大数据等技术在物流配送体系中的应用，支持建设统一配送信息服务平台，提高连锁经营企业商品统一采购和集中配送的比例；鼓励连锁企业与第三方物流合作，支持城市物流配送末端网络建设，鼓励推广共同配送模式，加强冷链物流体系建设，提高配送效率和水平。

五、政策措施

（一）统筹连锁网点规划布局

按照北京市“十三五”规划和新增产业禁限目录的总体要求，推进连锁经营网点的科学规划和合理布局。引导大中型连锁经营业态在不同城市功能区合理均衡分布，实现特色化和差异化发展。结合《北京市居住公共服务设施配置指标》，大力推动和支持生活性服务业品连锁企业进社区，不断提高便民连锁经营网点覆盖率。制定新建住宅小区商业配套设施使用管理办法，确保蔬菜零售、超市、早餐、洗染等基本商业便民服务功能需求，完善微利经营、服务民生的运营保障制度。对于疏解腾退出的房屋空间等，符合商业网点建设要求的，优先支持连锁企业开设便民服务设施。

（二）引导连锁企业规模化发展

优化商业流通发展资金支持方向，聚焦促进连锁化发展，引导连锁企业新开店铺、新建或改造加工配送中心，引导连锁企业应用物联网、大数据等技术，开发和升级管理信息系统，提升供应链和销售端协同能力。引导连锁企业搭建全渠道营销平台，扩大品牌影响力。引导传统商业连锁企业增加有效供给，拉动消费增长，对取得突出成效的连锁企业予以支持。

（三）鼓励连锁企业创新经营

发挥政府对企业经营转型升级的导向作用，通过以奖代补、贷款贴息、基金入股等方式对连锁经营企业引进新技术、创造新模式和提供新服务给予支持。支持符合条件的连锁企业上市融资、设立财务公司及发行公司（企业）债券和中期票据等债务融资工具。完善中小规模及创新型连锁企业融资模式，推广知识产权质押融资，依法合规开展股权众筹融资试点。利用生活性服务业基金，支持生活性服务业企业连锁化发展。

（四）健全准入审批机制

全面落实“三证合一”、“先照后证”等商事制度改革要求，进一步优化审批流程，缩短连锁企业准入审批时间，为连锁企业提供便利的登记注册服务。对连锁企业试行“一区一照”登记，在一区只需办理一个营业执照，在该区设置其他直营门店的，将门店经营场所记载在营业执照后，不再办理分支机构登记。加快推进烟草、食盐等专卖制度改革，允许连锁企业总部统一报批，网点备案。进一步细化食品经营许可标准，对连锁便利店等业态开展的便民餐饮服务，按照食品安全法律法规的要求，制定符合行业发展的审批政策。

（五）合理降低连锁经营税负成本

落实连锁门店总分机构汇总纳税政策，对连锁经营企业在本市跨区设立的直营门店，凡不具备独立法人资格的，可以由总部统一缴纳企业所得税。推进工商用电同价，允许大型商贸企业参与电力直接交易，开展商业用户自主选择执行商业行业平均电价或峰谷分时电价试点。修订连锁企业碳排放权交易的核算方法，使能耗指标与企业发展规模和所作贡献相适应，并实施动态调整。大力推广电子发票，降低发票使用成本。

（六）规范政府监管行为，落实企业主体责任

加强事中事后监管，行政执法部门加强协调，在保证有效监管的前提下，对连锁企业实行多部门联合检查和市一级主管部门统筹检查，合理安排常规检查的频次和比例，减轻企业负担。要落实企业主体责任，加强自律规范，对外公示网点信息和服务内容，加强对外相关网点经营管理。根据连锁企业特点，强化总部的管理责任，重点检查总部和配送中心。对经营规范、信用良好的连锁企业，总部能够提供证明材料的，不再要求门店重复提交。

（七）加强连锁专业人才队伍建设

完善高等院校、职业院校、社会职业教育、企业培训等多层次的商贸流通人才培训体系，促进复合型高端商业人才、信息服务、物流配送等连锁经营管理人才的成长。支持行业协会开展行业人才培训，鼓励连锁企业完善自身人才激励机制，保持人才队伍的相对稳定。

六、组织领导

各区、各有关部门要进一步提高认识，统筹规划，分类指导，采取切实措施，促进连锁经营的发展。商务部门加强对全市连锁经营发展的统筹协调，建立促进连锁经营发展联席会议机制。各部门加强协调配合，按照分工要求，切实负起责任，有关部门共同做好实施工作，把促进连锁经营发展的各项政策和措施落到实处。区级人民政府根据形势需要和本地实际，统筹协调，落实责任，出台有针对性的配套措施，加大保障力度，形成政策合力。

关于印发《北京市推进生态原产地产品保护工作的实施方案》的通知

京商务外运字〔2016〕36号

各区商务委、发展改革委、科委、经济和信息化委、农委、园林绿化局、财政局、环保局、工商分局、北京出入境检验检疫局各分支机构、开发区各园区：

为推进首都生态文明建设，规范生态原产地产品保护工作，培育自有品牌，构建“高精尖”经济结构，根据《中华人民共和国进出口货物原产地条例》等规定和市政府要求，结合本市实际情况，北京市商务委员会、北京出入境检验检疫局等部门制定了《关于推进首都生态原产地产品保护工作的实施方案》，现印发给你们，请认真组织实施。

特此通知。

北京市商务委员会
北京出入进境检验检疫局
北京市发展和改革委员会
北京市科学技术委员会
北京市经济和信息化委员会
北京市农村工作委员会
北京市园林绿化局
北京市财政局
北京市环境保护局
北京市工商行政管理局
2016年10月11日

关于推进首都生态原产地产品保护工作的实施方案

为推进首都生态文明建设，规范生态原产地产品保护工作，培育自有品牌，构建“高精尖”经济结构，根据《中华人民共和国进出口货物原产地条例》、《原产地标记管理规定》、《生态原产地产品保护工作导则》、《生态原产地产品保护示范区建设指导意见》等规定和市政府要求，结合本市实际情况，制定本方案。

一、工作思路

（一）指导思想。立足首都城市战略定位，紧密围绕推进生态文明、建设绿色北京和提升生活性服务业品质的要求，积极推进生态原产地产品保护工作，为加快推进一流和谐宜居之都建设作出贡献。大力培育自有品牌，促进外贸稳增长、调结构，增强核心竞争力。

（二）工作目标。严格生产加工技术标准，提升科技创新水平，推进绿色生产，满足绿色消费需求；培育一批具有首都特色的生态原产地品牌产品，吸引生态原产地产品产业链上下游企业集聚，打造生态原产地示范区。

二、重点工作任务

（一）加快培育生态原产地产品自有品牌。围绕首都城市战略定位和构建“高精尖”经济结构的总体要求，在已获评定的霍尔茨门、北京冠捷显示产品、北京天海气瓶等产品基础上，重点在农业和林业及工业等领域推进和示范，培育符合绿色环保、低碳节能、资源节约要求并具有可持续发展潜力和历史传承的“双自主”生态原产地产品品牌，将产业优势转化为国际竞争新优势，壮大生态原产地产业集群，促进生态原产地产品规模化发展，增强企业核心竞争力，扩大外贸出口。

（二）推进现代农业林业发展。产地环境是影响农产品质量及其安全性的重要因素，土壤、水源、气候以及农产品生产过程中所用的化肥、农药等都对农产品质量和健康安全起着至关重要的作用。北京具有良好的自然和人文环境，能大量生产出品质优良、风味独特、符合生态原产地标准的农产品。通过对首都绿色农业加注“地域标签”，将进一步提升北京特色农产品的知名度，提升经济效益，促进首都都市型现代农业、林业加快发展，引导和扩大绿色消费。

（三）加快推进生态原产地示范区建设。生态原产地示范区建设将持续改善生态环境与持续提高产品质量同步发展，减少对环境的破坏，最大限度地减少对环境的负面影响，在节约资源能源、低碳循环中实现可持续发展，并通过持续的保护作用，使退化的生态环境得以改善。

（四）加强政策支持。将生态原产地产品保护纳入“双自主”范畴给予支持。充分利用外经贸、现代农业、环保节能等专项资金，对积极申报并获得证书、有实际经营业绩的企业给予扶持，支持改善生产条件、改进工艺、开展培训和市场推广等项目。对符合条件的生态原产地产品落实通关绿色通道、出口退税、外汇管理等优惠政策，提高企业生态化生产的积极性。提高各区建设生态原产地示范区的积极性，将生态原产地产品扶持和示范区建设纳入绩效考核。

三、组织实施

（一）职责分工

为加强对生态原产地产品保护工作的组织领导，市政府成立以分管市长为组长的北京市推进生态原产地保护工作小组，负责研究和解决生态原产地产品保护工作实施过程中的重大问题。工作小组办公室设在市商务委。

工作小组成员单位职责分工如下：

市商务委负责本市生态原产地产品保护工作的组织协调，会同相关部门研究制订扶持政策及对支持项目进行审核。

北京国检局负责受理生态原产地产品申报、组织评审、跟踪服务和与国家质检总局的协调沟通工作。

市发展改革委负责新能源等相关行业生态原产地产品的推荐及相关支持政策的落实，参与相关评定工作。

市科委负责科技创新生态原产地产品的推荐及相关支持政策的落实，参与相关评定工作。

市经济信息化委负责生产加工行业生态原产地产品的推荐及相关支持政策的落实，

参与相关评定工作。

市农委负责农业生态原产地产品的推荐及相关支持政策的落实，参与相关评定工作。

市园林绿化局负责林业生态原产地产品的推荐及相关支持政策的落实，参与相关评定工作。

市财政局负责资金筹措，并对资金使用情况进行绩效考核及监督。

市环保局负责环保行业生态原产地产品的推荐及相关支持政策的落实，参与相关评定工作。

市工商局负责做好生态原产地产品企业的工商登记注册、流通领域监督管理工作。

各区政府负责出具本辖区内产品或示范区的产地范围，各所属部门负责辖区内生态原产地产品的推荐、出具相关证明材料及管理，出台扶持生态原产地产品的配套优惠政策；负责本地区生态原产地示范区的申报与日常管理。

（二）实施步骤

1. 前期准备阶段（2016 年 10 月 30 日前）。制定实施方案，做好相关部门、行业业务对接，听取对生态原产地产品评定的意见；适时召开新闻发布会，向社会公布生态原产地产品保护实施方案及操作办法。

2. 启动实施阶段（2016 年 11 月 1 日起）。先期选择在农业、林业等领域开展生态原产地产品评定工作，市、区相关部门、行业做好衔接，加强评定工作宣传、业务培训和指导；受理申报，组织评审和向国家质检总局申报。同时，在有条件的地区推进生态原产地（包括工业产品）示范区建设。

3. 评估改进阶段（2017 年 1 月）。密切跟踪生态原产地产品评定工作，加强效果评估，不断拓展评定领域、操作办法，提升服务水平。

四、申报条件与流程

根据《国家质检总局关于印发生态原产地产品保护相关规定及委托评定机构名单的通知》（国质检通函〔2012〕629 号）精神，生态原产地产品保护申请主体包括政府、行业协会、社会组织或者生产者。按照自愿申报的原则，申请主体可向工作小组办公室或北京国检局提交申报材料，在 5 个工作日内反馈是否受理的意见。

（一）申报材料

1. 生态原产地产品保护申请书或生态原产地产品保护示范区申请书；

2. 区政府负责出具产地或示范区范围证明文件；

3. 产品技术指标、相关标准；

4. 生产或形成时所采用的原材料、生产工艺、流程、主要质量元素等；

5. 产品生产或形成过程中具有生态特性的证明材料，包括对生产者、销售者、消费者和周边环境、社会公益等方面的影响；

6. 申请示范区评定，还应提供示范区内生态原产地产品保护产品名录和申请主体对示范区有效监督管理的证明材料。

（二）申报流程

1. 申请人提出书面申请。

2. 北京国检局组织专家进行初审，并将初审结果报送国家质检总局生态原产地保护管理办公室。对达到《生态原产地产品保护评定通则》、相关标准及技术规范要求的生态原产地产品，由国家质检总局颁发《生态原产地产品保护证书》或《生态原产地产品保护示范区证书》。证书有效期到期后可根据相关条件申请延期审核。授权申请主体可使用生态原产地产品保护标志。

3. 北京国检局负责向工作小组办公室通报评定结果。工作小组办公室负责向市相关部门通报相关产品的评定结果。

企业申报材料准备过程中如遇困难，可经区政府或授权的相关行政主管部门审核，向工作小组办公室申请协调解决。

五、工作要求

（一）适应形势，提高认识。推进生态原产地产品保护符合首都城市战略定位，有利于深化转方式、调结构，发展高端制造业、现代农业和战略性新兴产业，促进产业升级，推动“北京制造”向“北京创造”转变，培育“双自主”企业和产品，构建高精尖经济结构；有利于促进企业建立全流程绿色管理体系，实现“清洁生产”，加快推进打造高端化、低碳化绿色生产体系，保护首都环境，促进生态文明建设；生态原产地产品是在原产地属性基础上融合了生态、绿色的理念，有助于打破国际贸易中的“环境壁垒”，提升产品价值，扩大品牌效益，培育外贸竞争新优势。

（二）分工协作，多方联动。将生态原产地产品保护作为首都生态战略的重要工作内容，市工作小组成员单位应根据职责分工挖掘主管行业中符合条件的生态原产地产品，并指导和协助做好申报、评定工作。加强各成员单位、市与区、行业组织之间的协调互动，密切配合，共同稳步推进生态原产地产品评定工作。

（三）扩大宣传，加强引导。充分发挥电视、报刊、网络等各类媒体作用，加强生态原产地产品保护重要意义、政策和典型经验的宣传，组织开展生态原产地保护知识讲座，普及生态原产地保护相关知识，增强消费者的认知和认同感，形成全社会培育、积极申报和自觉保护生态原产地产品的良好舆论氛围，提高使用生态原产地品牌的自觉性。

附件：

北京市推进生态原产地产品保护工作小组成员名单

组　　　长：程　红　市政府副市长

常务副组长：徐志军　市政府副秘书长

　　　　　　闫立刚　市商务委主任

成　　　员：宋建明　市商务委副主任

　　　　　　徐福华　北京出入境检验检疫局副局长

　　　　　　王英建　市发展改革委副主任

　　　　　　张光连　市科委副主任

　　　　　　姜广智　市经济和信息化副 主任

　　　　　　寇文杰　市农委委员

　　　　　　贲权民　市园林绿化局副巡视员

　　　　　　王　婴　市财政局副局长

　　　　　　李晓华　市环保局副局长

　　　　　　贺庆财　市工商局副局长

办公室主任：宋建明（兼）　市商务委副主任

联　络　员：刘　军　市商务委外贸运行处处长

　　　　　　刘玉萍　北京出入境检验检疫局通关处处长

　　　　　　张　唯　市发改委能源发展处

　　　　　　邢永杰　市科委社会发展处处长

　　　　　　林　泽　市经济和信息化委科技标准处主任科员

　　　　　　高　娇　市农委产业发展处

　　　　　　解　莹　市园林绿化局产业发展处主任科员

　　　　　　齐玉璞　市财政局经建一处副处长

　　　　　　曹志萍　市环保局生态环境规划与建设处副处长

　　　　　　许泽楠　市工商局企业登记处

第三部分

主　要　业　务

一、依法行政

法制建设

【概况】2016年，市商务委认真贯彻落实《北京市法治政府建设实施方案（2015—2020年）》和《北京市2016年全面推进依法行政工作要点》等文件精神，结合商务工作实际，着力推进简政放权放管结合优化服务工作，积极开展商务综合执法体制改革试点，进一步优化法律服务保障机制，依法行政工作取得良好效果。

（一）“放管服”改革工作不断深化。全面梳理市政府2016年简政放权放管结合优化服务涉及市商务委的31项工作任务，分解至24个处室及直属单位，明确时间节点，并对任务落实情况进行督查总结。开展非行政许可审批事项清理，共取消行政审批6项。全面清理行政审批中介服务事项。梳理调整2016年版权力清单，共调整23项职权，其中取消12项。落实监管要求，制定《北京市商务委员会推进商务随机抽查规范事中事后监管工作实施方案》，将18个执法领域纳入随机抽查事项清单，占全部检查事项的72%，涉及法规22部。制定《北京市商务委员会行政许可和行政处罚等信用信息公示工作方案》，归集公示3248件行政许可及行政处罚信息，其中行政许可3050件、行政处罚198件。

（二）商务综合执法体制改革试点成效明显。采取“四个一”工作措施，狠抓试点工作落实，即出台“一个文件”——会同市编办印发《北京市商务综合行政执法体制改革试点工作实施方案》；制定“一个考核办法”——《北京市商务综合行政执法体制改革试点工作考核办法》；组织“一次动员部署推进会”；进行“一次督查考核”。注重改革实效，实现“四个提升”，即执法专项经费进一步落实、执法队伍建设和人员素质明显提高、执法领域不断拓展、人均办案量大幅提升。在全国商务综合行政执法体制改革试点中期评估中被商务部评定为优。

（三）法律服务工作提供高效保障。2016年全年，共完成各类法律服务1000余件次，同比增长90%，其中各类协议、文件等法律审核500余件，重大法律问题会商40余次，政府信息公开60余件，各类法律咨询400余次，并办理外单位法规文件征求意见稿46件。落实行政负责人出庭应诉制度。市商务委主要领导出庭应诉，案件庭审取得了良好的法律效果和社会效果。认真开展行政规范性文件备案与清理。完成12件行政规范性文件合法性审查、备案。对2000年至2013年期间市商务委以市政府、市政府办公厅名义印发文件进行清理，建议废止14件、保留6件。积极做好法制宣传工作，全年共举办法律知识培训5次。牵头组织地方标准复审，会同相关处室完成4项地方标准立项申报。

（卢　跃、佟广军）

【落实行政负责人出庭应诉制度】12月7日，在丰台区人民法院正式开庭审理日本北海株式会社诉市商务委及市政府对某外资企业权益转让不予行政许可决定案。市商务委主要领导闫立刚同志出庭应诉。庭审过程中，三方当事人围绕案件焦点问题展开激烈辩论，并充分发表庭审意见，取得了良好的法律效果和社会效果。

（佟广军、刘澜晶）

【组织全市商务行政执法人员行政处罚资格考试】为满足市区商务部门执法实际需求，市商务委 2016 年度共举办 2 次全市商务行政执法人员行政处罚资格考试，全市商务系统共有 34 名同志报名参加并通过考试。2016 年度执法资格考试增加考前培训环节，收到良好效果。

（刘澜晶）

【举办 2016 年度全市商务系统依法行政培训会】8 月 22 日至 24 日，市商务委举办 2016 年度商务系统依法行政培训会。本次培训以“行政处罚案卷评查培训”为主要内容，采用“以案促学”的形式，通过“行政处罚案卷评查讲解—案卷分组评查—案卷复查、互评、交流—案卷评查结果分析”等流程开展培训，提高市区商务部门案卷制作水平和案卷评查能力。

（刘澜晶）

【法律服务工作实现大幅增长】2016 年，市商务委共完成各类法律服务 1000 余件次，同比增长 90%。其中，审核各类协议、文件等 500 余件，会商重大法律问题 40 余次，审核政府信息公开 60 余件，解答各类法律咨询 400 余次，办理其他单位法律法规规章等征求意见 46 件。

（卓　娜）

【完成对 12 件行政规范性文件报送备案】2016 年，市商务委按照《北京市行政规范性文件备案规定》等文件要求，不断强化对行政规范性文件的审核与备案工作，全年共认定并完成向市政府法制办报送备案各类行政规范性文件 12 件。

（卓　娜）

【顺利完成对涉及市商务委部分的市政府文件清理工作】2016 年，按照市政府办公厅、市政府法制办的统一部署，市商务委对 2000 年至 2013 年期间以市政府、市政府办公厅名义印发的涉及市商务委的文件开展了为期半年的清理工作，先后共 3 次向市政府法制办报送清理情况，其中，建议废止 14 件，建议保留 6 件。

（卓　娜）

【开展地方标准立项申报】2016 年，市商务委积极组织开展商务领域 2017 年北京市地方标准的立项申报工作，共向市质监局申报立项项目 4 项，内容涉及企业物流、商场超市节能以及食品冷链等多个方面，较上年同期申报立项数量明显提高。

（卓　娜）

【汇编《十八大以来商务依法行政法律文件》】2016 年，市商务委汇编《十八大以来商务依法行政法律文件》，汇编文件共 35 件，主要涉及法律、行政法规、地方性法规、部门规章、地方政府规章、党和政府的指导性文件 6 类。

（饶丽丽）

【积极开展商务法制宣传】10 月至 12 月，市商务委按照市法宣办、市司法局《关于转发〈司法部 国家互联网信息办 全国普法办关于开展第十届全国百家网站微信公众号法律知识竞赛活动的通知〉》要求，组织市商务委教育中心全校师生参加第十届全国百家网站微信公众号法律知识竞赛。11 月中旬，发放法治宣传教育相关书籍。年底，印发《2016－2020 年北京市商务系统法治宣传教育工作方案》。

（梅　焱、饶丽丽）

【12312 举报投诉受理工作圆满完成】 2016 年，北京市商务举报投诉中心紧紧围绕“创新工作模式，优化工作流程”的整体思路，谨慎、妥善处理商务举报投诉案件。全年累计接收投诉举报件 2096 件，其中接收 12345 派单 1989 件，12312 系统接收 107 件，办结率 100%。

（余　丽）

【京津冀商务举报投诉协作机制正式运行】 北京市商务举报投诉中心围绕京津冀一体化、服务业扩大开放、提升生活性服务业品质积极开展工作，制订相应处理意见。以北京为主导，京津冀三地 12312 中心多次磋商，签署了《京津冀商务举报投诉处理协作意见》。今后典当、拍卖、商业特许经营、对外承包工程四类省级执法案件相互转办，京津冀商务举报投诉协作机制正式运行。

（余　丽）

【开展培训提升业务能力】 北京市商务举报投诉中心以《落实依法行政，处理好商务举报投诉》、《食盐类举报投诉受理及举报投诉案件查处》为内容，分批次组织区商务委工作人员、12345 话务员、执法人员专题培训，累计培训 260 余人次。

（余　丽）

商务执法

【概况】 2016 年，北京市商务执法监察大队以全面落实《商务部 中央编办关于商务综合行政执法体制改革试点工作的指导意见》和《北京市人民政府办公厅关于推广随机抽查规范事中事后监管工作的实施意见》为目标，坚持依法行政，创新监管方式，狠抓执法能力建设。全年共出动 9534 人（次），检查（复查）企业 3543 家（次），完成行政处罚 1313 个（其中一般程序行政处罚 151 个），行业监管责任得到有效落实。

（一）以完成市政府法制办量化考核指标为牵引，全面加强执法能力建设。一是做好学习培训。组织全体人员对量化考评体系逐条逐句进行详细解读，明确要达到的目标和任务，分析面临的形势和困难，进一步统一思想，提高认识。二是定期召开大队长办公会，通报考核指标进展情况，针对发现的问题，分析原因，制定有效措施。三是协调推进。通过执法联席会、督导检查和调研座谈等形式，督促各区商务委主动作为，找准难点，补足短板，全面推进全市商务执法工作落实。2016 年量化考核指标完成情况较 2015 年有了大幅度的提升，人均检查量达到 68 个，人均执法量 28.7 个；履行行政处罚权 35 项（其中 15 项是首次处罚），职权履行率为 11.3%，同比 2015 年提高了 66%；触发 2 次以上的 28 项，职权均衡度为 0.8。

（二）以“双随机”抽查为抓手，全面落实行政执法责任制。全面贯彻简政放权、放管结合、优化服务的要求，不断规范监管行为。根据《行政处罚权力清单》，将 18 个执法领域纳入随机抽查事项清单，明确了抽查主体、事项、内容、对象、方式与依据。建设两个数据库的，确定了 13.2 万个企业名录数据库和执法人员基本信息数据库。2016 年执法检查以“双随机”为主要检查方式，检查事项覆盖率达到 72%。

（三）以落实商务综合行政执法体制改

革试点任务为契机，全面加强执法规范化建设。一是编写执法手册。从适用要求、检查方式、违法行为、处罚依据等4个方面对22个监管行业的执法检查内容、检查方法和检查重点进行了明确和规范。制定修改和完善了45种行政执法文书，并在全市范围内统一。实现了执法文书制作、归档、管理的规范化、制度化和程序化。在市政府法制办组织的案卷评查中，连续第9年获得优秀。二是督导区县落实。针对各区执法力量不均衡的问题，有针对性地派出执法人员协助指导执法。有效提升了各区执法人员的综合执法能力，推动执法重心下移。采取联席会、培训、调研、督查等形式，督促各区采取有力措施，落实商务综合行政执法试点工作。三是强化执法保障。盘活存量资金，为各区执法人员统一配发了执法服装和执法记录仪，提高了商务执法形象，增强了社会公信力。在商务部的综合执法试点中期评估中，北京市被评为优等。

（郭明学）

【持续加大安全生产检查力度】2016年，安全生产共检查（复查）企业777家次，实施一般程序行政处罚55起，罚款52.3万元。通过对处罚的企业进行公示，起到了很好的警示与教育的社会效果，行业监管责任落实到位，全年未发生重大安全生产事故。

（秦小方）

【确保重大活动敏感时期行业安全】全国两会、“G20峰会”、十八届六中全会、重大节日等敏感时期，对会场周边、重要街区，领导带队亲自查，全员参与反复查，督促企业提高安全生产意识，落实安全生产主体责任。共出动633人次，检查企业228家次，督促整改问题隐患161处。

（秦小方）

【持续加大连锁企业重点商圈的监管力度】有针对性地对永辉、物美等8个连锁企业，王府井、西单等8个重要商圈，金源燕莎、朝阳大悦城等6处综合楼宇进行安全生产检查，对存在问题较多的企业约谈企业负责人，督促其抓好整改落实。共检查企业576家次，督促整改问题隐患403处。

（秦小方）

【消除城乡接合部监管盲区】对海淀香山、厢红旗，昌平北七家，朝阳太阳宫、高碑店，丰台和义等城乡接合部开展安全生产、生活服务业排查，消除监管盲区和死角。

（秦小方）

【开展零售促销执法】结合传统节假日、“双十一”、“双十二”等时机，开展零售促销执法检查，对企业备案情况进行现场核实。共叫停购物返券违规促销行为7起，对生活必需品违规促销行为立案处罚3起。

（秦小方）

【组织执法业务培训暨食盐执法工作部署会】6月，国务院印发《盐业体制改革方案》。北京市商务执法监察大队及时组织召开全市执法业务培训暨食盐执法工作部署会，对盐业体制改革政策进行系统解读，加强盐业体制改革过渡期的市场监管。以日常检查和动态打击相结合，市级督查和市区两级联合执法为手段，形成市区两级联动联控的长效机制。

（秦小方）

【组织食盐专项检查】组织全市冬季、夏季、秋季和盐改过渡期等集中检查活动，确保对食盐生产、加工、经营、使用整个产业链的全覆盖。组织开展针对餐饮经营企业和望京地区、三里屯地区等外国人聚集区进口盐市场的专项检查。对食盐流通末端检查中发现的违法线索，加强同中盐北京市盐业公司的信息互通，深挖案件源头。2016 年，北京市商务执法监察大队分别会同朝阳、海淀、大兴、昌平、丰台区商务委和有关部门，捣毁了 5 处非法经营窝点，共查处违法盐产品 81.825 吨。

（秦小方）

【果断处置食盐执法面临的新问题】 6 月，对 1 号店、天猫超市违规销售外省市食盐的情况进行查处，维护了北京市食盐市场的经营秩序。11 月份，接到中盐北京市盐业公司关于市场发现高仿真食盐的举报后，邀请市公安局经侦总队食药支队召开专题工作推进会，开展行刑衔接，共同维护食盐市场秩序稳定。11 月 14 日至 30 日，全市共出动执法人员 430 余人次，对 72 家农贸批发市场进行突击检查，共查获违法盐产品 1178.5 公斤，作出一般程序行政处罚 14 起。

（秦小方）

【省级执法处罚事项取得明显突破】 突破了典当行业“典当行从事非绝当物品销售和从事动产抵押业务”的 2 个处罚事项。突破了商业特许经营“两店一年”高数额罚款，典型案件是凯瑞联盟教育一案，罚没款金额共计 23 万余元。新增了对特许人未按规定时限合同年报的处罚事项。对凯瑞联盟教育和百怡堂两家企业分别实施了两次以上不同事项的行政处罚。

（秦小方）

【单用途商业预付卡处罚取得零的突破】 6 月至 8 月，北京市商务执法监察大队集中开展为期 3 个月的单用途商业预付卡专项检查，取得了单用途商业预付卡领域一般程序行政处罚零的突破。对权金城、玉明珠洗浴、大鸭梨餐饮等 5 家企业作出行政处罚，共罚款 6 万元。

（秦小方）

【多措并举圆满完成考核指标】 落实全员执法，把管理科室人员统一纳入到执法队中，统一编组，统一制定计划，统一参加执法检查。规范执法程序，特别是对简易处罚程序进行了规范，修改印制了简易执法文书。实施集中执法，按照“就近就便、条块结合”原则，以生活服务业和酒类流通为主，组织全体人员进行集中执法，逐个街区、逐家逐户，发现违法行为进行现场处罚。2016 年，共组织开展集中执法 16 次，检查企业 1092 家，作出行政处罚案件 863 件，占全年总执法量的 65.7%。

（秦小方）

二、商业流通规划与发展

流通规划

【概况】2016年，市商务委积极推动商品交易市场调整疏解，持续推进农产品流通体系建设，充分发挥规划引领作用，开展重点工作研究。

（一）有序推动市场调整疏解。一是建立市场调整疏解工作机制。建立市商务委与各区政府和区商务委之间的市场调整疏解工作机制、京津冀三地商务部门对接协作机制、联席会议制度，搭建市场疏解转移承接合作交流平台，签署包括市场疏解承接在内的项目合作备忘录。二是研究制定资金支持政策。配合市财政局等有关部门研究制定了《关于建立“疏功能控人口促发展”一般性转移支付引导政策的意见（试行）》，对各区完成疏解区域性市场安排一般性转移支付资金。三是研究制定河北省承接地批发市场建设工作方案。与河北省商务厅制定《河北省承接地批发市场建设工作方案》，明确河北分类承接疏解转移的重点区域和重点市场项目。四是统筹做好市场疏解和便民服务工作。下发《关于统筹做好市场疏解和便民服务保障工作的通知》，要求在坚决疏解非首都功能的区域性市场的同时，要按照“升级为导向、建关相结合”的原则区别对待农副产品市场，要以规范、改造、升级为主，不搞“一刀切”。

（二）持续推进农产品流通体系建设。一是加快推进“菜篮子”双核保障项目建设。组织专门力量研究“双核”保障体系框架下新发地市场与鲜活农产品流通中心的关系，指导督促新发地市场制定调整升级和区域合作方案。协调相关部门推进北京鲜活农产品流通中心项目建设。二是深入推进规范化、连锁化蔬菜零售网点建设。按照《北京市提高生活性服务业品质行动计划》安排，组织各区推进社区菜市场、连锁社区菜店、连锁生鲜超市等规范化、连锁化蔬菜零售网点建设。研究制定了社区菜市场、生鲜超市、超市搭载售菜、社区菜店、蔬菜直通车等蔬菜零售终端的行业规范。三是完善农产品流通产业发展基金管理制度。与市财政局共同印发《北京市农产品流通产业发展基金管理办法》，加快基金项目投资。

（三）制定发布“十三五”时期相关规划。制定发布《“十三五”时期商业服务业发展规划》。研究编制《“十三五”时期农产品流通体系发展规划》。

（四）开展重点工作研究。配合通州城市总规划制定工作，开展《通州区商业体系研究》，完成《北京市商业设施空间布局规划研究》。开展特色商业街发展思路研究，梳理、分析特色街发展问题，对特色街未来发展趋势进行研判。

（丁　颖）

【市场调整疏解取得积极进展】2016年，完成商品交易市场调整疏解117个，其中拆除52个，拆除建筑面积114万平方米；

清退65个，清退建筑面积46万平方米。共疏解商户2.8万户，涉及从业人员8.8万人。

（李洪臣）

【鲜活农产品流通中心项目稳步推进】 2016年，鲜活农产品流通中心项目完成土方施工和50%的地下结构工程建设。

（林英杰）

【推进规范化、连锁化蔬菜零售网点建设】 2016年，完成新建和规范提升规范化蔬菜零售网点415个，超额完成全年新建和规范提升300个蔬菜零售网点任务。

（林英杰）

【发挥农产品流通产业发展基金作用】 2016年，利用农产品流通产业发展基金完成对北京鲜活农产品流通中心、北京星东万家商贸有限公司两个项目的投资，对新发地批发市场、新发地生鲜网等多个项目履行投资前期手续。

（林英杰）

【新设立零售外资店铺438家】 2016年，本市新设立零售外资店铺438家，新批准营业面积9.4万平方米，涉及专卖店、专业店、便利店等业态。其中，专卖店279家，专业店139家，便利店3家，超市14家，其他3家。主要集中在朝阳区（167家）、西城区（39家）、东城区（54家）、丰台区（13家）、海淀区（66家），五个区占全市总数的77%。

（丁　颖）

【取消外资零售店铺审核】 11月3日，商务部废除2004年8号令，商务部门不再对外商投资企业在京设立零售店铺相关事宜进行审核。

（丁　颖）

流通发展

【概况】 2016年，市商务委以促进连锁经营发展等现代流通方式为工作着力点，不断完善工作机制，研究出台政策措施，优化行业发展环境。

（一）政策支持，优化连锁发展环境。协调相关部门，形成推动连锁发展工作合力。一是会同市发展改革委、市规划国土委、市财政局、市工商局、市食品药品监管局等部门研究出台《关于进一步促进连锁经营发展的意见》，优化连锁经营发展环境。二是加强与市工商局、市食品药品监管局等职能部门的协调沟通，就一区一照、连锁便利店搭载简餐等方面出台了更有利的支持政策。三是就施行《关于进一步促进连锁经营发展的意见》组织行业内企业的调研和征求意见，及时进行宣传和解读，并就连锁发展的困难争取相关部门给予积极解决。

（二）规范引领，探索社区商业新模式。一是研究起草“北京市便利店（超市）行业规范”和“社区商业便民服务综合体规范”，集中组织连锁便利店和相关商贸企业进行宣贯活动，扩大对规范的领会，引导企业提升行业规范发展水平，促进提升生活性服务业品质。二是积极开展对连锁业态调研，引导企业探索和创新经营模式，建设各具特色的生鲜超市、生鲜便利店、社区生活超市和社区商业综合体、社区微型购物中心等，提升企业经营能力，完善便民商业服务。

（三）多措并举，促进老字号传承创新。加强对北京老字号非物质文化遗产的保护与宣传，指导老字号协会开展非物质文化遗产日活动，丰富非遗保护内容，提升活动效果。在“北京风味小吃”传统技艺获评北京市非遗的基础上，支持协会继续申报国家级非物质文化遗产。组织老字号企业参与渝洽会、世界旅游经济论坛等展会论坛，鼓励企业开拓国内外市场，扩大影响力。组织老字号在电商平台、本地生活服务平台开展活动，不断发挥老字号在传统文化和技艺传承、提高生活性服务业品质、促进消费等方面的积极作用。加强老字号知识产权等无形资产的保护，在京交会上举办“老字号品牌国际保护论坛”，对老字号企业国际化布局提供指导和帮助。

（邵　全）

【举办贵州年货节暨贵州特色商品（北京）展示交易会】 1月17日，2016贵州年货节暨贵州特色商品（北京）展示交易会在京举办。在为期7天的展示交易会期间，贵州省精选的280余家企业的2000余种地方特色商品通过线上线下同步展销。市商务委会同市投促局组织100余家百货、超市、餐饮、电商企业，以及相关行业协会、外国驻京商会、外资企业参加启动仪式，副市长程红出席并致辞。市商务委与贵阳市人民政府签定战略合作协议，约定双方在黔货进京、京企投黔和商业发展方面开展战略合作。贵州省商务厅和贵阳市商务局分别与北京京客隆商业集团股份有限公司和北京新奥和元商业管理有限责任公司签订战略合作协议。

（魏新宇）

【商务部领导调研生活性服务业发展情况】 1月21日，商务部党组成员、部长助理王炳南率商务部市场体系建设司、电子商务司、服务贸易司相关负责人，调研本市生活性服务业发展情况。

（邵　全）

【北京老字号举办新春座谈会】 2月1日，北京老字号协会在北京市珐琅厂三层博物馆西厅举办掌门人、传承人新春座谈会，总结北京老字号的发展经验，共话老字号传承与创新。

（邵　全）

【“农超对接”解决昌平苹果“卖难”】 针对昌平苹果“卖难”问题，市商务委启动“农超对接”专项帮扶，组织京客隆、超市发、永辉、华冠等超市，以及京东商城、中粮我买网等电商企业深入昌平区崔村镇等主产区进行产销对接。通过农超对接直供渠道销售昌平苹果30余万斤，有效解决了区域优质果品积压问题，也丰富了本市市场供应。

（张　爽）

【积极引导老字号创新营销模式】 以“原汁原味北京老字号、找寻儿时的美好回忆”为主题，整合入驻京东商城的全聚德、百花蜂业、内联升等19家北京老字号品牌旗舰店，利用京东商城首页焦点图等资源位进行集中促销活动，点击量超6.5万次，引入订单2916个，订单金额160余万元，收到了良好的宣传和引流效果。

（耿英贞）

【举办西藏拉萨净土健康产品市场对接会】 6月1日，由西藏自治区拉萨市人民政府与市商务委共同举办的“拉萨市净土健康产品进北京市场对接会”在京举行，现场展示了天然矿泉水、牦牛肉制品、虫草、藏药湿巾等十余种特色产品。本市华联、永辉等连锁超市和京东商城、中粮我买网等电商平台共30家采购商参加了对接会。

（魏新宇）

【出台《关于进一步促进连锁经营发展的意见》】 8月16日，市商务委、市发展改革委、市财政局、市规划国土委、市工商局、市食品药品监管局六部门联合印发《关于进一步促进连锁经营发展的意见》，明确了进一步促进连锁经营发展的指导思想、基本原则、总体目标和重点任务，提出了统筹推进连锁经营发展的系列政策措施和工作机制。

（邵 全）

【本市15家企业位列“2015年中国连锁百强”】中国连锁经营协会（CCFA）发布的《2015年度行业发展状况报告》“2015中国连锁百强”榜单显示，国美电器有限公司、物美商业集团股份有限公司、王府井集团股份有限公司、北京迪信通商贸有限公司、北京京客隆商业集团股份有限公司、北京菜市口百货股份股份有限公司、北京超市发连锁股份有限公司等15家本市企业榜上有名。

（张 爽）

【举办潍坊名优农产品食品展示交易活动】7月20日，由山东省潍坊市人民政府主办、市商务委支持的潍坊名优农产品食品采购对接会在京举行。潍坊市精选了150多家企业350多个品种的优质农产品、食品、特色小吃、特色工艺品、老字号产品参展，本市70余家大型超市、农产品流通企业、餐饮企业和涉农电商平台企业参加了对接活动。

（魏新宇）

【京豫两地商务部门签订《经贸战略合作框架协议》】8月22日，河南省党政代表团来京考察交流。京豫两地商务部门签订了《经贸战略合作框架协议》，为全面推动京豫战略合作和协同发展奠定了坚实基础。

（魏新宇）

【举办北京市对口支援地区特色产品专场推介会】9月14日至19日，由市对口支援合作办和市商务委共同主办的2016年北京市对口支援地区特色产品展销会在京举行。河南福森饮料、新疆和田果之初、四川蓝剑、拉萨净土商贸等10家对口支援地区企业进行了特色产品推介。北京物美、京客隆、永辉、王府井百货、苏宁、当当网等60余家大型商场、超市、农产品流通企业和电商平台参加了推介会，并与受援地企业进行对接交流。

（魏新宇）

【组团参加第四届黑龙江国际绿色有机食品产业博览会】9月22日，第四届黑龙江国际绿色有机食品产业博览会暨哈尔滨世界农业博览会开幕，程红副市长率团参加。博览会期间，程红副市长考察了京粮集团、二商集团在黑合作项目。本市商贸企业负责人组成采购商分团赴五常市考察。物美、京客隆等超市企业，以及京东、中粮我买网等电商平台与当地企业深入广泛对接洽谈，促进了两地有机食品的深化合作。

（魏新宇）

【参加第20届中国（廊坊）农交会】9月25日，第20届中国（廊坊）农产品交易会召开。市商务委组织本市物美、京客隆、超市发、永辉等20余家超市和市“菜篮子”大数据、沱沱工社、城乡超市、邮政电子商务局等电子商务企业参加交易会。交易会上，物美、超市发、首航国力、永辉等超市企业与丰宁缘天然奶业、平泉皇家136庄蔬菜、沽源三源羊肉、泊头广锋果品等河北省名优农产品企业达成意向交易额近2000万元。沱沱工社等电商企业与当地生产企业、电商平台达成深度合作意向。

（张 爽）

【创新流通企业搭载简餐服务监管模式】 经市食品药品监管局、市商务委共同研究，市食品药品监管局于9月30日印发《北京市食品经营许可管理办法（试行）》和《北京市食品经营许可审查细则（试行）》，11月1日起正式实施。按修订后管理办法的第十一条规定，对连锁便利店等流通业态搭载以散装熟制食品加热为主的简易餐饮服务，按散装食品销售进行许可审查，有别于食品制售类（餐饮服务）经营项目。这一食品流通监管模式的创新，有效降低了连锁便利店等流通业态的开店成本，提高了连锁便利店企业的开店积极性。

（邵　全）

【北京老字号亮相澳门世界旅游经济论坛】 10月16日至17日，2016第五届世界旅游经济论坛在澳门特别行政区举行。北京作为本届论坛的主宾市，在论坛期间举办了"魅力北京"旅游文化展。市商务委遴选和组织了内联升、瑞蚨祥、吴裕泰、盛锡福、戴月轩、红螺、红都、珐琅厂等8家久负盛名的老字号参展，吸引了众多论坛代表和澳门普通市民前来体验。

（耿英贞）

【北京特产美食联盟成立】 12月6日，由全聚德、北京稻香村、御食园联合发起的"北京特产美食联盟"正式成立。联盟通过建立统一形象、统一经营的北京特产美食连锁销售门店，实现品牌强强联合、优势互补、资源共享。

（邵　全）

【鸭绿江鲜活淡水鱼进京销售】 12月28日，鸭绿江淡水鱼进京销售启动仪式在岳各庄批发市场进行，本市物美、京客隆、超市发、永辉、家乐福、华冠、首航国力、华润万家等8家超市生鲜采购负责人及新发地、岳各庄、大洋路等批发市场的20余家商户代表参加销售对接活动。

（张　爽）

【举办川货新春大拜年活动】 12月29日，由四川省商务厅主办、市商务委协办的2017川货新春大拜年活动启动仪式暨北京品鉴推广会在京举行，现场展示推介了近200家企业的七大类上千种特色川货。本市物美、京客隆、超市发、苏宁云商、国美在线、华天峨嵋酒家、眉州东坡酒楼等30余家北京骨干商贸企业、特产销售电商和餐饮企业参加了活动，供销双方进行了深入洽谈对接。

（魏新宇）

电子商务

【概况】 2016年，市商务委积极推进本市电子商务的快速发展，电子商务已成为首都经济增长的新引擎、产业升级的新动力、居民生活的新方式，在助力供给侧改革、推动线上线下融合、引领消费升级等方面发挥了重要作用。

（一）电商企业集群发展。截至2016年底，全市开展网上零售的限额以上批发零售企业共有381家，比2015年新增33家。网上零售额亿元以上企业共76家，其中百亿元以上的4家、十亿至百亿元的11家、一亿至十亿元的61家，比2015年新增27家，形成龙头电商和骨干电商稳定增长，中小电商特色化、专业化快速发展的集群格局。

（二）全市网上零售额进入稳定增长期。2010年至2016年，本市限额以上批发零售企业网上零售额由120亿元增至2049亿元，增长16倍；占社零额的比重从2%增至

18.6%。与此同时，随着电子商务的健康持续发展，网上零售增速逐渐回落，增速由2011年的150%，到2012年的99.8%、2013年的44.3%、2014年的69.7%、2015年的40.2%。2016年，全市实现网上零售额2049亿元，同比增长20%；占全市社零额的比重达到18.6%；对社零额增量的贡献率为51.2%，拉动社零额增长3.3个百分点。

（三）跨境电商发展初具规模。随着消费供给侧改革的深入及居民消费结构的升级，本市跨境电子商务持续快速发展。全年跨境电商零售进口（从北京口岸进口）88.8万票，较2015年增长5.7倍，价值3.37亿元人民币，较2015年增长8.4倍；跨境电商零售出口全年实现8.4亿美元。创新模式优化跨境电商发展环境。市商务委牵头制定《推进跨境电子商务创新发展实施意见》，会同北京海关、北京国检局制定《跨境电子商务监管工作关检合作方案》，提升通关效率。举办专题发布会，向企业深入解读产业促进政策，坚定发展信心、鼓励创新发展。开展跨境电商消费体验季，组织20余家跨境电商企业入驻实体商家，开展体验式促销，吸引回拉境外消费。建设跨境电商O2O体验店，全市建成林德、聚优澳品、一指遥等15家示范店，扩大品质消费服务供给。

（四）电子商务平台蓬勃发展。全市规模以上法人单位所属电子商务交易平台共有449个，全年实现交易额合计2.95万亿元，同比增长4.8%。年交易额上亿元的电子商务平台有166个，其中中国民航客票计算分销平台、国家电网公司电子商务平台、宝马中国等9个平台年交易额在1000亿元以上；联想电子商务、苹果官网、百度糯米网、汽车之家等22个平台年交易额在100亿～1000亿元之间；中煤商务、优酷、乐视商城、去哪儿网、大麦网等46个平台年交易额在10亿～100亿元之间；国旅在线、新东方、管家帮等89个平台年交易额在1亿～10亿元之间。

（五）服务支撑体系完善。全市共有8家电子认证服务机构、57家第三方支付机构，其中跨境电子商务第三方支付试点机构10家，数量均居全国首位。市商务委会同工商部门开通了12315消费纠纷快速解决绿色通道，成立了北京电子商务诚信联盟，电商诚信体系逐步完善。推广城市末端物流共同配送，全市末端配送网点260个、智能快件箱200组，日配送量超过4万单。跨境电商海外仓加快布局，国际物流体系不断完善，全市跨境电商企业在全球建设海外仓61个，其中，易单网建成海外仓20余个。

（卢慧玲）

【“双十一”龙头电商增长势头良好】“双十一”当日，京东实现交易额289亿元，同比增长60%，其中移动端下单量占比达到85%。凭借对不同类别商品的精准销售预测、智能分货和物流配送，京东首个订单仅用12分钟49秒即送达用户。苏宁立足线上线下双主场，全渠道销售突破11亿元，同比增长157%；其中线上销售9.8亿元，同比增长2倍。国美在线销售达到32.64亿元，同比增长2.6倍。此外，一指遥进口商品直营中心、资和信跨境电商体验店、聚优澳品等企业的销售额均增长2.5倍以上。生鲜、保健器械、营养健康品类商品逐年热销，“双十一”当日销售额增长均在70%以上，其中生鲜销售量同比增长超过10倍。

（刘扬阳）

【“双十一”传统商业实现服务提质增效】“双十一”前夕，传统商业企业推出爆款限时抢购、满额包邮、下单送好礼等多项促消费活动，营造浓郁的线上购物氛围。菜百电商利用超强互动的直播平台渠道，在线上开展珠宝产品类讲座，同时与各大电商平台广泛合作，“双十一”当天实现天猫旗舰店7分钟销售100万元、全天销售额1931万元的业绩，线上销售额增长20%；菜百京东旗舰店的销售增长比例则高达80%，刷新历年“双十一”订单和销售额纪录。以快消品经营为主业的北京一商宇洁“双十一”当天实现销售额5.36亿元，同比增长58%。以大数据等平台为支撑，内联升、红螺等老字号通过互联网创新技术的应用，进一步满足消费者的个性化需求，在“双十一”当日的销售额均有较大提升。

（刘扬阳）

【举办2016中国（北京）电子商务大会】5月30日，2016中国（北京）电子商务大会在京举办。本届大会以“创新·生态·共享”为主题，共吸引了来自全国15个省市50个地方商务主管部门以及国内外电子商务领域知名专家、电子商务示范基地、行业组织和企业代表累计近3000人次参加会议。

（许　凯、刘扬阳）

【举办北京邮政跨境电商出口峰会】8月18日，由市商务委和中国邮政集团公司北京市分公司联合主办的北京邮政跨境电商出口峰会在京举办。本次峰会以“2016触及·出口新势力”为主题，各区商务委、北京海关、北京邮政、中国国际货运航空公司、中国出口重点国家驻华使馆商务处的有关负责人及国内外知名跨境电商企业代表等约500人参会，共商跨境电商出口业务发展。

（宋志雷）

【部门协同发力助推北京跨境电商发展】9月29日，由北京市推进跨境电子商务发展工作小组主办，北京天竺综保区管委会和北京商报承办的北京跨境电商产业政策发布会在天竺综保区召开。此次会议是北京市推进跨境电子商务发展工作小组首次集中发布跨境电商发展的相关政策，市商务委、北京海关、北京国检局、市国税局等部门对本市跨境电商支持政策进行了深入解读。对天竺综保区园区、北京邮政综合服务园区、中科电商谷园区、马坊物流基地园区、北京EMS园区、华商创意中心园区首批6家中国（北京）跨境电子商务产业园进行授牌。跨境电商企业广德盛源（北京）信息技术有限公司、北京供销电子商务有限公司与北京天竺综合保税区管委会签署了战略合作协议，全面开展跨境电商保税备货、直邮等进出口业务。

（宋志雷）

【举办2016北京跨年促销节】2016年12月12日至2017年1月12日，由市商务委主办、16区商务委和9个行业协会共同协办的“2016北京跨年促销节”活动，以“品质消费在北京”为主题，是首次由政府主导的辐射全北京、惠聚全品类、试水全渠道的大型促消费活动。据不完全数据统计，在一个月的活动期间，参与七大活动板块的企业销售额超过140亿元，客流量、销售量、销售额同比增长最快的企业分别增长了2倍、1.8倍和4倍。

（刘扬阳）

三、市场运行与管理

消费品市场

【概况】2016年，市商务委积极发挥消费对促进经济增长的基础性作用，主动创新促消费工作方式，认真开展各项促消费活动，扎实推进消费领域供给侧结构性改革，首都消费市场保持平稳增长。

（一）消费市场实现“十三五”开局之年“开门红”。全市市场总消费额突破两万亿元。其中，社会消费品零售额继2015年在历史上首次突破“一万亿”之后再上新台阶，达到11005.1亿元，同比增长6.5%，连续九年位居全国最大的城市消费市场地位。首都消费结构转型升级趋势愈加明显，消费供给品质不断提高，可持续发展动能不断积蓄。

（二）政策引导指明促消费方向。面对2016年消费市场低开的不利局面，全市先后出台《提升生活性服务业品质促进消费增长措施》，集成七个方面十八条促进消费的政策措施，激发消费市场内生动力；发布《关于鼓励传统商业连锁企业开展促消费工作的通知》，支持企业主动而为提供有效供给，千方百计促消费；继续实施节能减排政策，引导绿色消费理念。引导性政策的集中出台，带领全市消费市场逐步走出低谷，活力重现。

（三）系列主题促消费活动促进消费增长。2016年围绕“绿色消费、时尚消费、品质消费”三大主题开展促消费活动共11项，既有新能源汽车促销节、暑期节能产品促销节等活动引导绿色消费理念，又有北京城里过大年、北京拍卖季等时尚消费内容，还有商业服务业服务技能大赛、国际美食汇等提升生活性服务业品质的促消费活动，同时依托报纸、电视等宣传媒介进行促消费活动宣传，丰富活跃首都消费市场，营造良好的消费氛围，拉动消费增长。

（万薇薇）

【节能减排政策成效显著】8月，在9类符合国家质量标准的节能减排商品（包括电视机、电冰箱、洗衣机、空调、热水器、吸油烟机、空气净化器、坐便器和自行车）的基础上，新增符合国家质量标准的微波炉、家用燃气灶具、淋浴器3类商品，补贴品类达到12个。按照商品能效等级或类别的不同，给予不同程度的补贴。全市26家节能减排销售企业累计销售节能减排商品219.8万台，销售金额74.9亿元。据市节能环保中心和市水务局提供的标准测算，年节电1.6亿度，折合标煤5万余吨，减少二氧化碳排放9万余吨，节水10万吨。

（王瑞芊）

【举办2016节能产品促销节】2016节能产品促销节包括智能家电体验、节能产品知识讲座、节能产品进社区、媒体宣传等活动板块。促销节期间，京东、苏宁、国美等9家重点线上线下节能产品销售企业（含176家实体店）统一开展让利促销活动。同时通过广播电视、网络、车体广告等形式开展节能产品系列宣传，培养居民绿色消费理念，提高绿色消费意识。

（郭 超）

【组织开展早餐工程】 在通州、顺义和昌平区组织开展早餐工程，采取早餐固定门店为主、便利店搭载早餐服务为辅的模式，支持新建或改造便民早餐网点86个（其中通州43个，昌平25个，顺义18个），主食加工配送中心4个（其中顺义2个，通州和昌平各1个）。

（李志鹏）

【组织开展“2016·北京国际美食汇”活动】 按照商、旅、文结合的原则组织开展“2016·北京国际美食汇”活动，包括吃在北京美食嘉年华、餐饮文化节、国际西餐节、清真美食节等活动，采取线上线下相结合的方式，对全市消费者推出丰富多样的针对性优惠措施，吸引广大市民参与消费，营造良好的餐饮促销氛围。据统计，全年各类美食促销活动共吸引消费者近百万人次，直接或间接拉动餐饮销售额超过5亿元，同比增长10%。

（李志鹏）

【发布《北京市餐饮业经营规范（试行）》】 发布《北京市餐饮业经营规范（试行）》，使餐饮企业在开业条件、经营管理、岗位服务等方面进一步明确规范，在全国率先初步建立起餐饮业的标准规范体系，进一步引导餐饮业加快转型升级，促进首都餐饮业品质提升。

（李志鹏）

【落实酒类流通管理工作】 贯彻落实《酒类流通管理办法》，加强酒类流通溯源宣传培训，提高酒类经营者酒类流通随附单使用率，推广《酒类流通随附单管理台帐》和使用机打酒类随附单，促进酒类流通企业规范化管理。推动酒类流通备案登记工作，累计完成备案登记9.8万余家。据对55家大中型酒类流通企业监测，2016年北京市酒类商品销售量为185.1万千升，同比增长0.9%；实现销售额245.2亿元，同比增长9.5%。

（胡敬轩）

【推进郊区现代流通网络建设】 引导部分郊区企业通过与大型电子商务企业合作和企业自行研发相结合的方式，推出电商旗舰店、网上商城和移动客户端APP等多种线上销售渠道，由传统商品零售配送模式向线上线下融合发展转型。北京华冠商业经营股份有限公司线上销售近1.4亿元。继续实施郊区企业联合采购，郊区现代流通网络总销售额18亿元，联合采购商品涉及64个品牌7000个品种，联合采购商品定单32000份，联合采购金额6.2亿元。

（彭 峰）

【推动离境退税政策实施】 开展离境退税商店动员推广工作，全市备案离境退税商店突破500家，退税商品销售额过亿，离境退税商店涵盖百货、专业专卖店、超市、老字号、购物中心、奥特莱斯等业态，实现16区全覆盖。市商务委会同市国税局开展离境退税电子发票试点，5月20日在华联新光百货（北京）有限公司开出了国内首张离境退税电子发票。

（彭 峰）

【评选优质服务商店】 市商务委会同市旅游委、市工商局，指导市商业联合会、市旅游行业协会、市私营个体经济协会在全市范围开展优质服务商店建设工作。12月，经企业自愿申报、专家评审，推出全市第二批160家北京市优质服务商店。

（彭　峰）

储备调控

【概况】2016年，市商务委全力保障生活必需品市场供应，服务重要会议和重大活动，推进完善肉菜流通追溯试点建设。

（一）生活必需品供应保障。2016年，北京市生活必需品市场供应基本稳定。粮油、肉蛋、蔬菜等主要生活必需品货源充足，储备到位，市场运行总体平稳。一是加强市场监测，做好分析预测。按照“准确监测，全面分析，科学预测，快速反应”原则，认真做好生活必需品市场监测，及时报送信息，并强化极端天气下生鲜必需品市场供应监测。全年累计报送监测日报、周报、运行报告和供应信息289篇。二是巩固产销合作，保障货源供应。1月至3月，组织开展第六届冬季蔬菜保供联合行动，累计增加供应总量约17.3万吨，保障了春节和全国“两会”期间蔬菜市场供应稳定。组织生活必需品保供骨干企业参加河北、内蒙古、新疆等十几省区供京农产品主产地举办的产销对接会15场次，扩大产销合作，增加货源渠道。三是完善政府储备，加强储备监管。完成2017－2019年度政府储备冻猪肉公开招标，重新确定了5家承储企业。开展生活必需品政府储备检查，确保储备商品数量到位，质量合格，确保政府储备储得住、管得好、调得出、用得上。四是组织实施猪肉市场调控。圆满完成猪肉市场调控目标和任务。

（二）成品油市场管理。依法行政，严格成品油市场管理。全年完成审批业务和经营资格年检工作1100余件，报送监测报告62期。进一步优化审批流程，提高行政效率，压缩审批时限10个工作日。认真落实《清洁空气行动计划》，做好柴油车用尿素供应保障和京Ⅵ标准车用燃油前期准备工作。目前，全市近600座加油站供应柴油车用尿素，能够满足市场需求，全年销售车用尿素近1100吨。检查企业210余家次，出动检查人员590余人次。

（三）完善肉菜流通追溯建设。贯彻落实《国务院办公厅关于加快推进重要产品追溯体系建设的意见》，牵头制定《北京市加快推进重要产品追溯体系建设实施方案》。完善肉菜流通追溯体系建设，扩大肉菜追溯覆盖范围。将7家屠宰企业分割猪肉、2家批发市场外埠猪肉纳入追溯体系，猪肉追溯节点数达到1241个；将6家连锁超市323个超市门店、11家蔬菜预包装企业、4家蔬菜直营直供企业440个菜店（直销车）纳入追溯体系，蔬菜追溯节点数达到796个。开发移动终端查询系统，通过“北京E追溯”手机APP和微信公众号、现场查询机录入追溯码或扫描二维码（条形码）以及登录北京市肉菜追溯服务平台，实现多方式追溯查询。

（四）盐业体制改革。按照国务院《关于印发盐业体制改革方案的通知》（国发〔2016〕25号）要求，制定《北京市盐业体制改革实施方案》，加强食盐市场监管，开展打击制贩假盐专项治理，确保改革过渡期食盐市场平稳有序。

（五）重要会议和重大活动供应服务保障。圆满完成市“两会”、全国“两会”、党的十八届六中全会、中央经济工作会议第十二届全国常委会第十四次至十八次会议等15项重要会议供应服务保障任务。安全、优质、细致、周到的供应服务保障，受到了相关会议组织单位和领导的肯定和表扬。

（六）冬奥会餐饮业务口工作。5月，组建市商务委服务北京冬奥会赛会工作组，按照国际奥委会（IOC）和国际残奥委会（IPC）总体要求和北京冬奥组委统一部署，根据《主办城市合同一义务细则》、《运行要求》和《餐饮指南》规定条款，参考北京奥运会、索契冬奥会和平昌冬奥会等相关资料，积极沟通协调北京冬奥组委和延庆、河北两地相关部门，编制完成餐饮业务口基础规划（GFP）和总体计划（MS），明确餐饮业务口职责范围，提出战略构想和服务需求，确定了37项里程碑任务。

（杨世巍）

【有序开展食盐体制改革工作】做好符合规定的外埠食盐企业进京销售食盐信息备案工作，截至2016年年底，共有78家企业备案，涉及17个省市自治区。

（邵　兵）

【组织实施猪肉市场调控】5月5日至7月4日调控期间，9家定点企业日均屠宰生猪18861头，较调控前增加23.8%。2家政府储备企业投放政府储备冻猪肉2005吨。20家肉菜追溯连锁超市销售8个品种惠民放心肉6000.4吨，较调控前增加61.5%；平均零售价较调控前下降20.02%。车载车售企业销售猪肉28125公斤，平均零售价较调控前下降14%。

（邵　兵）

【完善肉菜流通追溯建设】贯彻落实《国务院办公厅关于加快推进重要产品追溯体系建设的意见》，制定《北京市加快推进重要产品追溯体系建设实施方案》。完善肉菜流通追溯体系建设，扩大肉菜追溯覆盖范围。开发“北京E追溯”微信公众号和手机APP移动查询系统，实现多方式追溯查询。

（陈　辉）

【圆满完成防汛安全管理工作】6月1日至9月15日汛期期间，严格执行工作人员24小时值班制度，多次对防汛物资储备情况开展检查，高度重视承储企业自身防汛安全，积极组织开展防汛物资、应急物资投放演练，提高应急调拨处置水平，确保防汛物资“响应及时、供应顺畅”，圆满完成了汛期安全管理工作。

（庄　平）

【成品油、原油行政许可审批情况】2016年，审批成品油零售经营企业行政许可100件，初审成品油批发、仓储及原油经营资格行政许可事项24件。

（王云峰）

【成品油销售量增加】2016年，全市成品油表观销售量下降8.34%。其中：汽油增长9.32%，柴油下降28.16%。

（王云峰）

【落实《北京市2013－2017年清洁空气行动计划》】加大检查力度，全年出动检查人员590余人次，检查成品油经营企业210家次，保障京Ⅵ标准车用燃油市场供应。

（王云峰）

【圆满完成中央环保督查组对北京市大气污染防治工作迎检任务】11月30日，中央环保督查组对北京市2016年度大气污染治理情况进行检查，成品油市场管理情况列为检查内容。经检查，成品油市场管理相关工作未出现问题，圆满完成了检查任务。

（王云峰）

【保障成品油企业经营安全】在元旦、春节、两会、国庆及重要时期，市商务委会同市政市容委、市安监局、市公安内保局等部门开展联合执法检查工作，共检查成品油经营企业40余家次，出动检查人员60余人次。

（王云峰）

【做好京Ⅵ标准车用燃油供应准备工作】 2016年，市商务委配合市环保局、市质监局，协调中石油、中石化两大公司对京Ⅵ标准车用燃油开展车油适配试验，召开专门会议部署京Ⅵ油品供应保障工作。从2017年3月1日起，全市全面供应京Ⅵ标准车用燃油。

（王云峰）

【开展第六次春节蔬菜保供联合行动】 1月20日至3月20日，市商务委会同市农委、中国蔬菜流通协会与天津、河北、海南、广西等供京蔬菜主产区政府开展了第六次蔬菜保供联合行动。活动期间，累计增加蔬菜供应总量约17.3万吨，日均增加2836吨，增幅9.6%，其中大白菜、白萝卜、土豆、洋葱等8个居民日常所需大路菜品种增加供应总量约5.3万吨，日均增加868吨，增幅10.2%。

（王云峰）

【加强生活必需品市场监测工作】 按照"准确监测、全面分析、科学预测、快速反应"原则，认真做好生活必需品市场监测，及时报送信息，并强化极端天气下生鲜必需品市场供应监测。全年累计报送监测日报、周报、运行报告和供应信息289篇。

（刘　璇）

【蔬菜上市总量增加】 2016年，监测的7家批发市场蔬菜上市量达124.5亿公斤，日均3411.2万公斤，同比增长2.5%。

（刘　璇）

【生猪屠宰量减少】 2016年，监测的9家定点屠宰企业生猪屠宰总量627.9万头，日均屠宰1.72万头，同比减少7%。

（刘　璇）

【牛羊肉交易量减少】 2016年，监测的7家批发市场牛肉交易总量7556.2万公斤，日均交易量20.7万公斤，同比减少0.8%。羊肉交易总量6482.8万公斤，日均交易量17.8万公斤，同比减少7.1%。

（刘　璇）

【鸡蛋交易量减少】 2016年，监测的7家批发市场鸡蛋交易总量25177万公斤，日均69万公斤，同比减少0.8%。

（刘　璇）

粮食流通

【概况】 2016年，全市粮食行业牢牢抓住京津冀协同发展的机遇，深化粮食流通领域改革，释放粮食产业经济活力，丰富粮油市场供应，稳定粮油价格。

（张继红、梅　伟）

【保持粮食市场平稳运行】 北京国家粮食交易中心发挥交易平台作用，举办竞价交易会39次，交易量115万吨，带动了大宗粮油贸易的开展。京粮集团全年粮食购销量1046万吨，同比增长27.6%，发挥了粮食流通主力军作用。市储备粮油累计轮换119.83万吨，有效调节了市场供求和价格。收购转储郊区玉米2.17万吨，确保农民不出现"卖粮难"。全市粮食消费价格指数累计下降0.9%，涨幅低于全国平均水平1.4个百分点。

（孔　晶、刘　钰）

【首次开展粮食安全责任考核工作】 按照层层落实粮食安全行政首长责任制的要

求，16个相关部门组成粮食安全区长责任制监督考核工作组，加强对区政府相关工作的监督考核。及时下达年度考核任务，细化考核标准和工作流程，建立了部门联席会议制度、联络员制度、与区政府沟通协调制度、抽查考核制度和考核结果运用制度，建立了监督考核工作机制。13个区政府出台实施方案，逐项落实考核任务。

（张继红）

【继续深化粮食产销合作】粮食行政管理部门和相关企业积极参加主产区粮食贸易洽谈会，通过签订战略合作协议、建立粮源基地、委托代购代储市储备粮等多种形式，不断深化本市与主产区的粮食产销合作。国有粮食企业积极参与主销区粮食收购，加强外埠粮源基地建设，拥有自有产权的基地19个，仓容能力90多万吨，提高了一手粮源掌控能力。投入粮食产销合作资金近600万元，促进了企业互动、技术交流、项目对接和产业延伸。

（孔　晶）

【编制粮食收储供应安全保障工程建设规划】编制《北京市粮食收储供应安全保障工程建设规划（2016—2020年）》，从建设粮油仓储设施、打通粮食物流通道、完善应急供应体系、保障粮油质量安全、强化粮情监测预警、促进粮食节约减损等方面入手，全面推进粮食流通基础设施建设。在建项目8个，投资3亿元，建设仓容30万吨。

（张继红）

【编制粮食行业“十三五”发展规划】编制《北京市粮食行业“十三五”发展规划》，围绕保障首都粮食安全的主题，坚持创新、协调、绿色、开放、共享的发展理念，建设粮食产销合作体系、现代粮食仓储物流体系、放心粮油产品供应体系、粮食产业经济体系、粮食市场调控与应急保障体系，提高粮食流通领域的信息技术应用能力、科技创新能力、依法治理能力，发挥北京都市粮食产业独特优势，全面提升粮食安全保障能力和水平，推动首都粮食行业持续健康发展。

（张继红）

【京津冀协同发展稳步推进】贯彻落实京津冀协同发展战略，发挥三地比较优势，加快粮食产业对接。黄骅港粮食产业园、黄骅港综合保税区电子商务与物流产业园等重点工程有序推进，天津油脂基地实现销售收入和利润大幅度增长。三省市粮食部门统筹搭建对接协作平台，健全政策研究、统筹协调、督促检查、信息报送、对接服务等工作机制，签订了粮油信息服务、粮油交易服务、粮食应急协同联动等合作协议，扩大了协同发展的深度和广度。

（孔　晶）

【市储备粮管理进一步规范】认真落实地方粮食储备责任，各远郊区政府签订落实地方粮食储备承诺书，市粮食局重新下达了远郊区粮食储备任务。重新修订了市储备粮承储合同，落实各环节的管理责任。推行《粮食仓库仓储管理规范》地方标准，推广应用绿色储粮技术，应用准低温储粮、惰性粉防虫等绿色储粮技术的市储备粮占度夏市储备粮总量的64%，市储备稻谷连续五年实现了准低温储粮技术且免化学药剂熏蒸，市储备粮宜存率保持100%。

（孔令文）

【粮食质量安全监管能力明显提升】完善粮食质量监测网络，加强监测网点建设，防止发生区域性、系统性粮食质量安全风险。支持粮油质检机构配置技术设备，加强技术人员培训，进一步提高了检测能力和水平。制定粮食熏蒸作业、粮食质量安全事故应急处置、粮食仓储物流设施保护、行业安全生产培训等相关规定，开展新收获粮食、库存粮食的质量抽查和市储备粮入库真菌毒素检测工作，有效防止了超标粮流入口粮市场。

（于燕麟、黄　燕）

【依法行政工作稳步推进】落实法治政府建设情况报告制度，严格履行重大行政决策调研、专家咨询论证、合法性审查和集体讨论等程序，切实落实重大行政决策的科学化、民主化、法治化。修订并公布了行政职权事项清单，修订粮食行政处罚裁量基准，动态调整行政职权事项35项，推进行政执法岗位目录制度，加强行政执法队伍体系建设。

（张继红）

【全面宣贯“一规定两守则”】贯彻落实《粮油储存安全责任暂行规定》、《粮油安全储存守则》和《粮库安全生产守则》，对企业的安全生产管理基础和作业现场安全管理情况进行多项目、多层次、无死角的专项抽查，严防严控重特大粮油储存和生产安全事故发生。

（于燕麟、孔令文）

【开展“收购资格认定”专项检查】按照《北京市粮食流通领域市场主体信用信息归集和公示工作方案（试行）》，组织各区商务委开展“收购资格认定”专项检查，复查已获得粮食收购资格企业的经营条件，在本市已办理粮食收购资格的236家企业基础上，梳理仓储设施在京的粮食收购企业191家，抽查具有粮食收购资格企业173家，发现问题要求整改企业6家，撤销23家不符合条件和长期不从事粮食收购活动企业的资格。

（于燕麟）

【开展粮油库存检查工作】按照“统一抽调、混合编组、集中培训、综合交叉、本地回避”的原则进行联合复查，分别对北京市通州、顺义、平谷、延庆和昌平5个区的20个粮食库点进行复查，复查比例达到33.9%。从检查结果看，北京市粮食库存数量真实，账实相符；储存安全；轮换计划下达及时规范，轮换任务执行情况良好；粮食补贴拨补及时到位；库贷对应，资金占用合理；库存管理较为规范。

（石红兵）

【开展储备食用油库存检查工作】在承储企业自查的基础上，组织开展复查工作。复查比例占地方储备油总量的92.77%。从复查结果看，接受复查的企业地方储备油库存数量真实，账实相符；质量符合国家有关规定，储存安全；补贴拨补情况良好；库贷对应，资金占用合理，库存管理规范。

（石红兵）

【开展储存和收获环节粮食质量安全监管监测工作】2016年库存粮食质量安全抽查工作共抽检样品107份，其中中央事权的粮食49份，地方事权的粮食58份，主要检验质量情况、储存品质情况和主要食品安全指标合格情况。组织开展2016年度收获粮食质量安全监测工作，共扦取样品26份。

（于燕麟、黄　燕）

【组织开展爱粮节粮宣传周活动】以“积极应对气候变化，促进粮食减损增效”为主题，通过发放主题宣传册、征集主题作品以及科普讲座等方式，普及粮食减损增效知识，加大爱粮节粮的宣传力度。

（于燕麟）

【开展粮食流通监督检查】市、区两级粮食行政管理部门全年共出动执法1191次，出动执法人员3452人次，检查企业1531家次。全市做出行政处罚5起，累计罚款人民币1.8万元。市级粮食行政管理部门按照“双随机，一公开”的原则，行政处罚结果在北京市企业信用信息网和市粮食局网站监督检查处罚公示专栏予以公开。

（石红兵）

【做好退耕还林补助粮供应工作】发放退耕还林补助粮2.1万吨，共拨付退耕还林补助粮供应资金4080.6万元，涉及昌平、房山、密云、平谷、延庆、门头沟、怀柔七个区1691个村158896户退耕农户，进一步保护退耕农户利益。

（孔　晶、张俊杰）

【落实粮油应急加工能力储备】市粮食局与15家粮油加工企业签订粮油应急加工协议。其中，面粉加工企业4家、大米加工企业7家，日处理水稻和小麦合计约10420吨；油脂加工企业4家，日精炼油脂约5340吨。签约企业的粮油日加工能力可以满足全市粮油市场供应需要。

（孔　晶）

【组织开展应急示范演练】演练以实况与模拟相结合、企业演练和现场综合演练相结合的方式进行，重点演练了原粮应急出库、应急加工启动、成品应急投放、应急调动外埠粮源入京等应急响应内容。演练还通过对沿六环、京津冀、环渤海三道粮食应急保障圈的测试，检验了生产运输能力。

（孔　晶）

【合理调整市储备粮布局和品种结构】异地储备规模增加8.9万吨，市储备粮异地储存数量增加到24.7万吨，节约了北京市土地资源。进口5.5万吨加麦，进一步优化市储备粮品种结构。

（孔　晶、孔令文）

【提高粮食质量安全事故处置能力】制定《北京市粮食局粮食质量安全事故（事件）应急处置方案》，针对粮食收购、储存以及政策性粮油加工、销售等环节可能发生的质量安全事故，完善应对粮食质量安全事故的快速反应及应急处置信息发布的相关机制和程序。

（于燕麟）

【推动粮食行业专业人才队伍建设】举办第四届北京市粮食行业职业技能竞赛，设置职工组和学生组两个组别，开展理论知识竞赛和实际操作竞赛，共20个代表队、91名选手参加比赛。组织粮油保管员（初级）和粮油检验员（中级）鉴定工作，37人通过粮油保管员鉴定并取得证书，27人通过粮油质量检验员鉴定并取得证书。

（李亚捷）

【表彰北京市粮食行业先进集体和先进个人】市粮食局、市人力资源和社会保障局授予益海嘉里食品营销有限公司北京分公司等41个单位“北京市粮食行业先进集体”荣誉称号；授予年一峰等48名同志“北京市粮食行业先进个人”荣誉称号。

（李亚捷）

流通秩序

【概况】2016年，全市流通秩序规范工作以完善流通领域市场秩序机制为重点，整顿和规范市场秩序，推进商务诚信建设，开展商业服务业服务技能大赛活动，提升商业服务业整体服务水平。

（一）规范和整顿市场秩序，构建安全放心商业环境。全力推进商业零售企业诚信促销、明折明扣，提升商业零售企业促销活动备案效率，加强促销活动事中、事后监管；全市商务部门共出动检查人员1160多人次，检查商业企业223家，现场纠正不规范促销行为11件，营造了安全放心的消费环境。强化单用途商业预付卡监管，设立预付卡政策专栏，对全市163家预付卡备案企业进行信息公示，其中品牌发卡企业19家，集团发卡企业20家，规模发卡企业124家；全年共审核预付卡备案材料、季度业务经营报表482份，涉及预付资金余额86.6亿元、存管资金19.4亿元、保证保险13.8亿元；全市商务部门共检查预付卡发卡企业506家次，责令整改36家，行政处罚5家。维护零售商供应商公平交易，积极发挥商务部门统筹协调作用，加强与发改、公安、工商等部门的沟通协作，依法规范零售商供应商公平公正交易。通过12312举报投诉平台共接受咨询电话30余次，处理举报投诉6起，协调解决供应商货款32万元。

（二）推进商务领域诚信建设，提升服务品质。根据北京市企业信用体系建设推进办公室的统一部署，市商务委积极推进商务系统行政许可和行政处罚信息的归集和公示工作，2016年共归集3000余条信用信息，同时积极配合市经信委推进全市信用联合惩戒机制建设，为商务诚信建设奠定基础。推进诚信兴商宣传活动，市商务委会同商务部市场秩序司启动“2016年全国诚信兴商宣传月暨信用消费进万家主题日活动”，引导商业企业诚信经营，鼓励线上线下商业企业、金融机构和消费金融公司合作开展信用消费活动，培育新的消费热点。组织开展2016年商业服务业服务技能大赛活动，持续提升首都生活性服务业品质。共设置16个竞赛项目，其中9个项目被列入全市职业技能大赛目录。共有4.5万家企业门店的37万人次参与活动，人员数量再创新高。通过技能大赛平台，共有860名选手取得各级国家职业资格证书，提升了本市商业企业员工队伍的整体服务水平和行业服务能力。

（三）加强行业管理，促进行业健康发展。规范发展大宗商品交易市场，增强政府平抑物价和稳定市场的能力，北京华商储备商品交易所和中国棉花交易市场通过对国家储备糖、储备肉、储备棉的收储和投放，成为国家宏观调控食糖、肉类和棉花市场的重要平台。全市7家大宗商品交易市场正常开展商品现货交易业务，全年累计交易额为1026.2亿元。加强药品流通行业管理。全市共有药品经营企业5707家，其中，批发企业255家；零售连锁企业78家，零售连锁门店1733家；单体零售门店3641家。全市90家药品流通直报企业实现销售总额1914.7亿元，主营业务收入1675.3亿元，主营业务利润176.3亿元，同比增长12.1%、16.4%和24.9%。

（郑　林、康　凯、庄秋凤）

【开展商业保理试点工作】组织石景山、海淀、顺义、怀柔、密云区商务部门完善保理业务监管制度和工作方案，帮助北京市中小微企业疏通融资渠道，带动投资规模和融资额度的扩大。全年共设立商业保理公司61家，共为200多家中小企业融资30多亿元。

（刘　伟）

【开展商务领域社会组织服务管理工作】制定《北京市商务委员会行业协会商会与行

政机关脱钩第一批试点方案》和《北京市商务委员会关于加强我委主管的社会组织党建工作的实施方案》，积极推进第一批6家试点行业协会脱钩和行业协会党的组织和工作“两个覆盖”工作。指导6家行业协会商会进行了换届选举工作，对47家社会组织进行了年检初审工作。

（谢凤珍）

【做好商务领域反恐协防工作】积极做好商务领域反恐协防工作，全年共出动检查人员1000多人次，对繁华商圈、特色商业街内的600余家商业企业进行反恐、刀具和“低慢小”航空器销售检查，发现并督促整改隐患问题100多起。

（齐国清）

【开展大宗商品交易市场风险排查】市商务委会同市金融局、市工商局、律师事务所、会计师事务所对全市19家大宗商品现货市场进行风险排查，约谈部分违规交易市场负责人，对违规企业进行督促整改。

（刘 伟）

【防范商务领域非法集资】印发《加强商贸流通领域检查和特殊行业风险排查工作的通知》，推进商业领域打击非法集资工作。对全市典当、融资租赁企业进行重复性风险排查，靠前防范商业企业非法集资风险。全年共现场检查商业企业372家，未发现商业企业中存在非法集资问题。

（王 勇）

【开展商务领域控烟工作】印发《北京市商务委员会关于开展商务行业控烟工作的通知》，建立了信息和违规报告制度。组织区商务部门、行业协会推进商务领域控烟工作，共检查零售企业156家，餐饮企业248家。

（刘 伟）

【流通领域节能降耗情况】支持全市5家商业企业开展商务领域节能减排改造项目，补贴财政资金717.6万元，带动企业投资1712.7万元，年节电总量921.5509万度，折合减少标准煤消耗1132.5861吨，综合节电率达到41.60%，总计年节约电费1151.94万元左右。

（孙景东）

【商务领域节能标准制定情况】组织开展《商场超市碳排放管理规范》、《绿色商场超市评价要求》两项地方节能标准和《北京市商务流通领域“十三五”节能减排工作实施方案》的编制工作。标准的出台可有效指导商场、超市合理使用能源，使用能源管理从模糊的人为管控变为清晰的制度管理，达到降低能源消耗、提高能源使用效率的目的。

（孙景东）

【开展绿色节能宣传活动】开展“大篷车”进商场进超市活动，组织进商场超市宣传累计20余次。5月，在国美启动“绿色发展，低碳创新”节能宣传周系列活动；6月，在苏宁易购启动“绿色消费”节能产品优惠周主题活动。活动期间发放节能宣传图片、资料800余册，环保购物袋1000多个，张贴各类宣传海报400多张。

（孙景东）

【开展节能超市创建活动】推进企业开展节能产品示范店创建活动，严格执行能效标识制度，支持企业设计、生产和销售高能效产品，推广“节能超市”，扩大能效Ⅱ级以上产品市场占有率。积极倡导绿色消费，引导消费者自愿选购通过节能认证和低碳认证的产品，推动全社会形成绿色消费自觉行为。苏宁、国美、大中等大型零售企业的

30家门店获得节能产品示范店称号。

（孙景东）

市场秩序协调

【概况】在全市市场秩序工作中，结合首都实际，创新开展工作，较好地完成了打击侵权假冒各项工作。

（一）进一步完善统筹协调机制。一是健全领导和工作机制。市打击侵权假冒工作领导小组按期进行成员增补调整，加强基层建设，推动16个区健全工作机制，连续五年进行各区打击侵权假冒工作绩效考核，并纳入首都综治考核体系。打击侵权假冒工作连续两年列入市政府督办项目，首次列入全市“放管服”改革工作要点，纳入促进外贸稳定增长及加快知识产权首善之区建设的重点任务。二是深化京津冀区域协作。加强统筹协调，牵头三地工商、质监、食药监、文化、知识产权、农业、国检、海关、公安、检察、审判11个部门，梳理跨部门、跨区域协作文件31份，建立联动机制5大类14项，开展6项跨区域执法协作行动。完善信息共享，在中国打击侵权假冒工作网首页率先设立“京津冀打击侵权假冒区域协作”专栏，展示三地打击侵权假冒工作成果。牵头制定《京津冀晋蒙五省（区、市）打击侵权假冒区域协作共同指引》。三是完善统计及信息报送机制。印发《关于做好2016年打击侵权假冒数据统计和信息报送工作的通知》，健全覆盖成员单位和各区的案件统计和信息报送长效机制。全年共向各成员单位和各区采集打击侵权假冒信息802条，制作北京市打击侵权假冒工作专报13期，择优上报信息178条，全部被中国打击侵权假冒工作网采用，被全国打击侵权假冒工作简报采用7条。市双打办获《2016中国反侵权假冒年度报告》“优秀稿件奖”。四是积极探索创新。围绕中心，自觉融入工作大局。围绕科技创新中心建设、京津冀协同发展、服务业扩大开放等重大任务，推动跨区域、跨部门执法联动和信息共享，营造法治化营商环境；围绕推动供给侧结构性改革、提高生活性服务业品质、优化消费环境，开展互联网领域侵权假冒治理，鼓励秀水街等知名市场通过品牌经营提升品质。

（二）持续保持严打高压态势。在行政执法方面，全市行政执法部门对侵权假冒行为共立案4773件，同比增长18%；办结案件4207件，同比增长4.7%；涉案金额7735万元，同比增长20.9%；捣毁制售假冒伪劣产品窝点113个；移送司法机关涉嫌犯罪案件59件，同比增长103.4%。在刑事司法方面，公安机关共破获侵权假冒案件725件，抓捕犯罪嫌疑人686人，涉案金额9.3亿元。检察机关共批捕侵权假冒案件154件，涉案犯罪嫌疑人186人；审查起诉案件376件，涉案犯罪嫌疑人443人。审判机关共受理侵权假冒刑事案件368件，审结383件，生效判决人数465人。

（三）认真开展专项整治行动。按照全国统一部署，领导小组办公室统筹协调，在全市开展互联网领域侵权假冒行为治理、农村和城乡接合部市场假冒伪劣专项整治、中国制造海外形象维护“清风”行动等多个专项行动。印发《北京市互联网领域侵权假冒行为治理方案》，明确突出监管重点、落实企业责任、加强执法协作、健全长效机制等重点任务，探索强化政企协作、创新网络打假工作方式。强化农村和城乡接合部市场监管执法，举行“2016年北京市假劣种子销毁活动”，开展“打击侵犯品种权和制售假劣种子专项行动”、“种子打假专项治理行动”。持续开展中国制造海外形象维护“清风”行动，制定《北京市2016年度“清风”行动实施计划》；海关、邮政部门密切协作，打击通过蚂蚁搬家等方式出口侵权假冒商品违法行为，查获邮递渠道侵犯知识产权商品1700余批次；北京国检局推出出入境物品质量安全追溯监管系统，实现了对9个商品大类409种商品的追溯监管。

（四）继续推进信息公开和“两法衔接”。“推进打击侵权假冒行政处罚案件信息公开”连续三年列入北京市政府信息公开工作要点。完成省级首个制售假冒伪劣商品和侵犯知识产权行政处罚案件信息公开三级清单。2016年，9家行政执法单位主动公开打击侵权假冒行政处罚案件相关信息3382件，突出警示、震慑作用，放大打击效果。打击侵权假冒领域“两法衔接”连续两年列入《北京市行政执法与刑事司法衔接工作计划》。2016年，行政执法机关向公安机关移送涉嫌犯罪案件59件，比2015年增长了一倍。持续推动北京市打击侵权假冒“两法衔接”信息共享平台的使用运行，强化案件信息采集和案件移交，全年采集行政处罚案件信息6702件，首次实现案件网上移送。

（五）积极开展宣传共治工作。利用“3·15”、“4·26”等重要时间节点开展集中宣传。通过北京市打击侵权假冒工作网等渠道发布信息1240条。利用新媒体制作播放打击侵权假冒公益宣传片，通过《国际商报》等媒体及时报道北京市“双打”工作情况；制作北京市打击侵权假冒工作宣传片和图册，宣传北京市打击侵权假冒相关工作及成果。侵权假冒案件通过网络进行庭审直播。集中公布10家执法部门的监督举报电话，畅通举报渠道，接受社会监督。

（蒙　洁）

【打击侵权假冒工作绩效考核成绩优异】 2月，全国打击侵权假冒工作领导小组办公室通报了2015年度打击侵权假冒工作绩效考核成绩，北京市取得了100分。连续三年考核分数逐年提高，并获得近三年中央考核各省（区、市）中唯一的100分。

（张炳词）

【治理互联网领域侵权假冒行为】 2016年，全市行政执法部门办理互联网领域的侵权假冒案件201件；公安机关破获案件179件，抓获犯罪嫌疑人170人；清理网上侵权假冒相关有害信息331.5万条。

（张成成）

【开展农村和城乡接合部市场监管执法】 启动农资打假专项行动，举行“2016年北京市假劣种子销毁活动”，对5年来没收的玉米、西瓜、小麦等十多个品种共2万公斤假劣种子进行销毁处理。

（张成成）

【持续开展中国制造海外形象维护“清风”行动】 将打击外贸领域的侵权假冒行为纳入本市促进外贸稳定增长的重点任务，首批160余家“双自主”出口企业列为海关知识产权保护的重点对象。

（张成成）

【积极推进打击侵权假冒领域京津冀协作】 组织召开第二次京津冀打击侵权假冒工作年度例会，加强调研沟通，协调市食药监局、市公安局、市工商局、市质监局、市文化执法总队等重要执法部门强化执法区域合作。大兴、通州、房山、密云、平谷、延庆等区以不同形式加强与津冀相邻市、区、县的沟通协作，共同推进京津冀跨区域协作。

（韩建中）

【开展打击侵权假冒“两法衔接”培训】9月8日，举办打击侵权假冒“两法衔接”业务培训，打击侵权假冒领导小组相关成员单位负责人，16个区双打办负责同志及市、区两级平台使用单位共计130余人参加培训。

（韩建中）

【开展各区打击侵权假冒工作绩效考核】11月15日至12月14日，市打击侵权假冒工作领导小组办公室先后对16个区“双打”工作进行了现场考核。这是北京市自2012年建立“双打”工作机制以来，连续第五年对16个区打击侵犯知识产权和制售假冒伪劣商品工作进行年度绩效考核，考核成绩纳入首都综治考核。

（张成成）

【全国打击侵权假冒绩效考核组现场考核】12月21日至22日，全国打击侵权假冒工作第五考核组对北京市2016年度打击侵权假冒工作进行现场考核，赴西城区、朝阳区、海淀区，重点就全聚德集团政企协作保护驰著名商标、北京图书大厦加强版权保护、秀水市场品牌保护转型升级等工作进行了现场检查，随机抽查了朝阳区政府办公软件正版化工作及街边食品销售门店，并对中关村电子市场等地进行了暗访。

（张炳词）

安全生产

【概况】2016年，商务行业安全生产工作周密部署、加强检查、强化教育、夯实基础，圆满完成大型活动和节日等重要时期行业安全保障任务。全市商务部门共出动力量20781人次，检查经营单位7198家次，督促整改隐患、问题2956个，荣获北京市安全生产工作先进单位、北京市安全生产改革创新奖、北京市安全生产政务信息工作先进单位等多项荣誉称号。

（宋　军、陈玉全）

【开展生产安全事故隐患排查治理办法培训活动】6月16日，市商务委组织开展《北京市生产安全事故隐患排查治理办法》贯彻落实专题培训活动。各区商务委、开发区商务局、市商务执法监察大队主管领导和科室负责人，各商业零售和餐饮连锁集团安全生产负责人共计近200人参加了培训。

（宋　军、陈玉全）

【开展安全生产月活动】6月，全市商务行业开展以“强化预防治本，防控安全风险”为主题的“安全生产月”活动，实现了普及安全生产常识、消除事故隐患、提升安全技能、强化安全责任的目标。活动期间，全市商务行业共出动执法检查人员1329人次，检查经营单位433家，发现并消防各类安全隐患150余个，立案处罚5起，设置电子显示屏200余块，张贴海报14000余张，发放宣传材料50000余张，开展各类安全生产集中培训350余次，培训人数35000余人次，取得了良好的社会效果。

（宋　军、陈玉全）

【推进安全生产协调联动】2016年，市商务委制发《年度安全生产工作指导意见》、《隐患排查治理方案》、《安全生产宣传教育方案》、《安全生产大检查方案》等部署性文件。各区商务委根据全市商务行业安全生产保障任务和属地政府统一要求，制定工作计划，对组织机构、职责任务和专项工作进行明确、分解。每季度召开专题会议、视频会议、现场会，总结行业安全生产工作情况，研判安全生产形势。实施区商务部门安全生产工作半年综合考核评分，年终汇总，促进行业安全生产监管责任落实。

（宋　军、陈玉全）

【重点时期安全保障情况】2016年，市商务委做好重要节日和重大活动期间安全保障工作。元旦、春节、五一、国庆等节日期间，组织开展节日安全生产、规范促销检查督查。全市商务部门以繁华商业街区、城乡接合部、高层建筑、地下空间和大型综合楼宇内经营单位为重点，积极督促经营单位落实安全生产主体责任，做好安全生产、应急演练和事故防范工作。全国“两会”期间，每日对会场和代表驻地周边200米范围内重点经营单位开展检查排查。区商务部门充分发挥属地监管作用，每日上报辖区内安全生产执法检查情况及安全生产状况。

（宋　军、陈玉全）

【安全生产隐患排查治理情况】2016年，市商务委继续推动“六个规定动作”专项工作督查，全面指导区开展隐患排查治理工作。以“全覆盖、零容忍、严执法、重实效”和“一企业一标准，一岗位一清单”的要求，在全市商务行业组织开展安全生产大检查，深化火灾防控、地下空间整治等隐患排查治理专项行动。对16个区商务部门40项行业监督管理任务进行督查，其中发放问卷调查500余份，实地抽查企业100家次，检查监管档案材料1000余份。

（宋　军、陈玉全）

【安全生产火灾隐患专项治理情况】针对春季火灾多发的特点，全市商务部门积极组织经营单位加强可燃物清理和烟花爆竹安全管理，会同相关部门对规模以上餐饮经营单位预防煤气中毒工作进行联合检查，强化落实火灾防控措施。集中对大型综合型楼宇、地下空间和高层建筑等人员密集区域内生活服务业聚集的经营单位开展检查，始终保持对重点商圈内经营单位安全要求的高压态势。

（宋　军、陈玉全）

【开展市级部门联合执法】9月23日，市商务委会同市安全监管局、市公安消防局等部门，对部分重点经营企业开展了联合执法检查，确保国庆节期间商务行业安全稳定。商务、安监、消防等部门根据各自职责分工，对企业的消防安全、生产安全和经营安全进行了认真检查督查，针对企业违规占用消防通道、配电箱未连接地线、后厨灭火毯放置位置不合理、电源电器线路老化等安全隐患问题，责令企业当场进行整改，不能立即整改的要求企业限期改正。

（宋　军、陈玉全）

【开展企业送安工程】主动推送安全生产专业服务，组织各区通过安全生产中介服务机构，对监管压力大或存在监管盲区的部分区商务部门以及存在隐患问题较多的集团企业、重点经营单位，开展“一对一”的上门指导服务。东城、朝阳等区借助专业力量帮助企业加强安全检查、隐患排查和宣传教育等工作，为企业安全风险防控预警和行业安全监管提供决策依据，取得了较好的社会效果。

（宋　军、陈玉全）

【推进安全生产责任保险】2016年，指导各区商务部门将安责险和隐患治理、应急处置、事故处理等工作有机融合，使企业多头收益、全面提高，保障餐饮行业安全稳定。全市新增安责险投保企业1338家，其中餐饮经营单位投保1234家，商务行业完成数量占全市新增投保企业总量的93%，已逐步在全市餐饮行业建立起责任保险与安全生产工作相结合的良性互动机制。

（宋　军、陈玉全）

【推进标准化建设】市商务委组织专家组对首旅集团、城乡集团所属10家经营单位进行二级标准化评定。各区商务部门全面指导企业开展三级标准化工作，全面提升企业本质安全管理水平。经过市、区两级商务部门的积极推动，全市2600余家商业零售和餐饮经营单位达到安全生产标准化水平。

（宋　军、陈玉全）

【开展区级商务部门专职安全员培训】8月11日，市商务委组织开展全市区级商务部门100多名专职安全员培训会。授课人员根据商务行业安全生产工作的特点和要求，结合专职安全员岗位目标，解读相关法律法规和标准规范，讲解巡查、督查的工作要领和方式方法。

（宋　军、陈玉全）

【开展安全生产监管工作综合评价】成立综合评价工作领导小组，印发《区商务部门安全生产监管工作综合评价方案实施细则》，半年和年终对区级商务部门规定动作完成情况进行量化综合考核，考核项目设10个大项49个子项以及1个工作创新加分项，对发生有影响的安全事故的部门实施一票否决。综合评价结果及时通报全市商务部门和各区政府，并纳入年度区政府绩效考核行业安全生产考核项。

（宋　军、陈玉全）

四、生活服务业和特殊流通行业

生活服务业

【概况】 2016年，全市共新建或规范提升各类便民商业网点1700个，超额完成全年1500个目标任务；市政府为民办实事便民商业网点新增550个，超额完成为民办实事500个网点任务；城六区基本实现8项基本便民服务社区全覆盖。全市基本便民商业网点连锁化率达29.5％，较2015年底提高5.2个百分点；城六区基本便民商业网点连锁化率达35％，较2015年底提高5.7个百分点。

（一）抓责任落实。2016年初，制定《北京市提高生活性服务业品质工作小组联席会议制度》，规范了联席会议的运行。印发实施《北京市提高生活性服务业品质2015年工作总结及2016年工作要点》。市政府将此项工作纳入市政府与各区政府签署的目标责任书和《北京市区政府绩效考评体系》范围，并进一步将任务目标分解到各区和各相关部门。

（二）抓连锁化、品牌化发展。制定实施《关于2016年度支持新建或规范便民商业网点项目的实施方案》，对便民商业网点的建设内容、标准、进度安排及支持方式等进行了细化。建立了《北京生活性服务业品牌连锁企业资源库》。第一批确定了173家企业，涉及蔬菜零售、便利店、家政等14个行业（业态），拥有全市生活性服务业网点总数的10％左右。

（三）抓规范化发展。实施《生活性服务业行业规范制修订及标准规范宣贯活动项目实施方案》。指导相关行业协会完成了蔬菜零售、餐饮（早餐）、便利店（超市）、家政服务、洗染、沐浴、美容美发、摄影、家电维修、再生资源回收、社区商业便民服务综合体等11个行业（业态）的24个规范的制修订工作并汇编成册，使上述行业（业态）在企业开业、经营管理、岗位服务等方面均有明确的标准或规范，在全国率先初步建立了上述11个行业（业态）的标准规范体系。11个行业（业态）共汇编成11册，收录推荐使用的236个标准规范。指导相关行业协会开展形式多样的宣贯活动。全年分行业（业态）召开系列宣贯会42场，6000余人次参加，40多家中央和市属媒体发布新闻报道683篇，提高了标准规范的公众知晓度。

（四）开展示范街区创建工作。印发《关于开展生活性服务业示范街区征集工作的通知》并初步确定在奥林匹克中心区等8个街区开展全市第一批生活性服务业示范街区的创建工作。

（胡　滨）

【加快生活性服务业发展基金投资进度】 自北京生活性服务业发展基金设立以来，市商务委积极督促基金管理机构加快投资进度，优化运作流程，做好项目投资工作。截至2016年底，基金项目库项目累计约80个，完成了沱沱工社等7个项目共1.44亿元的投资决策，带动社会投资约13.6亿元。

（王喜艳）

【继续开展家政“春节保供”活动】指导北京家政服务协会和96156社区服务平台组织家政服务企业在春节、元宵节期间开展家政服务市场春节保供活动，组织百余家家政服务企业参与“春节保供”，组织万名家政服务员错峰回家或进京保障春节家政服务市场，累计服务市民100余万人次。

（王喜艳）

【新评定家政服务行业15家星级门店】2016年，北京市家政协会新评定15家星级门店，其中五星6家，四星7家，三星2家，促进了家政服务行业规范化、规模化、连锁化、标准化管理。

（王喜艳）

【开展生活性服务业岗位技能培训提升以奖代补项目】项目以公开招标的方式确定了19家培训实施主体及1家考核组织。自7月26日正式实施以来，累计18948人报名参加培训，18652人实际参加了培训，支持验收合格人员17000人（其中家政服务行业15078人、美容美发行业1244人、家电维修行业468人、洗染行业210人）。

（王喜艳）

【规范正规废品回收站点经营行为】截至2016年年底，全市商务主管部门共检查正规回收站点2401个，规范整改回收站点数243个，配合有关部门清理无照经营废品回收点240个。

（魏　拓、曹　民）

特殊流通业

【概况】加强拍卖、典当行业监管。截至2016年年底，全市取得《拍卖经营批准证书》的工商登记企业654家；全市典当企业共计358家、分支机构136家，其中新批准设立典当企业14家。开展了典当企业2015年度核查，对75家典当企业开展现场检查。规范引导拍卖行业发展，加强行业宣传，继续开展北京拍卖季活动。由市商务委、市文物局、市工商局共同主办的2016北京拍卖季以“新趋势新未来”为主题，突出市场发展与变化中的拍卖行业新常态，共举办四场专题讲座和六场专场拍卖，引导拍卖企业适应新常态，创新经营模式，增强服务意识，提高服务质量。继续做好拍卖行业审批工作。市商务委与市工商局和市文物局建立拍卖监管联席会议制度，加强部门联动，实现事中、事后监管。加强拍卖企业设立、变更事项区商务委预审核阶段的指导工作，进一步强化拍卖企业属地管理。加强汽车流通行业管理。截至2016年年底，全市报废汽车回收拆解企业7家、备案二手车交易市场6家。积极推动北京市老旧机动车淘汰更新政策实施，二手车交易量同比减少6%，报废机动车回收量同比增长23%。组织开展报废汽车回收拆解行业专项检查，并针对行业中存在的问题研究对策措施，跟踪督促企业抓好整改，进一步规范了报废汽车回收拆解秩序。

（魏　拓）

【新增拍卖企业89家】2016年，完成新设企业从事拍卖业务许可审批89件。

（王　璇）

【389家拍卖企业通过年度核查】根据《中华人民共和国拍卖法》、商务部《拍卖管理办法》的有关规定，对拍卖企业2015年度经营资质、经营情况、拍卖人员情况及企业变更事项等进行了核查，共有389家拍卖

企业通过了核查。

（王　璇）

【成功举办第十届北京拍卖季活动】 第十届北京拍卖季活动于7月至9月集中开展宣传活动，吸引160余家拍卖企业参与近5000场活动，印发2000份《北京拍卖季十周年纪念特刊（2007—2016）》。北京拍卖季已逐渐成为促进首都文化消费的新品牌、新名片。

（王　璇）

【新增典当企业及分支机构14家】 2016年，北京市新增典当企业12家、典当分支机构2家。

（魏　拓、孟祥伟）

【典当总额同比增长12.5%】 2016年，全市典当总额621.2亿元，同比增长12.5%；典当余额99.9亿元，同比增长7.1%；利润总额3.5亿元，同比下降15.3%；应交税金1.3亿元，同比下降56.7%，发挥了面向小微企业和居民的融资服务功能。

（魏　拓、孟祥伟）

【开展典当企业年度核查】 开展北京市典当企业及外省分支机构2015年度核查。340家典当企业和外省分支机构被评为A类企业，15家典当企业被评为B类企业，4家典当企业被收回《典当经营许可证》。

（魏　拓、孟祥伟）

【新增二手车鉴定评估机构1家】 2016年，新增二手车鉴定评估机构1家。

（魏　拓、曹　民）

【淘汰老旧机动车44万辆】 2016年，推进北京市老旧机动车淘汰更新工作，共淘汰老旧机动车44万辆，完成任务总量的220%。

（魏　拓、曹　民）

【回收报废汽车量持续增长】 2016年，全市7家报废汽车回收拆解企业回收报废汽车总量17万辆，同比增长23%。

（魏　拓、曹　民）

【开展报废汽车回收拆解企业专项检查】 2016年，对7家报废汽车回收拆解企业进行检查，针对行业中存在的问题研究对策措施，跟踪督促企业抓好整改，进一步规范了报废汽车回收拆解秩序。

（魏　拓、曹　民）

五、物流业

生活服务业

【概况】2016年，北京市物流业围绕首都城市功能定位、非首都功能疏解、京津冀协同发展的总体要求，服务首都居民生活品质提升的需要，着力增强物流业保障城市运行的能力，积极推动物流业调整升级、降本增效和创新发展。

（一）加强规划对接，推动区域物流合作。发布《北京市“十三五”时期物流业发展规划》。积极推动区域物流协同发展，促进非首都功能疏解。围绕《京津冀协同发展规划纲要》工作任务，积极疏解区域性物流设施。丰台、大兴、东城等区共腾退物流仓储面积35万平方米，疏解人口5600余人。在对河北保定、廊坊、唐山、张家口、天津等重点区域进行调研的基础上，会同天津市商务委、河北省商务厅共同启动《环首都1小时鲜活农产品流通圈规划》编制工作。

（二）推动物流标准化试点，着力提升城市配送水平。继续开展物流标准化试点工作，制定出台《关于做好北京市物流标准化试点工作有关事项的通知》。经过试点企业征集、公示、公告等环节，确定了2016年北京市物流标准化试点企业36家，带动社会资金5.5亿元。物流标准化企业货损率同比降低36.7%，车辆周转率同比提高24%，装卸工时效率同比提高15.6%，装卸搬运成本同比降低24.7%。

（三）加强区域供应链合作对接，成立京津冀物流标准化联盟。京津冀三地130余家企业共同发起成立了国内首家跨区域物流标准化联盟。该联盟的成立将为降低物流作业成本，提高区域物流运作效率，推动京津冀区域协同发展和产业合作发挥积极作用。

（四）落实清洁空气行动计划，推动构建绿色物流体系。贯彻落实《北京市2013—2017清洁空气行动计划》和《北京市电动车2015年工作计划》，稳步推进电动物流车示范运营工作。经过公开征集、专家评审、公示等程序，确定5家电动物流车运营试点企业，全年推广纯电动物流车超过130辆，在推广模式方面积累了经验。对四大物流基地叉车使用情况进行了摸底调查，电动叉车使用率已达到30%。

（五）进一步完善城市物流配送网络，提升末端配送服务水平。稳步推进城市共同配送网络建设，积极优化城市物流末端配送网点布局，着力解决社区“最后一公里”配送难问题。截至12月，新建或规范末端配送网点173个，累计超过400个，智能快件箱约150组，累计达350组。

（余　博）

【“十三五”时期物流业发展规划正式发布】6月13日，市商务委、市发展改革委联合发布《北京市“十三五”时期物流业发展规划》。

（余　博）

【正式启动物流标准化试点】7月4日，

市商务委发布《关于开展 2016 年物流标准化试点项目申报工作的通知》。北京市被财政部、商务部列为 2016 年物流标准化试点城市，也是第一批试点城市中（北京、上海、广州）唯一继续获得中央财政资金支持的城市。

（余　博）

【京津冀物流标准化联盟在京成立】 11 月 24 日，在京津冀三地商务部门指导下，由三地物流协会牵头，以各自成立的物流标准化联盟为基础，130 余家企业共同发起成立了国内首家跨区域物流标准化联盟。

（余　博）

【新增 2 家 5A 级物流企业】 8 月，中国物流与采购联合会发布第 22 批 A 级物流企业名单，加之 2 月份公布的第 21 批 A 级物流企业，全市年内新增 5A 级物流企业 2 家，4A 级物流企业 3 家。截至第 22 批，北京共有 A 级物流企业 81 家，其中 5A 级物流企业 29 家，4A 级企业 26 家。

（余　博）

【新增国际货运代理企业备案 109 家】 2016 年，共完成国际货运代理经营资格备案 109 家，变更 234 家，办理国际货代经营资格注销 3 个。

（余　博）

六、对外贸易

货物贸易

【概况】2016年，紧密围绕“一带一路”和京津冀协同发展战略，以服务业扩大开放为引领，以外贸转方式、调结构为主线，以“规模不减、份额不减”为目标，强化融合、协同、创新，突出重点，着力培育外贸发展新动能，外贸稳增长取得积极成效。

（一）北京市进出口总体情况及主要特点

据北京海关统计，2016年，北京实现货物贸易进出口总额1.86万亿元人民币。其中，出口额3418亿元，同比增长0.7%，增幅高于全国平均水平2.7个百分点；出口占全国份额2.5%，高出上年0.1个百分点，货物贸易出口实现规模、占全国份额双增长。“双自主”企业出口占北京出口总额比重18.3%，比上年提高2.3个百分点，超额完成市政府年初确定的目标。

主要特点：

1. 主要进出口商品量增价跌。成品油、汽车出口数量分别增长100.4%和15%，但出口价格分别下跌23.1%和19%。原油、铁矿砂、成品油、未锻轧铜及铜材、集成电路进口数量分别增长3.4%、12.4%、0.6%、22.2%和16.2%，但进口价格分别下跌24.3%、5.8%、21.6%、14.6%和16.8%。

2. 出口结构更加优化。一般贸易出口267.5亿美元，占全市出口总额51.7%。“双自主”企业出口94.9亿美元，占比达18.3%，比上年提高2.3个百分点。小笨鸟、易单网、尚易通等8家外贸综合服务企业实现出口15.8亿美元，同比增长127.7%。邮政小包出口5.5亿美元。

3. 对“一带一路”沿线国家出口超三成。北京与“一带一路”沿线国家双边贸易额872.8亿美元，占北京进出口总额的31%，与上年持平。其中，出口175.4亿美元，同比增长1%，占出口总额的33.8%，比上年同期提高2个百分点。

4. 民营企业进出口、进口均增长。民营企业进出口增长3.1%，占进出口总额比重9.1%，较上年提高1.3个百分点。其中，进口165.9亿美元，增长8%，占进口总额7.2%，占比较上年提高1.4个百分点。

5. 央企进、出口占比均提高。中央企业进出口同比增长3.6%，占进出口总额61.8%，比上年提高0.5个百分点。其中，进口占比64.3%；出口占比50.4%，首次超过地方企业。

（二）主要工作及措施

1. 努力促进外贸稳增长。一是分解目标任务。根据2015年出口完成情况，将2016年出口指标下达到各区。二是加强统筹调度和督查考核。市领导召开季度综合调度会，市商务委牵头召开月度调度会，将外贸出口目标完成情况与各区、各部门绩效考核挂钩，建立约谈和激励机制。三是加强部门协调联动。市促进外贸发展联席会议机制各成员单位出台了有针对性的外贸稳增长调结构措施，组织召开进出口政策服务咨询会、政策宣讲辅导会和专题座谈会，宣传落实政策，推进跨境电商、卫星发射等纳入货物贸易统计。四是建立重点企业跟踪服务制度。建立外贸企业信息管理系统，加强预测分析和跟踪服务，掌握动态。

2. 培育外贸竞争新优势。一是推动外贸综合服务企业试点扩大。中建材国际贸易有限公司被确定为全国范围内四家外贸综合服务试点企业之一。根据商务部等5部委要求，着力在创新监管方式等方面先行先试，通过制度创新、管理创新、服务创新和协同发展，逐步形成适应综合服务企业发展的管理模式，为推动综合服务企业健康发展提供可复制、可推广的经验。二是强化外贸转型升级示范基地和出口质量安全示范区建设。结合实际情况制定《北京市外贸转型升级基地培育工作方案》等相关文件，召开专题部署会将工作任务分解到各基地管理部门，组织多个专题调研小组对16个基地现场调研。安排部署出口汽车产品质量安全示范区续延迎检工作。三是促进“双自主”企业加快发展。加快推进“双自主”企业培育，加强央地企业对接联动，支持企业联合“走出去”。

3. 开展规划方案研究。研究制定新机场综保区规划及北京出口产品质量安全示范区发展指导意见，制定印发《北京市落实“三互”推进口岸工作促进外贸发展的实施方案》和《关于促进外贸稳增长的若干措施》。

4. 加强政策集成。加大对“双自主”、外贸综合服务、服务贸易、新兴支柱产业等外贸重点企业的支持力度，培育外贸龙头企业。配套外贸出口奖励政策，提高对“双自主”企业出口奖励标准。与中信保公司联合发布了对部分企业投保短期出口信用保险下调20%保险费率、优先满足海外买方额度需求、优先理赔等一系列优惠措施，改善融资服务，助力企业减负。正式设立并启动运作外经贸发展引导基金，支持外经贸企业和优质进出口项目加速成长。整合出口信保、担保平台、基金、银行等资源，建立金融支持平台，鼓励银行、信保、担保联动降低费率、手续费，对有订单、有效益的外贸企业提供优惠贷款，切实解决融资难、融资贵问题。

5. 大力促进贸易便利化。一是口岸信息化建设提速。全面启动北京电子口岸平台升级改造，“北京单一窗口”正式上线运行。中国电子检验检疫主干系统试点运行工作启动。报关无纸化率达到92.8%，报检无纸化率达到82%以上。二是通关监管创新力度加大。大力推进全国通关一体化，开展多式联运改革试点，积极推进自贸试验区海关监管创新制度复制推广工作，加快空港贸易便利示范区建设。推进跨境电商便利备案、便利申报、便利放行。推进出入境物品安全质量追溯管理，强化全过程质量安全管理与风险控制，提升进出口产品质量。继平谷口岸免除查验费后，5月起朝阳口岸执行免除查验费，降低企业经营成本。三是退税便利化举措更新。将重点“双自主”企业纳入出口退税一类企业管理；对非一类总部企业、在京央企出口高新和机电产品、成套设备等，给予出口退税优先支持；对进项手续不全的跨境电商零售出口货物、平台型企业出口等执行免征不退；四城区率先实行出口退税无纸化管理试点，开展网上办税。四是结汇标准化流程缩短。加大对进出口企业人民币融资支持力度，缩短融资备案流程，积极推动跨国企业集团人民币集中收付业务，实现境内外资金集中结算。

（汪云云）

【全力促进外贸稳增长】 2016年，面对严峻复杂的外贸形势，北京市继续巩固“市级推动、市区联动、政企互动”工作机制，相关部门组成保出口增长联合工作组，市商务委、市财政局联合出台出口奖励政策，实施便利通关、完善出口退税快捷服务、出口信保优惠等一系列措施，对重点企业加强跟踪服务。全市出口同比增长0.7%，增幅高于全国平均水平2.7个百分点；出口占全国份额2.5%，高出上年0.1个百分点，货物贸易出口实现规模、占全国份额双增长。

（柏际平）

【外贸发展新动能正在形成】 北京市积极调结构、转方式、抓改革、促转型，外贸发展新动能正在形成。涌现了一批新竞争力更强的市场主体，“双自主”企业出口占比由2010年的6%上升到2016年的18.3%，“高精尖”经济结构为外贸发展注入了新的动力。小笨鸟、易单网、尚易通等8家外贸综合服务企业实现出口15.8亿美元，同比增长127.7%。邮政小包出口5.5亿美元。

（柏际平）

【出台《关于促进外贸稳定增长的若干措施》】 为贯彻落实《国务院关于促进外贸回稳向好的若干意见》（国发〔2016〕27号）精神，出台《关于促进外贸稳定增长的若干措施》，明确各部门职责分工，推进北京市外贸稳增长调结构，加快形成外贸发展新动能。

（柏际平）

【出台《北京市落实“三互”推进口岸工作促进外贸发展的实施方案》】 为贯彻落实《国务院关于印发落实“三互”推进大通关建设改革方案的通知》（国发〔2014〕68号）和《国务院关于改进口岸工作支持外贸发展的若干意见》（国发〔2015〕16号）精神，北京市出台《北京市落实“三互”推进口岸工作促进外贸发展的实施方案》，着力推进“单一窗口”建设和“一站式作业”，打造更加高效的口岸通关模式。

（柏际平、何　剑）

【北京外经贸发展引导基金正式投入运行】 2016年，北京外经贸发展引导基金正式设立，投资了博威能源和平谷冷库2个项目，累计投资金额1.26亿元，撬动社会资本约6300万元，助力企业加快“走出去”，改善外经贸发展环境。

（汪云云）

【外贸企业信息管理系统上线】 4月18日，由市商务委建立的市、区两级管理的外贸企业信息管理系统正式上线，加强了政府与企业的信息沟通，及时了解企业运行动态，为企业获取贸易信息提供渠道，加强预测分析。

（汪云云）

【北京市企业被列入全国外贸综合服务企业试点】 9月20日，商务部、海关总署、税务总局、质检总局、外汇局联合发函，在全国范围内确定四家企业开展外贸综合服务企业试点，北京市中建材国际贸易有限公司榜上有名。

（柏际平）

【“政保贷”启动运行】 10月27日，北京市中小企业出口融资服务平台（政保贷）启动运行。依托北京外经贸担保服务平台，集出口信用保险、政府担保资金、银行等资源优势，全年为6家企业提供305万美元担保贷款，缓解了中小企业融资难、融资贵问题，帮助外贸企业扩大出口。

（汪云云）

【短期出口信用保险企业覆盖面全国居首】2016年，北京市投保短期出口信用险的企业达1299家，享受统一投保政策的企业达到6100余家，全市出口信用保险企业覆盖面超过84%，比上年提高2个百分点，居全国首位。

（刘均环）

【短期出口信用保险对出口拉动作用明显】2016年，短期出口信用保险支持北京市贸易出口212.79亿美元（折合人民币1404亿元），同比增长16.9%，短期出口信用保险支持一般贸易出口的比重由2013年的19.5%提高到27%，出口拉动作用明显。

（刘均环）

【北京市企业获国家外经贸发展资金再破亿元】2016年，北京市共有85家企事业单位获国家鼓励进口先进技术设备贴息资金1.1亿元人民币，带动4.55亿美元的先进技术设备进口。自2008年国家实施鼓励进口先进技术设备政策以来，北京市累计获得进口贴息资金达5.15亿元人民币，带动30.25亿美元的先进技术设备进口。

（安　琪）

贸易管理

【农产品进口关税配额企业情况】2016年，北京市羊毛、毛条进口关税配额企业7家；食糖农产品进口关税配额企业1家。

（谢　江）

【原油、燃料油非国营贸易进口企业情况】2016年，北京原油非国营贸易进口企业1家；燃料油非国营贸易进口企业23家。

（谢　江）

【出口配额、出口资质管理的出口企业情况】2016年，北京共有铁合金出口资质企业13家；甘草出口配额招标中标企业5家；供港活牛出口配额企业1家。

（谢　江）

【取消柠檬酸（盐）出口资质管理】自1月1日起，取消柠檬酸（盐）出口资质管理。

（谢　江）

【暂停对润滑油、润滑脂和润滑油基础油一般贸易出口的国营贸易管理】根据商务部、海关总署2015年第76号公告，自2016年1月1日起，暂停对润滑油（27101991）、润滑脂（27101992）和润滑油基础油（27101993）一般贸易出口的国营贸易管理，实行出口许可证管理。企业凭货物出口合同申领出口许可证，海关凭出口许可证验放。其他贸易方式下出口管理仍按商务部、发展改革委、海关总署2008年第30号公告执行。

（谢　江）

【木薯、大麦、高粱、玉米酒糟实行自动进口许可证管理】根据商务部、海关总署2015年第74号公告，自2016年1月1日起，对木薯、大麦、高粱、玉米酒糟进口实行自动进口许可管理。

（谢　江）

【全国范围内实行通关作业无纸化】根据海关总署、商务部2016年第5号公告，自2016年2月1日起，在全国范围内实施自动进口许可证通关作业无纸化。有效范围为实施自动进口许可“一批一证”管理的货物（原油、燃料油除外）。

（谢　江）

【取消加工贸易合同审批和加工贸易保税进口料件或制成品转内销审批】商务部、海关总署 2016 年第 45 号公告，从 2016 年 9 月 1 日起，取消商务主管部门对加工贸易合同审批和加工贸易保税进口料件或制成品转内销审批。

（谢　江）

【提高机电、成品油等产品出口退税率】根据财政部、国家税务总局关于提高机电、成品油等产品出口退税率的通知（财税〔2016〕113 号），自 2016 年 11 月 1 日起，将照相机、摄影机、内燃发动机、汽油、航空煤油、柴油等产品的出口退税率提高至 17%。

（谢　江）

【办理各类货物进出口许可证 44823 件】2016 年，市商务委为北京市进出口企业办理各类货物进出口许可证 44823 件。其中，农产品进口关税配额证签发 57 件；进出口商品配额管理 5 件；货物自动进口许可管理 40618 件；授权范围内出口许可证签发 4021 件；易制毒化学品进出口审批（核）122 件。

（谢　江）

机电产品进出口

【开展京津冀三地商务部门联合培训】5 月 27 日，京津冀三地商务部门在天津武清联合举办了第二届京津冀机电进出口企业联合培训会，深化三地机电产品外贸融合交流，共同培育机电产业国际化平台。

（钟　源）

【首都国际机场整车口岸进口整车平稳有序发展】2016 年，北京首都机场整车进口口岸共进口整车 245 辆，进口货值 2.51 亿元人民币，实现进口环节总税收 2.94 亿元人民币。整车口岸通关时间由原来平均 3～4 天缩短为 1.5 天，有力地提升了空运整车进口口岸的吸引力和影响力。

（钟　源）

贸易促进

【概况】2016 年，市商务委围绕外贸稳增长工作，积极搭建五个经贸交流交易平台，畅通经贸交易渠道，创新经贸交易方式。全年办理新备案外贸经营企业 4835 家，核发外国人来华邀请函 11261 份，邀请人数为 13246 人次。1－3 月，审批在京举办的对外经济技术展会 36 个。4 月份起取消省级商务部门对在京举办的对外经济技术展会的审批。

（王　孜）

【广交会情况】第 119 届广交会北京交易团参展企业 242 家，累计意向成交额达 1.76 亿美元，同比增长 6.73%。第 120 届广交会北京交易团参展企业 235 家，累计成交 1.92 亿美元。其中，北京通蓝海科技股份有限公司与明亮（北京）国际贸易中心在本届广交会上分别获得出口产品设计奖金银奖。

（王　孜）

【进口商品购物节情况】2016 年，共组织举办三次进口商品购物节。2015 年 12 月 31 日至 2016 年 1 月 10 日，联合庄胜崇光百货（线下）、京东商城（线上）组织第一次进口商品购物节，共组织 30 个国家和地区的 75 个品类 2020 种商品进行展卖。4 月 29 日至 5 月 3 日，在燕莎友谊商城燕莎店举办首届“德国进口商品购物节”，采取金源店、太原店同步开展德国品牌展销的形式，展示 187 个品牌。燕莎店主会场吸引客流量 2200 余人次，销售额 208 万元，燕莎商城三店同步德国品牌销售累计 325 万元。9 月 4 日至

17日，在庄胜购物中心举办拉脱维亚进口商品购物节活动，拉脱维亚企业带来上百种食品及手工艺品，所有商品全部售罄。

（王　孜）

【举办2016侨商北京洽谈会】 5月28日，市商务委联合市侨办、市国资委等单位共同主办2016侨商北京洽谈会，来自46个国家和地区近千名华侨华人参会，打造海外先进服务“引进来”和北京服务“走出去”的平台。洽谈会期间，还首次举办华商北京论坛，为“一带一路”、京津冀协同发展等建言献策。

（王　孜）

【开展外贸培训情况】 针对外贸企业的实际需要，市商务委委托北京进出口企业协会组织开展多种培训，开展各类专题讲座37期，受众企业2150家次，培训外贸专业人员3451人次。

（王　孜）

【参加境内外展会情况】 2016年，组织125家次企业参加境外16个展会，结识有价值客户7480人次；签订280份合同近6700万元人民币；签订346份意向合同，近1.46亿元人民币。重点支持“莫斯科服装展”、“德黑兰工业展”、“德国国际医疗展”、“曼谷商品展”等4个展会参展企业展区搭建。组织61家次企业参加境内重点展会，搭建北京展示区，重点宣传北京整体商务形象。在“中国一亚欧博览会”期间，首次组织11家采购商企业主要负责人参展对接，受到当地政府的高度重视，拓宽北京企业的销售渠道。

（王　孜）

【推动境外北京企业服务中心建设】 6月1日，在第四届“京交会”北京主题日活动上，市商务委向10家境外机构颁发意向合作证书，将在首批10个国家和地区建立境外北京企业服务中心，为北京市企业开拓国际市场提供政策法规咨询、经贸信息咨询、投资风险预警及市场趋势分析等服务，并通过举办合作交流活动促进双边贸易发展、推动双向投资发展。

（王　孜）

【建立北京国际经贸合作网络信息服务平台】 12月8日，由市商务委联合市发展改革委、市国资委、市侨办等相关单位建设的“北京国际经贸合作网络信息服务平台”发布上线。平台全面整合有关海外相关行业商协会、企业以及世界贸易网点联盟、中介服务机构、北京投资目的地、重点展会等信息渠道，完善北京国际经贸合作网络体系，充分发挥“窗口、桥梁、协调、服务”作用，提高合作效率及合作质量。

（王　孜）

服务贸易

【概况】 2016年，全市实现服务贸易进出口额达到1508.6亿美元，同比增长15.8%，其中出口额532.1亿美元，同比增长8.4%，进口额976.5亿美元，同比增长20.2%，进出口完成全年1450亿美元目标，约占全国服务贸易进出口总额的18.8%，继续保持全国领先地位。从主要领域看，服务进出口排名前三位的领域分别是旅行、运输和电信、计算机和信息，三大领域共占全市服务贸易进出口总额的72.1%。新兴服务领域优势明显，电信、保险、法律、金融等服务进出口分别占全国同类服务进出口的70.4%、62.4%、45.8%和40.3%。

（张华雨）

【离岸服务外包合同情况】 2016年，全市离岸服务外包合同执行金额达49.05亿美元，同比增长9.04%。其中，信息技术外包(30.85亿美元)、业务流程外包(9.07亿美元)和知识流程外包(9.13亿美元)执行金额占离岸服务外包执行总额的比重分别为62.9%、18.5%和18.6%。发包额位居前5位的国家为美国、爱尔兰、德国、瑞典与荷兰。

(于新成、许 鑫)

【技术贸易合同情况】 2016年，全市技术贸易合同登记1299项，合同金额80.1亿美元，同比下降24.5%。其中，技术进口合同金额21.6亿美元，同比下降18.3%；技术出口合同金额58.5亿美元，同比下降26.6%。技术进口以专有技术进口为主，进口行业主要为制造业，主要进口国家和地区为韩国、美国和德国。技术出口以技术咨询、技术服务及计算机软件的出口为主，出口行业主要为制造业及信息传输、计算机服务和软件业，主要出口国家和地区为中国香港。

(郑 勇、巨振乐)

【文化贸易进出口情况】 2016年，全市文化贸易进出口总额达46.9亿美元，同比增长9.5%。其中，进口27.5亿美元，同比增长1.9%；出口19.4亿美元，同比增长22.4%。从具体分类看，核心文化服务进出口27亿美元，同比增长17.1%。其中，进口13.8亿美元，同比增长18%；出口13.2亿美元，同比增长16.2%。核心文化产品进出口总额20亿美元，同比增长0.6%。其中，进口13.7亿美元，同比下降10.4%；出口6.2亿美元，同比增长38.1%。

(李 倩、郑 勇)

【认定首批27家服务贸易示范基地】 3月，经各产业园区自主申报、各区商务委初审、专家评审小组联合评审以及公示等程序，最终确定27家产业园区为北京首批服务贸易示范基地。在第四届京交会北京主题日活动上，市商务委为天竺综保区等27家北京市服务贸易示范基地进行了现场授牌。

(李 倩、郑 勇)

【首次出台支持服务贸易企业投保短期出口信用险政策】 市商务委联合市财政局共同推出支持服务贸易企业投保短期出口信用险政策，对服务贸易企业投保短期出口信用险所缴纳的保费给予不超过50%的支持，将拥有版权或软件著作权的服务贸易企业首次纳入“双自主”企业，并按所缴纳的保费给予不超过80%的支持。

(李 倩、郑 勇)

【签署共促服务贸易发展的三方合作备忘录】 市商务委与国家外汇管理局北京市外汇管理部、中国出口信用保险公司共同签署《关于促进北京市服务贸易发展的合作备忘录》，就利用金融保险手段、加强三方信息互换等措施促进服务贸易发展达成合作共识。该备忘录的签署，标志着多方联动共同推动全市服务贸易发展新机制的初步建立，有利于发挥三个部门职能优势，形成促进发展合力。

(李 倩、李家旭)

【成功举办第四届京交会北京馆展示和北京主题日活动】 第四届京交会继续举办北京馆展示和北京主题日活动。北京馆展示紧紧围绕服务业扩大开放、京津冀协同发展，聚焦服务业开放六大领域，以“北京服务·全球共享”——聚焦扩大开放·创新融合发展为主题，展示《开放历程》、《聚焦领域》、《共享成果》、《协调发展》四个板块。北京主题日以“创新机遇·开放发展”为主题，设置“硕果篇”、“腾飞篇”、“机遇篇”等三个篇章，通过“领导讲话”、“项目签约”、“专家访谈”、“各区推介”、“政策发布”、“成果发布”等六个单元，多方位展示了北京服务贸易的发展风貌和丰硕成果。来自商务部、市政府及相关委办局、各区和商务服务企业代表300多人参加了北京主题日活动。

（许　鑫、李家旭）

【启动技术贸易区域管理机制】 2月，向各区下发《北京市商务委员会关于我市2015年技术进出口企业情况的通告》，通报了2015年度全市技术进出口合同登记基本情况，并将各区技术进出口企业名单及企业进出口业务情况通报各区商务委，要求各区商务委建立重点技术贸易企业联系机制。以此为基础，将技术出口贴息资金初审下放各区商务委执行。

（郑　勇）

【加大对服务贸易重点领域和重点行业支持力度】 2016年，积极组织全市服务贸易企业申报国家政策资金支持，2016年度共有33家文化服务出口企业获得奖励资金支持；75家技术出口企业获得贴息资金支持；47家服务外包企业获得市级配套资金支持。

（郑　勇）

【积极支持服务外包企业平台建设】 2016年，利用国家外经贸发展专项资金，面向全市共支持服务外包公共服务平台项目3个，分别是软通动力信息技术（集团）有限公司的“通力互联网＋软件与企业服务众包云平台”、北京民海生物科技有限公司的“生物医药中试生产外包公共服务平台”、文思海辉技术有限公司的“大圣众包服务平台”。

（于新成、刘树民）

京交会

【概况】 第四届京交会于2016年5月28日至6月1日在北京成功举办。本届交易会聚焦科技、互联网和信息、文化教育、金融、商务旅游及健康医疗等六大服务领域，举办5万平方米展览展示，122场论坛会议及洽谈交易活动，43位境内外副部级以上嘉宾出席相关活动，充分发挥了京交会促进服务贸易发展的龙头展会作用。

（一）国际化水平大幅提升。来自126个国家和地区的17.1万人次客商参展参会，34个境外国家和地区参展参会，比第三届增加17个；美国服务贸易联盟等60余家境外国家和地区商协会组团参展参会，数量是第三届的3倍；加拿大等76个境外代表团组团参会。首次与世界贸易组织共同举办全球服务贸易峰会，首次设立国际合作机构，英国作为京交会首个主宾国参展参会。

（二）国内各方参与度更高。国内31个省区市，新疆生产建设兵团，深圳、厦门、青岛等计划单列市组团参展参会，近百个国内各级地方代表团参加相关专题板块活动；浙江作为京交会首个主宾省参展参会；北京市11个委办局及相关单位承办电子商务等10个专题展览及28场会议洽谈活动。

（三）跨界融合交流更活跃。继续整合优质展会资源，将北京国际金融博览会整合纳入京交会；创新筹办方式，北京市侨办和北京市中医管理局联合举办“中医药发展大会”，助推中医药“走出去”；加强专题板块跨界合作，推动互联网、文化等领域与相关行业加快融合发展；增加互动体验，公众开放日吸引了近8000名市民前来参观体验身边的服务贸易。

（四）创新引领作用更突出。本届京交会促成了“互联网＋智慧能源”创新创业项目等20个新的合作交流平台；首次展示国际服务贸易创新试点（1＋15），并组织优秀服务示范案例遴选活动，对优秀案例进行展览展示、案例分享活动并取得良好效果；双创服务等11个专题板块会期共发布双创指数报告等17项行业指数报告及行业标准，为服务业的国际化、标准化发展抢占了主动权。

（五）洽谈交易成效更显著。本届京交会意向签约项目331个，意向签约额1010.8亿美元，分别比上届增长40％和24％，其中，国际意向签约额198.8亿美元，京交会促进全球服务贸易企业合作的功能进一步增强。北京以外其他省区市项目意向签约额315.8亿美元，占总签约额31.2％，京交会服务和带动全国服务贸易发展的作用更加明显。

（卢　娜）

【第四届京交会全球服务贸易峰会召开】5月28日，京交会组委会与世界贸易组织共同主办的第四届京交会全球服务贸易峰会在国家会议中心举行。中共中央政治局委员、北京市市委书记郭金龙出席峰会并发表主旨演讲，世界贸易组织副总干事易小准、经合组织副秘书长玛丽·基维涅米、国际贸易中心总干事阿兰查·冈萨雷斯、联合国贸发会议秘书长穆希萨·基图伊先生的特别代表瓦雷斯等境内外嘉宾出席峰会并发表演讲。全球服务贸易峰会围绕“服务贸易的创新与融合”主题，探讨了服务贸易在全球价值链中的重要地位及数字化时代的全球机遇。

（卢　娜）

【第四届京交会实现四个首次】首次与世界贸易组织共同举办全球服务贸易峰会；首次设立国际合作机构，世界知识产权组织、国际贸易中心、联合国贸易网点联盟、世界贸易中心协会成为第四届京交会国际合作机构，并实质性承担国际论坛的组织工作；首次设立主宾国和主宾省，深度展示推介了本地区优势服务；首次组织优秀服务示范案例遴选活动，遴选推出模式创新、科技创新、跨界服务、最具国际化战略、最具发展潜力的服务示范案例进行展览展示、案例分享活动，有效发挥了示范引领作用。

（卢　娜）

【市11个委办局深度参与京交会】北京市11个委办局及相关单位承办第四届京交会10个专题展览及28场会议洽谈活动。市科委承办科技创新专题，市文资办承办文化创新专题，市金融局承办金融服务专题，市体育局承办体育服务专题，市中医管理局承办中医药服务专题，市知识产权局承办知识产权专题，市商务委承办电子商务专题、老字号品牌国际布局与知识产权保护、京津冀联合展区、北京主题日、总部经济（北京）高峰论坛等多场活动，市旅游委承办旅游服务专题，市侨办承办华商北京大会并与市中医局共同举办华人华侨中医药大会，中关村管委会承办双创服务专题，市贸促会牵头承办京津沪渝服务贸易联盟展。

（卢　娜）

【有关区政府积极参与京交会】朝阳区与世界贸易网点联盟联合承办第四届京交会分销服务专题，并与组委会办公室共同举办“一带一路”服务贸易发展大会；海淀区举办知名企业家对话会、软件与信息服务国际企业对接会；西城区与市金融局共同承办2016金融街论坛并组织老字号企业展示及交流活动；东城区组织国际版权交易活动；顺义区参与金融服务专题相关活动。

（卢　娜）

【中外媒体积极报道第四届京交会】第四届京交会受到国内外广泛关注和好评，共有267家中外媒体参与报道，其中境外媒体88家，路透社、荷兰国家电视台、西班牙电视台、香港商报等境外媒体，新华社、人民日报、中央电视台等中央媒体，经济日报、国际商报等专业媒体共形成原创新闻报道815篇，其中境内媒体682篇，境外媒体133篇，累计报道转载量近5000篇条。新媒体互动热烈，关于京交会的微博话题累计达30万条，京交会Facebook和Twitter账号阅读量近400万。

（卢　娜）

公平贸易及世贸

【概述】2016年，市商务委加强公平贸易工作机制建设，积极指导企业应对国外贸易摩擦，扎实推进贸易政策合规工作，公平贸易环境建设取得一定成效。

（一）我国对外贸易摩擦形势依然严峻，北京市出口企业频遇贸易壁垒。2016年，北京市出口产品遭遇贸易救济调查共计49起，占我国遭遇贸易救济调查总数的41.5%，比2015年增长22.5%。全市涉案金额约为3.15亿美元，比2015年增长3.1倍；涉案企业逾500家，比2015年增长约2.1倍。同时，北京市企业涉及美国337调查6起，占全国涉案总数的28.6%，是2015年的3倍，创下近年来的新高，涉案企业包括联想集团、北京怡和嘉业医疗科技有限公司、中国首钢国际贸易工程有限公司等7家。此外，在技术性贸易壁垒方面，医疗器械成为北京遭遇技术性贸易壁垒最多的产品种类，占2016年美国FDA拒绝进口北京市输美产品批次的68.6%。

（二）建立完善公平贸易工作机制，稳步推进北京市产业安全与贸易风险预警机制建设。主动配合京津冀协同发展和国家“一带一路”战略实施以及北京市服务业扩大开放综合试点工作，按照“政府主导、部门联动、多方协作、企业参与”的工作模式，建立并完善北京市公平贸易工作机制，探索构建北京市跨部门合作、市区联动的贸易风险预警机制。

（三）扎实推进贸易政策合规工作，不断提高贸易便利化水平。根据国务院和商务部文件精神以及北京市贸易政策合规工作推进方案，印发《北京市贸易政策合规工作暂行规定》（京政办发〔2016〕62号）。积极配合商务部世贸司与外贸、物流、跨境电商、服务贸易等12家北京重点外向型企业开展座谈调研。

（四）加强贸易环境研究，深化产业安全数据库龙头企业扩容。面对严峻复杂的国内外经济贸易形势，结合北京市实际，会同相关单位完成“北京市贸易政策合规工作专家支持体系——专家库设计方案”、“北京市贸易环境与重点产业分析”等课题研究，推出3期贸易风险监测报告和2期贸易摩擦动态。制发《北京市商务委员会关于深化产业预警推进龙头企业扩容（试点）工作的通知》，在海淀区、昌平区、顺义区、通州区、大兴区开展龙头企业扩容试点工作。

（卢　跃、梅　焱、饶丽丽）

【举办企业贸易便利化座谈会】4月初，

为做好《贸易便利化协定》实施准备工作，市商务委配合商务部世贸司组织召开北京市企业贸易便利化情况座谈会，北京市外贸、物流、跨境电商、服务贸易等12家重点外向型企业参会。会议介绍了协定主要内容以及我国加入协定对深化口岸改革、降低贸易成本、提高企业竞争力、促进跨境电子商务新型贸易业态等方面的重要影响，了解了企业在贸易便利化过程中存在的问题和诉求。

（梅　焱、饶丽丽）

【部市联动指导企业应对贸易摩擦】4月中旬，市商务委配合商务部贸易救济调查局组成核查小组赴顺义，对涉"美国对我国铝挤压材发起反倾销反补贴调查第四次复审"一案企业北京江河幕墙股份有限公司进行实地核查，详细了解了企业的生产经营状况，并指导企业积极应对应诉困难。

（梅　焱、饶丽丽）

【深化产业预警推进龙头企业扩容】4月，制发《北京市商务委员会关于深化产业预警推进龙头企业扩容（试点）工作的通知》，在海淀区、昌平区、顺义区、通州区、大兴区开展龙头企业扩容试点工作，取得了积极成效。全年新增重点龙头企业42家，包括海淀区13家、顺义区12家、昌平区9家、通州区8家。目前，北京市产业安全数据库月报样本企业数量216家，同比增长24.1%；调查问卷上报企业数量253家，同比增长15.5%，涵盖生物医药、汽车制造、电子信息、计算机通信、设备制造业等重点产业。

（梅　焱、饶丽丽）

【联想集团在美国337调查中取得胜诉】5月2日，美国国际贸易委员会（ITC）作出终裁，联想集团在2015年年初应诉的"部分音频处理软件及硬件"337调查一案中胜诉。

（梅　焱、饶丽丽）

【配合商务部开展国内贸易救济调查】为配合商务部"对原产于日本和美国的进口铁基非晶合金带材产品的反倾销立案"相关调查，6月3日，市商务委会同商务部贸易救济调查局、通州区商务委及中关村金桥科技产业基地相关部门组成调研组，赴该案下游企业中机联供进行调研，采集企业购买和进口该产品的数量、价格等数据和信息，掌握下游企业受到该进口产品冲击的具体影响，并听取了企业在通关便利化、企业运营过程中面临的问题和困难。

（梅　焱、饶丽丽）

【贸易壁垒应对培训会在京召开】11月25日，市商务委与京津冀贸促会在京共同举办"走出去"与知识产权海外维权交流培训会，以国际化视野帮助北京企业了解国际知识产权法律与实务的最新动态，掌握知识产权海外纠纷解决方法和应对策略。市工商局、市广电新闻出版局、市知识产权局、中关村管委会有关部门负责人以及北京市高新技术企业、电子商务企业、老字号企业、外向型企业和相关行业协会代表约360余人参加培训会。

（梅　焱、饶丽丽）

【扎实推进贸易政策合规工作】根据国务院和商务部文件精神以及北京市贸易政策合规工作推进方案，经合规工作业务培训、专家库支撑体系研究、文件起草、专家论证、全市意见征集等流程，于2016年年底印发《北京市贸易政策合规工作暂行规定》（京政办发〔2016〕62号），扎实推进北京市贸易政策合规工作。

（梅　焱、饶丽丽）

七、口岸通关

【概况】 2016年，北京口岸运行良好，通关客货再创新高，海关监管进出口货物在京津冀通关一体化改革效应拉动下呈现高增长，达5870.8万吨，增长37.4%；出入境人员在内地居民拉动下稳定增长，达2430.6万人次，增长4.3%。首都国际机场旅客吞吐量达9439.4万人次，增长5%；进出境旅客达2425.2万人次，增长4.4%，占首都国际机场吞吐量的25.7%；72小时过境免签旅客2.6万人次，增长32.2%。北京西站铁路口岸全年运送出入境旅客5.4万人次，下降19.2%，其中外籍人员0.3万人次，下降19.3%。北京丰台货运口岸海关监管进出口货物1.6万吨，下降12.5%；北京朝阳口岸海关监管货物100.7万吨，增长7.4%；平谷国际陆港海关监管货物18.5万吨，下降2.7%。

（谭　峰）

【北京新机场口岸建设实行“两线并行”】 围绕北京新机场口岸开放申报和口岸非现场设施建设两条主线，积极推进各项工作。北京新机场对外开放请示经市政府同意，与河北省政府会签后正式上报国务院。市政府口岸办与市协调推进新机场建设工作办公室共同谋划、提前介入，在新机场口岸开放批复以前，积极组织口岸查验单位与北京新机场建设指挥部就口岸非现场设施建设内容、建设用地、建筑形式以及建设方式等进行多轮对接。

（谭　峰）

【北京电子口岸平台升级改造项目进展顺利】 3月，正式启动北京电子口岸平台升级改造暨“单一窗口”建设工作。11月17日，举行北京电子口岸升级改造暨中国（北京）国际贸易单一窗口上线试运行发布会。开发完成各应用系统和移动APP、硬件系统集成及终验工作，完成了“北京‘单一窗口’建设规划设想及工作制度体系研究”课题。

（何　剑）

【搭建“空中丝路”对接平台】 9月28日，市政府口岸办召开“空中丝路”业务对接会，积极为央企搭建合作平台。会议邀请了中航工业集团、天竺综保区管委会、首都机场集团公司、首都机场股份公司、中国国际航空公司、北京飞机维修工程公司等14家单位参会，充分发挥优势互补作用，推进“一带一路”战略的实施。

（董星君）

【G20第一次协调人会议服务保障工作圆满完成】 市政府口岸办牵头成立2016年G20峰会第一次协调人会议抵离迎送部，于1月19日圆满完成G20第一次协调人会议服务保障工作。累计接待G20第一次协调人会议离京代表113批次187人次，其中接机58批95人（VIP小流程接待31批47人，正常流程接待27批48人），送机55批92人（VIP小流程接待28批45人，正常流程接待27批47人），共涉及29个国家和国际组织。

（董星君）

【首届世旅大会机场抵离保障工作圆满完成】 市政府口岸办牵头成立世旅大会组委会交通迎送组机场抵离迎送现场指挥部，于

5月23日圆满完成首届世界旅游大会机场抵离保障工作。活动期间，共接待抵京代表104批次271人（其中VIP小流程58批次193人，正常流程46批次78人）；接待离京代表小流程42批次125人，共涉及63个国家和国际组织。

（董星君）

【2022年冬奥会筹备阶段机场相关工作】 9月28日，应北京2022年冬奥会和冬残奥会组委会的要求，市政府口岸办召开冬奥会筹备阶段首都机场抵离迎送工作对接会，圆满完成国际奥委会2022年冬奥会协调委员会第一次会议首都机场抵离迎送工作，一共接待36人次。

（董星君）

【继续推进北京西站铁路口岸正式开放工程验收】 市政府口岸办积极与铁路部门沟通竣工验收程序，与联检单位联系入驻办公方式及流程，为实现工程竣工验收、联检单位入驻办公做好了基础性工作。

（荀丽亚）

【丰台货运口岸出口一批援外物资】 4月，丰台货运口岸完成一批由我国政府无偿援助给乌兹别克斯坦政府用于在首都建设大型综合医院所需要的医疗设备的报关、报检以及发运工作。本批医疗设备采购自全国多个地区共26个供货厂家，货物总计112个品类，共17.7吨，总价值8000多万元。货物在丰台货运口岸启运，经阿拉山口口岸出境运往乌兹别克斯坦首都塔什干。

（宋自力）

【试水第一票中欧班列二次转关货物】 9月，首个搭乘中欧班列运输，通过二次转关抵京的集装箱顺利抵达北京百子湾海关监管场所，并在监管场所内经检疫查验后完成清关。此次试水的一个40英尺集装箱，装载的是奔驰汽车配件，货物搭乘中欧班列从波兰启运，经阿拉山口一次转关抵达郑州圃田，在圃田进行二次转关后运抵北京百子湾海关监管点。整个运输过程历时21天，检疫查验和海关清关仅用1天。

（宋自力）

【探索在新的海关监管场所进行整列通关】 12月，北京丰台货运口岸整列搭载回程中欧班列的38个40英尺集装箱顺利运抵北京百子湾海关监管场所，这是继2015年丰台货运口岸开行中欧整列以来，北京铁路口岸探索在新的海关监管场所进行整列通关的一次积极尝试。

（宋自力）

【通州口岸建设取得进一步进展】 9月19日，通州口岸经济区项目举行奠基仪式。通州口岸项目分五期建设，全部建成共计64万平方米，具有通关通检、仓储、配送、保税、加工、展示、销售等多种功能，是涵盖国际物流、区域物流及城市物流的“三流一体”的现代化、集约化、国际化的绿色创新型口岸区域经济区。目前已成功吸引阿里巴巴、菜鸟网络投资的百世集团及百胜餐饮重要供应商三惠供应链等众多企业入驻。

（宋红军）

【平谷特色口岸功能进一步加强】 北京平谷国际陆港目前服务北京市14个区及天津、河北、山西、内蒙古等地区近300家进出口企业，口岸特色化、专业化功能持续加强。2016年继续发挥进口肉类指定口岸作用，全年从天津港转到平谷口岸通关的进口肉类及肉类产品共计5413.96吨，保障了首都市场供应。

（宋红军）

八、利用外资

外资发展

【概况】2016年，在全球投资总体趋缓、引资竞争日趋激烈的形势下，北京外资以服务业扩大开放试点为契机，积极推进外商投资“放管服”改革和事中事后监管，在全市转变经济发展方式、调整经济结构和聚集高端要素中发挥了重要作用。

（一）着力于首都开放经济建设，引资规模稳中有进，再创新高。全市新设外商投资企业1073家，实际吸收外资首次突破130亿美元，达130.3亿美元，同比增长0.3%，连续15年实现增长，占全国份额由上年的10%升至10.3%。

（二）着力于服务业扩大开放，引资结构好中有优。服务业新引进外资项目1042个，入资123.2亿美元，分别占全市新引进项目数的97.1%和实际外资的94.6%。六大重点领域新引进外资项目827个，占全市新引进项目数的77.1%，其中科学技术、互联网和信息、商务和旅游以及文化教育等重点领域引资快速增长，实际外资分别增长59.3%、1.3倍、89.8%和97.9%。

（三）着力于供给侧结构性改革，生活性服务业引资快中有亮。全年生活性服务业新设外资企业106家，增长27.7%。其中，餐饮业新设外资企业19家，实际入资增长4.5倍；零售业新设外资企业8家，实际入资增长1.4倍；文体娱乐业新设外资企业65家，实际入资增长98.9%。

（四）着力于高精尖经济发展，引资项目质量稳中有升。124个千万美元以上大项目引资119.3亿美元，占全市实际外资的91.6%。其中，114个服务业大项目引资112.2亿美元，占全市实际外资的86.1%。新增外资总部企业12家，累计达280家。新增外资研发机构16家，累计达548家。新增世界500强企业投资项目6个，累计有287家世界500强企业在京投资了724个项目。

（五）着力于拓展融资渠道，引资方式更趋多元。以央企并购方式引入外资59.7亿美元，占全市实际外资的45.8%。全市810家存量企业增资达136.2亿美元，占全市合同外资的61.7%。以跨境人民币方式投资企业75家，投资额62.5亿元人民币，增长33.6%，占全市实际外资的7.8%。

（六）着力于全球经贸合作，“一带一路”国家投资成倍增长。实际利用外资排名前十位国家和地区投资127.3亿美元，占全市实际外资的97.7%，其中韩国、新加坡、美国和德国增幅分别为3.6倍、2.3倍、1.8倍和1.7倍。欧盟28国在京投资增长1.2倍，东盟10国在京投资增长2.3倍；“一带一路”国家和地区在京投资增长2.3倍。

（七）着力于各区域优势产业发展，发展新区和涵养区引资增长显著。城六区引资106亿美元，占全市实际外资的81.4%。其中，朝阳区引资占全市57.3%，主要投向金融服务和商务服务领域；海淀区引资占全市 14.5%，主要投向科学技术服务、互联网和信息服务领域。城市发展新区和生态涵养发展区引资 24.3 亿美元，同比增长 80.7%，占全市 18.6%，较上年提高 8.3 个百分点，主要投向商品流通服务、商务服务和高端制造业领域。

（蒙　洁）

【历年累计利用外资情况】截至 2016 年底，全市累计批准外商投资企业 40864 家，累计实际利用外商直接投资 1135 亿美元。

（马俊杰）

【159 个国家和地区来京投资】截至 2016 年底，共有 159 个国家和地区来北京市投资。目前在北京实际投资前十位的国家和地区分别是中国香港、英属维尔京群岛、开曼群岛、日本、德国、美国、韩国、新加坡、荷兰和法国。

（马俊杰）

【超过一半实际外资来自亚洲】2016 年，来自亚洲的实际投资 66.7 亿美元，占全市的 51.2%。其中，中国香港和新加坡实际投资分别为 56.2 亿和 5.4 亿美元，占全市 43.1%和 4.2%。

（马俊杰）

【全市外商投资企业联合年报顺利完成】2016 年，市商务委继续牵头组织全市外资企业联合年报工作，全市参加年报和存量企业调查的外商投资企业首次突破 1.4 万家。年报数据显示，申报企业 14038 家，累计投资总额 2701.2 亿美元，累计实际外资 1207.2 亿美元；2015 年度实现营业收入 31382.4 亿元，上缴税金 3091 亿元，从业人数 154 万人。

（焦　刚）

【中国香港等 10 个国家和地区投资企业贡献突出】根据 2016 年北京市外商投资企业联合年报数据，2015 年度中国香港、日本、英属维尔京群岛、德国等 10 个国家和地区投资企业贡献突出，其纳税总额 2417.1 亿元，占全市 78.2%；从业人数 127.9 万人，占全市 83.1%；企业数和实际外资分别占全市 79.6%和 90.8%，中国香港以 5319 家企业和 682.2 亿美元位居榜首。

（崔晶雪）

【少数外资企业创造绝大部分收入和利润】根据 2016 年北京市外商投资企业联合年报数据，2015 年度营业收入 1 亿元以上企业 1632 家，占全市 11.7%，营业收入 28691.2 亿元，占全市 96.3%；利润总额 1 亿元以上企业 349 家，占全市 2.5%，利润总额 4076.1 亿元，占 5505 家盈利企业的 91.6%。

（崔晶雪）

【投资性公司经营贡献突出】根据 2016 年北京市外商投资企业联合年报数据，2015 年度 159 家投资性公司实现营业收入 4454.8 亿元，占全市外商投资企业营业收入的 14.2%；净利润总额 591.5 亿元，占全市外商投资企业净利润的 19%；实现纳税 391.8 亿元，占全市外商投资企业纳税总额的 12.7%。

（马俊杰）

【参加第十九届中国国际投资贸易洽谈会】9 月 8 日至 10 日，第十九届中国国际投资贸易洽谈会在厦门举办。由市商务委、市投促局，有关区以及开发区等 10 家单位 30 人组成北京市代表团参展参会，共对外发布投资项目 379 个，参加了国际投资论坛、中美企业投资合作论坛、2016 全球电子商务大会等活动 23 场次。

（霍志杰）

【举办第二十届京港洽谈会】11月3日至4日，第二十届北京·香港经济合作研讨洽谈会在京成功举办。本届京港会以“互通要素、双向投资、同享机遇、共创繁荣”为主题，共举办各种活动17项，包括开幕式、京港两地知名企业家交流圆桌会议、促进民间投资及京港双向投资重大项目签约仪式等3项重要活动。11000余人次参会，其中香港企业达到1200余家。发布京港双向投资项目608个，一对一洽谈项目206个；共有14个重大项目上会签约，签约金额折合47.4亿美元。本届京港会筹备期间，促成千万美元以上港资注册大项目71个，注册资本折合37.5亿美元。

（王爱丽）

【举办京津冀携手香港双向投资贸易项目洽谈会】11月3日，作为第二十届北京·香港经济合作研讨洽谈会重要专场活动之一的“京津冀携手香港双向投资贸易项目洽谈会”在京举办。本次活动以“推动京津冀协同发展，助力‘一带一路’战略”为主题，由市商务委、香港投资推广署、天津市商务委、河北省商务厅共同主办。活动围绕京津冀三地携手香港“一带一路”市场开拓，开展主题宣讲、海外营商环境介绍、国内支持政策说明、风险防范咨询等专场，组织京津冀相关企业与“一带一路”沿线重点国家地区现场洽谈对接相关投资和贸易项目。

（霍志杰、郭红雨）

【举办市政府与在华外国商协会座谈会】12月1日，北京市政府与中国美国商会、中国欧盟商会、中国日本商会、中国香港（地区）商会及北京外商投资企业协会联合座谈会在京举办，程红副市长出席并讲话。市商务委、市投促局等20个部门的28名领导出席了座谈会。来自中国美国商会、中国欧盟商会、中国日本商会、中国香港（地区）商会、北京外商投资企业协会、日本贸易振兴机构北京代表处的负责人，以及美国高通、德国西门子、瑞典爱立信、日本三菱商事、香港宝健等180余家商协会骨干企业的250余名高管参加了联合座谈会。

（王爱丽）

【举办京津冀协同发展河北开发区投资说明会】6月22日，市商务委与河北省商务厅联合举办“京津冀协同发展·河北省开发区投资说明会”。会议旨在落实京津冀协同发展战略，突出北京高端产业、总部经济与河北开发区精准对接，承接非首都功能和创新资源转移，实现合作共赢。在京知名总部企业、现代服务业企业和投资咨询机构的200多位代表，与河北省80家省级以上开发区、13个市商务局负责人进行了对接洽谈，会议规模达420人，签约项目22个，总投资达245亿元。

（霍志杰）

外资管理

【外商投资企业设立及变更由审批制改为备案改革工作取得成效】9月3日，十二届全国人大常委会第二十二次会议表决通过了《全国人民代表大会常务委员会关于修改〈中华人民共和国外资企业法〉等四部法律的决定》，将不涉及国家规定实施准入特别管理措施（负面清单）的外商投资企业设立和变更由审批改为备案管理。10月1日新政实施后，符合条件的外资企业备案时限从原来的20个工作日缩短到3个工作日以内，只需通过网络在线填报相关备案信息及备案材料。截至年底，全市共收到备案申请

1398件，完成备案1330件。

（张　岩、陈　廓）

【加强对外商投资企业设立及变更备案监督管理工作】在外商投资企业设立和变更由审批改为备案管理后，为加强对外资企业备案工作监管，市商务委与市工商局经过多次协商，建立了外资企业商务备案与工商登记的网络信息交换系统。系统通过对共享数据进行分析，及时发现未依法备案企业，并由专人进行催报，确保了外资企业设立及变更事项应备尽备，外资应统尽统，为做好事中事后的监管工作打下了坚实基础。

（张　岩、段新华）

【港澳服务提供者投资设立企业由审批制改为备案制惠及港澳企业】5月，国务院发布《国务院关于在内地对香港、澳门服务提供者暂时调整有关行政审批和准入特别管理措施的决定》，商务部发布《港澳服务提供者在内地投资备案管理办法（试行）》，决定从6月1日起，港澳服务提供者投资《服务贸易协议》对港澳开放的领域，其公司设立及变更的合同章程由审批改为备案制。新政实施以来，市区两级商务部门接到大量港澳投资者来电来访咨询，港澳企业对新政实施高度关注。全年共有4家港澳服务提供者通过网络向市商务委提交设立备案申请并通过了备案审核。

（侯明迪、张　岩）

【推出外商投资企业备案事项一体化】6月，市商务委与市工商局在外商投资企业合同、章程格式化示范文本的基础上，联合推出外商投资企业"备案事项一体化"改革措施，印发《北京市商务委员会 北京市工商行政管理局关于开展外商投资企业备案事项一体化工作的通知》（京商务资字〔2016〕478号），在全市各级外资企业审批登记中试行。政策实施后，企业往返次数减少一次以上，申报材料精简一半，办理时限减少3～5天。2016年，全市共办理一体化备案接近300件，受到企业欢迎和好评。

（侯明迪、杨　洋）

【全国首家外方控股飞机维修企业正式落户北京】12月14日，全国首家外方控股的北京通航法荷航飞机航线维护有限责任公司正式落户北京，标志着北京市服务业扩大开放措施"取消外商投资飞机维修项目的中方控制限制"喜结硕果。该公司由北京通用航空有限公司和法荷航维修工程参股公司（Air France KLM E&M Participations）共同出资设立，中方占40%，外方占60%，是首个实现外方控股的飞机维修合资企业，注册资本722.5万元人民币，落户在与首都机场口岸无缝对接的天竺综合保税区。

（杨　洋、全国卿）

【探索融资租赁企业监管新模式】3月，市商务委对全市181家外资融资租赁企业进行风险排查，在运用"全国融资租赁企业管理信息系统"等监管措施，充分发挥行业协会的积极作用的基础上，尝试建立"重点企业名录"、"窗口处室联动"等事中事后监管工具，并收到实效。

（杨　洋、叶卫东）

【完成外商投资企业延期提示服务】4月，市商务委完成第7批外商投资企业延期提示，主动服务外商投资企业345家，累计服务外商投资企业1874家。6月，向各区商务委重申了延期提示长效工作机制及要求，确保便民措施落实到位。

（杨　洋、叶卫东）

九、对外经济合作

【概况】2016 年，北京市对外经济合作以加快推动实施“走出去”战略，“一带一路”和京津冀协同发展国家战略为指导，大力推动北京市企业对外经济合作各项工作深入开展，服务首都城市战略定位，服务开放型经济发展。

（一）境外投资保持良好增长态势。2016 年，北京市境内主体对全球 58 个国家和地区的 529 家企业进行了非金融类直接投资，累计投资额 155.1 亿美元，同比增长 62.3%。

（二）境外投资质量和效益不断提高。北京市企业赴境外寻求新技术、新产品、新理念合作的意愿日趋强烈，科技、信息、制造领域境外投资快速发展；区域集聚效应持续积淀，投资主要集中于亚洲，对拉丁美洲和非洲等欠发达地区投资稳步增长，对促进世界经济包容性增长和区域平衡发展具有积极影响；海外并购进军全球产业价值链“高精尖”领域步伐加快，技术、服务、品牌“走出去”发展迅猛；对“一带一路”沿线国家投资平稳增长，投资主要集中于商务服务业、制造业和建筑业等行业，印度、新加坡、柬埔寨位列沿线国家前三位。

（三）对外承包工程业务保持平稳发展。2016 年，北京市对外承包工程完成营业额 24.96 亿美元，同比下降 29.7%；新签合同额 51.42 亿美元，同比增长 10.8%。亚非地区仍是北京市对外承包工程业务的主战场。非洲市场整体基建投资不振，且经济结构单一，受石油等大宗商品价格的下滑影响，出现工程款支付延迟和已签约项目难以顺利开工和实施等问题。对外承包工程业务涉及 8 个行业，其中完成营业额前三位分别是房屋建设类、交通运输建设类、水利建设类。2016 年度 ENR（《工程新闻记录》）全球最大 250 家国际承包商排名，我国 65 家上榜企业中，北京市占 4 席，分别为中地海外集团有限公司、北京建工集团有限责任公司、北京城建集团有限责任公司、泛华建设集团有限公司。

（四）对外劳务合作保持规范有序发展。2016 年，北京市全年外派各类劳务人员 7898 人，期末在外劳务人员 20436 人，实现劳务收入 1.05 亿美元。

（王智勇）

【搭建“境外投资直通车”】市发展改革委和市商务委积极探索制度创新，搭建统一的北京市“境外投资直通车”网上备案平台。企业在市发展改革委备案时限由 15 个工作日缩减为 3 个工作日左右，企业申报材料减少 50%；在市商务委备案时限为 3 个工作日，申报材料为备案表及营业执照 2 项。企业网上申请备案通过后只需一次性到服务窗口领取备案结果，有效减少了企业办事的“脚底成本”，由一个项目要跑 3～4 次减少为 1 次。自 9 月 1 日开通平台，当月共受理申报 234 项（市发展改革委项目备案 54 个，市商务委企业备案 180 家），全部按时完成备案。

（孙　健）

【实现部分区商务主管部门就近打印发放证书】作为服务业扩大开放综合试点的举措之一，市商务委选择具备条件的区商务部门，委托《企业境外投资证书》的打印工作，企业可就近领证，从而进一步节约企业的“脚底成本”。自9月1日开始，顺义区、大兴区、通州区三区率先开始此项工作。

（孙　健）

【举办对外承包工程与北京汽车出口示范区企业“抱团出海”专题对接交流活动】9月28日，中国对外承包工程商会、市商务委、市经济和信息化委联合在京举办央地企业携手共筑“一带一路”——对外承包工程与北京汽车出口示范区企业“抱团出海”专题对接交流活动。中交集团、国机集团、中国石油、五矿集团等25家中央对外承包工程企业，福田汽车等6家北京地区汽车出口质量安全示范区企业，北京建工等11家北京市对外承包工程企业参加，分交通建筑、工业装备、资源开发三个领域开展深入交流对接。会上，中国对外承包工程商会、北京国际经济技术合作协会、北京总部企业协会联合发出《央地企业“抱团出海”倡议》。

（李　恩）

【海外并购进军全球产业价值链“高精尖”领域步伐加快】2016年，北京市企业实际出资的60项境外并购项目投资额共计83.1亿美元，同比增长4.3倍，占全市总额的53.6%。其中，IT产业13项境外并购项目投资额51.74亿美元，占并购总额六成以上。清华紫光分别斥资26.08亿美元和8.29亿美元大手笔收购华三通信和锐迪科微电子，实现信息技术领域产业链高端布局；金鹿（北京）公务航空有限公司通过在阿拉伯联合酋长国并购成立联合航空服务有限公司，扩大其在中东及欧洲地区的包机网络并进入旅行支持服务领域；利亚德光电股份有限公司在全球设立12家子公司，推动本土集成电路品牌国际化。

（谢智虹、周　煊）

【加强“走出去”培训合作】2016年，市商务委会同市贸促会等部门联合主办促进企业“走出去”系列培训，培训内容包括“走出去”相关政府和金融机构的鼓励支持政策、境外投资合作税收及风险防范措施、境外投资操作模式及融资方式、税务筹划与全球税务风险管理问题、外汇政策实务等。同时，利用对外经贸政策说明会、对外投资统计培训、对外投资合作专项资金培训、对外承包工程企业座谈会、文化企业对外经贸合作座谈会、服务“一带一路”护航基础建设企业研讨会、非公经济人士培训班等会议、活动，积极宣传有关支持政策。

（王智勇）

【积极利用现有平台促进境内外投资贸易合作】6月16日至19日，组织北京企业代表团参加第三次中国－中东欧地方领导人会议，促进北京企业与中东欧国家经贸合作。7月12日至14日，组织北京企业代表团参加第十五次泛黄海中日韩经济技术交流会，促进北京企业对日韩经贸合作。9月11日至14日，组织北京企业代表团参加第十三届中国－东盟博览会“国际经济合作展区”，宣传和推广北京市重点企业，帮助参会企业进一步了解东盟及相关国家的承包工程及对外投资市场情况。

（王智勇）

【对“一带一路”沿线国家投资平稳增长】2016年，北京市企业在“一带一路”

沿线21个国家累计直接投资额6.4亿美元，较2015年同期增长29.3%。截至2016年年底，北京市企业在“一带一路”沿线31个国家有投资，累计直接投资额约为22.4亿美元，投资主要集中于商务服务业、制造业和建筑业等行业。

（谢智虹、周　煊）

【对外承包工程新签5000万美元以上大项目26个】 2016年，北京市企业新签合同额5000万美元以上大项目26个，累计合同额39.6亿美元，其中1亿美元以上项目12个。

（李　恩）

【“一带一路”沿线国家对外承包工程项目明显增多】 2016年，北京市企业在“一带一路”沿线33个国家开展了对外承包工程业务，完成营业额9.58亿美元，新签合同额25.15亿美元，其中5000万美元以上对外承包工程项目共11个。其中，北京城建集团有限责任公司哈萨克斯坦阿斯塔纳城市轻轨一期项目，合同额4.65亿美元；神州长城国际工程有限公司柬埔寨香格里拉酒店项目，合同额2.85亿美元；中地海外集团有限公司斯里兰卡南部高速公路项目，合同额1.01亿美元。

（李　恩）

【取消输港澳劳务合作项目的立项审核】 根据《国务院关于第二批取消152项中央指定地方实施行政审批事项的决定》（国发〔2016〕9号）要求，自2016年6月1日起，取消输港澳劳务合作项目的立项审核，改为备案管理。

（袁　渤）

十、商务服务

【概况】2016年，市商务委突出商务服务业综合协调、搭建平台、拓展空间、创新发展的总体工作思路，协调促进规模以上租赁与商务服务业营业收入增长，持续开展“商务服务业企业走进集聚区（商务楼宇）共谋发展”系列活动，组建北京商务服务中心，促进商务服务业向高端化、国际化、品牌化和专业化发展。

（一）租赁和商务服务业已成为拉动首都经济增长的重要力量。2016年，租赁和商务服务业实现增加值1835.2亿元，占全市地区生产总值（GDP）的7.4%。全市规模以上商务服务业企业3899家，实现营业收入8068.3亿元，同比增长5.3%；从业人员87.5万人，同比增长2.7%。

（二）商务服务业高端化水平不断提升。2016年，规模以上高端商务服务业企业快速成长，法律服务营业收入123.4亿元，同比增长16.7%；咨询与调查营业收入1035.8亿元，同比增长11.6%；广告业营业收入1580.2亿元，同比增长10.3%；人力资源服务营业收入634.7亿元，同比增长12.4%。

（林丛军）

【升级改造商务楼宇和商务服务业聚集区】2016年，升级改造10座商务楼宇、1个商务服务业聚集区。给予资金奖励的10座商务楼宇及1个集聚区建筑面积共75.5万平方米，平均入住率达到92%，同比增长7.5%，驻楼企业1051家，商务服务业企业占企业总数比例达到64%。驻楼企业营业总收入1674亿元，同比增长6%，楼均收入152.18亿元；纳税总额188.75亿元，楼均纳税17.15亿元；驻楼企业从业人员37910人，楼均从业人员3446人。

（林丛军、许凤伟）

【开展“商务服务业企业走进集聚区（商务楼宇）共谋发展”系列活动】持续开展“商务服务业企业走进集聚区（商务楼宇）共谋发展”系列活动，探索搭建企业优势互补、合作双赢发展服务平台的新路径。全年组织150家企业开展了4次“走进集聚区”系列活动，达成20多项合作意向。

（林丛军、朱忠文、曾 青、许凤伟）

【组建北京商务服务中心】发挥北京商务服务业联合会、楼宇联盟及相关行业协会的桥梁纽带和服务平台作用，2016年共组建12个以法律、财税、知识产权、企业管理、调查咨询、投融资及资本营运等方面社会机构、企业、专家为主体的北京商务服务中心。

（林丛军、许凤伟）

【在京外组建2个北京商务服务中心】2016年，分别在天津滨海新区启迪之星园区、河北定兴县金台经济开发区创建外埠北京商务服务中心，推动北京市商务服务业企业“走出去”拓展发展空间。

（林丛军、许凤伟）

【成立北京商务楼宇联盟】6月30日，由北京市53家企业及社会机构联合发起的北京商务楼宇联盟举行成立大会，以商务楼宇为载体，采用市场化运作，整合分散的单个楼宇小平台，统筹建立信息平台、交流平台、合作平台、孵化创新平台、增值服务平台、国际交往平台、资源共享等综合服务大平台，放大叠加效应，促进楼宇资源优化组合、创新发展。

（林丛军、许凤伟）

【推动会计师事务所境外发展】协调相关行业协会，明确利安达会计师事务所为市商务委重点联系和服务企业，协调促进该企业发起设立利安达国际网络。2016 年，在非洲马达加斯加、中东阿联酋、英国伦敦新发展 3 家利安达国际网络成员机构。

（林丛军、许凤伟）

【商务服务业运行监测服务平台运行情况】2016 年，北京商务服务业运行监测与公共服务平台有重点企业 277 家，参与报数的用户共计 118 家，其中会员单位 29 家，会展场馆 3 家，会展企业 11 家，集聚区 9 家，楼宇用户 66 家。

（曾 青）

十一、总部经济

【概况】2016年，北京市总部企业数量较2015年增加70家，达到了4007家。总部企业资产占全市比重86.9%，实现营业收入占全市比重67.8%，实现利润占全市比重88.7%。总部企业实现一般公共预算收入占全市比重为36.4%。58家总部企业进入世界500强榜单，占中国入围企业比重超过五成（52.7%），比上一年增加6家，连续四年位居世界城市之首；101家总部企业进入中国500强榜单，占中国企业500强企业总数两成多（20.2%），实现营业收入占比近一半（47%）。新认定跨国公司地区总部6家，累计认定达到161家，来自23个国家和地区，世界500强企业投资的地区总部达67家；引入国外非企业经济组织常驻代表机构4家，累计达到157家。

（杜　磊）

【完成修订鼓励总部经济发展政策】3月，印发执行修订后的《关于鼓励跨国公司在京设立地区总部的若干规定实施办法》、《关于促进总部企业在京发展的若干规定实施办法》，共有119家总部企业和1家中介机构的247项奖励和补助申请获得支持。

（朱忠文、殷惠龙、杜大琳）

【北京总部经济国际高峰论坛成果丰硕】6月1日，北京总部经济国际高峰论坛在第四届京交会上取得丰硕成果。论坛以“适应新常态，推动新转型——总部经济服务国家战略”为主题，聚焦国家战略、瞄准国际市场、突出企业责任，充分体现了前瞻性、国际性、融合性和创新性。论坛上，国务院发展研究中心、正大（中国）、中车集团、福田戴姆勒、汇丰银行北京分行、美中贸易全国委员会等研究机构、国际经济组织、总部企业专家学者和企业家分别围绕论坛主题展开深层次交流、高层次对话。

（张德金、殷惠龙、杜大琳）

【《北京总部企业名单（第二版）》正式发布】2016年，经市发展总部经济工作部门联席会议研究确定，目前北京市符合条件的总部企业4007家，并依此正式发布《北京总部企业名单（第二版）》。

（张德金）

【北京市总部企业50%以上位于“六高四新”功能区】北京市4007家总部企业中，“六高四新”功能区累计总部企业2169家，占全市总部企业比重54%。“六高”功能区共有总部企业2114家，占全市总部企业比重52.8%。“四新”功能区共有总部企业55家，占全市总部企业比重1.4%。

（杜大琳）

【举办北京总部企业家健步走活动】11月6日，以“总部携手 悦走跃高”为主题的2016北京总部企业家健步走活动在奥林匹克森林公园成功举办。相关领导和200余家在京中央企业、总部企业、跨国公司地区总部、国际经济组织、总部经济集聚区高管以及在京主流媒体的代表近500人参加活动。

（殷惠龙、杜大琳）

【召开北京总部企业协会第三次副会长工作会议】8月，北京总部企业协会召开第三次副会长工作会议。协会10余家副会长单位和新当选的2家副会长单位参会。市财政局、市国税局、市地税局介绍了服务总部企业的主要措施，并现场解答企业提出的问题。

（殷惠龙）

【建立央企集团总部对接交流机制】2016年，开展了大规模集中走访央企工作。统筹协调由市领导、市政府副秘书长带队走访座谈调研97家（104家次）在京一级央企集团总部，与央企就“建立对接机制，搭建合作平台”，“深度融合、拓展合作，携手推进供给侧结构性改革”形成共识。

（刘晓芳、殷惠龙、杜大琳）

【引导总部经济功能区提质增效】2016年，总部经济公共服务平台项目支持东升科技园钻石中心项目等五个项目，为总部企业提供科技、高端、商务、公共等综合服务，使总部经济功能区（总部型楼宇）服务设施更加完善，投资环境更加安全、便捷、舒适，培育出一批科技创新企业和上市公司。

（刘晓芳、杜大琳）

十二、服务业扩大开放

【概况】2016年，北京市服务业扩大开放综合试点成效显著。在工作推进上，落实《实施方案》141项任务，启动实施118项，实施率83%；完成113项，完成率80%；形成40项开放创新举措，创新率28.4%。研究提出向国家申请的深化试点工作方案及新一轮服务业扩大开放措施清单。启动实施综合试点朝阳、顺义2个示范区建设，示范区任务完成近六成。在扩大开放上，催生出国内首家外资控股的飞机维修合资公司、国内第一家外资银行卡清算机构，全国率先实行海外游客购物离境退税等10种新业态。在深化改革上，形成"链式"监管、协同互认管理、"1+X"平台服务、文化无形资产融资、直通车"国际引智"等8项体制机制创新。

（刘梅英、赵　珲）

【召开服务业扩大开放综合试点批复一周年新闻发布会】5月11日，市服务业扩大开放综合试点工作领导小组办公室召开试点批复一周年新闻发布会，通报一年来工作进展情况及取得的成效。市金融局、市工商局、北京海关、北京国检局、中关村管委会、市公安局等试点领导小组组长单位通报了相关领域体制机制改革创新情况，多家中央和地方主流媒体进行了现场报道和采访，《人民日报海外版》整版对试点工作进行了宣传。

（赵　珲、于凤君、赵文捷）

【印发朝阳、顺义两区创建服务业扩大开放综合试点示范区实施方案】5月26日，市服务业扩大开放综合试点工作领导小组办公室印发《朝阳区创建北京市服务业扩大开放综合试点示范区实施方案》及《顺义区创建北京市服务业扩大开放综合试点示范区实施方案》，示范区试点期自2016年5月5日起至2018年5月4日。顺义区主要侧重临空经济产业发展，依托天竺综保区、临空经济核心区和中关村顺义园三大功能区，聚焦航空服务、地理信息等七大优势领域，重点推动38项工作；朝阳区主要侧重文化、金融及商务服务业发展，以商务中心区、国家文化产业创新实验区和中关村朝阳园为重点，发挥文化、金融、商务服务等六大领域优势，重点推动33项工作。

（赵　珲、车欣薇、朱　静）

【研究起草深化服务业扩大开放综合试点工作方案】市服务业扩大开放综合试点工作领导小组办公室研究起草《关于深化改革推进北京市服务业扩大开放综合试点的工作方案》及《拟向国家争取的新一轮服务业扩大开放措施清单》，征求了57个政府部门和30个国家部委的意见，形成了10条开放措施和70多项改革任务，于11月以商务部和北京市人民政府名义正式上报国务院。

（车欣薇）

【开展服务业扩大开放综合试点体制机制创新案例归集提炼工作】试点一年多来，市服务业扩大开放综合试点工作领导小组办公室围绕商事制度改革、创新监管模式、健全配套支撑体系等，归集提炼包括外资企业全周期管理模式、“链式”监管模式、协同互认管理模式、“1＋X”平台服务模式、文化无形资产融资模式、“政保贷”集成式出口融资服务模式、“直通车”国际引智模式、总消费促进机制8个体制机制创新案例，为形成可复制可推广的经验奠定基础。

（于风君）

【公安部推出支持北京创新发展20项出入境政策措施】 1月12日，公安部推出支持北京创新发展20项出入境政策措施。

（朱　静、赵文捷）

【细化落实中关村食品药品监管及相关产业发展政策措施】 1月13日，北京市印发《关于落实食品药品监管总局支持中关村食品药品监管及产业发展若干政策事项批复的实施意见》，中关村食品药品监管及相关产业发展政策措施进一步细化落实。

（朱　静、孙文超）

【中关村企业正式试行名称自主预查制度】 2月15日，中关村企业正式试行名称自主预查制度。

（朱　静、孙文超）

【发布服务业扩大开放综合试点第二阶段试点措施清单】 3月4日，北京市服务业扩大开放综合试点第二阶段（2016年上半年）试点措施清单发布。

（赵　珲、朱　静）

【全国首个跨境电子商务出口监管场所正式启用】 4月5日，北京邮政跨境电子商务监管场所作为全国首个跨境电子商务出口监管场所正式启用。

（朱　静、孙文超）

【首都机场国检局对进境货物正式实施电子放行】 4月11日，首都机场国检局对进境货物正式实施电子放行，非法检货物真正实现“秒级通关”。

（朱　静、赵文捷）

【中关村纳入首批科创企业投贷联动试点区域】 4月21日，银监会、科技部、人民银行联合发布《关于支持银行业金融机构加大创新力度 开展科创企业投贷联动试点的指导意见》，中关村纳入首批试点区域，北京银行纳入首批试点银行范围。

（朱　静、孙文超）

【首个中外合资旅行社出境游业务申请正式获批】 4月27日，综合试点以来首个中外合资旅行社——中青旅国际旅游有限公司（港资）出境游业务申请正式获批。

（赵文捷、孙文超）

【首个针对合资旅行社开展出境游业务的管理规定正式获批】 5月3日，全国首个针对合资旅行社开展出境游业务的管理规定——《北京市中外合资旅行社开展出境旅游业务试点工作管理办法》正式获批。

（赵文捷、孙文超）

【国内首次推出中医药国际医疗服务包】 5月，北京市在国内首次推出中医药国际医疗服务包，为入境外籍人士提供医疗服务。

（朱　静、孙文超）

【发布全国首个特许经营办医管理指南】 5月，市卫生计生委、市财政局发布《北京市公立医院特许经营管理指南（试行）》，成为全国首个特许经营办医管理指南。

（朱　静、孙文超）

【建立国内首个航材类公用型保税仓库】 5月9日，北京海关批准中国航空器材集团公司将其经营的北京空客零备件服务中心寄售维修保税仓库转型升级为公用型保税仓库，该仓库为国内首个航材类公用型保税仓库。

（朱　静、孙文超）

【发布允许外商独资设立演出机构审批办事指南】6月1日，市文化局正式发布《在北京市特定区域设立外商独资经营演出经纪机构审批办事指南》，允许外商独资设立演出机构。

（赵文捷、孙文超）

【发布关于优化准入服务支持服务业扩大开放综合试点的意见】6月7日，市工商局发布《关于优化准入服务支持服务业扩大开放综合试点的意见》（京工商发〔2016〕34号）。

（朱　静、孙文超）

【启动出口企业无纸化退税试点】6月1日，出口企业无纸化退税试点启动。

（朱　静、孙文超）

【京津两地实现境外旅客购物离境退税互联互通】6月17日，京津两地实现境外旅客购物离境退税互联互通。

（赵文捷、孙文超）

【推出北京地区出入境物品质量安全追溯体系】6月，北京国检局推出北京地区出入境物品质量安全追溯体系，并形成追溯监管“12358”工作模式。

（朱　静、赵文捷）

【下放外商投资企业登记审批权限】7月起，下放外商投资企业登记审批权限，北京市成为全国首个所有地市级分局均取得外商投资企业登记管辖权的地区。

（朱　静、孙文超）

【启动居家养老失能护理互助保险试点项目】7月5日，市民政局会同市金融局、海淀区政府联合启动居家养老失能护理互助保险试点项目。

（朱　静、孙文超）

【推出全国首个省级新闻出版“走出去”专项资金政策】7月6日，市新闻出版广电局推出全国首个省级新闻出版“走出去”专项资金政策，鼓励支持新闻出版业版权输出、境外投资及“走出去”平台建设。

（赵文捷、孙文超）

【京籍药企在河北沧州获首张异地生产许可】7月29日，京籍药企在河北沧州获首张异地生产许可，标志着“研产分离、注册地监管”政策正式落地。

（朱　静、赵文捷）

【建立企业登记档案共享利用机制】7月，市工商局联合15个部门建立企业登记档案共享利用机制，建成企业登记信息材料远程查询服务平台。

（赵文捷、孙文超）

【开展医师电子化注册】8月，全市16区全部开展医师电子化注册。

（朱　静、孙文超）

【完成全国首笔非资产管理公司类机构跨境转让不良资产案例】9月，北京外汇管理部批准奥地利奥合国际银行股份有限公司北京分行对外转让不良贷款，成为全国首笔非资产管理公司类机构跨境转让不良资产的成功案例。

（赵文捷、孙文超）

【“开放北京”公共信息服务平台上线】10月10日，“开放北京”公共信息服务平台上线。

（朱　静、孙文超）

【全程电子化登记注册系统上线】11月1日，市工商局选取中关村海淀园进行试点，正式上线全程电子化登记注册系统。

（朱　静、孙文超）

【启动京津冀三地外籍人才资质互认工作】11月，北京市、天津市、河北省三地外籍人才资质互认工作正式启动。

（赵文捷、孙文超）

【首个投贷联动试点项目落地】 11月25日，全国首个投贷联动试点项目落地中关村。

（朱　静、赵文捷）

【首架融资租赁飞机落地天竺综合保税区】 2016年12月，北京服务业扩大开放试点以来首架融资租赁飞机落地天竺综合保税区。

（赵文捷、孙文超）

十三、商务领域社团组织

截至2016年年底，由市商务委作为业务主管单位的社团组织59家。按照市社团登记管理部门的分类统计，学术性社团3家（北京国际经济贸易学会、北京商业经济学会、北京市商业文化研究会），联合性社团8家（北京市商业联合会、北京外商投资企业商工联合会、北京市商务服务业联合会、北京外企海外联谊会、北京服务贸易协会、北京老字号协会、北京国际贸易与投资促进会、北京国际生态经济协会），专业性社团11家（北京国际商会、北京市国际技术贸易协会、北京国际投资促进会、北京国际经济贸易发展协会、北京服务外包企业协会、北京中外企业人力资源协会、北京市商业企业管理协会、北京市供销合作经济组织协会、北京市对外经济贸易会计学会、北京中国饮食文化研究会、北京中华茶艺协会），民办非企业单位1家（北京京商流通战略研究院），行业性社团37家（除上述四类以外的社团组织）。按期完成了由市商务委作为业务主管单位的社团组织年度检查的初审工作，指导6家社团组织完成了换届工作；注销1家社团组织（北京国际志愿人员协会）。

（谢凤珍）

北京市商务领域社团名录

序号	单位名称	会长	秘书长	联系人	联系电话	传真	单位地址	邮编
1	北京国际商会	熊九玲	林　彬	鲁旭辉	88070442/0303	68061030	西城区南礼士路头条 3 号	100045
2	北京国际会议展览业协会	刘　洋	张学山	张　玲	88070431/0324/0343	68061030	西城区南礼士路头条 3 号	100045
3	北京国际经济贸易学会	张　钢	康乃馨	康乃馨	88070425	68014008	西城区南礼士路头条 3 号	100045
4	北京市国际技术贸易协会	林云生	张　涛	韩翼龙	82825690 82826079		海淀区东北旺西路 8 号中关村软件园 1 号楼信息中心 C 座一层	100731
5	北京市国际货运代理行业协会	李建华	李　荣	李小蕾	64621398/99	64615507	朝阳区亮马桥路 44 号海昌大厦 209 室	100016
6	北京国际经济技术合作协会	马铁山	王晓兰	周京华	63927887	63927830	西城区广莲路 1 号建工大厦 1201 室	100055
7	北京国际经济贸易发展协会	王大路	谭成海	董小华	87211326	87211326	丰台区芳星园三区 16—17 号楼 207 室	100078
8	北京外商投资企业协会	幸公杰	周卫民	王　颖	65543163/3164	65543163	朝阳门北大街 8 号富华大厦 F 座 408 室	100027
9	北京市对外经济贸易会计学会	徐小溪	赵京娥	赵京娥	65280245	65280245	丰台区芳群园四区 21 号楼 450 室	100078
10	北京服务贸易协会	李露霞	杨丽君	赵运宽	88070414	88070414	西城南礼士路头条 3 号南楼 325 室	100045
11	北京服务外包企业协会	钟明博	李　劲	宋国彪 刘　双	82825690—1820	82825690—1073	海淀区东北旺西路 8 号中关村软件园 1 号楼信息中心 C 座一层	100094
12	北京市进出口企业协会	索德金	尹　军	陈　红	84289882/9001	84289902	朝阳区和平里小黄庄北街 2 号 C 座	100013
13	北京国际贸易与投资促进会	汪国武	孙　飞	刘　杨	53668630		朝阳区建国路 89 号 3 号楼 509 室	
14	北京中外企人力资源协会	李建波	牛沥杰	马　静	57041996	57041998	朝阳区西大望路 15 号外企大厦 B 座 1906 室	100022
15	北京国际生态经济协会	郝吉明	李军洋	孟　烨	64046170—61	64026180	东城区建国门内大街 18 号恒基中心第 3 办公楼 913 室	100005
16	北京市商务服务业联合会	刘建华	曹　磊	杨雪松	52656250		石景山区石景山路 20 号中铁大厦 1713 室	
17	北京百货商业协会	孟卫东	施燕青	赵志毅	64070692	64010352	东城区魏家胡同 20 号	100007
18	北京市商业企业管理协会							
19	北京焙烤食品糖制品协会	黄　利	刘俊欣	刘俊欣	63265499	63265499	宣武区广安门外广华轩 6 号楼	100052

（续）

序号	单位名称	会长	秘书长	联系人	联系电话	传真	单位地址	邮编
20	北京市餐饮行业协会	汤庆顺	贺保贵	冯　颖	66035722	66039210	东城区安定门外大街183号京宝花园M201室	100050
21	北京市茶业协会	白文祥	付光丽	刘秀荣	68337903 68339188	68337903	西城区北礼士路甲98号阜成大厦A座4层421号	100037
22	北京典当行业协会	杨　永	翟林苹	黄　佳	84544366	84544368	东城区永内东街中里13号	100050
23	北京电子商务协会	丁同欣	林　亚	朱红霞	63435415	51814650	西城区莲花池东路丙1号312室	100045
24	北京市豆制品协会	张振山	卢桂芳	金桂华	63521149	63521149	丰台区桥南马场138号	100071
25	北京蜂产品协会	杨寒冰	赵增莲	钟一鸣	67869258	67869021	北京经济技术开发区同济中路7号兴盛工业园3栋	100176
26	北京市供销合作经济组织协会	任　军	刘甫强	李占领	63520898	63520898	朝阳区小营北路11号和泰大厦7层710室	100101
27	北京市化工商业协会	邓五一	刘志刚	高世国	87612660 67603818	87612660	丰台区永外宋家庄顺八条1号	100078
28	北京家政服务协会	庞大春	张明辉	张明辉	63432818/5414	63432818	西城区莲花池东路丙1号	100006
29	北京健身器材流通协会	彭石英	陶瑞军	曹　洋	87861315	87861315	丰台区大红门西马场甲14号	100068
30	北京老字号协会	刘小虹	作文贞	作文贞	66023478 62370448	62002277	西城区西绒线胡同51号北门四川饭店内	100029
31	北京礼品流通协会	郑康淳		崔吟絮	64529406		朝阳区洡萃桥北200米路东	100101
32	北京市连锁经营协会	卫停战	李秀珍	李秀珍	62262236 62218069	62262236	海淀区北三环西路明光北里2号	100088
33	北京美发美容行业协会	卢连德	李瑞明	张佳祺	63188435	63188437	西城区珠市口西大街120号太丰惠中大厦1137室	100050
34	北京农业生产资料协会	吴　山	陈永峰	王宣伟	83828509	83828769	丰台区西四环南路30号院8－1供销农资大厦12层	100161
35	北京品牌协会	孟卫东	夏　明	夏　明	58260938	58260938	朝阳公园西里南区6号楼副楼503室	100125
36	北京拍卖行业协会	甘学军	姚光锋	任春声 李　冰	68334469	68337868	西城区北礼士路甲98号阜成大厦B座305室	100083
37	北京肉类食品协会	司京成	刘金英	吴　萍	63266413/26	63324813/ 26	宣武区广安门外广华轩6号楼	100055
38	北京市商业联合会	于学忠	丁淑芬	田旭升	63435418/22/29	51814665 63435416	西城区莲花池东路丙1号	100045
39	北京商业经济学会	臧洪阁	赖　阳	魏　刚	85932083	65128343	东城区礼士胡同41号	100010

（续）

序号	单位名称	会长	秘书长	联系人	联系电话	传真	单位地址	邮编
40	北京市商业服装行业协会	陈普照	朱名华	曾　龙	65136644 63032991	65123749	宣武区前门大街掌扇胡同甲 2 号	100051
41	北京市商业文化研究会	张连登	胡庆平	魏　刚	85932083	89532213	东城区东四南大街礼士胡同 41 号	100010
42	北京市石油流通行业协会	陈立国	王顺增	赵秋萍	85835928	85836509	朝阳区十里堡 1 号恒泰大厦七层 7002－7006 室	100054
43	北京市摄影行业协会	朱秀英	高鸣时	高凤玲	66039982	66039982	西城区大酱坊胡同甲 26 号	100032
44	北京市调味品协会	杜吉信	陈尤太	陈　杰	63863799	63863799	西城区北礼士路 8 号	100044
45	北京文化用品行业协会	张　军	周文安	田秀丽	67226062	87297093	崇文区永外东革新里 42 号	100077
46	北京物流协会	王国丰	林友来	黄少阳	63435426/9	63435428	西城区莲花池东路丙 1 号	100045
47	北京西餐业协会	魏　青	许　萌	渠迎春	64810615	64810615	海淀区羊坊店路 18 号光耀东方广场 S 座 505 室（西客站北广场东北角）	100038
48	北京市洗染行业协会	潘福增	高云丽	高云丽	63972756	63972756	丰台区莲花池西里 20 号宝辰洗衣厂四楼	100073
49	北京市眼镜行业协会	孟卫东	刘多宁	钱　铮	67059782	67059782	东城区天坛路 57 号院内东楼 4 层 401	100062
50	北京市印章行业协会	王汉平	文　节	文　节	62072107	62072107	西城区新明胡同 2 号楼	
51	北京孕婴童用品行业协会	邓正学	孟宪忠	孔金焕	84602486	84440576	朝阳区曙光西里甲 6 号院 8 号楼时间国际 708 室	100028
52	北京市租赁行业协会	张巨光	王　梅	王　铮	67150700	67150700	东城区法华南里 26 号 404 室	100061
53	北京京商流通战略研究院	赖　阳	黄爱光	黄爱光	65230718	65594609	东城区礼士胡同 41 号	100010
54	北京国际投资促进会	孙长泰	李保卫	张　桐	65546203	65543161	朝阳门北大街 8 号富华大厦 F 座 406 室	100027
55	北京外企海外联谊会	已停止办公						
56	北京外商投资企业商工联合会	已停止办公						
57	北京中国饮食文化研究会	已停止办公						
58	北京中华茶艺协会	已停止办公						
59	北京市旅店行业协会	已停止办公						

第四部分

海关、检验检疫

北京海关

基本职能

北京海关是海关总署直属的正局级海关，依据中华人民共和国海关法和其他有关法律、法规，负责监管北京关区进出境运输工具、货物、行李物品、邮递物品和其他物品，征收关税和其他税费，查缉走私，编制海关统计和办理其他海关业务。

内设机构

办公室、法规处、关税处、监管通关处（行邮监管处）、加工贸易监管处、综合统计处、稽查处、风险管理处（企业管理处）、缉私局、技术处、财务处、关务保障处、人事处、教育处、督察内审处。

内部工作机构

机关党委（思想政治工作办公室、政治部办公室）、监察室、离退休干部办公室。

隶属海关

首都机场海关、中关村海关、北京经济技术开发区海关、天竺海关、北京西站海关（筹）。

派驻机构

审单处、驻邮局办事处、驻朝阳办事处、驻平谷办事处、驻顺义办事处、现场业务一处、现场业务二处、现场业务三处。

海关总署外脑机构

海关总署北京加工贸易单耗管理办公室、进出口商品归类办公室。

事业单位

后勤管理中心、中国电子口岸数据中心北京分中心。

群众组织

机关工会。

人员编制

北京海关共有人员 1764 名（其中从事海关业务人员 1535 名，从事缉私业务人员 229 名）。

工作概况

2016 年，在海关总署的正确领导下，在北京市委市政府的关心支持下，北京海关紧密围绕首都“四个中心”建设和海关全面深化改革部署，优化监管服务，深入改革创新。全年共实现税收入库 610.4 亿元，审结报关单 166.3 万票，监管进出口商品总值 5250.3 亿元；验放进出境人员 2505.3 万人次；监管进出境邮递物品 7088.7 万件，监管进出境快件 3291.6 万件。年内，面对严峻的进出口形势，北京海关以促进首都外贸稳定增长为己任，深入贯彻汪洋副总理视察北京时作出的重要指示，认真落实署市领导会谈时提出的具体要求，齐心协力，迎难而上，挖存量、扩增量，为北京外贸稳增长作出了积极贡献，得到了北京市委、市政府领导和地区广大进出口企业的充分肯定。

（杨　帆）

【以多项制度措施支持北京市服务业扩大开放综合试点】全面落实《北京海关支持北京市服务业扩大开放综合试点若干措施》，为北京服务业扩大开放加油助力。通过“集成电路设计企业全产业链保税监管模式”，打破了加工贸易必须有生产能力的限制，将产业链中的进出口多个环节减少为一个环节，有效简化了海关手续，减少了企业资金占用，缩短了通关时间。通过“海关减免税科研设备开放共享模式”，建成全国首个进口免税科研设备开放共享平台，将中科院各院所和在京高校的进口免税设备纳入共享管理。年内，平台累计上线设备674台，其中价值超百万元的设备307台，设备共享使用1400余台次。通过“中关村生命科学联合创新服务中心通关服务”，不断完善“分批出库，集中报关”的便捷通关模式和操作规范，对保税仓库实现远程监控与实地监管的无缝衔接，关检执法衔接更加紧密，进一步缩短了生物材料配送时间。年内，保税仓库共进口214种生物试剂，数量1090个，货值246万港元。

（杨　帆）

【从京津冀区域通关一体化走向全国通关一体化】在京津冀区域通关一体化改革基础上，以提质增效为重点，进一步简化通关手续，提高通关效率，降低通关成本，提供了全国范围的一体化通关服务，实现了跨区域互联互通和执法互认，使在京进出口企业可以足不出户，自主选择申报、纳税地点，办理全国通关业务。2016年，京津冀区域通关一体化跨关区报关单14.7万票，同比增长16.9%，占区域总报关单量的3.5%。积极参与全国通关一体化改革试点工作，实施报关企业“一地注册、全国报关”改革。从6月1日起，选取部分企业参加全国通关一体化试点，更好地服务总部企业货物通关。

（杨　帆）

【验放进口跨境电商商品总值同比增长8.3倍】不断完善国门商务区、首都机场快件库、首都机场国航库和北京站邮政处理中心4个跨境电商业务现场基础设施建设，推动跨境电子商务平台建设顺利完成并通过验收。年内，共验放进口跨境电商商品242.5万件，同比增长6.8倍；价值3.4亿元，同比增长8.3倍。将以电商方式报关出口的邮政小包业务逐步纳入到口岸一般出口业务通关模式下。全年共验放跨境电商零售出口商品4637.4万件，价值8.4亿美元。

（杨　帆）

【地区贸易便利化水平得到进一步提升】按照海关总署统一部署，不断优化布控查验工作，推动各项通关作业改革落实到位。加快通关无纸化进程，关区通关无纸化率提升至92.4%。实施报关企业“一地注册、全国报关”改革，企业异地报关手续大幅简化。实施汇总征税“一份保函、全国通用”，截至年底，共备案汇总征税企业149家，担保总金额达到66亿元。“双随机”覆盖关区所有通关现场和后续常规稽查环节，执法更加科学透明、公正公开。落实AEO制度，持续开展企业信用培育工作。截至年底，北京地区共有AEO高级认证企业165家，AEO一般认证企业779家。配合北京电子口岸升级改造工程，有序推进“三互”大通关建设，全年北京地区关检合作“一次申报”共163.5万票，增幅明显。

（杨 帆）

【助推地区飞机融资租赁项目取得实质性发展】充分发挥海关特殊监管区域的政策优势，综合运用担保验放、直通式分拨、机下实地监管等方式，支持发展飞机金融租赁业务。年内，国航进出口有限公司通过农银租赁在综保区租赁进口2架飞机，总价值约9650万美元。同时，大力支持地区飞机维修和航材共享业务发展，试行中航材公司保税仓库异地委托监管及保税料件“一体化”通关模式，支持航材存储、维修集散基地建设，备案航材货值5000万美元。积极配合新机场建设，及时启动新机场海关监管场所及监管流程的规划设计工作。

（杨 帆）

【17项自贸区创新制度成功落地】积极复制推广上海自贸试验区海关监管创新制度，在海关总署批准复制推广的25项自贸区监管创新制度中，已有17项在京成功落地，取得良好成效。在天竺综合保税区和亦庄保税物流中心（B型）开展保税展示体验O2O业务。2016年3月ET保税直购中心在保税物流中心四至范围内围网外正式开业，7月正式上线启动了保税展示交易系统，标志着保税展示交易功能全面开始实施。

（杨 帆）

【推动文化、会展及旅游产业发展】依托国家对外文化贸易基地，创新“保税＋”政策，构建艺术品“区内存储＋区外展拍”模式，出区展拍保税货物8亿元。进一步优化会展监管服务，全年共办理展览会备案227个，监管进出境展览品33.2亿美元。加快现代化航空旅客监管示范点建设，旅检现场监管信息化、智能化水平进一步提升，在进出境旅客人数持续攀高的情况下，有效维护了文明有序、便捷高效的通关环境。大力促进北京旅游服务业，落实异地离境退税、72小时过境免签等政策，与5个境内城市实现异地退税海关验核，全年共办理离境退税业务2892票，验核商品总金额约1亿元。

（杨 帆）

【查获走私犯罪案件27起】深入开展“国门利剑2016”联合专项行动，全年共查获走私犯罪案件27起，涉税案值9.2亿元，涉嫌偷逃税1.6亿元，同比分别增长11.5倍、10.7倍；查获各类行政违法案件1342起，案值4.6亿元。成功破获走私进口香水和旧医疗设备等行业性重特大案件，扎实推进首都地区打击走私综合治理，有力地维护了首都地区进出口秩序。

（杨 帆）

【扣留侵权货物2.2万余件】深入开展“中国制造海外形象维护‘清风’行动”，与美、俄等国海关共同开展知识产权联合执法行动，全年共扣留侵权嫌疑货物1800批次，扣留货物数量2.2万余件，合计保护知识产权权利项90余项，有力地打击了进出口侵犯知识产权行为。

（杨 帆）

【统计分析职能有效发挥】密切关注外贸运行态势，不断优化海关统计口径，提高统计分析质量，及时撰写辅助分析报告。全年共向上级部门报送统计分析文章147篇次，其中40余篇被上级机关采用，5篇获中央领导重要批示；向北京市政府报送统计专报14期，其中多期获得市政府领导批示。

（杨　帆）

【12360服务热线受理业务咨询5.8万条】深化12360服务热线品牌，继续通过12360服务热线、互联网咨询等方式向广大进出口企业和社会公众提供及时、准确的通关咨询服务，充分发挥北京海关12360政务微博的平台作用，拓宽海关与社会的沟通渠道。年内共受理业务咨询57639条，热线电话直接答复量57001条，即时答复率为99.1%。

（杨　帆）

2016 年北京海关主要业务情况一览表

序　号	项　　目	数　额	比 2015 年同期增减
1	监管进出口货物总值（亿元）	5250.32	－2.99％
2	监管进出口货运量（万吨）	5993.05	36.01％
3	验放出入境人员物品（万人次）	2341.5	12.2％
4	监管印刷品、音像制品（万件）	1377.7	－27.8％
	监管进出口快件（万件）	3291.6	—
5	结处走私罪案件（起）	27	－28.95％
	案值（万元）	13649.43	206.99％
6	结处违规案件（起）	977	3.17％
	案值（万元）	58852.63	－31.42％
7	征税入库总金额（亿元）	610.41	3.3％
	其中：关税税款（亿元）	117.09	6.1％
	代征税款（亿元）	493.32	2.66％
8	审批减免税总货值（亿美元）	145.33	54.92％
	审批减免税总金额（亿元）	192.15	101.93％
9	设立加工贸易电子手册总金额（不含 E 账册，亿美元）	22.81	－34.2％

（杨　帆）

2016 年北京地区进出口总值一览表

项　目	价值（万亿元人民币）	比 2015 年增减
进出口总值	1.86	－6.1％
出口总值	0.34	0.7％
进口总值	1.52	－7.5％
出口差额（＋ 出大于进；－ 进大于出）	－1.18	－9.2％

（杨　帆）

名　　录

单位名称：北京海关

法人代表：高融昆

通讯地址：北京市朝阳区光华路甲 10 号

邮政编码：100026

电　　话：85736789

传　　真：85736080

网　　址：beijing. customs. gov. cn

（杨　帆）

北京出入境检验检疫局

基本职能

中华人民共和国北京出入境检验检疫局（以下简称“北京检验检疫局”）是国家质量监督检验检疫总局设在北京并授权依法管理北京地区出入境检验检疫工作的行政执法机关和涉外经济监督部门。

机构概况

目前北京检验检疫局机关内设17个处室及3个派驻纪检组，主要业务处室有通关业务处、卫生检疫监管处，动植物检疫监管处、食品安全监管处、检验监管处、认证监管处，并根据工作需要分别设立了首都机场出入境检验检疫局、丰台出入境检验检疫局、北京经济技术开发区出入境检验检疫局、顺义出入境检验检疫局、通州出入境检验检疫局、海淀出入境检验检疫局、北京西站出入境检验检疫局、北京朝阳出入境检验检疫局、国际展览检验检疫办事处、平谷办事处、天竺综合保税区办事处、中关村办事处、邮件办事处、特种检疫办事处。下属有检验检疫技术中心、国际旅行卫生保健中心、机关服务中心、动物隔离场、北京出入境检验检疫协会等技术检测和服务单位，配合行政执法的需要，形成了全方位的出入境检验检疫监督管理体系。

业务工作

【概况】 截至12月31日，北京检验检疫局共检验检疫出入境货物18.54万批次，同比减少2.27%；货值136.32亿美元，同比增加10.80%。其中出境1.52万批次，同比减少8.62%；货值9.16亿美元，同比减少15.19%。入境17.01万批次，同比减少1.65%；货值127.16亿美元，同比增加13.30%。查出不合格进出口货物4411批次，同比增加21.31%；货值1.26亿美元，同比减少0.24%。其中不合格进口货物4393批次，同比增加21.93%；货值1.26亿美元，同比增加1.68%。不合格出口货物18批次，同比减少45.45%；货值44万美元，同比减少84.34%。

共查验出入境人员2589.75万人次，出入境航空器13.09万架次，出入境国际列车366车次，查验入境集装箱5.50万标箱。签发各种原产地证书4.91万份，累计为北京地区出口企业减免进口国关税9239万美元。

（唐茜茜）

【构筑传染病疫情防控立体化防线】 2016年，北京检验检疫局加强黄热病、寨卡病毒病、裂谷热等传染病疫情防控，全面投入使用“四秒通”入境人员检验检疫信息采集系统，构筑了涵盖境外、空中、口岸和境内的输入性传染病疫情立体化防线。首都机场口岸落实疫区航班重点监管、指定停靠，疫区旅客严密排查的工作要求，加强与北京市属医疗单位合作，并首次在口岸现场开展PCR快速核酸检测，实现了“高效防控”和“科学监管”。北京西站口岸通过完善传染病快速检测工作站、加大旅客入境现场医学巡查、与列车组协作等措施，建立了“三合作四检查”的防控机制。2016 年，共完成出入境人员监测体检 6.9 万人次，检出 HIV 抗体阳性 53 例，肝炎 421 例，梅毒血清抗体阳性 186 例，肺结核 337 例。在口岸入境旅客中共检出入境传染病 365 例，其中寨卡病毒病 3 例、黄热病 4 例、裂谷热 1 例，裂谷热病例为全国首次检出，黄热病病例为质检系统内首次检出，寨卡病毒病例为北京口岸首例。北京检验检疫局传染病防控工作先后 4 次得到质检总局通报表扬。

（唐茜茜）

【加强口岸有害生物防控】研发并应用红外低温监测技术，在质检系统内首次实现“人物合一”的进境旅客查验模式。对进口食用水生动物、水果、饲料等农产品开展风险监控，完善了抽批检验模式，既实现了鲜活农产品的快速验放，又防止了有害生物入侵。2016 年，共检出植物检疫性有害生物 17 种 270 种次，植物一般性有害生物 228 种 2700 多种次，不合格进境食用水生动物 59 批次，销毁处理阳性动物 22 头，销毁阳性观赏鱼 5000 尾，检出不合格进境食用水生动物 62 批次。口岸截获禁止携带、邮寄进境物 3.6 万批次，截获有害生物 2100 多批次。

（唐茜茜）

【推进出入境物品质量安全追溯监管工作】北京检验检疫局与浙江大学签署合作备忘录，共同开发建设“出入境物品质量安全追溯监管系统”，并依托该系统实施质量安全追溯监督管理工作，引导企业自愿加入追溯监管体系。优先将涉及安全、卫生、环保项目监管要求的出入境物品纳入追溯监管，制定实施了低比例抽检和低频次日常监管等首批 8 项监管便利措施。起草编制《检验检疫货物追溯编码编写规程》和《进出口产品追溯监管业务规程》两项检验检疫行业标准。

2016 年，北京地区小笨鸟、国药集团、京东国际、蒙牛集团等 69 家企业加入追溯监管体系，产品覆盖预包装食品、医疗器械、生态原产地保护产品和跨境电商进出口商品等 9 大类 3788 种，追溯产品 628 万件，消费者扫码查询 53 万次。

（唐茜茜）

【进出口产品质量安全保障有力】2016 年，北京检验检疫局对大型食品企业实施“三控两放”监管措施，加快出口食品通关速度，平均通关时间由 7～10 个工作日缩短为 2～3 个工作日。升级生鲜快消品进口便利化措施，通过企业对接、风险评估、冷库备案、加快流程四项措施，保障产品安全快速通关。2016 年，北京地区进口冰鲜三文鱼 4327 吨，货值 4330 万美元，分别是 2015 年的 24 倍和 32 倍；进口发酵乳和巴氏杀菌乳 29 批，比 2015 年增长 4 倍。加强平谷国际陆港和首都机场肉类指定口岸建设，落实“五抽一”计划和 24 小时通关服务，推动进口业务量从百吨级向万吨级跨越式增长，2016 年共进口肉类产品 9500 多吨。对 50 家出口食品生产企业进行了备案评审，督促食品生产企业落实“同线同标同质”。加强进口医疗器械监管，对内强化督查自查，查缺补漏；对外通过收集重大违法线索、结合目录外抽查，确定了齿科、消费类、耗材类、彩超类医疗器械等重点监管产品，同时深入医疗机构实地调查，初步建立后续监管追溯系统，对194家医疗器械报检企业进行了全面排查，检出不合格医疗器械377批，退运、销毁85批。强化进出口危化产品监管。完成成品油出口追溯系统建设，用“共同检验”模式缩减检验时限；开展新纳入目录危化产品研究；对59家进出口危化企业进行了专项检查，检出不合格危化品及包装76批。监督索尼（中国）公司召回1万多块进口笔记本电池组缺陷产品。对检出可分解致癌芳香胺染料的进口服装，责成其公司对同批次产品在全球范围内下架召回。落实国家“质量强国”战略，引导联想集团等企业申请中国出口质量安全示范企业并获得批准，帮扶开发区新型显示产品质量安全省级示范区顺利验收；推动顺义生态原产地保护示范区创建，1个区域产品纳入示范区保护。

（唐茜茜）

【贸易便利化水平持续提升】北京检验检疫局出台多项促进北京服务业扩大开放措施，提出以“三预＋追溯”为抓手，构建“嵌入式＋错时空＋链条化”的监管思路；机场口岸电子放行使入境目录外货物实现了秒级通关；展会管理办法促使首都国际会展业活力得到进一步激发；试行低风险特殊物品的智能审核，实行7×24小时不间断工作。对化妆品实施分类管理，缩减抽样比例，优惠政策覆盖北京进口化妆品总量的83%，进口批次同比增长11%。建立燕山石化原油来料加工产品出口追溯平台，将检验周期从7个工作日缩减为1个工作日。创建保税皮毛“整进零出”仓储监管模式，使北京地区保税皮毛贸易量跃居全国首位。实行“三简化两定制两自主一取消”原产地证便利措施，签证数量增长20%。实施跨境电子商务监管专项行动，促进北京地区跨境电子商务发展。

（唐茜茜）

【推动北京市服务业扩大开放】年内，北京检验检疫局配合北京市政府先后开展综合试点批复一周年和落实北京市经济形势分析会议精神宣传活动，协助拍摄服务业扩大开放专题纪录片，向商务部报送3个检验检疫工作措施实践案例，组织开展2次工作质量评估，形成“8＋双12”工作格局。“8”指8项市政府分派的工作任务；“双12”指为落实8项工作任务推出的12项规定措施。推行的进口化妆品、食用水生动物、新鲜水果监管模式改革也取得良好效果，在3C免办产品监管领域的积极探索，为今后扶持总部经济发展积累了成功经验。

（唐茜茜）

2016年北京地区部分出入境法检商品质量情况一览表

项目		检验批次	批次合格率（%）	合格率比上年增减（%）
总计	出　境	15246	99.88	0.08
	入　境	170118	97.42	－0.50
出境	动物及产品	2317	99.96	0.00
	植物及产品	2325	100.00	0.20
	食品及化妆品	5495	99.95	0.10
	纺织品	46	100.00	3.64
	轻工品	1644	100.00	0.03
	矿产品	60	100.00	0.00
	金属及制品	143	98.60	0.38
	化工品	584	98.80	－0.71
	机电产品	676	99.26	0.48
	特殊物品	2610	100.00	0.09
	其他货物	91	100.00	0.00
入境	动物及产品	17745	98.79	0.14
	植物及产品	7953	97.79	3.67
	食品及化妆品	23938	91.99	－2.02
	纺织品	8038	95.35	3.61
	轻工品	9990	98.57	－0.11
	矿产品	574	99.13	－0.87
	金属及制品	3172	98.83	－0.77
	化工品	20036	99.42	－0.25
	机电产品	94365	98.52	－0.52
	特殊物品	9898	99.64	0.50
	其他货物	5692	98.95	－1.05

（唐茜茜）

名　录

单位名称：北京出入境检验检疫局
局　　长：刘德平
通讯地址：北京市朝阳区甜水园街6号
邮　　编：100026
电　　话：58619900
传　　真：58619014
网　　址：www.bjciq.gov.cn
电子信箱：fazhi@bjciq.gov.cn

（唐茜茜）

第五部分

开发区、区县商务

北京经济技术开发区

概　况

2016年，开发区地区生产总值实现1172.6亿元，同比增长8.1%；进出口总额完成160.2亿美元，同比增长6.2%；进口完成108.1亿美元，增长14.8%；出口完成52.1亿美元，下降8%。社会消费品零售额完成379.7亿元，同比增长7.1%。

（刘夏阳）

商业流通

【加强商业安全生产】企业安全生产监管和市场秩序整治力度进一步加大。通过完善制度、落实措施、建立机制、监督整改等方法确保了安全。

（刘夏阳）

【强化安全检查，重在消除安全隐患】为切实发现和解决企业存在的安全隐患，每半年联合消防、安监、卫生等部门对所有企业进行一次拉网式检查，完善档案管理的“两本帐”；每季度分行业进行一次集中的安全隐患整治；每月对重点企业和重点部位进行一次定点检查，对存在一般问题的现场整改，对存在较大问题的限期整改，并每天一查。对存在重大安全隐患的停业整改。定人定点监督整改。做到不消除安全隐患不撤手，不做到百分百安全不收兵。通过以上措施，上半年共检查餐饮、商超企业150家，有效消除安全隐患100多处，确保了企业的安全生产。

（刘夏阳）

对外经贸

【进出口总额情况】2016年，开发区完成进出口160.2亿美元。其中完成出口总额52.09亿美元，进口完成108.11亿美元。

（刘夏阳）

【实施外贸稳增长政策】作为北京市第一个出台政策的区县，对企业在2016年度的出口存量及增量给予资金奖励，推动支柱产业和外贸重点企业积极开拓国际市场，主动扩大产能，提高区域竞争力。受益企业130余家，占外贸企业总数的30%，占出口总额的98%，政策实现了重点出口企业全覆盖。

（刘夏阳）

【提高服务的精准性和有效性】2016年，发改局、投促局、国税局、海关、检验检疫多部门加大宣传辅导，每月召开出口企业服务调度会，及时准确释放国家、北京市、开发区促进外资外贸工作的信号，细化与市级奖励政策的对接，协助解决企业报关、通关、退税、仓储等方面困难。

（刘夏阳）

【建成北京新型显示产品质量安全示范区】以提高发展质量和效益为中心培育新动能、新优势，立足开发区产业基础，与市出入境检验检疫局合作，建成北京新型显示产品质量安全示范区。京东方、冠捷等上下游企业享受了进口零部件免检、成套设备在企业内实现与检验检疫局共同检验、法检费减半等优惠政策，验放速度提高了50%。同时，示范区完成生态原产地产品保护范围界定并签署合作备忘录，有助于打破国际贸易中的“环境壁垒”，扩大品牌效益，培育外贸竞争新优势。

（刘夏阳）

名　录

单位名称：北京经济技术开发区商务局

局　　长：刘　力

地　　址：北京经济技术开发区荣华中路15号

邮　　编：100176

电　　话：67887165

传　　真：67881476

网　　址：www.bda.gov.cn

（刘夏阳）

北京天竺综合保税区

概　　况

北京天竺综合保税区（以下简称天竺综保区）于2008年7月23日获得国务院批复（国函〔2008〕64号），2009年7月28日正式通过海关总署等国家十部委联合验收，成为全国首家依托空港口岸设立的综合保税区。

天竺综保区是促进首都经济又好又快发展的重要阵地，是完善城市功能、提升首都四个服务水平的重要战略性基础设施，是扩大对外开放、提升外向型经济发展水平的重要平台，是优化发展环境、壮大总部经济的重要机遇，是提高通关效率、提升为企业服务水平的重要载体。

天竺综保区位于北京东北方向，毗邻首都国际机场，距离市区15公里，距天津港160公里，往来北京城区、天津港口、环渤海地区顺畅便捷，周边交通路网发达，包括机场高速1号线和2号线、机场北线、六环、京承等6条高速公路，101国道、顺平快速路、顺通快速路、机场辅路等4条市级公路，机场及M15城市轻轨2条，具有得天独厚的区位优势。

“区港一体化”。天竺综保区与首都国际机场口岸无缝对接，真正实现了区港一体化。北京海关创新推行“先入区后报关”的“直通式分拨”模式；北京国检局突破性地开展进口货物“集中报检、集中查验、分批核销、后续监管”的查验模式；货物通关时间缩短至2～6小时，最快只需30分钟，通关速度在全国海关特殊监管区域中首屈一指。首都国际机场遍布全球的航线资源以及超过190万吨的货邮年吞吐量，为园区国际物流、国际贸易等产业的创新发展提供了优质条件。

位于首都临空经济板块的核心地带。依托京津冀无可比拟的创新发展环境、北京市服务业扩大开放综合试点的建设契机、新城顺义完善的商务配套服务设施以及临空经济核心区坚实的产业支撑，形成了具有国际影响力的枢纽型地带。

聚集众多国家级功能平台。国家对外文化贸易基地、北京国际科技贸易基地、国际快件监管中心、汽车整车进口口岸、中国（北京）跨境电商产业园等相继设立，具备了吸引高端产业聚集发展的独占优势。

2016年，天竺综保区工商注册企业实现营业收入199.4亿元，增长12.3%；利润总额27.0亿元，增长24.3%；完成属地税收8.7亿元，增长23.7%；保税功能区实现进出口总值52.0亿美元，增长4.1%；企业资产总计455.1亿元，增长23.6%；从业人员2.3万人，下降2.7%。

（刘昕琪）

招商引资

2016年，天竺综保区批复入区项目40个，注册资本总额5.43亿元，计划投资总额38.54亿元，形成特色产业和新兴产业集聚态势。有效推动国家对外文化贸易基地等园区功能平台建设，充分发挥整车进口、进境食用水生动物、进境植物种苗等指定口岸功能，有序推进与食水动物、进境水果等口岸相配套的展示交易中心项目建设，增强了平台集聚能力。

航空产业方面，引进了北京通航法荷航飞机航线维修等项目 8 个，园区涉及航材贸易、航空维修、飞机租赁等业态的航空类企业达到 23 家。医药产业方面，引进了国药集团医药物流北京有限公司等重点企业 7 家，园区涉及研发、制造、贸易、仓储等相关业态的医药企业达到 14 家，实现营业收入 72.4 亿元，占园区总量的 36.3%。文化产业方面，成功引进包括首家外商独资演出经纪公司（龙之传奇娱乐有限公司）在内的文化企业 10 余家，园区涉及文化艺术品展览展示、修复鉴定等新兴业态的文化类企业达到 40 家。

（刘昕琪）

发展亮点

【推进国家对外文化贸易基地建设】推动北京海关出台《北京海关支持文化贸易发展便利化监管办法》，支持开展文化艺术品保税展示交易。引进世领文化、深笠文化、顺鑫鼎源等专注文化贸易、跨境电商的配套服务企业入驻基地，由北京国际设计周组委会、国家对外文化贸易基地（北京）主办的 2016 北京国际设计贸易交易会顺利开展，“交易会”逐步构建线上线下联动模式，实现保税展厅陈列与电商销售平台的同步，并联手荷兰、意大利等创意设计公司及新锐设计师，实现国际品牌设计新品全球首发。

天竺综保区入区企业北京市文化科技融资租赁股份有限公司作为北京市服务业扩大开放综合试点工作的首批试点企业，已创新开展了国内首笔以影视剧版权为标的物的融资租赁业务。

（刘昕琪）

【启动航材库存共享项目】巴航（中国）飞机技术服务有限公司以协议的方式，在较长时期内向航空公司提供航材共享服务，通过按飞行小时、起落次数、按件号或租赁等计费。该项目通过保持充足的高价周转件的库存储量，提供及时有效的预交换及包修服务，从而将维修周期缩至最短；同时也有助于航空公司降低对自身仓库设施的需求、减少库存管理成本，将有效降低客户的运营成本和采购成本。

（刘昕琪）

【完成农银金融租赁飞机入区交付】农银金融租赁有限公司首次利用天竺综保区保税功能平台从美国引进两架波音737-800 飞机（总价值约 9800 万美元），以每一架租赁飞机为具体标的在天竺综保区内注册成立一家 SPV 项目公司（北京国禾飞机租赁有限公司、北京京禾飞机租赁有限公司），通过经营性租赁方式交付给中国国际航空股份有限公司使用。

（刘昕琪）

【发展跨境电子商务产业园建设】与北京市商务委员会联合成立跨境电商推进小组，会同海关、检验检疫等监管单位理顺跨境电商口岸直邮、保税备货业务操作流程，同时完善相关平台建设，提升贸易便利化水平。园区跨境电商类企业达到 12 家，荣获“中国（北京）跨境电子商务产业园”称号。

广德盛源（北京）信息技术有限公司正式入驻天竺综保区，成立“快买酒”品牌

(www. kmjiu. com)。该企业作为专门经营电商平台的互联网企业，以撮合贸易为主，是目前我国首家葡萄酒贸易交易链整合服务商。

稳步推进天竺综保区进口商品直营中心建设，制定北京天竺综合保税区进口商品直营中心管理办法，与物美集团合作，在朝阳区管庄挂牌设立首家北京天竺综合保税区进口商品直营中心。

（刘昕琪）

名　录

单位名称：北京天竺综合保税区管理委员会（正局级）

党组书记、主任：高　朋

党组副书记、常务副主任：宋建明

党组成员、副主任：李燕凌

党组成员、副主任：杭金亮

地　　址：北京市顺义区金航中路1号院2号楼

电　　话：69478686

传　　真：69478566

邮　　编：101300

网　　址：http://www. bjftz. gov. cn/

（刘昕琪）

东城区

商务工作

【概况】东城区商务委员会（简称东城区商务委）是主管辖区国内外经济贸易和对外经济合作的工作部门。内设办公室（监察科）、人事科、规划发展科、社区商业科、流通管理科、商务服务科、外资管理科、外经外贸科、市场监管科、粮食酒类管理科10个科室。编制44人，实有40人，其中公务员39人，公勤人员1人。

2016年，围绕推进京津冀协同发展的战略部署，以非首都功能疏解和低端业态升级为重点，推动商品交易市场疏解外迁和生活性服务业品质提升。全年关停市场3家，疏解商户3207户，影响人口14111人，腾退市场面积2.60万平方米。推进8项基本便民服务在东城区182个社区实现全覆盖，出台《东城区提升生活性服务业品质三年行动计划》和《东城区生活性服务业发展专项资金管理办法（试行）》。拟订《南锣鼓巷地区商业业态指导目录（征求意见稿）》。举办年货购物季、美食体验季、金秋购物季、双十一线上营销、岁末购物周等促销活动，推动“百年商贾 悠购世界”东城商业品牌建设。全年实现社会消费品零售额1046.64亿元，同比增长6.20%。完成40家规模以上企业安全生产标准化达标工作，占全区总指标的6.90%。

（朱　迎）

【举办年货购物季】2月1日至12日，支持东城区商联会举办以“金猴献瑞、新春迎福”为主题的2016东城年货购物季，包括“老字号商家送祝福”、“年文化消费体验”、“惠享年夜饭”等线下促销活动，“金猴献瑞城中游”、“新春迎福逛庙会”、“普天同庆合家欢”等线上宣传活动。16家商场和餐饮品牌参与本次活动。活动期间，移动端参与用户3.1万人，浏览量9.3万次。

（朱　迎）

【举办美食体验季】6月1日至8月31日，举办主题为“消夏美食大狂欢”的2016东城美食体验季活动。本次活动以美食为线索，整合区内九大商场美食资源，组织“东城好滋味——追寻美食的旅途未曾停歇”、“食在东城——吃货的小船不再翻，美食的巨轮永不沉”等活动，促使活动不断升级并维持较高的热度。活动累计浏览数为219.2万次，月活跃用户数为3.5万人，参与互动的粉丝人数为6930人。

（朱　迎）

【举办金秋购物季】9月20日至10月31日，举办主题为“欢乐酣购东城各大商圈，畅享超值购物优惠体验”的2016东城金秋购物季。本次活动最大亮点是将线下活动与第五届北京王府井国际品牌节相结合，开展包括老字号技艺展在内的各项展览、展示、商品促销活动，品牌节上发布2016—2017版《王府井消费地图》，为消费者提供王府井地区全方位的消费指引。“选你所爱——休闲娱乐哪家强?”、“为你执着——东城购物中心大盘点”、“合你心意——挑选你最中意的购物胜地”、“让你留恋——国庆七天游乐记”等线上微活动吸引大量消费者关注参与。活动期间，平面媒体发稿6篇，网络媒体发稿2篇，引发37篇新闻转发及内容引用。微博粉丝数从活动开始前的17.8万人增至19.9万人。

（朱　迎）

【举办双十一 O2O 营销节】11月7日至13日，举办2016双十一营销活动。东城区老字号企业纷纷推出双十一主题庆典，包括利生商厦“网购优惠享不停”、同升和“满200减100”、便宜坊“礼盒半价”等。活动期间，悠购东城手机平台页面访问量52.8万次，访问用户20.9万人，微信分享3.8万次；数字东城页面访问3.5万次，访问用户8913人。老字号企业线上销售量大幅增长，其中同升和销售增长20%，利生商厦达到100%以上的增幅。

（朱　迎）

【举办岁末购物周】2016年12月24日至2017年1月3日，举办2016东城岁末购物周。活动宣传效果良好，PC端浏览量为5.1万次，移动端浏览量为48.2万次，悠购东城平台的关注增加1.5万人，商联会微博增加粉丝684个。参与促销的27家商场、老字号、餐饮企业销售增长，元旦期间表现尤其抢眼。便宜坊集团完成销售420万元，比上年同期提高18.9%；王府井百货大楼销售2662万元，同比增长12.4%；同仁堂完成销售286万元，同比增长14.4%。

（朱　迎）

【推进非首都功能商户疏解】全年关停市场3家（隆福寺早市、东华门夜市、新星火炬市场），东城区与批发相关的仓储物流已全部完成疏解外迁。推进区域性专业市场疏解外迁及转型升级。全年疏解商户3207户，疏解影响人口14111人，腾退市场面积2.6万平方米。

（朱　迎）

【新建或规范生活性服务业网点】全区有生活性服务业网点4086个，全年新建或规范提升各类商业便民网点111个，其中新增64个，规范提升47个，连锁网点1337个，连锁化率32.7%，比上年提升5.0%。具体为：新增蔬菜零售网点20个、便利店9个、固定早餐门店3个、家政服务网点8个、美容美发网点1个、再生资源回收网点13个、末端配送10个；规范提升蔬菜零售网点7个、固定早餐门店8个、便利店5个、家政服务网点8个、美容美发网点4个、再生资源回收网点15个。

（朱　迎）

【促进生活性服务业整合】促进各类优质生活服务资源在有限空间资源内的整合利用、集约发展，将东单菜市场和平里店、光明楼店建成功能集约的社区商业便民服务综合体。实施“互联网+智慧民生”行动，推进181电商综合平台建设，推广“悠惠生活”O2O直营店线下建设。新建东单菜市场社区分店8家，推荐东四街道三至八条、东直门街道当代万国城成功申报北京市生活性服务业示范街区，推荐驻区品牌连锁企业41家入选北京市生活性服务业品牌连锁企业资源库。

（朱　迎）

【举办老字号进社区活动】4月至12月，“2016年知名品牌进社区”之东城区老字号专场活动在东直门街道东环广场、钟楼湾社区小广场和龙潭街道幸福社区举办。

活动由北京市商务委和东城区商务委指导，北京品牌协会、东城区老字号协会等单位联合组织。同仁堂、月盛斋、同升和、内联升、东单菜市场等老字号参加，锅否、爱大厨、京东到家、慈爱嘉养老等新兴的社区服务品牌带来送餐到家、大厨入户、健康检查、康复护理等贴心服务。在展示百余种名优特商品的同时，开展了老字号发展历史、非物质文化遗产工艺制作以及健康知识等公益讲座。

（朱　迎）

【举办老字号技艺展】9月20日至25日，2016年第五届国际品牌节——老字号技艺展以“传承百年经典·品味时代记忆”为主题，在王府井银泰in88举办。同仁堂、东来顺、北京稻香村、都一处、锦芳、珐琅厂、商务印书馆、吴裕泰、盛锡福、工美大厦10家老字号企业参展。同仁堂中医药文化、东来顺传统手工切肉、都一处烧麦制作、景泰蓝掐丝工艺、盛锡福皮毛制作等国家级非物质文化遗产轮番登台展现精湛技艺。

（朱　迎）

【加强行业监管】全年出动检查人员2310人次，检查企业747家次。实施行政处罚108起，受理“12312”商务举报投诉151件，完成酒类经营者备案登记307家，推广酒类随附单7.9万份。

（朱　迎）

【典当行业情况】全区有经批准注册的典当法人单位46家，分支机构14家，实收注册资本20.6亿元，全行业资产总额30亿元，全年典当总额174.2亿元。

（朱　迎）

【企业集中办公区续签企业413家】崇文商务大厦企业集中办公区全年续签企业413家，清理、清退企业40家。至年底，有注册资本142亿元，贡献税收4.5亿元。

（朱　迎）

【40余家企业参与第四届京交会】5月28日至6月1日，东城区40余家企业参与第四届京交会活动。内容涵盖商业服务、旅游与旅行相关服务、娱乐文化与体育服务三大领域，涉及科技创新、电子商务、中医药服务、体育服务、版权交易和文化创新等12个板块，北京馆集中展示了东城区高品质的商务服务环境和服务贸易资源。东城区商务委和东方雍和国际版权交易中心共同主办的“新媒体、新版权、新价值”——互联网版权保护与运营新媒体论坛受到组委会的高度好评。

（朱　迎）

对外经济

【概况】东城区对外经贸工作由东城区商务委主管。东城区新设外商投资企业52家，其中合资14家，独资38家；实现合同利用外资140379万美元，同比增长96.6%；实现实际利用外资50298万美元，同比下降4.6%。全年进出口额137.4亿美元，同比下降1.5%。出口额25.4亿美元，同比下降14.9%。

（朱　迎）

【扶持外贸企业】全年办理对外贸易经营者备案登记502件；兑现2015－2016年度东城区总部企业奖励补助资金4156.4万元；1220家企业通过外商投资企业年度经营信息联合报告；审批服务外包及软件进出口企业15家，登记450笔已执行合同，金额3亿美元；帮助76家企业申请包括中小企业国际市场开拓资金、外贸稳增长出口奖励、出口信用保险、技术产品出口贴息、服务外包配套资金等奖励资金共计3000万元；对中国路桥工程有限责任公司、中国机床销售与技术服务有限公司、中粮国际（北京）有限公司、中国医药保健品有限公司、中国港湾工程有限责任公司、中国交通建设股份有限公司、中纺国际服装有限公司、中粮集团有限公司、中土畜三利香精香料有限公司、三菱商事（中国）商业有限公司10家企业颁发了“东城区2016年度外贸出口突出贡献奖”荣誉证书。

（朱　迎）

【开展调研走访】建立重点外贸企业联系制度，开展题为“服务企业，推动创新”的系列专题调研走访。主管副区长王中华亲自带队联合区产促局、区财政局、区国税局对诺基亚通信技术有限公司、中国航空技术国际控股有限公司、中海油销售（北京）股份有限公司、中国医药健康产业股份有限公司、中土三利香精香料股份有限公司、中国机床销售与技术有限公司、中纺国际服装有限公司、中纺东方贸易有限公司、北京倍利可轻工进出口有限公司、中国港湾工程有限责任公司、中国交通建设股份有限公司11家企业进行专题调研走访，协调各部门解决企业实际问题。

（朱　迎）

【宣传推介外贸企业】年内，组织中国航空技术国际控股有限公司、中纺国际服装有限公司、北京倍利可轻工进出口公司等13家企业走出去开拓国际市场，参加亚洲消费电子展、春季秋季广交会、中国—东盟博览会、中日产业论坛、中澳项目合作论坛等境内外贸易展会11个，助推企业开拓外贸业务。

（朱　迎）

名　录

单位名称：北京市东城区商务委员会
党组书记、主任：王万青
地　　址：北京市东城区永内东街中里13号
邮　　编：100050
电　　话：67079146

（朱　迎）

西城区

概　况

2016年，西城区商务委坚持新发展理念，坚持稳中求进工作总基调，以推进商务行业供给侧结构性改革为主线，坚定信心，勠力同心，积极应对国际、国内持续错综复杂的经济形势，按照“扩内需、惠民生、促外贸、保安全、强自身”整体思路，努力提高行业发展质量和效益，较好地完成了全年各项工作，主要指标稳中有进，行业发展稳中提质，区域商务工作保持平稳健康发展，实现了“十三五”良好开局。全年实现社会消费品零售额968.8亿元，同比增长6.2%。新批外商投资企业25家，吸收合同外资1.62亿美元，实际利用外商直接投资5.04亿美元；实现进出口总额4347.27亿元人民币，占全市进出口总额的23.3%，继续位居北京市第二。建成教场口百姓生活服务中心、闹市口百姓生活服务中心、虎坊桥百姓生活服务中心、西四百姓生活服务中心等10个百姓生活服务中心，新增和改造10家蔬菜零售网点，新建和规范提升9家早餐规范店，规范化、品牌化、连锁化网点比例提升至52%，其中连锁化比率达35%。

（柴晓虹）

商业服务业

【举办“2016两展一节”】6月24日至27日，“2016北京国际茶业展、2016北京马连道国际茶文化展、2016黄山茶文化节”（简称“两展一节”）在北京展览馆和马连道举办。活动期间，举办展节发布、展览展示、交易洽谈推介、茶文化传承体验及促销、茶知识讲座及培训等五大类数十项活动，到北京展览馆及马连道参观购物人数达到11万人次，仅北京展览馆到场观众就突破6.5万人，其中专业观众2.3万人，小茶人8000余人；两地共成交项目（含意向成交）达600余个，成交额突破6亿元。

（章建平、郝家莹）

【举办“2016北京西单时尚节”】7月18日至9月17日，西城区举办“2016北京西单时尚节”。活动围绕“时尚、文化、品质、生活”核心主题，组成“时尚讯息发布、时尚美妆体验、时尚运动推广、时尚互动体验、时尚首饰推展、时尚美食推广、商务惠民进社区、文商旅主题活动”等八大板块20多项主题系列活动。活动期间，新媒体平台累计阅读量345万次，转发8454次，网络发稿120篇，阅读量突破1000万次，活动期间实现社会消费品零售额同比增长6.6%。

（邵自军、杜　颖）

【举办“2016北京西城电子商务节”】11月12日至12月12日，西城区举办“2016北京西城电子商务节”。本届电子商务节继承了“e时代i西城”的主旨，开创了“跨境·品质·共享”的主题，引进跨境电商，推出传统商业、老字号，融入社区电商服务，同时坚定电商诚信建设。活动期间，推介老佛爷、内联升等14家大型综合商场、15家老字号企业和4家优秀社区服务电商的86项主题促销活动；西城区商务委促成跨境电商寺库公司、世纪澳新中公司分别与老字号内联升公司和居仁堂京瓷公司签署战略合作协议；为西单商场等10家西城区首批“电子商务诚信经营承诺企业”颁牌。

（邵自军、杜　颖）

【举办“2016（第三届）中华老字号时尚创意大赛”】11月22日至24日，西城区商务委与中国商业联合会中华老字号工作委员会、中华全国商业信息中心联合举办“2016（第三届）中华老字号时尚创意大赛”。大赛秉承“传承经典、引领时尚”的主题，经过各地方老字号协会初选评比，最终甄选出21个省市104家老字号企业的174件优秀作品参加全国决赛，西城区有张一元、荣宝斋等11家重点老字号企业的25件作品入围。经过10位国内业界知名专家的评审，共有110件优秀作品获奖，西城区11家参赛老字号企业的13个作品脱颖而出，荣获了包装组和产品组“十大创意产品奖”在内的四项大奖。

（邵自军、杜　颖）

【提升生活性服务业品质】编制《生活性服务业社区评估评价体系》等系列配套支持政策措施，完成年度《西城区生活性服务业提升工作方案》，将西城区划分为示范区和规范区，分别推进生活性服务业建设。结合社区资源条件和居民实际需求，在全市首创一站式、多业态、强服务的百姓生活服务中心模式。全年建成教场口百姓生活服务中心等10个百姓生活服务中心，规范化、品牌化、连锁化网点比例提升至52％，其中连锁化比率达35％，高于全市平均水平。

（王　健、戚秀艳）

【“菜篮子”工程建设】重点扶持社区菜市场提升、流通新模式的便民菜店建设、“农超对接”、“农餐对接”、蔬菜配送中心改造建设、“菜篮子”信息化提升及发展电子商务项目等“菜篮子”系统工程建设项目；指导区“菜篮子”联合会开展生活性服务业品牌企业进社区活动，共走入40多个社区、机关、学校开展服务活动，近百家企业参与。全年新增和改造10家蔬菜零售网点。

（王　健、谢　莉）

【早餐车清退】落实北京市、西城区关于公共空间设施治理工作要求，专题研究早餐车清退方案，全部撤销清退174辆早餐车。结合生活性服务业品质提升，加大早餐网点建设力度，全年新建和规范提升9家早餐规范店。

（王　健、戚秀艳）

【规范再生资源回收网点管理】在西长安街街道先行采取试点，与北京环卫集团矿业公司合作尝试开展互联网＋再生资源回收模式；开展联合执法，清理城市主要道路、主干道及居民反映强烈的再生资源网点11处；按照《西城区再生资源管理办法》的要求，对再生资源回收网点重新审核；对5处固定房屋的回收站点提升改造，维护与整修54个回收亭，鼓励临时回收网点采用封闭式货车，投放再生资源智能回收柜110个。

（王　健）

【典当行业情况】2016年，西城区典当企业累计达56家，其中典当行37家，分支机构19家，全年共开展典当业务24356笔，典当总额41.42亿元，同比增长－20.3％，业务结构保持稳定。

（邵自军、史　倩）

【完成成品油变更初审及年检初审】完成辖区成品油经营批准证书变更初审工作，包括中国石油天然气股份有限公司北京宣武南下路加油站等3家。完成辖区17家加油站年检初审。

（邵自军、李祎珊）

【完成拍卖企业变更、新设立初审及年度核查初审】完成辖区12家拍卖企业变更拍卖经营批准证书及新设立拍卖行初审工作，包括北京海王村拍卖有限公司、北京东方国际拍卖有限责任公司等。完成辖区37家拍卖企业年度核查初审。

（邵自军、李祎珊）

【加强重点期间安全保障】西城区商务委在全国"两会"、党的十八届六中全会等重要政治活动，"春节"、"五一"、"平安夜"等节假日期间，开展商务行业安全生产、反恐防暴等工作动员部署并进行执法检查，督促企业进行隐患排查整改，期间未发生安保事故。

（马　前）

【开展"安全生产月"活动】西城区商务委在6月份"安全生产月"中开展各项活动10余项。参与了全区安全生产宣传咨询日活动；组织重点企业和联组单位负责人近100人，进行安全生产知识业务培训；组织开展多科目应急演练观摩。

（马　前）

【开展安全生产标准化达标评审】2016年，西城区商务委开展行业企业安全生产标准化建设。对100余家企业进行专业培训。59家企业完成2016年三级达标创建工作，1家企业完成2016年二级达标创建工作。配合市、区安监局对2015年标准化三级达标企业进行抽样核查。

（马　前）

【进行企业安责险推广】2016年，西城区商务委开展企业安全生产责任保险投保推广工作，对350余家企业负责人进行安责险专业培训宣传，重点对餐饮企业进行督促推广，120家企业已投保安责险。

（马　前）

【组织应急演练观摩】西城区商务委在牛街清真超市、王府井购物中心右安门店、马连道茶城、长安商场等地举行应急处置演练，相关部门领导现场指导，200余家企业安全生产负责人现场观摩。应急演练观摩科目有电器起火并扑救、人员疏散并救助、现场灭火器材实操。

（马　前）

【开展安全生产培训】2016年，西城区商务委分别组织350余家规模以上企业安全生产负责人进行标准化、后厨安全、安责险、联组长业务等培训，聘请燃气、电气、特种设备、安责险、标准化等方面专家进行授课。

（马　前）

【商务部门专职安全员队伍建设】2016年，西城区安监局按照行业部门安全生产专职安全员队伍建设管理规定，向西城区商务委分派10名专职安全员。西城区商务委对10名安全员进行岗前理论和业务知识培训。建立管理专职安全员队伍的规章制度，提供必要的办公场所及设备。对专职安全员采取分组分片区开展对规模以上商业企业的安全生产检查。

（马　前）

【综合执法体制改革试点】2016年，西城区商务委按照市商务委统一部署，开展安全生产、酒流通、美容美发、单用途商业预付卡、家电修理等领域的综合执法工作。全年执法检查企业534家，执法检查次数578次，执法检查1190人次；简易处罚案件118件，一般程序处罚案件1件。涵盖领域包括安全生产、酒流通备案、美容美发等领域。

（马 前）

对外经济贸易

【利用外资情况】2016年，西城区新批外商投资企业25家，合同外资额1.62亿美元，实际利用外资5.04亿美元。合同外资分行业位列前三位的是金融业，科学研究、技术服务和地质勘查业，信息传输、计算机服务和软件业；分国别和地区位列前三位的是中国香港、美国、英国。实际外资分行业位列前三位的是金融业，信息传输、计算机服务和软件业，租赁和商务服务业；分国别和地区位列前三位的是中国香港、新加坡、开曼群岛。

（章建平、郝家莹）

【进出口总额全市排名第二】2016年，西城区进出口总额4347.27亿元人民币，同比递减23%，占全市进出口总额的23.3%，位居北京市第二。其中进口额3872.88亿元人民币，同比下降24.6%，占全市进口总额的25.5%；出口额474.39亿元人民币，同比下降6.7%，占全市出口总额的13.9%。

（徐 聪、张贯中）

【受理对外贸易经营者备案登记359件】2016年，西城区商务委受理对外贸易经营者备案登记359件。其中企业新备案135件，备案表变更224件。

（徐 聪、张贯中）

【加工贸易业务】上半年，西城区商务委办理5笔加工贸易审核业务，实现进出口料件总值21.42万美元，出口制成品总值30.85万美元。下半年政策调整后，加工贸易无需办理合同审核，只需完成加工场地能力的勘验审核。

（徐 聪、张贯中）

【服务外包和软件出口业务】2016年，西城区新增服务外包企业6家，新增从业人员393人，合同签约金额4.47亿美元，服务外包执行金额1.08亿美元。

（徐 聪、赫庆欣）

【参加第四届京交会】5月28日至6月1日，第四届中国（北京）国际服务贸易交易会（简称京交会）在北京举办。西城区组织参加“文化服务板块——非物质文化遗产专题”、“老字号展示服务区”、“文化贸易板块——国家重点文化企业和项目展”、“设计服务板块”、北京馆日活动、世界知识产权组织活动及“金融板块”等相关活动，代表北京市承办非物质文化遗产专区展览展示和老字号展示服务区。辖区18家非物质文化遗产项目和5家老字号企业参加展览展示和现场服务，3家代表性企业分别参与“文化贸易板块——国家重点文化企业和项目展”、设计服务等板块活动。

（章建平、郝家莹）

【参加第21届澳门MIF展】10月17日至23日，西城区人民政府赴澳门代表北京市参加了第21届MIF展并承担“北京‘老字号’展销及非遗项目展示”专题工作。西城区领导随北京市代表团出席第21届MIF开幕式、参加“2016京澳合作伙伴行动”启动仪式及系列活动、推介会及签约仪式；与澳门政府相关单位、相关商协会及部分企业开展交流，承办北京“老字号”展销及非遗项目展示工作。

（章建平、郝家莹）

名　录

单位名称：北京市西城区商务委员会

党组书记：王　毅（2016 年 9 月 14 日调离）

主　　任：袁　利

地　　址：北京市西城区北滨河路 9 号

邮　　编：100055

电　　话：83509379

传　　真：68012342

邮　　箱：swfzghk@bjxch. gov. cn

（柴晓虹）

朝阳区

概　　况

朝阳区商务委是负责本区内外贸易、对外经济合作和现代服务业发展的区政府工作部门，挂北京市朝阳区人民政府口岸办公室（简称区口岸办）牌子。年内，朝阳区商务委坚持稳增长、疏功能、调结构、惠民生，推进服务业扩大开放，巩固国际经贸枢纽功能，带动消费市场转型升级，提高生活性服务业品质，进一步促进了开放型经济发展，商务工作质量效益稳步提升。2016 年实际利用外资 74.5 亿美元，进出口总额 1178.1 亿美元，跨国公司地区总部累计 111 家，实现社会消费品零售额 2654.5 亿元，新建（改造）便民服务网点 301 个。

（马伟超）

【利用外资】2016 年，朝阳区实际利用外资 74.5 亿美元，占全市总量的 57.2%。全区新设合同外资 1000 万美元以上大项目的企业共 30 家，累计吸引合同外资金额达到 14.9 亿美元；合同外资增资 1000 万美元以上的企业 63 家，累计吸引合同外资增资金额达到 29.2 亿美元。

（马伟超）

【外贸进出口】2016 年，朝阳区累计完成进出口总额 1178.1 亿美元，同比下降 6.7%，占全市总量的 41.8%。其中，进口完成 1025.6 亿美元，同比下降 8.3%，占全市总量的 44.6%；出口完成 152.5 亿美元，同比增长 5.4%，占全市总量的 29.4%。三项指标均稳居全市首位。

（马伟超）

【程红副市长等领导调研外贸稳增长工作】9 月 14 日和 11 月 14 日，北京市副市长程红先后到朝阳区调研走访中粮集团、北京阿里一达通外贸服务有限公司。6 月 8 日和 7 月 6 日，市商务委领导、朝阳区领导先后调研外贸稳增长工作，并召开了朝阳区重点外贸出口企业稳增长座谈会。

（马伟超）

【经贸交流】搭建国际经贸平台。年内，支持举办 2016 国际产能与绿色产业中外商机研讨会，组织雅宝路 15 家服装企业赴俄罗斯参加了第 27 届 CPM 展会，参加了“2016 中加经贸洽谈会”，深化国际经贸交流合作。积极组织进出口企业参与京交会，以京交会为平台，巩固与世界贸易网点联盟合作关系，推进国际贸易合作，充分利用分销服务板块各项活动，展示朝阳区外向型企业发展成果，现场组织签署“中巴经济走廊”战略合作等项目。

（马伟超）

【服务业扩大开放】5 月 26 日，朝阳区被认定为北京市服务业扩大开放综合试点示范区。8 月 3 日，北京市服务业扩大开放综合试点工作领导小组办公室主任、副市长程红赴朝阳区主持召开领导小组办公室第十一次会议，研究部署朝阳区创建服务业扩大开放综合试点示范区工作。8 月 5 日上午，朝阳区举办北京市服务业扩大开放综合试点示范区推介会，北京市政府副秘书长徐志军、市商务委主任闫立刚，朝阳区领导吴桂英、王灏等以及北京市相关部门领导出席。11月14日，程红副市长走访调研重点企业蓝海电视集团和阿里巴巴集团，并主持召开座谈会，研究加快推进北京市及朝阳区服务业扩大开放试点工作。年内，建立服务业扩大开放综合试点示范区工作联席会议制度，召开联席会议5次。制定《朝阳区创建北京市服务业扩大开放综合试点示范区实施方案》，围绕文化创新、金融服务、中医药服务贸易、生活服务、科技信息服务、商务服务六大重点领域，提出33项试点政策措施和81项重点任务，完成60%的重点任务。

（马伟超）

【京交会】年内，完成第四届京交会分销服务板块工作，展览展示效果突出。创新策划分销服务板块，以“分销服务引领供需新变革”为主题，向国内外推介了朝阳区的优势资源和重点企业，展示了朝阳区在现代分销服务领域的发展成果。深入研讨“一带一路”。组织“一带一路服务贸易大会”，围绕“一带一路”战略热点话题，展开高层对话和讨论。会上，程红副市长、吴桂英书记分别进行了致辞，王灏区长与其他嘉宾参加了研讨对话。签约成果实现突破。组织了34项签约和25场推介活动，实现签约额1500亿元，比上届增长了24%，占京交会签约总额的22.5%。

（马伟超）

【促进产业结构优化】年内，加大政策落实力度，对接会展产业协会，吸引高端会展活动入驻，全年共引进了“2016中国国际智能建筑展览会”等50个国际高端展会入驻朝阳区。提升商务楼宇促进商务服务业发展，加强市级政策落实力度，推进商务楼宇升级改造，远洋国际中心等通过第三方评审核定，获得了奖励资金支持。制定了《商务服务业发展三年行动计划》。2016年1—11月朝阳区规模以上商务服务业实现收入3399.9亿元，同比增长3.6%。

（马伟超）

【两行业稳增长】年内，朝阳区批发零售业和租赁商务服务业共形成区级收入145.3亿元，同比增长16.8%，完成全年任务（136.8亿元）的106.2%，占全区（全区477.1亿元，同比增长6.5%）的比重达到30.5%。其中，批发零售业实现区级收入67.7亿元，同比增长18.5%；租赁商务服务业实现区级收入77.6亿元，同比增长15.4%。两行业保持良好增长态势，为全区经济发展提供了有力支撑。

（马伟超）

【总部经济发展】年内，积极引入高精尖总部企业，加速提升总部经济能级。落实北京市相关总部政策，为驻区总部企业做好相关服务保障工作，大力引进具有投融资、结算、研发等功能的跨国公司地区总部，促进总部经济实体化发展。新引进苹果研发中心等20余家总部企业；在存量总部企业聚集程度高的优势基础上，进一步提升总部经济能级。新认定乐华梅兰咨询顾问（北京）有限公司等3家跨国公司地区总部，提升泰雷兹（中国）企业管理有限公司为跨国公司地区总部，跨国公司地区总部累计111家，占全市的七成。

（马伟超）

【功能疏解】年内，街道地区累计疏解商品交易市场21家，包括5家区域市场、4家专业市场和12家农副产品市场。涉及建筑面积6.6万平方米，从业人员1.1万人，摊位2053个，完成全年疏解任务。同时，正式启动潘家园地区旧货市场的疏解工作，清退1009个摊位。

（马伟超）

【社会消费品零售额】年内，通过培育体验消费，组织品牌特色活动，促进电子商务发展，提升时尚消费品质，扩大服务消费规模，带动消费市场升级，促进区域消费稳步增长。朝阳区全年累计实现社会消费品零售额2654.5亿元，同比增长5.6%，占全市的比重为24.1%，总量稳居全市首位。

（马伟超）

【电子商务】年内，加大电子商务企业的引进与培育力度。引进优信数享（北京）信息技术有限公司等5家电子商务企业，培育聚美优品等重点电子商务企业，强化聚集效应。推动电子商务企业合理纳统。引导蜜芽网等电子商务企业在朝阳区形成零售额贡献。2016年网上零售额528.6亿元，同比增长6.6%。

（马伟超）

【生活性服务业】年内，制定《朝阳区生活性服务业品质提升三年行动计划》。累计新建（改造）便民服务网点301个，其中生鲜超市（便民菜店）60个。大力推动早餐示范工程建设。经公开招标、项目征集等形式，共有北京永和大王餐饮管理有限公司等15家企业参与朝阳区早餐示范工程建设，完成新建改造各类早餐建设项目224个。探索社区物流最后100米承载新模式。引导建设社区服务平台、智能自提柜（箱）、电子收发室、搭载服务四种模式末端配送网点196处。

（马伟超）

名　录

单位名称：北京市朝阳区商务委员会
主　　任：邵建云
地　　址：北京市朝阳区日坛北街33号
邮　　编：100020
电　　话：65099185

（马伟超）

海淀区

概　　况

北京市海淀区商务委员会原名北京市海淀区商务局，2004 年 7 月由原区商委和区外经委合并组建，2009 年更为现名，是区政府主管本区国内外贸易和对外经济合作的工作部门，内设 7 个科室，下设规范管理事业单位 1 个（商务综合执法监督检查所）。作为区政府负责内外贸工作的行政主管部门，主要负责贸易促进、商业服务业行业管理、社区商业建设、商务综合执法等内贸工作，以及利用外资、对外经济合作、对外贸易、服务外包产业发展等对外经贸工作；负责指导并促进内外贸领域行业协会等社会中介组织的发展等。

2016 年，海淀区商务委积极围绕区域功能定位和疏解非首都核心功能建设要求，主动适应和引领新常态，在商务领域攻坚克难，主动作为，瘦身健体，提质增效，惠及民生，依法行政，不断提升区域商业品质，优化商务环境，顺利完成了年度各项任务。

（张世璞）

商业服务业

【市场消费总额及社会消费品零售额完成情况】消费市场总体趋势稳中向好，服务消费增长迅猛，实物商品消费表现趋缓。2015 年实现市场消费总额 4961.5 亿元，同比增长 10.1%，其中服务性消费为 2748.5 亿元，同比增长 13.9%，2016 年海淀区服务消费增速始终保持在 11%以上，占市场消费总额的 55%；全年全区实现社会消费品零售总额累计达 2213.2 亿元，同比增长 5.7%。零售业实现零售额 1711.5 亿元，同比增长 5.5%，在社会消费品零售总额中占 77.3%。

（张世璞）

【支持开展丰富多彩的繁荣消费市场活动】开展以“汇美食 品健康 知科技”为主题的第十四届中关村国际美食节，以“智慧商业 品质生活”为主题的第十二届海淀品牌消费节和以“绿色科技 乐享生活”为主题的第八届绿色出行海淀体验会。通过系列活动的开展，促进智慧科技、绿色科技融入生活，推动行业转型调整，促进消费者体验消费、互动消费与线上线下的结合，促进海淀区文化、商业、旅游、科技、社区服务的有机融合，倡导文明商业、诚信经营，推进行业的健康持续繁荣发展。

（张世璞）

【顺利完成“比利时布鲁塞尔国际葡萄酒大奖赛”申办工作】海淀区获得“2018 年比利时布鲁塞尔国际葡萄酒大奖赛”举办权。海淀区商务委多次与大奖赛组委会进行沟通交流学习，讨论合作事宜，对大奖赛相关辅助活动进行论证，如打造葡萄酒旅游小镇、葡萄酒消费节等活动。并且积极通过对北京及周边的葡萄酒庄、葡萄种植基地、北京农学院葡萄酒院和酒类协会调研学习，定期举办“葡萄酒沙龙”活动，观摩学习房山举办的2016“一带一路”国际葡萄酒大奖赛等方式，听取多方意见建议，为举办大奖赛开拓思路。

（张世璞）

【市场调整疏解工作】2016年全年关停有形市场29家，盛宏达、万家灯火等重点市场相继关停拆除，共拨付了市场撤调奖励资金5600余万元，涉及6个街镇10个项目，有效地推进了全区市场撤调工作。海淀区商务委作为“区有形市场调整疏解联席会工作组”办公室，积极组织协调工作组各成员单位，全区有形市场调整疏解工作进展顺利，成效显著。

（张世璞）

【持续提升生活性服务业品质，增加便民服务网点】市实事分解任务“生活性服务业品质提升”一项为2016年市区政府签订“目标责任书”任务，并被列为2016年度市政府督查绩效考评内容，目标为年底前完成350个各类生活性服务业网点的规范建设工作，提升区域连锁化水平4个百分点。截至12月份，已完成383个网点的规范建设，连锁率提升4个百分点，提前超额完成任务。2016年共在关停市场周边新建和改造蔬菜零售网点45处（超市发新建社区网点12个），新增售菜面积近2000平方米，辐射15个街道180个社区，目前全区已建成650个蔬菜零售终端、327个规范化早餐网点。

（张世璞）

【制发了《海淀区提高城市生活服务业品质实施方案》】提出了逐步打造“规范化、连锁化、便利化、品牌化、特色化、电商化”的城市生活性服务业新格局的目标。并制定了2016－2017年海淀区提高生活性服务业品质重点任务分解，已通过政府常务会和区委常委会审议。

（张世璞）

【制发了《海淀区菜篮子工程三年行动计划（2016－2018年）》、《海淀区蔬菜直通车经营管理规范（试行）》等政策文件】紧密结合《海淀区有形市场调整疏解工作方案》的任务要求，根据不同区域的具体情况，采取增设固定式便民服务网点、引导周边现有超市等扩大果蔬售菜面积、开通临时性流动售菜车等措施，不断提升社区商业网点的覆盖水平，保障居民菜篮子等日常消费需求。重点关注锦绣大地、天下城市场等本年度关停任务较重的市场周边需求情况，提前做好应对措施。指导各街镇对辖区内现有蔬菜直通车进行规范整顿。

（张世璞）

【“蔬菜保供应 平价惠民生”活动圆满完成，转入常态化机制】2015年11月至2016年2月底，229家参与网点累计销售蔬菜约4万吨，其中平价菜品销量占到六成以上，价格普遍低于平均指导价5%～10%，有的甚至达到50%以上，网点蔬菜销售量平均同比增长22%。

（张世璞）

【成立区域“蔬菜联采联盟”】通过组织辖区企业与优质蔬菜供应源头开展产销对接、基地联采等活动，从源头把控好菜品质量，实现安全可追溯。自2016年3月平台正式上线运营以来，已和延庆区、大兴区、山东聊城、河北张家口、廊坊、邯郸、河南安阳、内蒙古赤峰、乌兰察布等地的396.8万亩高品质蔬菜基地建立了合作关系，以超市发、物美、顺天府、幸福超市等连锁商超为代表的约300个网点加入联采。下一步还将开发更多的优质蔬菜基地，形成常态化的优质资源共享机制，推进海淀区蔬菜供应体系建设，从源头把控品质，实现菜篮子供应“安全、平价、可追溯”的总体目标。

（张世璞）

【依托科技手段，创新服务模式】在中关村、学院路等街道引进生鲜 O2O 平台“车客家园”，通过互联网实现“农社对接”的新模式，选择无公害蔬菜基地，采购全国各地优质水果、粮食等副食品，目前已在青云北等 10 个社区建立实体销售店，把绿色蔬菜送到居民家门口；在马连洼街道和上地街道的部分社区试点安装智能保鲜柜，居民通过手机查看今日最新菜品并下单，下班回到小区即可从智能保鲜柜中取走已经洗好并用保鲜膜包装着的蔬菜；在中关村、上地等办公集中区，试点推广以优粮生活为代表的线上线下相结合的白领午餐新模式，方便上班族就餐需求。

（张世璞）

【促进末端物流资源的整合与规范发展】制发了《海淀区促进末端物流发展的指导意见》，深入推动高校校园快递服务工作的规范有序开展，并将成功模式复制到社区、商务楼宇等。联合交通支队、城管监察局、相关街道等在问题比较突出的紫竹院地区召开现场会，共同商讨整治对策。联合海淀园管委会、市政市容委等部门召开园区快递服务推进会，介绍先进模式和经验。

（张世璞）

【商务执法情况】2016 年对海淀区商业服务业单位进行安全检查共 500 余家，出动执法人员 1200 余人次，做出行政处罚 167 例，其中一般程序处罚 5 例，简易处罚 162 例，总计处罚金额 2.5 万余元；海淀区商务委组织“双打”专项整治成员单位从专利侵权、明码标价、违法组装及回收、商标侵权、版权侵权和制售假冒伪劣商品等多个方面展开执法检查，检查了批发零售市场、集贸市场、电子市场等各类市场 152 余家次，经营主体 1000 余户，特别是对中关村西区电子进行不间断的联合检查，取得了良好效果。2016 年度共处理非紧急救助投诉件 200 余件，群众满意程度较高，在全区名列前茅。

（张世璞）

【标准化培训工作】组织街道和大型连锁企业负责人 1200 余人次参加了安全生产知识培训会，会同安监、公安、消防、盐业等部门以案例分析、检查中发现的隐患等多个角度为企业进行培训，排除安全隐患；组织专题会议部署行业安全生产工作，与 30 余家区域连锁总部和大型商业服务业企业签订了安全生产责任状；动员组织督促指导安全生产标准化三级评审，截至 2016 年年底，已有 24 家企业完成安全生产标准化三级评审。

（张世璞）

【建立健全粮食供应保障应急体系】制定了《北京市海淀区粮食供给应急预案（审议稿）》，建立了以国有商业企业和重点粮食经营企业为主供应渠道的应急保障体系，明确了以 108 家连锁超市门店和 15 家独立门店组成的 123 家应急供应网点、5 家粮食企业为重点保供单位的应急供应体系。

（张世璞）

【严格落实粮食安全区长责任制】海淀区商务委会同区相关部门全面梳理了本区粮食工作和市考核内容，制定了《北京市海淀区人民政府关于落实粮食安全区长责任制实施方案（审议稿）》，会同各有关部门及属地街镇，抓紧落实海淀区粮食安全区长责任制各项考核指标及各项工作任务，做好全面总结、自查自纠和迎检工作。

（张世璞）

对外经济贸易

【概况】2016年海淀区新批外商投资企业256家，吸收合同外资46.8亿美元，实际利用外资18.9亿美元，同比增长44.92%；实现进出口总额282.72亿美元，同比下降10.2%，占北京市的10%。其中，进口总额196.43亿美元，同比下降8.6%，占北京市的8.5%；出口总额86.29亿美元，同比下降13.5%，占北京市的16.6%。

（张世璞）

【聚焦六领域，全面推进服务业扩大开放】落实《北京市服务业扩大开放综合试点实施方案》，将具体任务纳入《海淀区2016年重点、专项改革任务》中，在“深化科技体制与协同发展体制改革”中增加服务业扩大开放综合改革试点内容；明确了科学技术服务领域、互联网和信息服务领域、文化教育服务领域、金融服务领域、商务和旅游服务领域、健康医疗服务领域等六大重点领域改革的具体任务和责任单位。同时，研究制定《海淀区创建服务业扩大开放综合改革试点实施方案》，提出50项具体任务措施，进一步提升海淀区信息、科研、金融、教育、文化等领域的优势地位，进一步打造“大众创业、万众创新”的环境，将海淀区建设成为具有国际影响力的创新创业中心和创新型经济的集聚中心。

（张世璞）

【围绕新定位，促进总部经济发展】重点针对科技型准总部企业，积极宣讲新的总部政策，使企业知晓、用足用好政策；启动开展2015年度、2016年度总部企业补助奖励资金申报工作、总部经济聚集区和公共服务平台项目资金申报工作，申请资金近5000万元。筹备海淀区国际商会暨总部企业专委会成立工作，积极搭建总部企业市场服务平台。

（张世璞）

【助力京交会，积极搭建企业交易平台】举办“知名企业家北京对话会”，央视《对话》节目全程参与录制。举办中国智慧服务峰会暨2016年软件与信息服务国际企业对接会，组织信息服务企业与商业流通和O2O企业进行跨界交流。参与“北京主题日”活动，推动两个项目达成合作意向，中关村软件园等六个园区被认定为北京市服务贸易示范基地。

（张世璞）

【紧盯大企业，全力推动外贸稳定增长】认真贯彻落实全市外贸稳增长会议的精神和工作要求，海淀区领导多次组织召开外贸工作专题会，进一步强化外贸稳增长联席会议机制，以央企和龙头型外贸出口企业为重点，加大走访服务力度，全年累计走访联系企业近150家。继续加大对国家和北京市各项优惠政策的宣传力度，利用出口奖励、信用保险补贴等政策，鼓励企业积极扩大出口。同时，研究出台海淀区外贸出口奖励配套政策，在市级政策基础上，加大对企业出口增量的奖励，进一步调动企业的工作积极性。

（张世璞）

【扶持中小微企业，主动解决其实际问题】积极为外贸出口企业争取各级扶持资金，完成2015年第二批中小企业提升国际化经营能力项目资金申报工作和2016年度北京市服务外包市级配套资金申报工作，申请资金近5100万元；启动海淀区服务外包扶持资金申报工作。进一步加强类金融行业监管，完成辖区41家典当法人企业的年度核查初审。围绕“典当创新如何服务大众创业”主题，邀请河北、天津典当行业代表参会，通过活动引导企业摆脱目前行业困境，完成转型发展。

（张世璞）

名　录

单位名称：北京市海淀区商务委员会
党组书记、主任：王　澎
地　　址：北京市海淀区四季青路6号招商大厦
邮　　编：100195
电　　话：88496768
传　　真：88496790
网　　址：hdsww.bjhd.gov.cn

（张世璞）

丰台区

概　况

2016年，丰台区商务委员会围绕调结构、稳增长、促消费、提品质、惠民生工作主线，全面推动商品交易市场调整疏解、生活性服务业品质提升、区域消费增长、电子商务创新发展、服务业对外扩大开放等任务的开展，各项工作取得了较好进展。全年实现社会消费品零售额1075.3亿元，总量居全市第三位，同比增长6.8%，增速比上年同期降低0.7个百分点。从规模来看，限额以上实现810.4亿元，增长5.6%；限额以下实现264.9亿元，增长10.5%。

（牛格非）

商业流通

【规划政策】制定出台丰台区提高生活性服务业品质实施方案，明确建设都市生活服务业创新示范区的目标。编制发布丰台区"十三五"时期商业服务业发展规划，明确了未来5年商务工作的重点。

（牛格非）

【调整疏解非首都功能】全年完成65家市场调整疏解工作，其中拆除4家，清退转型37家（关停28家、转型9家），升级改造24家，共涉及建筑面积101万平方米，摊位数1.63万个，从业人员4.3万人。全年调整疏解7家仓储物流设施，共占地10.6万平方米。

（张会利）

【生活服务业品质提升】年内，新建或规范便民服务网点173家，其中便利店（超市）16家、家政12家、美容美发12家、蔬菜零售27家、洗染14家、再生资源回收50家、早餐20家、末端配送22家。生活性服务业网点连锁化率提升4.21个百分点，达到29%，8项基本便民服务社区覆盖率达到100%。推荐19家区内企业入选市级生活性服务业品牌企业库，以"丰台优品"为品牌，建成6家"一站式"便民生活服务中心。

（李　蕊）

【高端商业项目建设】年内，银座和谐、丰台万达、槐房万达、恒泰广场、合生广场等大型商业设施开业运营，总面积70万平方米，数量和面积均居城六区首位。新开业商业设施均为购物中心，进一步提升了丰台区的高端商业品质，优化了区域商业结构。

（张会利）

【电子商务】突出丰台区"互联网＋都市生活"的发展理念，建设"一园多点"生活性服务业电子商务发展体系，整合与居民密切相关的"吃、住、行、游、购、娱、健"等生活服务信息要素，打造满足都市生活全方面需求的丰台"e＋城市生活乐园"。促进国家电商基地建设，推进丰台电商人才平台工程，举办电商人才高级研修班。成立丰台区电子商务产业联盟和电子商务专家顾问团。引入跨境直购体验店落户实体商业，居然之家进口商品超市、资和信进口商品直营店开业。推动电子商务在农产品、花卉等区域传统优势资源产业的应用，新发地生鲜网上线第一年就实现了6000万元的零售额。

（杨　磊）

【行业监管】年内，完成72家成品油零售企业年检，完成31家典当、40家拍卖企业年审，新增典当企业1家、拍卖企业15家，酒类备案873家，发放随附单224家（次）。出台丰台区落实粮食安全区长责任制实施方案，完善对蔬菜、猪肉等生活必需品的市场供应及价格监测，做好储备猪肉市场投放工作。开展“双随机”商务执法，进行刀具、食盐、酒类流通、美容美发等领域的专项检查，共检查单位464家次，出动检查人员1100人次，发现问题150余起，约谈违规企业9家，实施简易处罚74件，一般处罚2件，罚款金额2.5万元。完成商务行业2016年三级达标创建工作和“三查一送”工作，对500家经营单位的主要负责人和安全管理人员近1100人次进行安全生产培训，开展32家安监险试点。“双打”工作有序开展，组织联合执法检查4次。

（李　蕊、李学兵）

对外经贸

【利用外资情况】年内，丰台区新设外商投资企业23家，比上年同期下降4.2%。新增合同外资54480万美元，同比增长5.2倍；实际外资10414万美元，同比增长79%。

（张　萍）

【对外贸易情况】年内，丰台区进出口总额实现804.85亿元人民币，同比增长4.7%，居全市第七位，其中进口总额624.39亿元人民币，同比增长1%；出口总额180.46亿元人民币，同比增长19.9%，增速居全市第二。

（张　萍）

【扶持外向型经济】制定丰台区落实北京市服务业扩大开放综合试点实施方案。落实国家及北京市外贸稳增长措施，近300家企业获得外经贸发展专项资金3000余万元。做强做大总部经济，3家总部企业获得奖励补助资金1040万元。不断壮大外贸企业规模，新增外贸经营权企业210家。丽泽金融商务区成为首批市级服务贸易示范基地。

（张　萍）

名　录

单位名称：北京市丰台区商务委员会
主　　任：郭晓一
地　　址：北京市丰台区东安街三条6号
邮　　编：100071
电　　话：63838670
传　　真：63838670

（牛格非）

石景山区

概　　况

石景山区规模以上商业零售和餐饮店铺达到100家，其中商业零售店铺40家，餐饮店铺60家，总面积41.7万平方米。商务领域扩大有效供给，培育消费市场内需增长新动力，兑现奖励政策，调动企业挖潜积极性。兑现支持资金304万元，支持企业开展促消费活动，加大活动宣传推广力度，挖掘企业“促消费、保增长”潜力，带动全区消费市场繁荣。

深入推进国家电子商务示范基地建设，发挥电子商务产业集聚效应，以应用创新与产业融合为特色，突出全区打造电子商务应用创新区的发展优势和示范效应。研究完善石景山区电子商务新政策，将服务型电商纳入享受政策扶持范围，优化电子商务发展环境。积极参加京交会北京馆展览和系列主题活动，展示石景山区国家服务业综合改革试点区发展成果，组织区内龙头企业参加项目集中签约仪式。

深化商业保理试点建设，成功举办2016年全国首期商业保理公益宣讲会及第四届中国商业保理行业峰会，极大地提升了石景山区商业保理行业的知名度及影响力。探索研究《石景山区促进商业保理行业发展暂行办法》，培育扶持一批龙头型商业保理企业在石景山区做大做强。落实商业保理“4+1”监管机制，防范金融风险，推动石景山区商业保理行业规范有序发展。

积极落实北京市服务业扩大开放综合试点，着力促进外贸稳定增长，出台有力措施，强化重点企业服务，优化发展环境，全力推进开放型经济有序发展。其中，外资规模稳步增长，吸收合同外资额达7.3亿美元，同比增长25.4%，新批企业全部为服务业企业，符合服务业扩大开放重点领域发展要求。外资来源遍及亚洲、美洲、欧洲和大洋洲的31个国家和地区，为石景山区高端绿色发展注入了新的活力。完成外贸进出口总额53.16亿元人民币，同比上涨4.3%，出口类型由以货物出口为主逐渐拓展为以货物出口为主，技术贸易、服务外包、对外文化贸易等多头发展；货物出口商品由工业产业逐渐扩展到高新技术产品、纺织、食品、低碳等领域。

（郝　响、张　焰）

商业贸易

【概况】石景山区商务委是负责石景山区内外贸易和对外经济合作的区政府工作部门。年内，石景山区商务委开拓创新、砥砺奋进，圆满完成了市、区折子工程和拟办实事等重要工作任务。

石景山区商务委全面落实石景山区“全面深度转型、高端绿色发展”战略，围绕“建设国家级绿色转型发展示范区”的目标，努力构建石景山区商务工作新格局。

2016年石景山区累计实现社会消费品零售额287.5亿元，同比增长8.1%，增速位居城六区首位。

创新活动模式，繁荣活跃消费市场。组织开展“第七届京西消费节”活动。本届消费节以企业活动为主，组委会活动为辅，整合全区商业资源，主打生活性服务业品质提升主题，划分悦享电商、悦享时尚、悦享家居、悦享汽车、悦享服务、悦享美食六大板块主题活动，电商展示、平板支撑、商场VR场景展示等组委会活动穿插其中，充分展示了石景山区商业高端绿色发展的新形象，促进了消费市场提质增速，实现销售额6.5亿元，同比增长6.6%。

撰写完成《石景山区“十三五”时期商务服务业发展规划》、《石景山区“十三五”时期商业服务业发展规划》。完成“数字商务”系统二期验收，通过采用信息化管理手段，全面、准确、形象地展示石景山区商务、商业服务产业发展现状，叠加土地规划现状及未来规划情况，实现对产业空间布局的规划指导。

推动商业保理行业发展，扩大石景山区商业保理影响力。成功举办2016年全国首期商业保理公益宣讲会及第四届中国商业保理行业峰会，近千人参加活动，极大地提升了石景山区在商业保理行业内的知名度，招商引资效果明显。制定《石景山区商业保理风险排查方案》，全面排查石景山区商业保理企业资金来源，有效防范各类金融风险发生。

打造高端品牌，推动国家电子商务示范基地建设。研究制定石景山区2016年电子商务新政策，优化电子商务发展环境。完成2015年市商业流通发展资金验收工作。

搭建京津冀商贸企业对接合作平台，推动与天津宝坻、河北保定定兴等区域就农产品产销衔接、商贸物流合作、品牌门店入驻等方面开展深入对接，加强三地商贸交流合作。

深入贯彻落实北京市疏解非首都功能和区委、区政府治理环境脏乱、疏解低端产业、实现高端绿色发展的工作要求，全面启动对全区58家商品交易市场调整疏解工作，按照“拆除清退”、“疏解转型”、“升级改造”三种方式推动再生资源回收市场、专业市场和菜市场的关转提升工作。2016年，已完成调整疏解商品交易市场12家，清退建筑面积3.7万平方米，疏解从业人员近1600人，其中拆除清退再生资源回收市场6家、专业市场4家、菜市场2家。

强化政策引导，全面推动生活性服务业品质提升。新建或规范连锁化、品牌化8项基本便民服务网点50个（其中蔬菜网点11个，便利店超市11家，早餐8家，再生资源8个，家政6个，洗染1个，美容美发2个，末端配送3个），实现8项基本便民服务功能社区全覆盖，连锁店占总店面数比率达24.4%，较2015年底提升3.1个百分点。全区新增或规范蔬菜零售网点11个，增设车载直销车3辆、备案蔬菜直销车经营企业1家。

（郝　响、张　焰）

【2016年全国首期商业保理公益宣讲会于石景山区举办】2016年1月12日下午，石景山区商务委联合商务部商业保理专委会，于石景山区万商花园酒店召开2016年全国首期商业保理公益宣讲会，来自全国多地的商业保理、融资租赁、小贷、电子商务等企业，中国银行、建设银行、平安银行、华夏银行等多家金融机构，市商务委、区科委、投促局、金融办、工商联等部门近300余人参加。此次培训邀请到商务部研究院领

导、台湾顶级商业保理专家、全国唯一的商业保理律师团队负责人等一流专家和一线从业者为大家讲解商业保理行业发展现状与趋势、商业保理风险管理、商业保理业务操作信息化管理等行业热点内容，对提高商业保理行业认知度，推动商业保理行业规范发展发挥了积极作用。此次会议打响了石景山区商业保理行业发展品牌，吸引注册在外地但在北京做保理业务的优质企业等关键资源、发展要素落户石景山区，促使商业保理企业在石景山区形成集聚，进而带动区域产业结构优化升级，推动区域经济发展，促进国家级绿色转型发展示范区建设。

（陈　雷、丁　玲）

【第四届中国商业保理行业峰会在北京市石景山区顺利召开】2016年4月6日，第四届中国商业保理行业峰会在石景山区华北宾馆盛大开幕，本届峰会由商务部国际贸易经济合作研究院、市商务委、石景山区人民政府支持，中国服务贸易协会商业保理专委会主办，主题是“供给侧改革中的商业保理”，峰会包含开幕式、主题演讲、论坛讨论、颁奖仪式等系列活动。会议邀请了国际保理商联合会（FCI）、商务部市场秩序司、市商务委、石景山区政府等部门领导，全国各地商业保理公司、融资租赁公司、银行金融机构及商业保理从业人员近500人。在为期两天的峰会上，石景山区以“整合资源，集聚高端——打造商业保理聚集地”为主题，突出高端化、专业化和品牌化，宣传推介石景山区“融合山水谋发展、建设首都西大门”发展理念，展示高端商务服务产业发展优势及商业保理行业集聚特色，吸引全国各地优质企业落户石景山。

（陈　雷、丁　玲）

【第四届京交会展现石景山区高端绿色发展】2016年5月28日，第四届中国（北京）国际服务贸易交易会（简称“京交会”）在国家会议中心正式开幕。在历时5天的展会中，石景山区商务委联合相关委办局及首钢公司，以国家服务业综合改革试点区和新首钢高端综合服务区为宣传品牌，全方位、宽领域、多角度展现石景山区“融合山水谋发展、建设首都西大门”发展理念，建设国家级绿色转型发展示范区的奋斗目标以及着力构建“八个高端体系”的发展成果。展会期间，通过宣传展板，播放“八个高端体系”、“美丽石景山”等宣传片及发放宣传彩页等手段，重点宣传文化创意、现代金融、高新技术、商务服务、旅游休闲等主导产业及功能区发展优势，展示石景山区良好的发展环境，提高石景山区的知名度及美誉度。石景山区科技服务、跨境电子商务、文化创意等服务业扩大开放重点领域企业参与北京日签约仪式，商务部、北京市有关领导、司马红副区长共同见证北京合康亿盛变频科技股份有限公司与俄罗斯 L-Start Ltd.、环球国广媒体科技有限公司与韩国公营电商购物、八爪鱼互动（北京）科技有限公司与上海显云创业投资中心、北京国泰嘉泽创业投资中心等项目签约，服务贸易合同签约总金额近亿元。

（陈　雷、丁　玲）

【典当企业年审】2016年6月，石景山区全面完成2015年度北京市典当企业年审工作，16家典当企业通过审核，全部被评为A类企业（最高级）。2016年全区典当总额累计239048.74万元，典当余额33260.26万元，同比增长11.5%，主营业务收入实现5923.28万元。业务范围涵盖动产质押、房地产抵押、财产权利质押等。

（陈 雷、丁 玲）

【拍卖企业设立】 2016年，石景山区新审批注册两家拍卖企业。一是爱拍得（北京）拍卖有限公司，2016年4月29日注册成立，注册资金100万元，注册地址为北京市石景山区体育场南路2号1层1125室。二是东煜经典（北京）拍卖有限责任公司，2016年6月8日注册成立，注册资金1000万元，注册地址为北京市石景山区玉泉西里二区38号楼02层A203配套商业。

（陈 雷、丁 玲）

【拍卖企业年审】 2016年6月，石景山区全面完成2015年度北京市拍卖企业年审工作，其中有2家拍卖企业通过审核，分别为北京宏达三晶拍卖有限公司和北京鼎兴天和国际拍卖有限公司。

（陈 雷、丁 玲）

【2016京西消费节】 组织开展了“2016京西消费节”活动，本次活动以企业活动为主，组委会活动为辅，整合全区商业资源，主打生活性服务业品质提升主题，划分六大板块主题活动，穿插电商展示、平板支撑、商场VR场景展示等组委会活动，展示石景山区商业高端绿色发展新形象，促进消费市场提质增速，活动企业实现销售额6.5亿元，同比增长6.6%。

（刘 颖）

【蔬菜零售网络建设】 出台《加快石景山区蔬菜零售网络建设的工作方案（2016年—2018年）》新三年方案，着力推动蔬菜零售网络业态调整和品质升级，通过有序疏解低端低效业态，鼓励现代化服务模式发展，进一步优化蔬菜零售网络格局，推动“综合化菜市场、连锁化生鲜超市、菜店（便利店）协同发展，品牌化车载直销车和依托智能化O2O生鲜服务平台的蔬菜自提点等现代蔬菜零售业态为补充”的现代化“3＋N”蔬菜零售网络体系建设。2016年，全区新增或规范蔬菜零售网点11个（新增千平以上超市物美沁山水店；物美永乐西店完成“便利店＋生鲜菜店”模式改造，模南菜市场完成精品菜市场升级；天翠阳光新城及滨和园等新建居住区共4家连锁菜店开业；强化金顶街二区、七星园小区等社区蔬菜销售功能，新建规范菜店4家）。此外，增设车载直销车3辆、备案蔬菜直销车经营企业1家。

（刘 颖）

【生活性服务业品质提升】 以《北京市提高生活性服务业品质行动计划》为指导，围绕石景山区“全面深度转型、高端绿色发展”战略，出台实施《石景山区提升生活性服务业品质实施方案》。一是鼓励区内优质生活性服务业企业申报北京生活性服务业品牌连锁企业资源库，首批11家生活性服务业品牌连锁企业入选。二是鼓励指导管家帮、家事无忧、物美、善典时代等一批家政、便利店、蔬菜零售等重点领域品牌连锁企业积极争取北京市生活性服务业发展基金及市级专项资金，推动一批品牌提升、网点规范或新建示范项目，加速社区商业连锁化、品牌化发展。三是以“两网合一”的新思路，探索社区再生资源回收管理运营新机制。推动形成“两网合一”工作机制，将再生资源回收体系纳入垃圾分类管理体系，发挥国有环卫部门专业优势，整合垃圾分类和再生资源回收设施，通过统一运营，提高行业集中度和组织化、规范化程度；联合电子商务和物流配送企业，运用物联网技术，探索在全区建立再生资源的O2O服务平台，构建定时定点回收、网上预约交售相结合的再生资源回收模式。四是落实《石景山区人民政府2016年生活性服务业提升目标责任书》各项任务指标和相关各项督查任务。2016年，共新建或规范连锁化、品牌化8项基本便民服务网点50个（其中蔬菜网点11个，便利店超市11家，早餐8家，再生资源8个，家政6个，洗染1个，美容美发2个，末端配送3个），实现8项基本便民服务功能社区全覆盖，连锁店占总店面数比率达24.4%，较2015年底提升3.1个百分点。

（刘　颖）

【商品交易市场调整疏解】根据《京津冀协同发展规划纲要》精神，为深入落实北京市关于疏解非首都功能相关工作部署，进一步推动石景山区商品交易市场发展与城市功能相适应，与产业发展方向相融合，更好地保障城市运行，满足居民消费需求。按照区委、区政府工作要求，石景山区商务委在全面实地踏勘全区商品交易市场，全面、深入征求属地街道、市场主体、产权单位等相关部门的意见、建议的基础上，提出《石景山区商品交易市场调整疏解实施方案》（以下简称《方案》）并最终通过区委常委会审议，8月以区政府办名义印发，正式启动对全区58家商品交易市场的调整疏解工作。58家商品交易市场中共涉及专业市场25家、菜市场24家、再生资源回收市场9家，总建筑面积67.5万平方米，计划利用两年的时间，按照“拆除清退、疏解转型”两种方式进行全面的调整疏解。

在石景山区“治乱疏解建高端”指挥部的统一指挥和各部门、属地街道的通力配合下，商品交易市场调整疏解工作有序推进，截至2016年年底，全区共调整疏解各类商品交易市场10家，其中再生资源回收市场6家、专业市场3家、菜市场1家，清退建筑面积2.7万平方米，疏解从业人员1502人。

（李　莹、刘　珊）

【粮食平衡调查】3月，完成2015年度石景山区粮食供需平衡调查，共调查城镇居民64户、粮食经营企业5家、餐饮企业及单位食堂50家，基本掌握了全区2015年粮油产品供给量、需求量、库存量等基础性数据，形成《2015年度石景山区粮油供需平衡调查报告》，为进一步提升石景山区物资保障水平及应急响应能力提供了依据。

（张　弋）

【认真履行安全监管职责，全力保障商务领域生产安全】年内，石景山区商务委坚持日常执法检查与专项整治相结合，制定了安全生产监管工作计划，对执法检查、教育培训、应急演练等工作制定量化目标，明确了工作重点。同时，分阶段、抓重点、有特色地开展了冬春季火灾防控、餐饮场所燃气安全专项整治、安全生产大检查等专项行动。监管企业台账实时更新，全年核销监管单位5家，新增备案单位11家，目前全区规模以上商业零售、餐饮经营单位共计102家。2016年，全委共出动安全生产执法检查227次，684人次，检查复查经营单位企业342家次，排查治理安全隐患520处，对存在问题较多的40余家企业进行了约谈指导。积极推进商业企业安全生产标准化达标创建和安责险投保工作，2016年，石景山区商务委对未完成达标企业进行逐一走访约谈，完成达标创建16家。截至2016年年底，石景山区114家商业零售、餐饮经营单位完成安全生产标准化达标创建，16家企业投保了安责险。

（王建博）

【全面固化管控成效，禁止违法露天餐饮经营】 一是提前部署宣传工作，及时传达了区委区政府关于禁止违法露天餐饮经营的决定和要求，印发了各类宣传材料6万余份，深入社区、中小学校、企事业单位和集体经济组织广泛开展宣传教育。充分发挥主渠道作用，全年石景山区电视台制作播发新闻、专题报道、《记者视线》等节目80余条次，石景山报刊登相关报道3版。二是属地街道积极落实属地管理责任，充分利用下沉执法力量，形成了区域性联动管理，有效控制和打击了辖区内违法经营露天餐饮行为。各部门持续加强整治联勤联动，对存在违法行为多次整改未到位、屡改屡犯、造成信访举报的餐饮企业，组织相关执法部门进行联合约谈及执法整治，与属地管理形成了有效互补。2016年，全区各执法部门以及属地街道（鲁谷社区）共出动执法检查人员12196余人次，检查餐饮经营单位6235家次，查处违法露天餐饮经营行为1193起，罚款175800元。2016年，石景山区多次违法经营露天餐饮的商户较2015年减少了59.2%，较2014年未全面禁止前的181家减少了89%。4月至10月份，石景山区违法大排档举报量（城管）为67起，较2015年同期的174起下降了61.5%，较2014年下降了77.6%，禁止违法露天餐饮工作取得明显成效。

（王建博）

【及时兑付支持资金，持续推进再生资源回收市场整治】 石景山区再生资源回收市场清理整治工作自2014年开始，列为清理关停范围的共31家，总面积为152.5亩。在各部门的大力支持和相关农工商公司积极配合下，石景山区完成清理关停回收市场30家，清退土地面积8.6万平方米，其中完成拆除的20家，占地面积4.7万平方米，疏解经营商户202户，疏解外来人口654人。为固化前期工作成果，保障集体经济组织利益，石景山区商务委联合区集经办申请财政资金对按要求实现关停的20家再生资源回收市场给予支持，拨付支持资金308.16万元。

（王建博）

【推进执法体制改革，强化行业监管依法行政】 为进一步规范商务行政执法，整合商务执法资源，提高商务执法效能，推进依法行政，石景山区商务委按照市商务委、市编办联合下发的《关于印发〈商务综合行政执法体制改革试点工作实施方案〉的通知》（京商务法贸字〔2016〕8号）文件要求，积极推进商务综合行政执法体制改革试点工作。目前，区编办已经批复增加行政执法编制一名，同时，为执法人员配备了执法记录仪等设备。2016年，石景山商务委在行业管理的基础上，加强了商务行政执法监管，开展了食盐、环境卫生、预付卡、美容美发等行业检查，出动执法检查人员300余人次，检查企业160余家次，整改各类问题隐患180余起，联合盐业公司查缴私盐假盐约2000公斤，完成行政处罚64起，其中一般程序案件5起。

（王建博）

对外经济

【概况】 年内，外资企业在石景山区总体投资额达13亿美元，同比增长12.9%，其中合同外资 7.3 亿美元，同比增长 25.4%。新批及并购企业 15 家，投资总额 7267.1 万美元，其中合同外资 8340 万美元。2016 年完成实际利用外资 1.5 亿美元，同比增长 64.9%。完成外贸进出口总额 53.16 亿元人民币，同比上涨 4.3%。其中出口总额 27.37 亿元人民币，同比下降 14.8%，进口总额 25.79 亿元人民币，同比增长 37%。

（徐　沫、王凯蒂）

【外贸进出口情况】年内，全区共有对外贸易经营者备案企业 1079 家，其中 2016 年实际涉及进出口业务的有 316 家（含有出口业务的 173 家，有进口业务的 218 家）。完成外贸进出口总额 53.16 亿元人民币，同比上涨 4.3%，全市占比 0.3%。其中出口总额 27.37 亿元人民币，同比下降 14.8%，全市占比 0.8%；进口总额 25.79 亿元人民币，同比增长 37%，全市占比 0.2%。出口商品以钢材及工业产品为主。出口国包括波兰、埃及、印度、突尼斯、土耳其、马来西亚、韩国、越南等。

（徐　沫、王子丹）

【利用外资情况】年内，石景山区完成实际利用外资 1.5 亿美元，同比增长 64.9%，创历史新高。利用外资规模位列首位的是信息传输、计算机服务和软件业，占比为 94.5%；位列第二的是其他专业技术服务，占比 4.4%；位列第三的是教育咨询，占比 1.1%。

（徐　沫、王凯蒂）

【外资结构情况】截至 2016 年年底，全区开业外商投资企业 312 家。按企业生产方式划分，生产型企业 46 家，非生产型企业 266 家；按合作方式划分，独资企业 226 家，合资企业 79 家，合作企业 3 家，股份制合资企业 1 家，投资性公司 3 家。累计投资总额 41.9 亿美元，其中合同外资 21.4 亿美元，企业平均投资规模 1342.9 万美元。

（徐　沫、王凯蒂）

【外资来源情况】年内，全区外商投资主要来源于全球 31 个国家和地区。其中企业数量最多的为中国香港，共设立“三资”企业 173 家，外资额为 32 亿美元；英国（含维尔京群岛和开曼群岛）共设立“三资”企业 23 家，外资额为 2.5 亿美元；美国位列第三，共设立“三资”企业 21 家，外资额为 2270 万美元；三个国家和地区的投资企业数分别占全区外资企业总数的 55.4%、7.4%和 6.7%。

（徐　沫、王凯蒂）

【新增外资规模情况】年内，新批及并购企业 15 家，投资总额达 7267.1 万美元，其中合同外资 8340 万美元。开业外商投资企业实现新增投资额达 12.6 亿美元，同比增长 33.7%，其中合同外资 6.8 亿美元，同比增长 46.7%。

（徐　沫、王凯蒂）

【新批外资结构情况】新批“三资”企业中，从企业类型上分，独资企业 9 家，合同外资额 4763.8 万美元；合资企业 4 家，合同外资额 68.9 万美元；并购企业 2 家，合同外资额 3507.3 万美元。从产业结构上分，新批“三资”企业全部符合石景山区产业发展定位。投资涉及的主要行业有科技研发、商业批发、商务咨询、外贸进出口等，其中，互联网服务类企业占新批企业的 73.3%。

（徐　沫、王凯蒂）

【外资大项目情况】年内，开业外资企业增资项目在规模和质量上不断扩大和提升，为推动石景山区外商投资企业高质量发展注入了新的活力。增加投资总额1亿美元以上的大项目2个，合计增加投资总额8.2亿美元，其中合同外资总额4.1亿美元；增加投资总额1000万美元以上的大项目16个，合计增加投资总额4亿美元，其中合同外资总额2.2亿美元。

（徐　沫、王凯蒂）

【落实服务业扩大开放试点工作】围绕北京保险产业园、新首钢高端产业综合服务区、中关村石景山园三大功能区，聚焦石景山区重点发展领域，编制石景山区服务业扩大三年行动计划，并力促石景山区亮点项目落地。一是成功引进中国葛洲坝集团海外投资有限公司，践行国家“一带一路”发展战略，带动优势资源“走出去”；二是贯彻京津冀协同发展战略，北京“侨梦苑”项目获批落户新首钢高端产业综合服务区，打造侨商产业聚集区和华侨华人创新创业基地；三是积极推进签署50亿元保险资金债权融资战略框架协议，促进北京保险产业园逐步成为国家级金融创新示范区；四是新首钢高端产业综合服务区取得西十筒仓一、二期工程规划验收意见，首钢西十冬奥广场项目取得顺利进展。

（徐　沫、王子丹）

【外资备案改革】2016年10月8日，国家发展改革委联合商务部发布公告，将不涉及国家规定实施准入特别管理措施的外商投资企业设立及变更，由审批改为备案管理，实现我国外商投资管理体制的重大改革。为了更好地落实备案改革工作，转变外资服务模式，石景山区商务委积极实施工商联动、流程告知、新政宣传等多项措施，推动外资事前审批向事中事后监管转变。自备案工作实施以来，石景山区外商投资企业设立及变更审批累计减少97.4%。

（徐　沫、王凯蒂）

【落实政策扶持，增强企业活力】组织申报北京市2016外贸“稳增长”奖励资金，累计373万元，拉动企业出口积极性；初审31家企业申报的待审项目86个，涉及实际拨付金额406万元，支持中小企业走出国门，开拓国际市场；组织2家企业申报技术出口贴息项目，兑现奖励金额60.4万元，鼓励石景山区技术和技术服务出口，促进服务贸易企业创新发展。

（徐　沫、王子丹）

【服务企业需求，助力外贸增长】通过线上交流、线下座谈等方式搭建企业与企业之间、企业与金融机构之间、企业与政府之间的沟通互动服务平台，实现多方互动，提升服务时效，推动石景山区外经贸企业的良性发展；制定并实施企业走访制度，了解企业存在的实际困难，通过分析制定今后工作计划及相关政策，及时解决企业面临的问题，通过政策引导，帮助企业挖掘潜力，提升外贸出口优势。

（徐　沫、王子丹）

名　录

单位名称：北京市石景山区商务委员会
党组书记、主任：宋世媛
地　　址：北京市石景山区石景山路18号
邮　　编：100043
电　　话：68607227
网　　址：http://sjsswj.bjsjs.gov.cn

（郝　响、张　焰）

门头沟区

概　　况

2016年，在区委、区政府领导下，门头沟区商务工作以稳增长、促发展、惠民生为主线，较好地完成了全年各项任务，商务运行保持平稳，行业发展稳中提质，发展基础进一步巩固。落实稳增长措施，多措并举拉动内需，加大服务民生力度，优化投资环境，提高应急处置能力。注重结构调整升级，商务发展质量进一步提高。夯实民生基础，保障城市运行能力进一步增强。消费市场稳步增长，2016年全区累计实现零售额61.68亿元，同比增长7.2%，其中限额以上企业实现零售额38.7亿元，同比增长5.9%，限额以下企业累计实现零售额22.9亿元，同比增长9.4%。外贸发展呈现企稳态势，2016年全区外贸出口额为2.87亿美元，同比下降33.9%，其中出口1.32亿美元，同比下降46%，进口1.55亿美元，同比下降18.4%。利用外资大幅增长，2016年全区实际利用外资1004万美元，新增合同外资2154万美元。

（*石蕾蕾*）

商业流通

【为民办实事工程】2016年，完成了区政府为民办实事项目：全年组织开展12次“送货下乡及进社区活动”，任务为5次。

（*石蕾蕾*）

【折子工程】2016年，完成了区政府下达的折子工程指标1项：全区社会消费品零售额增长5%。实际完成社会消费品零售额61.7亿元，同比增长7.2%。

（*石蕾蕾*）

【推进生活性服务业品质提升工作】2016年，新建或规范提升各类商业便民网点46个，其中蔬菜零售网点16个；连锁化率达到22.6%，比2015年底提高了5.9%；蔬菜零售、便利店、早餐等8项基本便民服务在社区覆盖率达到57.3%。

（*石蕾蕾*）

【落实2015版新增产业禁止和限制目录】按照市、区两级要求，配合区发改委等部门，在区内严格落实2015版新增产业禁限目录；制定了市场调整疏解工作方案；认真做好企业咨询的政策解释工作。

（*石蕾蕾*）

【增强门头沟区生活必需品应急保障能力】加强生活必需品市场监测和三级联动应急机制，提前做好应急物资储备工作。与区内相关企业签署了应急物资调运、存储责任书，确保分工有序，责任到位，物资储备充足，人员随时到岗，车辆整装待发，全力做好应急物资保障工作；圆满完成“7·20”军庄镇应急供应任务。

5月至7月，按照市政府要求开展“政府储备猪肉”投放工作。组织门头沟区5家超市销售政府储备猪肉及储备冻猪肉，稳定猪肉市场。

（*石蕾蕾*）

【完善再生资源回收站点体系建设】 2016年，完成石门营、龙门新区3个回收站点建设任务；组织回收主体企业做好再生资源数据及信息月报送工作，加强本部门数据统计和报送；督促规模以上餐饮企业做好日常餐厨垃圾收运处理。

（石蕾蕾）

【加大商业专项资金扶持力度】 完成2016年度商业专项资金申报工作，申报项目6个，其中东方饺子王的新增早餐项目和纤丝鸟的电子商务项目已通过评审；申报少数民族项目（和庆斋）1个，获得市级资金70万元支持。

（石蕾蕾）

【行业促进工作成效显著】 2016年，举办了主题为“镇店之味”的2016“食在门头沟”餐饮技能大赛，区内9家规模以上餐饮企业的30余位厨师参加了本次比赛；完成了“食品在门头沟”光盘的制作，积极宣传、推动行业发展。

组织区内规模以上零售企业申报北京市首批“优质服务商店”，北京京客隆首超商业有限公司门头沟新桥店，黑山店，北京同仁堂善和医药有限公司3家企业入选。

组织区内餐饮企业参加“北京国际美食汇暨第五届北京餐饮文化促销季京郊美食行”活动，开阔企业视野，提升企业经营理念。

组织区内企业参加“第四届职业技能大赛”中式烹调师、商品营业员及家政服务员等多项培训和竞赛，通过高级别的培训和比赛，提高行业技能水平，增强行业从业人员素质。

组织区内京客隆新桥店，物美双峪店、新隆店参加“第六届北京市商业服务业服务技能大赛”商品营业员和收银员2个比赛项目培训。

举办“2016门头沟区收银员技能大赛”，检验零售行业员工业务水平和服务意识，实践岗位练兵。

（石蕾蕾）

【完成商务部信息监测报送工作】 2016年，完成重点流通企业监测和商贸流通业统计信息平台的整合及数据报送。两个监测系统合并为商贸流通业统计监测系统后，替换样本企业1家。组织商贸统计企业（原商贸流通业统计信息平台）完成2015年年报及2016年季报。组织60余家监测企业召开信息监测工作总结会2次，评选出7位2016年度优秀信息员。全年月报报送率达到百分之百。

（石蕾蕾）

【完成直销企业网点确认及核查】 2016年，完成了直销企业（同仁堂、肽来、罗麦）在区内新设的3个直销网点确认3次、核查2次。

（石蕾蕾）

【完成拍卖年检工作】 组织区内拍卖企业开展2015年拍卖年检工作。完成对现有3家拍卖企业（中融鼎立、天缘盛隆、艺融国际）的年审初检；经检查，3家拍卖企业没有非法集资现象。

（石蕾蕾）

【完成加油站年检等工作】 完成了2015年度加油站年审工作。全区12座加油站均按要求完成了2015年检、加油站油罐情况摸底、油量销售统计等工作。

（石蕾蕾）

安全检查

【扎实做好行业安全工作】 2016年，根据市区两级安全生产工作部署，全面推进安全生产标准化建设，安全执法检查共出动285余人次，检查规模以上商业企业、餐饮企业249余家（次）。发现安全隐患46处，全部整改完毕。

（石蕾蕾）

【加强全区商务执法检查工作】 2016年，为贯彻商务部、北京市商务委商务综合行政执法试点改革工作要求，加强对门头沟区商务领域行政执法工作力度，全年共做出行政处罚61起。其中，食盐领域执法做出一般行政处罚案件4起，罚没仿冒食盐48.25千克，其中400g纸塑包装28千克，350g包装33.6千克；安全生产一般行政处罚案件1起，罚款金额1.5万元；酒类流通、美容美发简易行政处罚案件41起。

（石蕾蕾）

【做好安全防范工作】 6月，门头沟区商务委会同区消防支队、区安监局在石龙大厦开展了消防应急演练。

（石蕾蕾）

粮食供应

【军粮供应工作】 2016年，共供应部队大米450吨，面粉329吨，食用油6吨。为了做好供应服务工作，做到“四个保证”：一是保证军粮等级质量，不以次充好；二是保证供应数量足额，不短斤少两；三是保证粮油供应品种新鲜，杜绝一切有害霉变粮油；四是保证提供满意品种，口感不适可退换，满足了部队官兵的需求。

（石蕾蕾）

【退耕还林补助粮食发放工作】 2016年，及时为退耕户发放补助粮食。退耕还林验收合格面积3.68万亩，累计涉及9个镇285个村8817个退耕农户，共计发放特一粉510.18吨，特等大米721.55吨。

（石蕾蕾）

外资外贸

【行政审批工作】 2016年共出批复10件，一体化1件，设立及变更备案7件，函2件。

（石蕾蕾）

【参展参会工作】 2016年5月28日至6月1日，参加第四届中国（北京）国际服务贸易交易会（京交会）。

（石蕾蕾）

【总部经济工作】 2016年3月22日，组织开展了“门头沟区总部企业、中介组织奖励补助申报工作培训会”。

（石蕾蕾）

【申报总部企业奖励】 2016年5月，报送总部企业奖励补助申报材料，北京精雕科技集团有限公司通过了总部企业奖励补助审核，获得战略提升奖励72.13万元。

（石蕾蕾）

【外资企业联合年报工作】 2016年8月底，完成2016年门头沟区外商投资企业联合年报工作，有70家外资企业参加年检，申报率达到100%。

（石蕾蕾）

【进出口企业增加】 2016年区内新增加自营进出口企业38家。

（石蕾蕾）

【帮扶外贸企业发展】 2016年，门头沟区外贸企业共获得394万余元资金补贴，其中包括区级“中关村门头沟科技园促进创新创业和产业发展专项资金（知识产权奖励部分）”119.1万元，稳增长补贴182.3万元和中小企业国际市场开拓资金 92.4 万元。

（石蕾蕾）

名 录

单位名称：北京市门头沟区商务委员会

党组书记、主任：王立宇

地　　址：北京市门头沟区双峪路 39－1

电　　话：69842571

邮　　编：102300

（石蕾蕾）

房山区

概　　况

2016年，房山区商务委围绕京津冀协同发展的战略部署，坚持稳中求进工作总基调，加快转变经济发展方式，不断提高全区商贸服务业运行质量和发展水平，凝心聚力、狠抓落实，推动了商务领域各项事业的全面发展，实现了“十三五”良好开局。全年实现社会消费品零售额248.5亿元，同比增长8%；外贸进出口总额6.8亿美元；实际到位外资4074万美元，较去年实现大幅增长。

商业流通

【房山区社会消费品零售额保持中高速增长】2016年，房山区实现社会消费品零售额248.5亿元，同比增长8%，增速高于全市1.5个百分点。在城市发展新区中，总量位列第五位，增速排名第四位。

（胡光宇）

【《房山区提高生活性服务业品质实施方案》正式发布】2月25日，由房山区商务委研究制定的《房山区提高生活性服务业品质实施方案》（以下简称《方案》）正式发布。《方案》以“便民、利民、为民、惠民”为宗旨，着眼于提高城乡居民生活便利度和消费满意度，通过增加服务有效供给、扩大服务消费需求、提升服务质量水平等措施，加快推进生活性服务业“规范化、连锁化、便利化、品牌化、特色化”发展，力争到2020年基本形成布局合理、功能完善的行业体系。

（胡光宇）

【《北京市房山区“十三五”时期商贸服务业发展规划》正式发布】9月5日，房山区商务委联合区发改委，正式印发了《北京市房山区“十三五”时期商贸服务业发展规划》（以下简称《规划》）。《规划》围绕京津冀协同发展战略、首都及房山区城市战略新定位，主动适应经济发展新常态，以“惠民生，提升生活性服务业品质”，“调结构，大力发展现代服务业”，“促联动，主动融入协同发展”，“稳增长，扩大内需促进消费”为主要任务，重点打造“一主”、“两副”、“多点”的产业空间格局。

（胡光宇）

【《北京市房山区人民政府关于全面落实粮食安全区长责任制的实施意见》正式发布】11月29日，由房山区商务委研究制定的《北京市房山区人民政府关于全面落实粮食安全区长责任制的实施意见》（以下简称《意见》）正式发布。《意见》建立了区政府粮食安全监督考核机制，完善了粮食流通管理体制，为进一步提高全区粮食安全保障能力和水平提供了指导意见。

（胡光宇）

【商品交易市场升级改造情况】2016年，房山区共注销市场营业执照9家，变更市场营业执照13家，升级改造25家，疏解商户112个，疏解人口389人。

（胡光宇）

【房山区再生资源回收市场升级改造见成效】年内完成了全区198家合法再生资源回收企业清退工作；完成拱辰街道良乡飞机场、西部回迁区、阎村工业开发区等共62个社区及单位的智能再生资源回收柜的铺设工作；成立房山区再生资源回收企业联盟，年内共签约企业23家。

（胡光宇）

【房山区生活性服务业品质提升工作成效显著】全年新建及规范商业便民网点94个，其中，便利店（超市）16个、早餐网点13个、蔬菜网点16个、美容美发店7家、洗染网点1家、家政服务1家、再生资源回收网点31个、末端配送网点9个；社区便民网点连锁化率提升了3.43%，达到了36.56%；八项便民服务功能全覆盖率达到了50.34%。

（胡光宇）

【房山区5000平方米以上大型商业设施达到49家】截至2016年，全区5000平方米以上大型商业设施总建筑面积与营业面积分别达到103.9万平方米和77.5万平方米，比2015年同期分别增加8.2万平方米与3.9万平方米。按业态划分，49家大型商业设施中，购物中心6家，百货店12家，专业专卖店2家，家居建材市场8家，商品交易市场21家。

（胡光宇）

【北京首创奥特莱斯商业二期开工建设】12月15日，北京首创奥特莱斯商业二期开工建设。项目位于一期西侧，建筑面积8.8万平方米，营业面积近3万平方米，分为地上四层，地下三层。项目建成后将引进精品超市、影院、蹦床、高档餐饮、品牌服饰等商业元素。

（胡光宇）

【京投港·长阳购物中心正式开业】12月23日，由北京基础设施投资有限公司投资建设的京投港·长阳购物中心项目正式开业。项目建筑面积5.4万平方米，分为地下2层、地上9层，涵盖影院、运动、健身、餐饮、休闲、娱乐等多种业态。开业首日实现销售额135万元，客流量4万人。

（胡光宇）

【三家大型商业设施运行良好】2016年，首创奥特莱斯、中粮万科半岛广场、绿地缤纷城三家大型商业设施合计实现零售额22.8亿元。首创奥特莱斯商城入驻品牌851个，开业率97%；绿地缤纷城入驻品牌105个，开业率96.3%；中粮万科半岛广场入驻品牌167个，开业率98.5%。

（胡光宇）

【商务行业安全保障工作】全年出动执法人员2630人次；检查各类经营单位630家次，指导企业整改各类安全隐患195起，没收假冒伪劣食盐328.5公斤，办理一般行政处罚案件7件，简易处罚案件158件。开展联合执法6次、专项执法4次；组织企业开展应急演练109家次，开展大型人员密集场所应急演练1次。

（胡光宇）

【积极开展行业促进工作】组织商业企业参加政策宣传会、商品展示、研讨会、博览会、推荐会、培训及公共讲座等活动，帮助企业宣传推介、展示形象、互动共赢；组织做好北京市第四届职业技能大赛各项工作，并取得良好成绩；帮助企业联系销售渠道，促进企业间合作交流，创办有机商品展卖店。

（胡光宇）

对外经贸

【外贸进出口情况】2016年，房山区实现外贸进出口总额6.8亿美元，同比下降25.2%。其中，实现出口额2.65亿美元，同比下降47.8%；实现进口额4.15亿美元，同比增长3.4%。

（胡光宇）

【两园区被市商务委认定为第一批“北京市服务贸易示范基地”】5月26日，房山区“中国房山世界地质公园”和“北京基金小镇”被市商务委认定为第一批“北京市服务贸易示范基地”。全市共有12个区的27个园区通过本次认定。

（胡光宇）

【房山区外商投资企业发展良好】2016年，新设立外商投资企业8家，增资3家。协议总金额2.51亿美元，协议外资额2.06亿美元。截至2016年年末，共设立外商投资企业584家。协议总金额32.5亿美元，协议外资额14.51亿美元。实际利用外资7.24亿美元。

（胡光宇）

名　录

单位名称：北京市房山区商务委员会
主　　任：豆宝才
地　　址：北京市房山区长阳镇昊天北大街38号
邮　　编：102445
电　　话：81312935
传　　真：81312958
电子邮箱：shangwu@bjfsh.gov.cn
网　　站：shangwu.bjfsh.gov.cn

（胡光宇）

通州区

商　　业

【概况】2016年，通州区商务委员会从北京城市副中心建设出发，攻坚克难，紧紧围绕调结构保增长，加紧通州区商务行业调整升级，推动商务发展体系建设，在稳增长、促发展、惠民工程、市场疏解、安全稳定、粮食储备、创城创卫、机关建设上取得了很多很好的成绩。

（畅绍丽）

【社会消费品零售额实现388亿元】2016年，通州区社会消费品零售额实现388.1亿元，同比增长9.2%，逐月连续保持全市领先，高于全市增速2.7个百分点，占全市社会消费品零售额的比重为3.5%。

（畅绍丽）

【科学谋划商业布局规划】按照北京城市副中心功能定位和业态需求，围绕核心区、环球影城重点区域，充分借助外脑，汇集多方智慧，科学编制《通州区“十三五”时期商务产业发展规划》。积极与市商务委对接，圆满完成《通州区商业体系研究》和《通州区物流体系研究》两大体系研究。

（畅绍丽）

【市场调整疏解稳步推进】2016年，关停清退有形商品交易市场9家，疏解商户942户，疏解人口2600余人，疏解建筑面积13.18万平方米，腾退土地0.3万平方米；升级改造有形商品交易市场9家，涉及商户2286个，涉及从业人员5352余人；完成清理市场“僵尸”执照16家。

（畅绍丽）

【商业网点建设扎实推进】全区蔬菜零售网点182个，营业面积超过10万平方米，社区覆盖率接近80%，其中规范化菜市场14个，营业面积3.2万平方米，连锁菜店30个，营业面积4680平方米，连锁超市搭载蔬菜营业面积3690平方米。规范化、连锁化蔬菜营业面积占全区蔬菜经营面积达到40%。2016年，新增商业网点74个，其中，蔬菜零售网点35个，超额完成市、区政府便民网点建设折子工程。

（畅绍丽）

【早餐工程建设成效显著】从2016年开始，计划利用2年左右的时间，逐步提高社区早餐供应网点覆盖率，初步建成以标准化主食加工配送中心为依托，标准化固定门店式早餐供应网点为主、便利店搭载为辅，企事业单位、学校食堂供应等多种形式并存，布局合理、经营规范、品种丰富、质量安全、价格合理，可持续发展的早餐服务体系。2016年，通过项目征集形式确定16家主体企业，入围实体店新改建项目的主体企业11家，累计上报新建或改建网点36个。入围便利店搭载早餐企业3家，累计上报新建或改建网点23个。11月底完成380辆早餐车清退工作。

（畅绍丽）

【典当和拍卖行业监管取得实效】全区共24家典当行和4家典当分支机构，净资产（所有者权益）5.28 亿元，主营业务收入共计 3619.56 万元，提供就业岗位 193 个。共有工商注册拍卖企业 15 家。其中 2016 年新注册拍卖企业 2 家，完成申请变更事项 7 家。

（畅绍丽）

【加强区储备粮监管】启动储备稻谷轮换工作，5245 吨储备稻谷的轮换方案通过区储备粮领导小组审议并开始实施。加强了粮食流通监督检查工作，全年累计检查 104 次，出动 302 人次。

（畅绍丽）

【重建粮食应急体系】按照“平时自营、急时应急”的原则，初步设立了 51 个应急投放网点、2 个配送中心、2 个应急加工企业和 46 部应急车辆，基本形成了覆盖全区的应急供应网络。

（畅绍丽）

【严格监管成品油零售企业经营】完成了经营资格年度检查。依法受理审核成品油零售经营批准证书变更事项 16 项。2016 年，落实《通州区 2016 年清洁空气行动计划》关于实施车用燃油消耗总量季度评估制度的要求，建立了成品油销量季报制度。全区实现成品油零售额 26.3 亿元，同比增长 11.7%。

（畅绍丽）

【商务领域安全工作切实加强】坚持在全市率先组织全区全行业安全生产大会。建章立制，齐抓共管，建立健全“党政同责、一岗双责”安全生产责任体系，进一步细化安全生产职责分工，形成了浓厚的抓安全、讲安全的氛围。坚持安全生产例会制度，每季召开一次全委安全生产工作会议，专题研究行政副中心商务领域安全生产存在的问题，探索和破解安全生产工作中存在的顽疾。全年共召开安全生产专题会 4 次，召开全区商务行业安全生产大会 2 次，召开行业安全会议 9 次。

（畅绍丽）

【市场秩序安全稳定】以抓宣传和培训为手段，以抓预案和演练为抓手，抓创新搭建与企业沟通交流平台，与企业层层签定安全生产责任书，切实督促企业落实主体责任，确保商务行业安全稳定。2016 年，全年共出动行政执法 738 人次，检查规模以上商业零售及餐饮企业 995 家次，查处安全隐患问题 1049 项；检查食盐经营单位 1036 家次，查扣私盐 10708 公斤，罚款 14650 元；检查酒类经营户 840 家次，办理酒类登记备案工作 442 家；检查美容美发企业 31 家次；办理简易程序案件 143 起；办理一般程序案件 35 起，罚款金额 50450 元；组织配合相关部门开展联合执法 12 次；组织大型安全生产宣传活动 5 场，发放宣传材料 54000 余份；组织安全生产公开课集中观摩活动 2 场；组织企业培训 11 场；召开行业安全会议 9 次，下发红头文件 18 份。

（畅绍丽）

【“双打”工作统筹推进】继续围绕事关民生安全和创新发展的突出问题，大力开展专项整治，严厉打击侵权假冒违法行为。2016 年，共检查商场 15 家次，检查在销专利商品 200 余件；专利集中执法检查 40 余人次，检查商场 30 家次，检查专利商品 300 余件，立案查处假冒专利行为 38 件；加大商标侵权和假冒伪劣产品查处力度，查办不合格商品案件 118 件，结案 100 件，涉及罚没款 259.47 万元；查处“四品一械”涉及假冒伪劣案件 5 件，结案 4 件，办结案件全部按要求进行了信息公开，双打罚没款共计20.16万元，其中移送公安机关处理案件2件，涉案金额3万余元，由公安机关刑事拘留3人；打击伪劣农资、维护农民权益，全年共检查兽药、饲料、生鲜乳、动物医院、屠宰场等违法行为79起，其中一般程序案件22起，简易程序案件57起，共计罚没款10.82万元；畅通举报投诉渠道，加强维权援助。充分发挥12330及网上举报投诉和维权援助平台的作用，构建“1＋X”模式一家分中心（通州分中心）。

（畅绍丽）

【法制工作有条不紊】2016年，行政执法案卷核审在市、区的案卷评查考核中均名列前茅。积极开展行政职权梳理，完成了通州区商务委权力清单共计226项，其中行政许可1项、行政处罚188项、行政奖励1项、行政检查11项、行政其他25项。对部分行政许可做了调整，将2014年以来的4项行政许可调整了3项。落实行政执法队伍学习制度。制定了执法队伍教育培训方案，加强培训和管理，定期开展教学活动，有效提高了执法队伍的整体素质。

（畅绍丽）

【大气污染治理效果明显】按照区政府关于大气污染治理的统一部署，研究制定了《通州区重点控制区有形商品市场空气质量提升整治工作方案》、《区商务委开展商务行业燃煤茶浴炉清洁能源改造工作方案》，对商务行业规模以上商业零售及餐饮经营单位、各类市场、粮库的燃煤茶浴炉及大灶16处进行了取缔，对市场内使用高污染燃料、露天烧烤进行了清理。

（畅绍丽）

【市场诚信建设切实加强】以创建全国文明城区为抓手，充分发挥通州商务的职责作用，将创建文明城区工作与北京城市副中心建设融为一体，同部署、同落实、共促进，牵头市场环境组“百城万店无假货”和文明餐桌活动，推进窗口单位规范化服务，开展诚信经营示范店、示范街的申报评选，制定挂牌和失信摘牌管理，以点带面，16个示范店引领，营造公平诚信的市场环境。顺利完成创城验收工作。

（畅绍丽）

【深入开展“两学一做”专题教育】按照通州区委和委党组的部署，紧密结合商务委工作实际，制订了《通州区商务委员会关于在全委党员中开展“两学一做”学习教育方案》，开展了“不忘初心，继续前进”和学习习近平总书记学习心得征集，组织了“建设副中心，向前站一步”活动，组织了专题党课4次，集中学习7次。在“两学一做”学习教育的开展过程中坚决搞“真材实料”。全委党员都积极主动参加党小组活动，进一步弘扬党的好传统、好作风，确保学习教育不走形式，取得突破。

（畅绍丽）

【党风廉政建设和反腐败工作扎实开展】强化党风廉政建设主体责任，层层签订《党风廉政建设目标责任书》。严格执行“三重一大”事项民主决策制度，对于上报上级的重点项目、商业规划制定、储备粮轮转等重大项目都经过班子会集体讨论研究，广泛征求意见，通过可行性论证后上报；重大资金使用方面，对于上级拨放的促消费奖励资金，严格按照上级规定的使用方向使用。

（畅绍丽）

【加大推进“四大工程”督查和建议提案办理工作】2016年，通州区商务委承担市政府折子工程2项、办实事1项；区政府折子工程5项、办实事1项；清洁空气工程2项；北京市非紧急救助服务中心商务举报投诉44件；人大代表建议2件、政协提案4件。“四大工程”任务均按年初确定的计划稳步推进，商务举报投诉均得到圆满解决，建议提案全部办结，满意率100%。

（畅绍丽）

对外及港澳台经济贸易

【2016年全年通州区对外贸易经营者备案情况】 2016年全年对外贸易经营者备案登记及变更的企业共632家，给19家加工贸易企业验厂并出具加工生产能力证明。

（畅绍丽）

【2016年全年通州区外商投资企业情况】 2016年全年共新批企业21家，其中外商独资企业17家，合资企业4家；增减资企业33家，投资总额合计109376.01万美元，注册资金合计51588.52万美元，合同利用外资38194.09万美元。

（畅绍丽）

【实际利用外资3.6亿美元】 2016年，通州区共新批企业21家，其中外商独资企业17家，合资企业4家，增减资企业33家，实际利用外资合计3.6亿美元，同比增长18.11%。

（畅绍丽）

【进出口总额161.49亿元】 2016年，通州区进出口总额实现161.49亿元，同比增长25.2%；其中出口额59.78亿元，同比增长5.5%，进口额101.71亿元，同比增长40.7%。

（畅绍丽）

【外资投资企业审批改备案】 2016年10月1日起，全面落实《外商投资企业设立及变更备案管理暂行办法》，将不涉及国家规定实施准入特别管理措施的外商投资企业的设立及变更事项，由审批改为备案管理。这一举措大幅精简了外资准入流程，方便了外商投资，是改革开放以来中国外商投资管理体制的一次重大变革，有利于进一步降低外资市场准入门槛，减少外资准入行政审批成本。从10月实施开始，通州区商务委利用“外商投资综合管理信息系统”为本区外商投资企业共办理了3家设立及35家变更的备案业务。

（畅绍丽）

【帮助80余家小微企业办理保险】 2016年，通州区商务委深入落实国家和北京市外经贸稳增长系列举措，主动加强服务，邀请中信保公司现场办公，为辖区内80余家小微企业提供咨询和办理短期出口信用保险投保和续保手续。

（畅绍丽）

名　　录

单位名称：北京市通州区商务委员会
主　　任：陈国增
地　　址：北京市通州区新华东街254号
邮　　编：101100
电　　话：69543319
传　　真：69532753

（畅绍丽）

顺义区

概　况

2016年是“十三五”时期的开局之年，顺义区商务委在市商务委的正确指导下，加强顶层设计和规划引领，加快发展新型商业业态，顺利完成《顺义区“十三五”时期商业服务业发展规划》编制工作，努力推动全区经济发展及产业结构调整，北京东北部商业中心地位得到进一步凸显。全年实现社会消费品零售额443亿元，同比增长8.1%，增幅高于全市1.6个百分点。顺义区零售总额绝对值在全市排名第六位，居城市发展新区首位；完成实际利用外资6.93亿美元，全市排名第四；完成进出口总额155.47亿美元，全市排名第五。

（陈海燕）

商业流通

【做好商业服务业发展顶层设计】以业态创新为主线，以保障民生为基础，推动商业服务业与互联网深度融合发展，有效完成《顺义区商业服务业“十三五”时期发展课题研究》、《顺义区“十三五”时期商业服务业发展规划》编制工作，为顺义商业服务业发展指明方向。

（陈海燕）

【大力发展电子商务产业】有效落实《顺义区促进电子商务产业发展办法》，2016年以来顺义区商务委分两批进行了项目征集，最终经过评审项目共计4个，为企业争取资金680万元；3月3日，成立了顺义区电子商务协会，并于7月7日至8日，在顺义区成功举办“2016北京跨境电商行业发展研讨会”；4月11日，顺义区政府与中国服务贸易协会电子商务委员会在“世界电子商务大会”上正式签署战略合作框架协议，双方议定在临空经济核心区共同打造“中国电子商务示范基地”；11月，完成了《顺义区“十三五”时期电子商务产业发展规划》编制工作。

（陈海燕）

【参展第四届京交会（电子商务大会）】以“国际航空中心核心区，电子商务融合聚集地”为主题参加了第四届京交会（电子商务大会）展览展示，打造了品味独特、特色鲜明的电子商务展区，彰显了顺义区电子商务产业发展的优势。

（陈海燕）

【抓重点，推动重点商业项目、重点工程进度】重点商业项目方面，加快空港城组团、马坡组团及各镇中心区商业设施建设。天竺万达城市综合体项目正在开展交评和水评等相关工作；澳金园项目已经完成主体工程；顺鑫寰宇中心项目已经完成内部装修工作，正在招商过程中；后沙峪沃尔玛（山姆店）主体已经封顶。

（陈海燕）

【大力推进促消费工作】一是除原有节假日促销、啤酒节同庆活动外，于9月30日组织区内三十余家规模较大的百货、家居建材、汽车销售、餐饮企业启动顺义区金秋购物季，统一印制宣传品发布各企业促消费活动内容，推动企业间的异业合作，10月当月零售额增幅达到9.9％。二是组织商业企业进行2017年度节能家电补贴销售企业申报工作，全区节能减排商品销售企业8家，涉及15个销售网点，居然之家、家电商城等企业家电销售同比实现两位数增长。

（陈海燕）

【启动全区生活性服务业品质提升工作】 一是制定出台了《顺义区提高生活性服务业品质行动计划》，同时起草完成《顺义区生活性服务业品质提升专项资金使用和管理办法》。二是全年新建或规范八类生活性服务业连锁网点107个，连锁化率从18.5％提高到23％，社区覆盖率达到75％以。三是组织区内生活性服务企业积极参与市级重点工作。

（陈海燕）

【积极推进早餐示范工程项目】 完成庆丰、众望两个主食加工配送中心升级改造工作，全区新增或改造连锁化早餐网点8个；协调10家便利店搭载众望早餐，进一步提升早餐环境和食品安全水平。

（陈海燕）

【商务金融行业不断发展】 与相关部门配合协办了北京市融资租赁行业年会、首届商业保理总裁圆桌论坛等活动，新批商业保理公司2家。完成19家典当企业、2家典当分支机构、11家拍卖企业的年审工作，完成13家次典当及拍卖企业新设立或变更初审。

（陈海燕）

【积极争取市级商发资金】 有效落实《市商务委关于2016年度商业流通企业发展项目申报的通知》精神，先后为聚优澳品、华新凯业等10余家商业流通企业争取市级资金1860万元。

（陈海燕）

【积极推进社区蔬菜网点布局】 积极做好新建小区菜市场移交工作，发展以公司化、连锁化经营为基础，实行“五统一”（即统一管理、统一采购、统一配送、统一标准、统一品牌）经营模式，同时以社区便民菜店为载体，突出“零距离、云服务”的理念，推动行业跨界融合、服务功能搭载，实现便利店、早餐、蔬菜零售、洗染、美容美发、家政服务、代收代缴、再生资源回收等8项基本便民服务功能全覆盖，激发线上线下消费潜力，发展网上订货、实体配送、“网订店取”服务模式，切实满足居民对一站式、综合化、体验性服务功能的需求。目前移交便民菜店12家，已经开业经营5家。

（陈海燕）

【推动商品交易市场转型升级】 为更好地保障城市运行，服务居民消费，加快推进全区商品交易市场调整提升工作，2016年12月28日，出台了《关于加快推进商品交易市场调整提升工作的意见》（顺政办发〔2016〕46号）文件，为下一步开展市场转型升级工作奠定基础。

（陈海燕）

【圆满完成新国展42场展会属地服务保障工作】 根据《顺义区加强新国展会展活动服务保障工作实施方案》要求，按照“N＋1”工作机制，全面统筹协调相关部门与新国展周边企业及市民，实现展会属地服务保障工作无缝对接，圆满完成42场展会属地服务保障工作任务，展览面积达605万平方米，观众数300万人次。

（陈海燕）

【圆满完成2016国际车展展会属地服务保障工作】在顺义区委、区政府的领导下，协调顺义区各服务保障专项工作组提前部署保障措施，确保合理调配保障资源、合理安排筹划时间，为展会提供高效、细致、专业、全面的“一站式”服务，圆满完成2016北京国际车展属地服务保障工作。

2016（第十四届）北京国际汽车展览会，是2016年度全球最具影响力和规模的汽车展会之一。本届车展展出总面积达到22万平方米，吸引了来自14个国家和地区的1600多家参展商。车展自2016年4月25日开幕以后，10天展期共计接待展商、新闻媒体工作人员及各类观众81.5万人，来自国内外的新闻媒体4000家，记者1.3万余人，其中海外媒体记者1100余人。

围绕此次车展属地服务保障，顺义区以确保展会安全有序为目标，以最高标准、最强措施、最严要求、最大合力，突出展馆周边环境整治、交通秩序优化、展览活动安全等重点工作，全区31个部门4000余名工作人员参与保障工作，圆满完成了服务保障各项任务，使本次车展成为2008年首次举办汽车展以来最干净、最卫生、最安全、最畅通的一次车展，向全国乃至世界各地展现了顺义的良好形象。

（陈海燕）

【积极发挥枢纽型社会组织协调作用】2016年社会组织开展的主要活动情况如下：一是搭建综合展示平台，充分展示行业风采。分别组织开展了顺义区婚庆摄影服务文化节、绿色健康美食节、老年博览会、“老味道”传统美食节等4个大型综合展示活动，进一步弘扬和传承中华传统婚庆文化和饮食文化，展示了顺义区生活服务业的行业风貌和服务特色。二是组织举办职业技能大赛，促进行业技术水平有效提升。商务系统共组织参加了中式烹调师、摄影师、家政服务员3个项目的竞赛，共计405名选手参加了初赛阶段的竞赛，创历届参赛选手之最。三是组织开展公益行活动。“弘扬敬老、心暖重阳”为老公益活动，共组织500余名志愿者参加，彰显了社会组织的社会责任担当作用。

（陈海燕）

【有序规范整顿商品交易市场】2016年，清退中絮棉纺厂便民过渡早市365户，疏解800人（外来680人）；清退南彩农贸市场208户，疏解378人（外来265人）；清退顺欣意农贸市场80户，疏解200人（外来169人）；清理全区农贸市场超范围经营摊位899个，疏解人口1672人（外来1323人）；清理全区再生资源回收无照网点328家，疏解人口696人（外来656人）；以上共计疏解人口3746人（外来3093人）。

（陈海燕）

【为商务领域安全发展保驾护航】召开“2016年安全生产工作会”，与139家规模以上商业零售、餐饮企业签订安全生产责任书。采取巡查、抽查等方式对食盐、成品油、典当、零售促销、再生资源、家电维修、酒类流通、报废汽车、美容美发、洗浴等多领域商务系统进行执法检查工作。2016年共培训企业人员700余人次；开展商业企业应急演练4次；开展联合执法检查24次，出动人员372人次；日常检查976家次，出动人员1988人次，整改安全隐患518余处，立即整改468余处，开具检查记录862份，简易处罚案件135件，一般处罚案件2件，罚款10000元；开展安全生产大检查、安全生产大检查回头看、“消隐、拆违、打非”百日专项活动等专项工作22项，上报各类工作信息42篇，下发各类通知信息4500条；2016年全面实施送安工程活动，创建三级标准化企业48家，二级标准化企业2家，对2010年以前开业的企业开展安全生产风险评估工作共计27家。

（陈海燕）

【完成社会粮油供需平衡调查工作】进一步掌握区内粮食生产、消费、流通和库存情况，提高粮油市场保供稳价能力。共调查全区转化用粮企业6家，其中国有企业2家，非国有企业4家，餐饮企业和食堂40家，抽样调查记账城镇居民住户55户，乡村农民住户70户，发放台账714页。

（陈海燕）

【圆满完成2016年度粮食安全区长责任制考核工作】2016年是国务院首次开展粮食安全省长责任制考核，在考核指标变动大、任务重、压力前所未有的严峻形势下，粮食安全工作领导小组43家成员单位密切配合，通力协作，适时召开专题会议共同研究部署顺义区粮食安全考核工作，经区人民政府审议通过并印发实施了《关于落实粮食安全区长责任制的实施意见》，对相关部门的职责、工作进行了划分。报送考核材料42本，共18144页。圆满完成2016年度粮食安全区长责任制考核工作。

（陈海燕）

对外经贸

【成功创建北京市服务业扩大开放综合试点示范区】顺义区积极研究创建北京市服务业扩大开放综合试点示范区工作。3月6日，顺义区正式将创建示范区的请示和实施方案上报市政府。5月5日，市服务业扩大开放综合试点工作领导小组第二次会议正式批准顺义区成为北京市服务业扩大开放综合试点示范区。

（陈海燕）

【扩大宣传，提升试点示范区影响力】加大政策宣传推介，在5月31日“北京市知名企业顺义行”活动、6月1日“第四届京交会北京日”、9月8日“第十九届中国国际投资贸易洽谈会”和11月4日“北京市服务业扩大开放新机遇暨京交会推介会”等活动中，对示范区相关政策进行了宣传推介和解读。7月22日，顺义区举行北京市服务业扩大开放综合试点示范区发布推介暨揭牌活动。市商务委主任闫立刚，顺义区领导王刚、高朋等以及北京市相关部门领导出席。89家市、区服务业扩大开放工作领导小组成员单位有关负责同志，驻京使领馆、侨资企业、跨国公司地区总部等300余家企业及机构代表参加。活动中，市商务委主任闫立刚与区委书记王刚共同为顺义区建设北京市服务业扩大开放综合试点示范区揭牌。中国航空器材进出口有限责任公司航材共享、国家新兴产业创业投资引导基金、北京珠宝玉石交易中心、北京青丘万乘影视文化有限公司等四个项目进行了签约。邀请北京电视台、《北京日报》、《京华时报》等20余家国家级、市级媒体到场，对示范区的创建、试点政策的推进情况进行了报道，相关报道共372篇。此外，北京电视台新闻频道、《北京日报》、《北京晨报》等媒体都先后对示范区建设工作及相关试点政策进行了专版报道，通过发布推介活动，使顺义区示范区建设工作影响力逐步提升。11月初，选调全区41名人员参加在浙江大学举办的现代服务业发展专题研修班，研究服务业发展的路径，深入推进服务业扩大开放试点工作。

（陈海燕）

【建设北京市服务业扩大开放综合试点取得成效】围绕三个重点功能区，聚焦七大优势领域，综合试点工作实施进展顺利。顺义区共提出38项试点任务，2016年共完成23项，完成率60%，超额完成工作任务，有效推动了服务业模式创新。在航空服务、文化贸易、跨境电商、科技创新、产业金融、商贸旅游等领域，初步形成了一批新业态新模式，涌现出国内首家外资控股的飞机维修合资公司落户顺义，推动航材“共享模式”先行先试，推动天竺综保区飞机租赁项目落地，打造中国电子商务示范基地，试点设立消费金融、汽车金融、金融租赁等非银行金融机构等，有效促进了服务业制度创新。在转变政府职能、推进贸易便利化、加强事中事后监管等方面进行了大胆探索与实践。积极推进企业信用监管体系建设，启动工商“五证整合”登记制度改革，依托天竺综保区推进关检“三互”合作模式等便利监管机制，有效带动了顺义区服务业和服务贸易发展。2016年顺义服务业占GDP比重达到57.6%，比上年增长5.3个百分点。服务业收入占全区一般公共预算收入比重达63.5%，同比增长8.7个百分点。外商投资服务业创历史新高，2016年全区累计吸引合同外资30.66亿美元，同比增长123.31%。全区52个新批项目中包含47个服务业项目，吸引合同外资28.52亿美元，占新批企业吸引合同外资的99.07%。

（陈海燕）

【提升外资审批服务质量】切实加强效能建设，不断完善审批服务质量；2016年共审批外资项目247个，其中新批项目49家，增资40家，股权转让28家，经营范围变更51家，其他变更79家。对外贸易经营者备案登记企业453家，加工贸易合同批准452份，外商来华邀请函37份。对外投资企业备案9家。

（陈海燕）

【总部经济不断发展】2016年，顺义区总部企业增至156家，占全市的3.9%，占10个远郊区总量的18.7%；跨国公司地区总部增至5家，占全市的3%，占10个远郊区的29%。共有6家企业的9个项目得到资金支持，共获得资金1225.58万元，其中市级资金666.8万元，区级资金458.78万元。资金拨付工作已全部完成。

（陈海燕）

【全力做好外贸稳增长工作】建立了外贸稳增长联合工作机制，加强外贸企业与政府部门间的沟通。同时，加大跟踪服务力度，对30家重点外贸企业实行“一企一策”，并及时协调解决企业在出口中遇到的问题。先后组织57家企业参加市级相关单位举办的政策咨询会，协调相关部门在区内举办了5场260余家企业参加的外贸稳增长政策宣讲会，促使企业掌握好、用好政策。

（陈海燕）

【利用展会资源，助推企业开拓国际市场】向顺义区外贸企业推荐国内外展会30余场，并邀请西麦克国际展览有限责任公司和新西兰国际交流中心到宣讲会现场，向企业介绍参展国外展会的优惠条件及展会情况，推动企业更多地参与国际市场竞争、拓展销售渠道，争取更多的订单。2016年为42家企业147个项目申报完成中小企业开拓国际市场资金申请，争取到支持金额 758 万元。

（陈海燕）

【摸清底数，了解企业经营情况】为进一步了解顺义区外商投资企业的经营状况、发展形势以及投资增减等情况，对全区 707 家外商投资企业 2015 年生产、经营情况联合年报进行了催报和审核，上报率达 95%以上。

（陈海燕）

【强化服务，着力塑造外资发展的良好环境】积极做好顺义区利用外资协调工作，为外资企业提供全天候的政策、业务咨询及服务。强化重点项目跟踪制度，对重大签约项目和投资总额 1000 万美元以上的重点外资项目，注意与相关职能部门保持密切联系，定期了解项目进展情况，主动协调有关部门为投资者解决好企业设立登记各个环节的问题。2016 年实际利用外资 6.93 亿美元，同比增长 32.99%。

（陈海燕）

【规范审批联合备案一体化】规范审批、备案流程。实行“外商投资企业商务工商备案事项结果互认的一体化”改革措施，实现了商务、工商部门之间登记结果互认，企业申报材料减少一半，办理时限缩短 3～5 天。加强宣传，提高公众知晓度。及时将外商投资企业备案办理流程在网站公示，并通过商务工商备案联动系统对未备案企业，利用电话、邮件等方式及时通知企业到区商务委进行备案。

（陈海燕）

名　录

单位名称：北京市顺义区商务委员会
主　　任：袁日晨
地　　址：北京市顺义区站前街顺鑫国际商务中心10层
邮　　编：101300
电　　话：69443513
传　　真：69446407

（陈海燕）

大兴区

概 况

2016年，在大兴区委、区政府的正确领导下，在各镇、街道的大力支持下，大兴区各项商务指标圆满完成，新的模式得到探索发展，商务工作实现了新的发展。开展惠民消费季活动，推出“大兴惠民”手机客户端（APP）；推动生活消费升级，制定和发布《大兴区生活性服务业体系建设2016年参与企业指导标准（试行）》，完成56个生活性服务业网点的发展提升工作；规范早餐市场环境，开展早餐车整治工作，顺利完成北京市早餐示范工程建设；会同开发区发改局，与北京财贸学院合作编制完成了《北京市大兴区和北京经济技术开发区“十三五”时期商业发展规划》，明确未来五年全区商业发展方向。

积极推动服务业扩大对外开放，支持和促成“小笨鸟”与商家合作在全国搭建起首个服务于海外买家的出口产品全程质量可追溯的跨境电商平台（体系）；电子商务创新发展、国家电子商务示范基地（电子商务中心区）建设展现新形象；商务发展质量持续向好，总部企业持续增长，商务服务业快速发展，物流标准化得到推进，非首都功能得到疏解；制定印发《关于落实2016年市政府清洁空气行动计划目标责任书的工作方案》，对76个重点村开展了燃煤设施联合检查行动，为落实清洁空气行动计划奠定了基础。2016年大兴区社会消费品零售总额386.4亿元，同比增长8.4%，其中限额以上企业网上零售额累计实现55.7亿元，占全区零售额比重为14.4%，连续3年排前三；实际利用外资10562万美元，同比增长2.5%；全年外资进出口总额实现21.05亿美元，同比增长70.4%。其中，出口实现12.71亿美元（这是历史上出口首次突破10亿美元），同比增长204.8%。加强粮食市场监测监管，圆满完成储备粮轮换，粮食质量提高到二等以上。完善粮食应急体系建设，市场监测和数据报送全部实现网上直报，提高应急效率，维护粮食安全。加强执法体制创新，全面提高执法效率。

（李　刚）

商业流通

【社会消费品零售额任务指标完成情况】 2016年，大兴区社会消费品零售额累计完成386.4亿元，同比增长8.4%，增幅位列全市第三，高于全市1.9个百分点（全市6.5%），超额完成区级“社会消费品零售额同比增长8%”的任务指标。贡献率排名靠前的商品分别是汽车及零配件业、医药及器材和家居家电。其中，汽车及零配件业实现零售额87.69亿元，同比增长11.47%，拉动零售额增长2.5个百分点；医药及器材行业实现零售额15.81亿元，同比增长95.6%，拉动零售额增长2.1个百分点；家居家电实现零售额62.2亿元，同比增长

6.3%，拉动零售额增长约1个百分点。

（王　猛）

【大兴区2016年节假日期间消费市场运行情况】2016年元旦期间，大兴区消费市场购销活跃。假日三天（1月1日至1月3日）区商务委重点监测的40家商超、专卖店、餐饮企业累计实现销售额9597.6万元，同比增长7.71%。其中23家规模以上商超、专卖店累计实现销售9171.07万元，同比增长6%；物美大卖场、星城商厦、王府井大兴店、绿地、宜家等万平方米以上商业企业日均客流1.5万人次，日销售额均超百万元。春节期间，大兴区消费市场货源充足，销售平稳。据区商务委监测统计，22家重点百货、综超、专卖店和餐饮企业（不含电商）节日七天累计实现销售额1.25亿元，同比增长8.08%。其中规模以上商超、专卖店累计实现销售1.21亿元，同比增长7.64%；星城商厦、王府井大兴店、宜家家居等万平方米以上商业企业日均客流2.1万人次，日销售额均超百万元。"五一"期间，大兴区消费市场货源充足、购销活跃、特点鲜明。区商务委监测的34家重点商超、专卖店、餐饮企业，节日三天累计实现销售额1.26亿元，同比增幅20.4%；物美大卖场、星城商厦、王府井大兴店、宜家家居等万平方米以上商业企业日均客流2.2万人次，日销售额均超300万元。端午期间，大兴区消费市场货源充足、购销活跃、销售平稳。区商务委重点监测的40家商超、专卖店、餐饮企业节日三天累计实现销售额8191.34万元，同比增长15.55%；星城商厦、王府井大兴店、宜家等万平方米以上商业企业日均客流2万人次，日销售额均超百万元。中秋节期间，大兴区各商业企业紧抓契机，提前组织货源，开展丰富多彩的促销活动吸引消费者。据不完全统计，区内近40家重点监测的购物中心、商超、专卖店、餐饮企业节日三天实现销售额1亿元，同比增幅16.5%。其中24家规模以上购物中心、商超、专卖店累计实现销售额约9700万元，同比增长16.3%；物美大卖场、王府井百货大兴店、宜家家居等万平方米以上商超、专卖店日均客流2.5万人次，日销售额约200万余元。国庆节期间，区商务委重点监测的40余家重点商场、超市、专卖店、餐饮企业，节日七天累计实现销售额约2.6亿元，同比增长14.3%。其中23家规模以上商超、专卖店累计实现销售2.48亿元，同比增幅14.2%。

（王　猛）

【为生活性服务业品质提升工作进行学习考察】3月4日下午，大兴区副区长谢冠超带队，率区商务委主要领导、主管领导及各街道办事处主管领导，到西城区进行学习考察。先后到广内北线阁百姓生活服务中心、西长安街西黄城根南街百姓生活服务中心、金融街汇宏园百姓生活服务中心进行实地考察，详细了解了西城区百姓生活服务中心的运营情况、发展特点等，并就如何提高生活性服务业品质提升工作，与西城区商务委员会领导进行了座谈交流，学习了兄弟区县的先进工作经验。

（王　猛）

【龙湖大兴天街项目顺利开业】经项目主体、天宫院街道办事处及相关政府职能部门共同努力，龙湖大兴天街项目于2016年7月1日顺利开业，提前完成区政府第47项重点工作任务。据初步统计，龙湖大兴天街7月1日至3日，累计销售额约2300万元，累计客流达40万人次。其中，开业首日客流量突破15万人次，日销售额约700万元。在各方服务保障下，项目内超市、餐饮、品牌店等消费秩序安全有序。龙湖大兴天街项目作为大兴南部地区品质型社区商业中心，开业后更好地满足了天宫院街道及周边区域群众的生活消费需求，同时也为促进大兴区消费市场平稳增长起到了积极作用。

（王　猛）

【2016年“惠民消费季”启动】 7月12日，大兴区2016年“惠民消费季”在龙湖大兴天街启动。本次惠民消费季活动，将继续发挥区商联会的特点和优势，整合全区优质商业企业资源，组织开展盛夏美食节、汽车消费节、美居家电节等主题促消费活动，让广大消费者享受到更多的折扣与实惠。同时，我们加强工作创新，推出了“大兴惠民”APP手机客户端。“大兴惠民”APP涵盖了区内美食、美居家电、汽车服务、休闲娱乐等不同业态的商业企业，通过消费积分、打折优惠及团购套餐等方式对企业商家进行推广和宣传，并通过积分抽奖、奖励优惠券及幸运转盘等方式，为广大消费者提供更加丰富便利的消费体验和个性化的消费选择，促进全区消费市场稳步增长。区政府主管领导，各镇、街道相关领导，部分商户代表和消费者参加了本次启动仪式。

（王　猛）

【猪肉市场调控和储备冻猪肉投放工作圆满结束】 为稳定猪肉市场供应及销售价格，5月5日至7月4日北京市商务委组织实施了猪肉市场调控和政府储备冻猪肉投放工作。为让群众享受实惠做好服务，大兴区商务委安排专人实地走访了物美、京客隆、乐购等区内重点超市，了解储备肉供应和销售情况，并对区内5家重点超市进行了猪肉销售情况监测，以及时掌握调控工作开展情况和储备肉销售情况。据不完全统计，5月5日至7月4日期间，大兴区重点超市共销售猪肉近9万公斤，其中鲜肉（精瘦肉、通脊、前尖、后尖、瘦肉馅、普通肉馅、五花肉、腔骨）约6万公斤，冻肉（前腿瘦肉、后腿瘦肉）约3万公斤。据了解，调控补贴及储备肉投放工作启动两周内，猪肉类销量上升较为明显，个别超市门店销量提升近30％。

（王　猛）

【副区长调研重点商业企业发展情况】 9月1日，副区长方健到区内重点商业企业调研发展情况，实地走访宜家购物中心、龙湖大兴天街、王府井百货及绿地缤纷城4个主要商圈，详细听取相关负责人介绍企业运营情况，对企业近年来为大兴区商业发展做出的积极贡献表示了充分肯定，并提出了相关建议。一方面要丰富经营方式，进一步提升服务业质量，提高企业销售额，促进全区消费市场繁荣发展；另一方面要深入加强与“互联网＋”的有机融合，提高经营灵活性，努力拓宽销售渠道，进一步提升企业经营效益。区商务委主要领导、主管领导陪同调研。

（王　猛）

【前三季度社会消费品零售额稳步增长】 2016年前三季度，全区实现社会消费品零售额272.4亿元，同比增长6％，增速高出全市1.2个百分点，在全市16个区县中增速排名第五位。从规模看，规模以上实现零售额198.3亿元，同比增长4.4％，占全区零售额比重的73％；规模以下实现零售额

74.1亿元，同比增长10.5%。

（王　猛）

【调研生活性服务业品质提升工作】为进一步推动生活性服务业品质提升工作，扎实做好为群众办的重要实事，10月26日上午，大兴区商务委领导班子一行调研了蔬菜零售、便民早餐、家政服务、美容美发、生活服务中心等生活性服务网点，实地了解相关企业发展提升情况，对服务网点在便民惠民、品质提升、服务整合等方面进行了指导。

（王　猛）

【提升城乡生活性服务业网点水平】全年共发展提升生活性服务业网点186个，包含4个家政服务连锁网点、3个搭载社区便民服务功能的连锁便利店、5个社区连锁便民菜店（点）、10家农村连锁便利店、2个便民浴池、2个生活服务中心、30个再生资源回收站点、100个便民智能包裹柜、30个其他生活性服务业网点。

（王　猛）

【典当业务发展情况】2016年，大兴区新设立典当企业3家。截至2016年年底，大兴区现有典当企业28家，分支机构10家。参加2015年度典当年审的企业共计28家，所有企业年审结果均为A类。2016年办理典当业务共计8847笔，典当余额43937万元，上缴税金218.08万元，新增实收资本15000万元，累计典当企业实收资本56590万元。

（王　猛）

【深入粮库开展节前安全大检查】1月20日，大兴区商务委（粮食局）主管领导带队深入库区开展节前安全大检查。

（陈　雪）

【春节前开展储备粮安全检查】2月4日，大兴区商务委（粮食局）主要领导带领区粮食小组成员单位深入顺义区牛栏山粮食收储库、益海嘉里（北京）粮油食品有限公司，对大兴区的成品粮储备情况进行了实地检查。

（陈　雪）

【粮食企业被授予“北京市粮食行业先进集体”称号】2月19日，在北京市粮食局召开全市粮食行业工作表彰会上，大兴区两家企业受到表彰，被授予“北京市粮食行业先进集体”荣誉称号，并颁发了奖牌、荣誉证书、光荣册等。另外，两名粮食工作者获得了“北京市粮食行业先进个人”荣誉称号。

（陈　雪）

【“两会”期间开展储备粮安全大检查】3月7日，大兴区商务委（粮食局）主管领导带领检查组，先后深入礼贤和安定粮食收储库开展安全大检查。

（陈　雪）

【被评为粮食流通统计工作先进单位】4月19日，北京市粮食局召开2016年度粮食流通统计工作会。会上，市局依据《北京市粮食流通统计工作先进单位评比办法（试行）》，评选出大兴区商务委（粮食局）等5家单位为“北京市2015年粮食流通统计工作先进单位”，并现场颁发了荣誉证书。

（陈　雪）

【深入企业开展食品安全宣传】6月16日，大兴区商务委（粮食局）邀请区内部分社区居民代表深入区内大型粮油食品企业——益海嘉里（北京）粮油食品有限公司，开展粮油食品安全宣传活动。

（陈　雪）

【开展政策性粮食销售出库执法检查】 7月4日，大兴区商务委（粮食局）对北京市南郊粮食收储库开展了国家政策性粮食销售出库执法检查。

（陈　雪）

【积极开展夏粮采样工作】 7月8日，大兴区商务委（粮食局）深入夏粮主产区开展小麦采样工作，从源头抓好食品安全。

（陈　雪）

【开展“八一”建军节慰问座谈会】 7月28日，大兴区商务委（粮食局）在星明湖会议中心召开“八一”建军节座谈会，驻区部队后勤保障部门负责人参加座谈会。

（陈　雪）

【为确保储备粮顺利出库开展联合执法】 8月17日，大兴区商务委员会（粮食局）与北京市粮食局监督检查处一起对北京市南郊粮食收储库开展了联合执法检查。

（陈　雪）

【开展粮食行政执法区域互查工作】 9月20日，大兴区商务委员会（粮食局）与房山区商务委员会（粮食局）开展粮食执法经验交流座谈，并开展联合执法。

（陈　雪）

【召开粮食安全区长责任制协调会】 10月12日，大兴区商务委（粮食局）会同区发改委、区财政局、区农委、区水务局、区食药局、区工商分局、区质监局、区统计局、区国土分局、区农发行、区环保局等相关成员单位，召开贯彻落实粮食安全区长责任制工作协调会，进一步征求各成员单位的建议和意见。

（陈　雪）

【开展爱粮宣传】 10月25日，在第36个世界粮食日和第26个全国爱粮节粮宣传周期间，大兴区商务委（粮食局）深入乡镇，宣传爱粮节粮知识。

（陈　雪）

【开展秋季粮油安全生产联合大检查】 11月25日，大兴、房山两区粮食局联合检查组深入到大兴区粮食储备库、加工企业，针对粮油仓储及消防安全进行了安全生产大检查。

（陈　雪）

【对面粉加工企业开展联合安全大检查】 11月29日，大兴区商务委（粮食局）会同区安监局、质监局、工商局、食药局、天宫院街道办深入到大兴区市级和区级成品粮承储企业益海嘉里（北京）粮油食品工业有限公司进行了安全生产联合检查。

（陈　雪）

【召开粮食安全区长责任制考核工作部署会】 12月8日，大兴区商务委（粮食局）组织粮食安全区长责任制领导小组各成员单位召开了考核工作部署会。参会单位有区发改委、区财政局、区食药分局、区质监局、区工商分局、区农委、区水务局、区国土分局、农发行、区编办、区统计局、区环保局等12家单位。

（陈　雪）

【考核大兴新区“双打”工作】 1月21日，全国打击侵权假冒绩效考核组一行对新区打击侵权假冒工作进行了年度考核。对大兴区2015年度打击侵权假冒工作及开发区2015年知识产权保护工作进行考核，并实地检查了开发区管委会办公软件正版化情况及京东集团开展网上打假及商标、专利等知识产权保护情况。对大兴新区打击侵权假冒工作给予充分肯定。

（包利娜）

【再生资源回收站点建设】 2016年，加强与再生资源主体企业沟通协作，根据民众需求开展站点建设。共建设再生资源回收站点30个，其中：完成新建智能回收机10个点位，分布在联港嘉园、翰林庭院等9个居民社区和1个学校，共安装智能回收机16台；完成回收站点改造提升10个点位，分布在采育镇的波尔多小镇、育新花园北里、育新花园西里、福苑小区等8个社区；完成新建回收站点10个点位，分布在双河北里回迁社区、三合北巷、青云店大东小区等10个社区。

（包利娜）

【推广“再生资源互联网＋”回收新模式】整合线上（帮到家公众号）、线下（北京兴海隆华再生资源回收有限公司）资源，利用帮到家回收公众号平台，培养市民通过移动互联网平台进行废品交易的习惯。帮到家上门回收服务在大兴区共覆盖社区36个，为超过4000个家庭1.2万人提供再生资源上门回收等服务。再生资源回收累计交易额约50万元。

（包利娜）

【重点物流园项目建设情况】翔龙物流园规划复函已完成；金隅物流园二期全部建成。

（张　晋）

【物流整治取得新进展】按照区委区政府的要求，制定了2016年开展大气污染防治部署全区清退非法物流的工作方案。截至2016年11月底，西红门镇完成5家（占地304亩）非法物流企业腾退工作；魏善庄镇完成2家（占地15亩）非法物流企业腾退工作；黄村镇完成18家（占地264.2亩）非法物流腾退工作。

（张　晋）

【便民商业体系发展】增设5家便民蔬菜店，对原有的5家便民店阻燃材料的翻新改造工作顺利完成，均已开张营业。增设了3家便民早餐店。

（朱洪波）

【改造升级网点用房】到4月底前，完成餐饮网点天燃气管道改造工作4家，已顺利通气使用。对相关网点进行煤改燃气的工程改造。对三家网点进行了内部装修改造，对五家网点进行了外部加固及防水工程改造，总改造面积5500平方米，提高了网点用房的安全系数。

（朱洪波）

【网点用房的安全使用】定期检查所属网点用房的安全使用情况，节日前联合相关单位进行重点检查，排除安全隐患，共签订安全责任书31份，整改通知书10份。

（朱洪波）

【网点的清理整顿】对网点外部经营环境进行了清理整顿，并拆除网点违章建筑100余平方米。

（朱洪波）

【清理整顿营业执照】协助所属商业企业办理营业执照50余家。联合工商管理部门清理网点用房废弃营业执照20余家，保障网点用房正常的安全使用。

（朱洪波）

【大兴区青云大席三八宴荣获北京名宴称号】5月24日，北京市餐饮行业协会会长汤庆顺为青云大席三八宴进行颁牌。大兴区青云大席三八宴荣获“北京名宴”称号，“方子肉”、“青云肉丁肉饼”以及“青云美味虾”荣获“北京市名菜名点”称号。

（李学海）

【成功举办2016年西瓜季创意美食大赛】5月26日，大兴区商联会与区旅游行业协会共同举办了“2016年西瓜季创意美食大赛”。区内星级饭店和知名企业共10家单位参加了活动，与此同时，还有4家餐饮企业进行了大兴独有的西瓜宴展示，参赛选手们充分发挥其精湛的西瓜雕刻机西瓜宴技能。

（李学海）

【中烹协首批基层工作站正式授牌】 5月26日，中国烹饪协会北京（烹协）服务中心和基层工作站召开成立大会。中国烹饪协会与北京市大兴区商业联合会签订授权书，授予大兴区商联会“中国烹饪协会大兴工作站”的牌匾。

（李学海）

【大兴坛子肉获京郊美食行特色菜称号】 10月18日，第五届北京餐饮文化促销季京郊美食行活动在丰台区永旺梦乐城隆重开幕，北京日月星辰天宇餐饮有限公司制作的“一品坛子肉”，荣获京郊特色名菜称号。

（李学海）

【帝园商城获优秀组织奖】 北京市第四届职业技能大赛暨北京市商业服务业服务技能大赛活动圆满结束。大兴帝园商城荣获2016年北京市商业服务业技能大赛活动（第六届）商品营业员、收银员竞赛项目优秀组织奖，周杨同志荣获“优秀工作者”称号。另外，帝园商城的五名参赛选手分别取得了中、高级技能证书。

（李学海）

【召开大兴区餐饮业经营规范培训大会】 为进一步促进大兴区餐饮业规范化发展，全面提升大兴区餐饮业服务品质，12月14日，大兴区商业联合会与区服务工会联合，召开了大兴区餐饮企业经营规范培训大会。参加此次培训会议的企业168家，共计200余人。

（李学海）

【商务服务事项完成情况】 1－12月，窗口共受理办结事项1411项，其中：1亿美元以下非限制性外资合同章程及变更核准84项、境外企业0项、生产能力证明13项、权限内加工贸易合同的审批23项、权限内加工贸易合同变更的审批10项、对外贸易经营者备案登记350项、对外贸易经营者备案变更登记417项、办理一次两次来华签证2项、外商投资企业批准证书的颁发和换发50项、酒类备案登记361项、成品油零售企业证书年检93项、成品油零售企业证书变更8项。

事项类别：行政许可类74项、服务类1337项。

办理方式：承诺1411项。

入网情况：入网1411项。

办结情况：1411项全部办结，时限内办结率100％。

申办人满意率：100％。

1－12月份咨询：4629次。

（孙 强）

对外经贸

【实际利用外资情况】 2016年，大兴区新设外资企业10家，其中：合资企业2家，独资企业8家，投资总额3450万美元，注册资本3100万美元，合同外资2934万美元，实际利用外资1.05亿美元。

（刘 丹）

【外商投资主要投向第三产业】 2016年外商直接投资来源地主要有：中国香港6家，占全区外商投资企业的60％；美国、英国、韩国、中国台湾各1家。外商投资主要投向第三产业，占全区外商投资企业的80%。

（刘　丹）

【境外投资情况】2016年，大兴区赴境外投资企业17家，涉及跨境电商、文化传媒、连锁药店、设备安装工程等行业，投资总额合计约8186万美元（6.4亿元人民币），主要投向美国、中国香港、澳大利亚。

（刘　丹）

【服务业扩大开放工作】支持和促成“小笨鸟”与商检合作在全国搭建起首个服务于海外买家的出口产品全程质量可追溯的跨境电商平台（体系），培育了2个跨境电商园区和2个服务贸易示范基地，发展了2家进口商品（O2O）直购体验店。

（刘　丹）

【北京市服务贸易示范基地】6月1日，大兴区生物医药基地和国家新媒体产业基地被授牌认定为北京市服务贸易示范基地。本次认定通过，将有助于加快发展大兴区服务贸易，提升大兴区服务贸易的影响力和竞争力。

（王军祥）

【召开外贸出口政策说明会】为帮助区内企业了解最新的稳外贸措施，高效率地进行项目申报，从6月下旬开始，大兴区商务委深入基层，联合各镇和产业基地管委会召开政策辅导说明会，对稳外贸政策进行详细讲解，对企业在项目申报过程中遇到的问题给予详细解答。辅导说明会覆盖了全部14个镇和两大产业基地。

（王军祥）

【跨境电商企业出口迅猛增长】2016年，大兴区跨境电商企业北京汇商融通信息技术有限公司和北京宜贸兴国际贸易有限公司共实现出口8.57亿美元，分别同比增长1216.57%和387479.77%，发展迅速。

（王军祥）

【外贸进出口完成情况】2016年，大兴区进出口企业共621家，有出口业绩的企业为343家，全年外贸进出口总额达21.05亿美元，同比上升70.4%；其中，出口总额12.71亿美元，同比增长204.8%，首次突破10亿美元，进口总额8.34亿美元，同比增长1.96%。

（王军祥）

安全执法

【执法工作】2016年对大兴区美容美发企业、农贸市场和餐饮企业开展定期与不定期检查。各类执法检查累计出动900多人次，检查企业600家，行政处罚违法企业220家。

（王静超）

【商务法规宣传】大兴区商务监督检查所分别于“3·15”、“5·15”、“12·4”等主题宣传日会同工商、卫生等相关单位开展宣传活动，现场发放各类宣传材料1500多份，接受群众咨询500余人次。大力普及合格碘盐标准、知识，指导百姓科学合理地使用碘盐，树立健康用盐的理念。

（王静超）

【副区长带队开展安全生产联合检查】1月22日，大兴区副区长谢冠超带队，对王府井百货大兴店、眉州东坡酒楼大兴店、帝园商城等大型商业餐饮企业开展安全生产联合检查。区商务委主要领导及主管领导陪同，区安监局、质监局、药监局、公安消防支队等部门及相关属地政府参加检查。

（焦　颖）

【部署安全生产暨维稳工作】1月29

日，大兴区商务委联合区相关部门召开全区近300余家商务行业生产经营单位主要负责人参加的安全生产工作会。区商务委对2016年工作进行了部署：一是企业严格落实主体责任，加大隐患排查整治，做好应急值守和应急演练工作；二是政府要严格落实监管责任，加强督查检查，督促企业责任落到实处。

（焦　颖）

【开展应急演练观摩活动】 2月3日，大兴区商务委、区应急办、区安监局、区质监局、区消防支队、西红门镇政府等相关部门和属地，在荟聚购物中心、欧尚超市组织开展了应急演练观摩活动。全区30余家主要企业负责人和近1000名员工参加。

（焦　颖）

【召开春节期间安全稳定工作会】 2月5日上午，大兴区商务委召开春节期间安全稳定工作会。会议强调：一是强化全区商务行业企业检查，严格落实主体责任；二是加强地下超市等人员密集场所检查防范工作，及时疏散人流，避免出现踩踏事故；三是确保货品供应充足，做好监测摸底工作；四是做好春节期间应急值守工作，值班人员24小时在岗，及时上报值守情况及行业稳定情况。

（焦　颖）

【召开全国“两会”安全维稳工作部署会】 3月2日，大兴区商务委联合区公安分局内保处召开了全区近300家商务行业生产经营单位主要负责人参加的全国“两会”安全维稳工作部署会。

（焦　颖）

【做好全国“两会”期间安全生产工作】 一是督促企业严格落实主体责任，加大隐患排查整治，做好应急值守和应急演练工作；二是启动重要时段工作机制，加强社会面秩序管控工作，加强管制物品的销售、贮存管理；三是开展专项行动，“两会”期间派出四个工作组，联合相关部门组成检查组，对重点区域、重点企业反复查、查反复；四是完善各项应急预案，安保人员佩戴执勤袖标和必要器械，全力确保“两会”期间大兴区商务行业安全稳定。

（焦　颖）

【开展特种设备专项检查】 3月4日，大兴区商务委联合区质监局、安监局、天宫院街道办事处和京南物流基地管委会，对物流基地内企业进行特种设备联合检查。

（焦　颖）

【开展安全生产联合执法检查】 3月30日，大兴区商务委联合区安监局、区质监局、区消防支队和旧宫镇到物美旧宫店、北京西贝亦庄餐饮有限责任公司等商业零售和餐饮企业开展安全生产联合检查。

（焦　颖）

【开展安全生产联合执法检查】 4月28日，大兴区副区长谢冠超带队，对赵老乐饺子馆、北京兴海隆华再生资源回收公司开展安全生产联合检查。区商务委主要领导及主管领导陪同，区安监局、公安消防支队等部门及相关属地政府参加检查。

（焦　颖）

【开展用电安全宣传活动】 联合兴丰街道办事处，6月2日在百联清城购物中心开展了“用电安全警示教育”宣传活动。当天现场共发放各类宣传材料1000余份。

（焦　颖）

【开展安全生产“双百工程”对话谈心活动】 6月13日，大兴区商务委组织王府井百货大兴店、星城商厦、帝园商城、物美大卖场大兴店和眉州东坡酒店大兴店等区内5家重点商业和餐饮企业开展“双百工程”对话谈心活动。

（焦　颖）

【召开安全生产法律法规培训会】6月13日，大兴区商务委组织召开安全生产法律法规培训会，区内近百家规模以上商业零售和餐饮经营单位主要负责人和安全生产负责人参会。培训会重点宣贯了《安全生产法》、《北京市生产经营单位安全生产主体责任规范》和《北京市生产安全事故隐患排查治理办法》等法律法规。

（焦　颖）

【开展“安全生产月”应急演练观摩活动】6月22日，大兴区商务委联合高米店街道、区安监、消防支队、公安分局等部门在绿地缤纷城组织开展了“安全生产月”系列活动——应急演练观摩活动。副区长谢冠超，各相关单位主要领导，星城、物美、联华等大型商业企业安全生产负责人参加了观摩。此次演练活动以“落实企业主体责任，共建安全和谐大兴”为主题，模拟了从发现火情、开展自救、人员疏散、火灾报警、火情处置到高空救援的全过程，近千名员工参与。同时向过往群众、商户代表及社区居民发放各类安全生产宣传材料上千份，营造了浓厚的安全氛围。

（焦　颖）

【开展安全生产知识技能大赛】6月29日，大兴区商务委联合相关部门组织开展了主题为“掌握安全生产知识，提高安全生产技能”的知识竞答和安全技能大赛。

（焦　颖）

【G20峰会期间流通秩序监管和安全生产】一是加强组织领导，落实行业监管责任。二是加强教育培训，提升行业安全水平。三是加强监督检查，消除各类隐患问题。检查排查企业88家次，消除隐患25项，处罚企业2家，罚款1.5万元。四是加强应急值守，注重信息交流报送。

（焦　颖）

【国庆节前安全生产联合检查】9月27日，大兴区副区长方健带队，对龙湖大兴天街购物中心、兴海隆华回收公司、物美大卖场等商务行业企业开展安全生产联合检查。区商务委主要领导及主管领导陪同，区安监局、质监局、药监局、公安消防支队等部门及天宫院街道办事处、黄村镇、林校路街道办事处等属地政府参加检查。

（焦　颖）

【国庆节期间安保维稳工作】一是召开行业安保维稳工作会议。大兴区商务委于9月30日召开了商务行业重点企业负责人参加的国庆安保维稳工作会议。二是立即开展行业监督检查。9月份已检查排查商业零售、餐饮、再生资源、粮库等企业63余家次，特别是对餐饮企业的排油烟管道清洗和商业企业安全通道和无购物通道设置情况进行了重点检查，整治各类安全隐患37项。三是强化企业主体责任意识。要求企业严格落实安全生产责任制，严格落实安全生产各项法律法规，开展全覆盖、全方位隐患自查自纠活动，完善突发事件应急预案，同时启动重要节日安保工作机制，安保力量全员上岗，消防器材完好有效，确保经营场所的绝对安全。

（焦　颖）

【强化安全维稳工作】一是派出四个检查组，检查企业20余家次；二是发送提示信息，做到应知尽知；三是及时消除隐患，整改问题5项；四是企业全员动员，千余安保上岗。

（焦　颖）

【开展消防宣传演练活动】 11月9日，在火神庙商业中心组织开展“11·9”消防宣传演练活动。活动期间，大兴区商务委、区公安消防支队、林校路街道办事处、林校路派出所及火神庙物业公司等单位通过发放宣传材料、讲解消防安全常识等形式向广大群众普及了消防安全知识。同时，在王府井百货大兴店组织开展了消防演习，演习过程包括预案制定、警情处置、人员疏散、物资保障等全过程，进一步提高了全体员工的消防安全意识和能力。

（焦　颖）

【部署岁末年初安全生产大检查工作】 一是高度重视，统一思想。制订工作方案，成立领导小组，通过微信、短信、网站等各种方式将通知传达至商务企业。督促企业加强教育，强化意识，统一思想。二是加强领导，落实责任。大兴区商务委相关科室落实行业责任，负责组织对相关经营单位开展督促检查，各企业开展隐患自查自改，落实主体责任。三是注意实效，确保安全。每周汇总相关检查信息，隐患问题紧盯，整改率达到100%，确保商务行业生产安全。

（焦　颖）

【副区长带队开展安全生产联合检查】 11月30日，大兴区副区长方健带队，对北京天天久久嘉餐饮有限公司、北京吉星德亿电子有限公司、北京兴海隆华再生资源市场有限公司开展安全生产联合检查。区商务委主要领导及主管领导陪同，区安监局、质监局、公安消防支队等部门及相关属地政府参加检查。

（焦　颖）

【开展预防煤气中毒第二阶段工作督导检查】 12月15日，区商务委、区工商分局对包片地区瀛海镇预防煤气中毒第二阶段工作进行了督导检查。督导组采取了查阅资料和现场检查的方式了解了瀛海镇的预防煤气中毒工作，肯定了瀛海镇在安装报警器和风斗，张贴黄色安全贴，与煤火取暖户签订安全责任书等方面所采取的工作方法和措施。

（焦　颖）

【召开烟花爆竹禁放工作会议】 12月16日，大兴区商务委召开了全区100余家餐饮经营单位主要负责人参加的大检查和禁放工作会议。会议部署：一是严格落实主体责任。严格按照“一企一案”工作要求，落实本企业大检查工作方案。二是认真开展自查自纠。各企业逐一对照自查标准认真开展自查自纠，对于排查出的隐患建立台账，立即整改。三是全员参与排查隐患。通过悬挂张贴标语、宣传画、公告，短信、微信、网站等多种形式和平台进行广泛宣传，动员全员参与。四是严格落实禁放工作。空气重污染预警二级（橙色）或预警一级（红色）时，落实烟花爆竹禁放和露天烧烤禁止工作。会后，区商务委与各餐饮企业签订了《北京市大兴区规模以上餐饮经营单位落实烟花爆竹禁放及油烟清洗工作责任书》。

（焦　颖）

【组织应急演练观摩活动】 12月25日，大兴区商务委、区公安消防支队、林校街道办事处等单位在大兴海底捞餐厅组织开展应急演练观摩活动。相关部门、相关企业及海底捞餐厅员工等共100余人参加此次活动。

（焦　颖）

电子商务

【首批北京市跨境电子商务产业园】中科电商谷和华商创意中心被授予北京市首批跨境电商产业园，两个园区将发挥示范效应，充分利用本市跨境电子商务发展在航路资源和口岸建设体系等方面的优势，打造跨境电商产业链体系。

（张　晋）

【北京电子商务中心区统计分析系统】通过召开项目启动会，以及网络零售等相关政策的陆续实施，已有45家企业上线电子商务统计系统。

（张　晋）

【参加第四届京交会北京馆/北京日活动】大兴区商务委在第四届京交会北京馆展示了新机场、国家新媒体产业基地、荟聚购物中心、北京经济技术开发区、CED等大兴发展新成果；大兴区委副书记、代区长，北京经济技术开发区工委副书记崔志成在北京主题日区县推介环节发表了题为“大兴·大兴——京津冀协同前沿区·国际经济合作新空间”的主题推介，从两区一体、深化改革、临空经济区等方面全面展示了大兴新区的风采，受到了领导和媒体的广泛关注。

（张　晋）

名　录

单位名称：北京市大兴区商务委员会
党委书记、主任：梁建青
地　　址：北京市大兴区永华南里14号
电　　话：81298205
邮　　编：102600
网　　址：www.dxsw.cn

（李　刚）

昌平区

概　　况

2016年，昌平区商务委在区委、区政府的正确领导和市商务委的有力指导下，以“三严三实”专题教育活动整改落实和“两学一做”学习教育活动为有力推手，学习宣传贯彻党的十八届五中、六中全会和市委十一届九、十次全会以及区第五次党代会、区委四届十一、十二次全会精神，立足于科学发展，加快转变经济发展方式，商务经济平稳协调健康发展。

社会消费品零售额累计实现422.7亿元，同比增长6.8%，总量在5个城市发展新区中位居第二；实际利用外资累计实现78876万美元，同比增长623.6%，总量排在城市发展新区第一；进出口总额累计实现人民币187.5亿元，同比下降10.9%，其中出口实现84.7亿元，同比增长0.8%。

制定了《北京市昌平区商务委员会“两学一做”学习教育工作方案》，以扎实开展“两学一做”学习教育活动为主线，以做“四有”合格党员为目标，全面提升党建水平。

（赖金坚）

商业流通

【零售额指标平稳增长】社会消费品零售额累计实现422.7亿元，同比增长6.8%。

（赖金坚）

【腾退7个区域性市场】建立了《昌平区2016年市场清退工作台账》；累计清退回龙观城北市场等7个区域性市场，腾退土地76.4万平方米，清退商户9241户，疏解从业及相关人员17465人。

（赖金坚）

【稳步提升生活性服务业品质】编制了《昌平区提高生活性服务业品质行动计划》，新建各类商业便民网点105个。稳步推进蔬菜零售网点建设，新增10辆蔬菜直通车全部投入运营；新建蔬菜直营店20家全部开业；按照《北京市社区菜市场设置与管理规范》，新建1家社区菜市场。稳步推进便民早餐工程建设，新建或改造早餐固定门店15家，改造搭载早餐服务便利店10家，升级改造主食加工配送中心1家。

（赖金坚）

【促消费工作持续加强】组织重点零售商业在传统假日分别开展了“喜迎双蛋”、“金猴纳福”、“悦享春姿”等主题促销活动，元旦、春节、国庆等七个节日，342家次零售餐饮企业累计实现收入5.6亿元，同比增长3.6%。引导北辰亚运村汽车交易市场、欧德宝汽车交易市场大力落实《关于促进二手车便利交易的若干意见》，积极开展二手车品鉴会、新能源汽车试驾会、品牌汽车折扣销售月等促销活动。

（赖金坚）

【强化商务执法】狠抓排查和督查，确保消费环境安全，累计出动执法人员2171人次，检查商业单位889家次。

（赖金坚）

【培育网络消费新型业态】支持乐多港智慧商业无线O2O零售营销平台项目建设，按照预期进度完成了前期准备及需求调研、有线无线网络一体化建设和软件层面研发、配置、调试等三个阶段，如期投入运行。鼓励企业积极申报国家和市级电子商务应用示范企业，积极开展中小电子商务商企业品牌与诚信工作。

（赖金坚）

【加快重点商业项目的落地】乐多港奇幻乐园、奥特莱斯项目顺利营业。

（赖金坚）

【粮食流通秩序进一步加强】主动做好区级储备粮监管；开展了全区社会粮食供需平衡调查；及时做好退耕还林补助粮发放，把北京市惠民政策落到实处。妥善做好军粮供应。

（赖金坚）

外经外贸

【新批三资企业26家】新批设立外商投资企业26家，合同外资251060万美元。

（赖金坚）

【19家三资企业扩大经营规模】19家企业增资扩大生产经营规模，共增加投资总额19930万美元。

（赖金坚）

【促进对外贸易稳步发展】对外贸易经营者备案542个。服务外包收入完成15195.47万美元，同比增长3.44%；审核第一批中小企业国际市场开拓资金资助项目137个，受益企业46家。

（赖金坚）

【积极做好加工贸易审批管理】协助海关开展实地验厂16次；累计审批加工贸易合同139个，涉及金额3677.9万美元。

（赖金坚）

党建工作

【扎实开展“两学一做”学习教育活动】制定了《北京市昌平区商务委员会“两学一做”学习教育工作方案》。重点学习了《习近平总书记系列重要讲话读本》及建党95周年、红军长征胜利80周年讲话精神，党的十八届五中、六中全会精神和中纪委、市纪委及区纪委的文件精神，以及新修订的《中国共产党廉洁自律准则》、《中国共产党纪律处分条例》、《中国共产党党内监督条例》、《关于新形势下党内政治生活的若干准则》等。坚持做到每月有计划，集中组织学习教育15次，党小组活动8次。围绕“对党忠诚，做合格党员”，“严守纪律，做合格党员”，“务实担当，做合格党员”三个专题，分别召开了党员大会。

（赖金坚）

【扎实推进党风廉政建设】坚持从思想预防、制度预防、监督预防入手，努力从源头上预防和治理消极腐败现象。细化了《商务委落实党风廉政建设党组主体责任和纪检组监督责任的实施意见》，制定了《领导班子成员党风廉政建设责任制责任清单》，建立了《处级领导干部落实党风廉政建设责任制全程记实》。严格落实“一岗双责”；严格落实领导班子“三重一大”决策、党政正职“六不直接分管”制度，并按要求及时报备。拓宽监督举报渠道，在监察科设立对内、对外举报电话、传真电话、电子邮箱，同时在区属商业企业中聘任了10名政风行风监督员。

（赖金坚）

名　录

单位名称：北京市昌平区商务委员会

主　　任：云富勇

地　　址：北京市昌平区南环路55号

电　　话：69746220

邮　　编：102200

（赖金坚）

平谷区

商业流通

【社会消费品零售额】 2016年平谷区完成社会消费品零售总额102亿元，同比增长8.6%，增速位于生态涵养区第一位，位于北京市第2位，完成了市、区两级政府的任务指标。

（匡　霞）

【商务中心区建设】 以华联购物中心为核心的万德福广场2016年年初开业，100余家知名商业、餐饮、休闲娱乐项目进驻平谷，丰富了商业业态，提高了商业档次。华联购物中心2016年总营业额为1.95亿元。

（匡　霞）

【生活性服务业品质提升】 一是起草制定《平谷区“十三五”期间生活服务业发展意见》及《平谷区生活性服务业发展扶持资金管理办法》。二是加强便民商业网点建设。2016年在平谷城区新建或规范各类便民服务网点34家，超额完成市级任务（26家）。引进了东方家家连锁菜店，已经开店6家。北大市场3500平方米社区菜市场已完成全部审批手续，并开始施工建设。1个便民商业综合服务中心试点已经装修完毕，开始营业。

（匡　霞）

电子商务

【电子商务交易额】 2016年全区电子商务交易额10.4亿元，同比增长33%。建成平谷区电子商务孵化基地，十家电商企业正式入驻，交易总额为5300万元。平谷区电商本来生活网获得“国家级电子商务示范企业”称号。

（匡　霞）

【农村淘宝】 北京首家农村淘宝项目落户平谷区，区级运营服务中心地址已经确定，仓储物流中心已投入使用，建成农村淘宝服务站点20个，共为村民实现代购8700笔，价值164万元。

（匡　霞）

对外经贸

【出口创汇】 根据海关统计，2016年平谷区出口创汇1.2亿美元，同比下降36.6%。

（匡　霞）

【实际利用外资】 2016年平谷区合同利用外资24418.5万美元，同比增长366.5%；实际利用外资4500万美元，同比增长200%。

（匡　霞）

【行政审批】 对下放的事项做到统一审批管理标准和服务规范，缩短审批时限，承诺审批时限为全市最短。积极推进审批五位一体和外资审批备案制度改革，按时办结率100%。平谷区综合行政服务大厅商务委窗口被平谷区综合行政服务中心评为优秀窗口。

（匡　霞）

【外贸稳增长】制定《平谷区2016年度外贸稳增长资金奖励办法》，及时兑现出口稳增长奖励资金。组织企业参加“广交会”、“京交会”、“澳门展览会”等贸易展销会，进一步拓展企业国内外宣传渠道和项目对接。

（匡　霞）

商务执法

加强规模以上商业零售和餐饮经营企业安全生产检查，56家企业完成安全生产标准化创建达标。大力保障商务领域流通秩序。加强粮食流通监督管理、盐政、家庭服务等商务行业执法监管力度。建立了京津冀三地全方位合作机制。市“双打办”对平谷区“禁止令”、“行刑衔接”等创新模式提出表扬，全年未发生因侵权假冒行为导致的突发公共事件和重大刑事案件。

（匡　霞）

名　录

单位名称：北京市平谷区商务委员会
主　　任：崔　苠
地　　址：北京市平谷区府前西街十七号
邮　　编：101200
电　　话：69962955

（匡　霞）

怀柔区

概　　况

2015年，怀柔区商务委紧紧围绕全市中心工作，以提高商务行业发展质量效益为中心，持续推进商务领域供给侧结构性改革，着力培育商务发展新动力，努力实现“十三五”良好开局。全区共实现社会消费品零售额111.5亿元，同比增长8.4%，圆满完成年度任务，在全市排名与大兴区并列第三。进出口额实现9.03亿美元。成功新建和规范改造平价菜店、营养快餐、洗染等生活性服务业网点51家，其中包括15家蔬菜零售网点。生活性服务业品质得到了有效提升，进一步满足了居民消费需求。

（张　蕊）

【召开2016年商务行业安全生产工作会】1月13日，以“增强责任，全面做好2016年商务行业安全工作”为主题，召开了2016年商务行业安全生产工作会，怀柔区规模以上商业零售及餐饮经营单位约70余名安全生产负责人参会。

（张　蕊）

【召开2015年经济贡献企业表彰会】2月1日，召开了2015年度经济贡献表彰会，表彰为全区经济社会发展做出贡献的驻怀企业，并通报怀柔区当前社会经济发展情况及2016年工作思路，区领导齐静、常卫、王仕龙、武占刚、彭丽霞、周东金、王彧出席会议，区发改委、商务委、经信委等相关单位领导及67家驻怀企业负责人出席会议。会上，对玛氏食品有限公司等10家企业分别授予“怀柔区2015年度经济发展突出贡献奖”，对宏源汇智投资有限公司等18家企业分别授予“怀柔区2015年度经济发展贡献奖”。

（张　蕊）

【开展食品安全宣传活动】3月15日，怀柔区商务委联合区食药局、区盐业公司，在万星市场开展了怀柔区商务行业食品安全现场宣传活动。共发放宣传材料2000多份，发放盐勺1000多个。向市场内60余家食盐商户宣讲《食盐专营办法》，发放宣传资料100余份。

（张　蕊）

【开展“新消费、我做主”主题宣传活动】3月15日，怀柔区“双打”办联合区商务委、区工商分局、区食药局、区质监局、区消协等12家单位在物美京北大世界北广场开展“新消费、我做主”为主题的消费者权益日宣传活动。此次活动共发放各类宣传材料3000余份，现场接待咨询人数20余人次，受理消费者投诉2起。

（张　蕊）

【举办总部经济政策及资金申报培训会】3月22日，怀柔区商务委组织召开总部经济政策及资金申报培训会。会议邀请了市商务委总部经济发展处领导为怀柔区40余家企业进行培训。重点从企业总部落户、自建或购买办公用房、人才引进、税收、奖励资金申报等多方面的政策进行了解读，使企业对总部政策有了深入了解，并对企业申报奖励资金提供了有效的帮助。

（张　蕊）

【完成食品饮料基地动态考核工作】 3月，根据北京市商务委关于做好外贸转型升级基地有关工作的通知要求，开展了食品饮料基地动态考核工作。从基地基本情况、聚集度、贡献度、“高精尖”结构、竞争力等方面，对市级外贸转型升级基地“北京市怀柔区食品饮料基地”进行了考核、评分。

（张　蕊）

【饮食服务行业协会第四届换届大会顺利召开】 4月8日，怀柔区饮食服务行业协会第四届换届大会顺利召开。怀柔区商务委主管领导、原区饮食服务行业协会会长等领导出席会议，36家企业代表参加大会。通过会议选举，老江阿泰餐饮管理（北京）有限公司董事长江忠泰当选怀柔区饮食服务行业协会会长，北京吉祥九九嘉餐饮有限公司总经理唐凤拥当选监事长，北京满乡庄园餐饮有限公司总经理张文静当选秘书长。

（张　蕊）

【开展世界知识产权日主题宣传活动】 4月26日，怀柔区双打办联合区知识产权局、雁栖开发区管委会，为50余家企业开展了“运用知识产权，推动创新发展”为主题的知识产权培训活动。

（张　蕊）

【召开加强单用途商业预付卡管理工作部署会】 4月28日，怀柔区商务委组织召开了单用途商业预付卡管理工作会，区内规模以上商场、超市、餐饮、洗浴、宾馆住宿企业共计90余家参会，现场发放宣传材料240余份。

（张　蕊）

【举办首届商务系统急救技能培训】 5月4日，怀柔区商务委与区红十字会联合举办怀柔区商务系统急救技能培训。全区规模以上商业、餐饮企业安全生产负责人70余人参加了活动。重点针对企业日常经营中经常遇到的创伤包扎、心肺复苏等内容进行了培训。

（张　蕊）

【出台三项产业扶持政策】 5月，怀柔区正式出台怀柔区促进区域经济转型发展专项资金支持政策》。其中包括怀柔区促进电子商务产业发展专项支持资金、怀柔区促进总部经济发展专项支持资金、怀柔区促进会议会展产业发展专项支持资金三项产业扶持资金政策及其实施细则。

（张　蕊）

【完成会展产业发展规划】 5月，完成了《怀柔区“十三五”时期会展产业发展规划（2016－2020年）》，确定了“十三五”时期会展产业重点发展方向及项目。

（张　蕊）

【三家单位被认定为北京市服务贸易示范基地】 6月1日，第四届京交会北京主题活动日在北京国家会议中心举办，怀柔区北京雁栖湖生态发展示范区、中国（怀柔）影视产业示范区、北京雁栖经济开发区三家特色园区被认定为北京市服务贸易示范基地，并被授牌。

（张　蕊）

【开展“绿色消费进社区”宣传活动】 6月15日，怀柔区商务委携手大中电器怀柔店，在普法公园举行了“2016年怀柔区商务委节能宣传周‘绿色消费进社区’主题宣传活动”，向居民发放宣传光盘、节能宣传手册、环保购物袋、怀柔区创城知识手册，并现场讲解节能产品类别、使用优点和节能产品补贴政策。活动共计发放各类宣传材料2000余份，现场了解节能产品知识及节能补贴政策约1500人次。

（张　蕊）

【防汛物资储备验收完成】6月17日，怀柔区商务委会同区水务局、区财政局对怀柔区防汛物资储备情况进行验收。2016年怀柔区共储备防汛物资29种，合430余万元人民币。其中活动房2000平方米、麻袋40000条、大绳1250米、手电筒1000个、雨衣1000套等。

（张　蕊）

【2016年退耕还林粮供应工作】6月，怀柔区退耕还林补助粮发放工作全部完成。此次供应工作涉及13个镇乡的190个村，供应2.6万余户，共发放补助粮1939.68吨，其中大米926.587吨、面粉960.699吨、小麦52.395吨。

（张　蕊）

【组织粮食供给应急演练】6月22日，怀柔区商务委（粮食局）组织区财政局、农发行及源益盛公司开展了粮食供给应急桌面演练活动。本次演练以汤河口镇汤河口村遭受特大暴雨自然灾害为背景，采取室内桌面推演方式进行，重点突出区商务委（粮食局）对粮食供给突发事件的现场指挥协调及内部科室职责分工等内容，并对演练中存在的问题进行了修改完善。

（张　蕊）

【第六届中外会展项目会展洽谈会在怀举办】7月26日至28日在北京雁栖湖国际会展中心成功举办了第六届中外会展项目会展洽谈会。本届会展洽谈会主题为“引爆‘一带一路’下会展业的新增长点”。会展洽谈会是首个落户怀柔的会展业专门交易会，其中参展商达56家，专业买家达256家。活动期间，共举办了14场会议及分论坛活动，并发布了7份行业权威数据统计报告。

（张　蕊）

【出台设立商业保理公司试行办法】8月，出台了《北京市怀柔区设立商业保理公司试行办法》（以下简称《试行办法》）。《试行办法》自2016年9月1日起施行，试行期限为1年。凡中国境内企业在怀柔区投资设立内资商业保理企业，开展商业保理业务，均适用《试行办法》。

（张　蕊）

【2016全球青年模拟联合国大会在怀柔区举办】8月3日，2016全球青年模拟联合国大会在北京雁栖湖国际会展中心举行开幕式。据统计，本次模联大会共有1000余名中外青年学生代表参会，包括800余名中方代表，235名国际代表分别来自美国、英国、韩国等9个国家和地区。

（张　蕊）

【首次“会议运营管理师”怀柔特训班圆满结束】9月1日，怀柔区首次“会议运营管理师”怀柔特训班在北京雁栖湖国际会展中心圆满结束。参训学员60余名，其中47名参加了人力资源和社会保障部教育培训中心的“会议运营管理师”考试，考核通过后可获得相应的岗位证书。

（张　蕊）

【第二届全球社会企业家生态论坛在怀举办】9月9日，第二届全球社会企业家生态论坛（Global Social Entrepreneurs Forum）在北京雁栖湖国际会展中心开幕。本届论坛为第2年落户怀柔，共吸引了来自国内外3000余家企业的5000余名嘉宾、观众参加。

（张　蕊）

【怀柔会展业亮相北京国际商务及会奖旅游展览会】 9月7日至8日，怀柔区商务委参加了在国家会议中心举办的第十一届中国（北京）国际商务及会奖旅游展览会（CIBTM），共接待商务洽谈37场，会展专业买家咨询200余人次。

（张　蕊）

【长城国际经典车拉力赛连续3年在怀成功举办】 9月16日，2016雁栖岛优雅大展暨宝沃·长城国际经典车拉力赛在怀柔区雁栖岛开幕。来自8个国家18个品牌的50辆珍贵经典车型和现代优雅车型齐聚北京怀柔雁栖岛，参展车总数较上届增加近1倍。

（张　蕊）

【首届中国国际冬季体育产业大会暨展览会在怀柔区举办】 9月24日至25日，首届中国国际冬季体育产业大会暨展览会（IWSI）在北京雁栖湖国际会展中心举行。全国政协教科文卫体委员会副主任、北京奥运城市发展促进会常务副会长刘敬民，中国国际贸易促进委员会北京市分会主任熊九玲，区委书记齐静为大会推杆揭幕，区长常卫致辞，区领导于海波、王彧、李志遂出席开幕式。大会由会议与展览两大板块构成。会议板块由北京2022设计产业论坛、智慧滑雪高峰论坛、国际冬季旅游城市论坛等7场论坛和研讨会组成；展览板块设置了“互联网+”、体育旅游、冬季体育产业展示三大特色展览区。

（张　蕊）

【评选商务行业文明单位（商户）220家】 10月，经怀柔区商务委、区文明办、区工商分局、区食药局、区私人个体经济协会、商联会、餐饮协会、酒类流通协会共同评选出2016年文明单位（商户）名单，其中“商务行业文明单位”82家，“商务行业文明商户”138家，并予以挂牌。

（张　蕊）

【第九届中国会议产业大会在怀柔开幕】 第九届中国会议产业大会（CMIC2016）于11月8日至10日在北京雁栖湖国际会展中心隆重开幕。国家旅游局旅游促进与国际合作司司长助理陈东、北京市旅游发展委员会主任宋宇、中国会展经济研究会会长袁再青、北京市怀柔区人民政府区长常卫、北京市旅游发展委员会副主任曹鹏程等领导以及十几家城市旅游局及会展局、商委负责人共同出席。

（张　蕊）

【怀柔区美容美发行业协会成立】 11月8日，怀柔区美容美发行业协会成立大会在益田影人酒店顺利召开。北京市美容美发行业协会、区商务委等相关领导出席会议，区内68家美发美容企业会员代表参会。通过会议选举，北京天琦商务会馆当选为怀柔区美容美发行业协会会长单位。

（张　蕊）

【生活性服务业品质提升工作】 2016年，出台了《怀柔区提升生活性服务业发展实施方案》，新建或改造提升便民网点51家，其中早餐连锁店11家，蔬菜零售连锁店15家，便利店（超市）4家，干洗连锁店9家，美发连锁店12家，便民商业网点连锁化率提升至12.29%。

（张　蕊）

【对外经贸工作】 1－12月份怀柔区进

出口总额9.03亿美元，其中加工贸易进出口1.68亿美元。完成实际利用外资3174.9万美元。全区新设外商投资企业11家。新增对外贸易经营者备案登记企业72家，全区累计已有800家企业获得进出口经营资格。

（张　蕊）

名　录

单位名称：北京市怀柔区商务委员会

书　　记：张全胜
主　　任：张学君
地　　址：北京市怀柔区迎宾中路21号
邮　　编：101400
电　　话：69645258
传　　真：69647234
电子邮箱：sw@bjhr.gov.cn

（张　蕊）

密云区

概　　况

2016年是“十三五”规划的开局之年，随着城镇化步伐加快、消费需求持续增长以及城乡居民消费能力的稳步提升，密云区消费品市场运行总体平稳，零售额增速逐月攀升。全年累计实现社会消费品零售总额129.8亿元，比上年增长8.1％。

（胡婷婷）

商贸管理

【消费市场呈温和上涨态势】2016年，密云区积极培育内需增长新动力，促进全区消费持续稳定增长。2016年密云区商业总体运行平稳，全区实现社会消费品零售额129.8亿元，同比增长8.1％。各大商业企业利用“假日消费”带动市场繁荣，众商家在节日期间开展了多种促销活动；电子商务企业快速发展，成为消费市场的新主力；北京市启动新一轮家电节能减排补贴政策，家电市场销售火爆；餐饮企业积极转型调整，餐饮消费有所回升；影响汽车消费因素增多，汽车销售下滑；高档商品销售下滑，全年密云区消费市场呈温和上涨态势。

（胡婷婷）

【五分钟便民菜店】2016年，密云区委、区政府明确提出在原有便民蔬菜零售网点的基础上，进一步增加蔬菜网点数量，提升网点服务水平，全力打造新城社区蔬菜零售5分钟便民服务圈，让老百姓出门步行5分钟就可以买到价廉、物美、品质新鲜的蔬菜。到2016年年底区财政共出资1201万元，引导和扶持大星发、东方家家、檀州农业等三家蔬菜龙头配送企业在密云新城及周边地区共新建蔬菜网点90家（其中直营超市14家，便民菜店76家），新建配送中心2座，社区蔬菜网点覆盖率达到97％，蔬菜零售5分钟便民服务圈达标率超过了90％，同时积极鼓励各类电子商务平台推广“送菜到家”服务，解决部分小区商业设施缺乏和老年人出行不便的问题，物美多点、密云360、密农人家等几家主要线上平台全年配送蔬菜商品金额突破了150万元。“5分钟蔬菜便民服务圈”的建设受到了广大居民的一致好评，密云区委、区政府各级领导、人大代表、政协委员多次莅临社区零售网点进行视察指导，为蔬菜零售网络的建设和发展出谋划策。北京电视台、《北京日报》、《国际商报》、密云昨日区情、密云电视台等各类媒体都给予了高度的关注和充分的肯定。密云新城及周边的蔬菜零售网点总数已超过了300家，从根本上解决了新城居民买菜不便的问题。

（胡婷婷）

【电子商务取得突飞猛进发展】继续推动密云区电子商务发展。网络购物作为一种新兴的消费方式，已经在消费市场占一定比重，密云区一直给予积极的培育扶持，确保密云区电商企业有序稳定发展。全年，北京菜百电子商务有限公司、北京春播科技有限公司、北京百年栗园生态农业科技公司、密农人家等电商企业积极开展网上销售业务，参与了昌平区农业嘉年华，提高自身的知晓度，推出微信团购、季储值卡打折等促销活动，大大提升了企业的知名度和销售业绩。据统计，百年栗园、菜百电子商务、春播科技和密农人家4家电子商务企业全年实现销售额2.93亿元。

（胡婷婷）

【认真履行行业监管职责】安全生产常抓不懈，一年来，密云区认真做好商务行业安全监管工作，确保行业安全无事故。认真完善落实安全生产责任制，实行目标管理，与企业签订责任制，要求各单位逐级落实到部门、到岗位、到人头，形成良好的安全管理体系。全年，认真完善商务系统动态安全监管网络，积极开展各项安全专项整治活动。加强安全宣传教育培训，深入宣传贯彻本行业安全法律法规。认真开展安全执法检查工作，不断加强督促整改力度，对发现的安全隐患进行排查，及时整改，消除了隐患。

（胡婷婷）

【商务执法工作迈上新台阶】全年，密云区商务主管部门认真履行监管职责，深入开展商务综合行政执法体制改革试点工作，商务综合执法大队共出动执法人员2542人次，出动车辆882车次，立案422户（其中简易处罚405户，一般程序处罚17户），没收食盐2062.75公斤，罚款9861.3元。立案率和罚没额较往年都大幅度提升。

（胡婷婷）

【生活性服务业品质进一步提升】全年，密云区共新建和规范提升各类商业便民网点160家，其中蔬菜零售网点90家，便利店20家，早餐网点23家，美容美发网点13家，洗染网点5家，家政服务网点5家，末端配送网点3家，再生资源回收站点1家，生活服务业网点连锁化率从2015年的1.7%提升到12.3%。蔬菜零售、便利店、早餐、美容美发等8项基本便民服务在社区覆盖率已达到50%。

加快生活性服务业连锁化、品牌化发展。多领域、深层次推动生活性服务业品牌化、连锁化经营，鼓励生活性服务业品牌企业加快网点布局，促进门店升级和资源整合，建立生活性服务业品牌连锁企业资源库，支持优质品牌连锁企业进社区；鼓励连锁超市和品牌便利店企业扩大直营连锁规模，增强服务社区能力。

推动城市末端配送网络体系建设。以居民社区为重点，加快推进共同配送服务网点建设，承接电子商务、快递等企业的末端配送服务，服务社区电子商务发展；鼓励有条件的社区增加代收代缴及末端配送服务功能。

（胡婷婷）

【商业企业开展各项节能减排活动】按照密云区“十三五”时期节能减碳目标责任评价考核考评工作要求，引导我区各重点商业零售企业全面开展多系列、多层次节能减排宣传活动，积极推广节能设备，引导公众购买能效等级高的节能产品，积极促进绿色消费。

（胡婷婷）

【粮食管理平稳有序】粮食工作关乎地区发展和稳定，受国际国内形势的影响。目前粮食工作形势严峻。年内，密云区重点做好《北京市密云区落实粮食安全区长责任制实施方案》编制工作，对密云区的粮食供需平衡进行了调查，对密云区的粮食收购企业进行严格监管，对粮食市场购销情况和价格走势进行密切监控，及时轮换了区级储备粮，核查政策性用粮，退耕还林供应粮按计划发放到位。

（胡婷婷）

【“双打”工作成效显著】全年，密云区打击侵权假冒工作取得积极成果。全区6家（工、质、知、食、林、文）主要行政执法部门对侵权假冒行为共立案284件；办结案172件；涉案金额68.84万元；移送司法机关案件1件。各部门积极推进专项整治，取得了显著成效。

（胡婷婷）

对外经济

【概况】2016年密云区外贸进出口总额实现9.29亿美元，同比增长11%，其中出口额4.46亿美元，同比增长42.3%，全市增幅最高。进出口总额和出口额在生态涵养区均列第一位。

（胡婷婷）

【打造外经贸发展优良政策环境】提升“引进来”和“走出去”质量，确保实际利用外资明显增长。完善外商投资促进服务体系，加快引资步伐。坚持依法行政，规范审批，加强外经贸服务平台建设，保持外经贸工作规范高效运行。紧跟外资重大项目，特事特办，积极帮助外经贸企业争取商务部及市级财政扶持资金及相关政策。

（胡婷婷）

名　录

单位名称：北京市密云区商务委员会
主　　任：彭兴宝（2016年12月免）
　　　　　郑小君（2016年12月任）
地　　址：北京市密云区檀西路21号
邮　　编：101500
电　　话：89089310
传　　真：89089320
网　　址：www.bjmycom.gov.cn

（胡婷婷）

延庆区

概　　况

2016年，延庆区商务工作在北京市商务委的指导下，在商务系统广大干部职工的密切配合下，紧紧围绕工作大局，有序推进重点工作落实，带动常规工作完善，圆满完成了各项任务。社会消费品零售额完成87.6亿元，同比增长8.1%；外贸进出口总额完成1亿美元，实际利用外资2066万美元，合同外资2155万美元。全区内外贸继续保持健康发展的良好态势。

（李丽新）

【设立北京市延庆区粮食管理中心】 2016年11月2日，延庆区机构编制委员会办公室同意设立北京市延庆区粮食管理中心，为延庆区商务委所属公益一类正科级财政补助事业单位，定编4名。主要职责为：负责延庆区粮食储备、购销的日常管理工作；负责粮油市场统计、信息监测、技术服务等工作。

（李丽新）

【出台会展业发展扶持政策】 出台《延庆区“十三五”时期会展业发展规划》和《延庆区会展业发展扶持政策》，制定促进会展业改革发展联席会议制度和会展活动备案制度，拟写《延庆区会展业发展专项资金管理办法（初稿）》，待审议通过后执行。

（李丽新）

【出台商业发展规划】 制定发布《延庆区生活性服务业品质提升三年行动计划》和《延庆区“十三五”时期商业发展规划》，明确商业发展目标和任务，为进一步促进商业发展打好基础。

（李丽新）

【提升生活性服务业品质】 完成延庆城区33家便民服务网点地面、墙面、货架和室外牌匾等硬件设施设备的改造提升工作。

（李丽新）

【整治再生资源回收行业】 完成31家再生资源回收站点的搬迁工作，补贴拆搬迁资金135.1万元；对全区社会站点开展执法检查，共累计检查回收站点468家次，整改各类问题110项，罚款5000元；对主体企业下设站点加强规范管理，完成社区站点23块标识牌的更换工作。

（李丽新）

【节假日促销】 完成春节、国庆等节日期间促销活动组织和市场供应保障工作，并开展消费品市场运行监测。全区重点监测的13家商市场销售额为17.6亿元，与2015年持平；10家重点餐饮企业销售额为1亿元，同比增长2.5%。

（李丽新）

【外经贸发展】 扎实开展外资审批，2016年办理新批项目3个、变更项目4个，外商投资企业设立、变更备案登记7件，对外贸易经营者备案登记39件；为延庆区外贸企业争取2015年稳增长奖励资金18.2万元，2016年稳增长奖励资金168.5万元。

（李丽新）

【商务执法检查】2016 年，共出动执法检查人员 1486 人次，检查经营单位 441 家次，下发限期整改通知书 7 份，行政处罚 101 起，罚款人民币 5000 元，罚没不合格碘盐 3515 公斤，确保延庆区商务行业运行安全规范有序。

（李丽新）

【打击侵权假冒】督促成员单位利用"3·15消费者权益保护日"、"4·26 世界知识产权日"等重要时间节点，集中宣传打击侵权假冒的相关政策和法律法规，提升消费者识假辨假的意识和能力。积极组织执法检查工作，圆满完成全年工作任务。

（李丽新）

【粮食行业管理】2016 年，共计收购玉米 8.35 万吨，对 5000 吨储备玉米进行轮换，粮油市场基本稳定。制定并发布《延庆区落实粮食安全区长责任制实施方案》，自 2017 年 1 月份起，将增加 219 吨成品粮和 40 吨食用油的区级储备。

（李丽新）

【重点行业管理】2016 年，对 11 家典当企业进行年度审核，掌握资金流向和经营情况，防止违规经营行为；加强成品油市场监管，34 家成品油零售经营企业共计销售 76463.9 吨，销售额达 55301 万元；对 4 家规模发卡企业进行单用途商业预付卡监管，共计发卡 10384 张，金额 589.3 万元；加强盐产品配送，共计配送各类盐产品 4500 吨，其中食用盐 800 吨；做好消夏露天餐饮审批工作，共 24 家经营场所签订消夏露天餐饮经营场所规范经营责任书；共办理酒类流通备案登记 49 户，发放随附单 4850 份。

（李丽新）

名　　录

单位名称：北京市延庆区商务委员会
主　　任：贺　利
地　　址：北京市延庆区新城街 2 号
邮　　编：102100
电　　话：69101551
传　　真：69144243
网　　址：www.bjyq.gov.cn/zwxx/jgzn/zfbm/swjj/

（李丽新）

第六部分

统　计　资　料

一、商业流通

1-1　社会消费品零售额

指标名称	2015 年（亿元）	2016 年（亿元）	同比增长（%）
社会消费品零售总额	10 333.4	11 005.1	6.5
其中：网上零售额	1 707.5	2 049.0	20
按商品用途分			
吃类商品	2 179.0	2 296.7	5.4
穿类商品	765.4	781.5	2.1
用类商品	6 912.6	7 424.1	7.4
烧类商品	481.6	502.8	4.4
按行业分			
批发业	1 286.3	1 400.8	8.9
零售业	8 171.3	8 686.1	6.3
住宿业	150.9	154.7	2.5
餐饮业	732.0	763.5	4.3
按地区分			
城镇	10 127.9	10 776.1	6.4
乡村	210.7	229.0	8.7
按消费形态分			
餐饮收入	882.9	918.2	4
商品零售	9 453.5	10 086.9	6.7

数据来源：北京市统计局

（郭　超）

1-2　社会消费品零售额（按区分组）

项　目	2016 年（亿元）	2015 年（亿元）	同比增长（%）
全　市	11 005.1	10 338	6.5
首都功能核心区	2 015.4	1 898.5	6.2
东城区	1 046.6	985.9	6.2
西城区	968.8	912.6	6.2
城市功能拓展区	6 230.5	5 882.9	5.9
朝阳区	2 654.5	2 514.9	5.6
丰台区	1 075.3	1 007.3	6.8

（续）

项　目	2016 年（亿元）	2015 年（亿元）	同比增长（%）
石景山区	287.5	266	8.1
海淀区	2 213.2	2 094.7	5.7
城市发展新区	2 268.5	2 102.8	7.9
房山区	248.5	230.2	8
通州区	388.1	355.5	9.2
顺义区	443	410	8.1
昌平区	422.7	395.9	6.8
大兴区及北京经济技术开发区	766.1	711.1	7.7
大兴区	386.4	356.6	8.4
北京经济技术开发区	379.7	354.5	7.1
生态涵养发展区	490.7	453.8	8.1
门头沟区	61.7	57.5	7.2
怀柔区	111.5	102.9	8.4
平谷区	100.2	92.3	8.6
密云区	129.8	120.1	8.1
延庆区	87.6	81.1	8.1

数据来源：北京市统计局

（郭　超）

1-3　社会消费品零售额进度表

2015 年	社会消费品零售额（亿元）	同比增长（%）
1 月	—	—
1-2 月	1 616.9	1.0
1-3 月	2 434.9	2.2
1-4 月	3 255.2	3.0
1-5 月	4 077.7	3.1
1-6 月	4 976.3	3.8
1-7 月	5 879.5	3.9
1-8 月	6 783.8	4.3
1-9 月	7 758.0	4.8
1-10 月	8 805.1	5.2
1-11 月	9 904.4	6.1
1-12 月	11 005.1	6.5

数据来源：北京市统计局

（郭　超）

1－4　2016年限额以上零售企业分业态零售额情况

按零售业态分	2016年（亿元）	增速（%）
有店铺零售	5 483.5	2.2
食杂店	2.8	－13.4
便利店	65.0	3.2
折扣店	15.8	－7.6
超市	95.7	－5.5
大型超市	638.2	0.7
仓储会员店	6.5	38.9
百货店	645.4	－4.3
专业店	1 720.3	3.5
专卖店	2 050.8	2.8
家居建材商店	86.9	17.6
购物中心	52.1	18.2
厂家直销中心	104.0	9.1
无店铺零售	1 706.3	17.0
电视购物	62.0	－15.1
邮购	2.9	－12.8
网上商店	1 611.3	19.5
自动售货亭购物中心	0.6	－3.3
电话购物	9.1	－20.4
其他	20.3	－3.6

数据来源：北京市统计局

（郭　超）

1－5　限额以上批发零售贸易业企业分类零售额

编　号	类　　值	2015年（亿元）	2016年（亿元）	同比增长（%）
	类值合计	7 491.9	7 987.5	6.6
	＃网上零售额	1 707.5	2 049.0	20
1	粮油、食品类	576.0	602.1	4.5
	其中：粮油类	76.5	84.9	11.0
	肉禽蛋类	78.9	88.9	12.7
	水产品类	20.6	22.4	8.7
	蔬菜类	23.6	27.4	16.1
	干鲜果品类	46.3	48.5	4.7
2	饮料类	72.0	83.1	15.4
3	烟酒类	130.0	147.6	13.5
	其中：酒类	86.7	109.8	26.6
4	服装、鞋帽、针纺织品类	638.3	620.4	－2.8
	服装类	494.3	482.0	－2.5

（续）

编　号	类　值	2015 年（亿元）	2016 年（亿元）	同比增长（%）
	鞋帽类	110.5	107.8	－2.5
	针纺织品类	33.5	30.6	－8.5
5	化妆品类	164.9	188.1	14.1
6	金银珠宝类	296.2	261.9	－11.6
	其中：黄金及饰品、铂金饰品类	160.9	137.2	－14.7
7	日用品类	381.5	452.4	18.6
	其中：儿童玩具类	15.7	12.1	－22.8
8	五金、电料类	11.9	12.5	4.5
9	体育、娱乐用品类	91.0	110.2	21.1
	其中：照相器材类	39.0	38.3	－1.8
10	书报杂志类	84.6	85.4	1.0
11	电子出版物及音像制品类	25.6	28.1	9.7
12	家用电器和音像器材类	409.2	488.6	19.4
	其中：电视机类	117.5	118.9	1.1
13	中西药品类	421.0	423.6	0.6
	其中：西药类	297.6	299.4	0.6
	中草药及中成药类	98.7	111.6	13.0
14	文化办公用品类	534.4	559.6	4.7
	其中：计算机及其配套产品	406.0	396.6	－2.3
15	家具类	86.4	101.6	17.6
16	通讯器材类	1 110.8	1 208.0	8.8
	其中：移动电话类	996.0	1 095.9	10.0
17	煤炭及制品类	2.1	3.2	47.2
18	木材及制品类	—	—	—
19	石油及制品类	456.6	474.9	4.0
20	化工材料及制品类	—	—	—
	其中：化肥类	—	—	—
21	金属材料类	—	—	—
22	建筑及装潢材料类	24.0	28.4	18.5
23	机电产品及设备类	50.4	45.8	－9.2
	其中：农机类	—	—	—
24	汽车类	1 808.7	1 934.0	6.9
	其中：汽车配件类	110.9	118.4	6.7
	其中：新能源汽车类	17.7	65.4	269.7
25	种子饲料类	—	—	—
26	棉麻类	—	—	—
27	其他类	116.3	128.0	10.0

数据来源：北京市统计局

（郭　超）

1-6 批发和零售业商品购进、销售、库存总额

项　目	2016年（万元）	同比增长（%）
一、商品购进额	563 497 059	−0.5
1. 市内购进	156 498 073	−0.1
2. 市外购进	332 373 868	−0.6
3. 进口	74 625 118	−1.3
二、商品销售额	617 373 843	1.7
1. 批发额	519 166 946	0.7
（1）市内批发	165 804 162	1.9
（2）市外批发	333 159 866	1.1
（3）出口	20 202 918	−13.8
2. 零售额	98 206 897	7.2
三、期末库存额	54 275 844	−0.6

数据来源：北京市统计局

（郭　超）

1-7 重点商品品牌市场占有率

1-7-1 2016年服装品牌占有率前10名

女　装			男衬衫		
序号	品牌名称	比重（%）	序号	品牌名称	比重（%）
1	玫而美	3.10	1	萨巴蒂尼	5.29
2	哥弟	1.81	2	雅戈尔	4.88
3	玛丝菲尔	1.71	3	皮尔卡丹	3.83
4	靓诺	1.61	4	辛柏林	3.53
5	鄂尔多斯	1.42	5	绅士	2.86
6	赛斯特	1.38	6	沙驰	2.51
7	朗姿	1.27	7	GORNIA	2.24
8	ICICLE	1.18	8	JEEP	2.04
9	D&V	1.10	9	BOSSsunwen	1.79
10	宝姿	0.98	10	金利来	1.48
男西服			童装		
序号	品牌名称	比重（%）	序号	品牌名称	比重（%）
1	萨巴蒂尼	4.33	1	阿迪达斯	8.24
2	观奇洋服	3.34	2	水孩儿	5.65
3	辛柏林	3.18	3	耐克	5.53

（续）

男西服			童　装		
序号	品牌名称	比重（%）	序号	品牌名称	比重（%）
4	依文	3.17	4	安奈儿	3.26
5	威可多	2.98	5	派克兰帝	3.05
6	沙驰	2.91	6	暇步士	2.92
7	雅戈尔	2.86	7	安踏	2.85
8	HUGO BOSS	2.66	8	丽婴房	2.54
9	Armani Collezioni	2.32	9	英氏	2.52
10	金利来	1.83	10	ARMANI JUNIOR	2.44
针织内衣			女士内衣		
序号	品牌名称	比重（%）	序号	品牌名称	比重（%）
1	铜牛	9.15	1	爱慕	21.59
2	纤丝鸟	7.69	2	华歌尔	13.62
3	舒雅	7.17	3	安莉芳	7.79
4	小护士	7.13	4	曼妮芬	5.52
5	爱慕	6.85	5	欧迪芬	4.28
6	三枪	4.26	6	古今	4.15
7	宜而爽	2.97	7	黛安芬	3.15
8	世王	2.06	8	舒雅	3.03
9	汝斯芬	1.96	9	爱美丽	2.72
10	浩沙	1.88	10	法罗	2.00
羊毛衫			羊绒衫		
序号	品牌名称	比重（%）	序号	品牌名称	比重（%）
1	鄂尔多斯	5.71	1	珍贝	15.68
2	人头马	3.85	2	鄂尔多斯	13.86
3	歌伊莱	3.71	3	雪莲	7.19
4	瑞群	3.64	4	帕罗	6.75
5	克利雅	3.20	5	皮尔卡丹	6.58
6	珍贝	2.94	6	米皇	5.52
7	于雁	2.84	7	金利来	4.60
8	鹿王	2.46	8	皮皮狗	4.58
9	裳衣坊	2.02	9	兔皇	4.20
10	雅达	1.76	10	鹿王	3.94

数据来源：北京商业信息咨询中心

（梁　辰）

1－7－2　2016年化妆品品牌占有率前10名

美容护肤			香　水		
序号	品牌名称	比重（%）	序号	品牌名称	比重（%）
1	雅诗兰黛	12.66	1	CHANEL	30.45
2	兰蔻	11.45	2	CD	27.15
3	CD	5.70	3	兰蔻	5.50
4	欧珀莱	5.65	4	娇兰	4.56
5	海蓝之谜	4.82	5	GUCCI	4.32
6	CHANEL	3.40	6	香奈尔	3.66
7	资生堂	3.32	7	香奈儿	3.44
8	欧莱雅	3.23	8	BURBERRY	3.02
9	SK－II	3.17	9	雅诗兰黛	1.93
10	娇兰	2.99	10	Versace	1.58

数据来源：北京商业信息咨询中心

（梁　辰）

1－7－3　2016年鞋类品牌占有率前10名

女　鞋			男　鞋		
序号	品牌名称	比重（%）	序号	品牌名称	比重（%）
1	百丽	6.30	1	ECCO	12.10
2	ECCO	4.35	2	金利来	6.07
3	接吻猫	3.60	3	沙驰	4.07
4	嘉宝	2.97	4	骆驼	3.86
5	思加图	2.75	5	皮尔卡丹	3.79
6	天美意	2.71	6	其乐	3.60
7	帕翠亚	2.65	7	克蕾斯丹妮	3.44
8	萨瑞儿	2.58	8	宾度	2.91
9	24HRS	2.43	9	爱步	2.61
10	圣琪儿	2.16	10	24HRS	2.57

数据来源：北京商业信息咨询中心

（梁　辰）

1-7-4 2016年黄金珠宝品牌占有率前10名

黄金			铂金		
序号	品牌名称	比重（%）	序号	品牌名称	比重（%）
1	菜百	66.88	1	菜百	72.61
2	国华	6.83	2	国华	13.60
3	周大福	5.06	3	周大福	3.43
4	中国黄金	2.63	4	周生生	2.25
5	老凤祥	1.60	5	六福	1.73
6	周生生	1.49	6	明牌	1.50
7	工美	1.23	7	瑞恩	0.97
8	千禧之星	1.20	8	老凤祥	0.81
9	中金一品	1.06	9	谢瑞麟	0.57
10	六福	0.95	10	中国黄金	0.48

数据来源：北京商业信息咨询中心

（梁　辰）

二、对外贸易

2-1　海关进出口商品类别及构成

2-1-1　北京地区海关出口商品类别及构成

金额单位：万美元

类　别	2016 年		2015 年		增（减）%
	金额	比重（%）	金额	比重（%）	
总　值	**5 142 337**	**100.0**	**5 467 235**	**100.0**	—
初级产品	1 292 433	25.1	929 276	17.0	8.1
工业制成品	3 849 903	74.9	4 537 960	83.0	−8.1
机电产品	2 727 916	53.0	3 144 418	57.5	−4.5
高新技术产品	1 131 391	22.0	1 403 602	25.7	−3.7

注：数据摘自北京海关统计月报

（汪云云）

2-1-2　北京地区海关进口商品类别及构成

金额单位：万美元

类　别	2016 年		2015 年		增（减）%
	金额	比重（%）	金额	比重（%）	
总　值	**22 995 260**	**100.0**	**26 491 824**	**100.0**	—
初级产品	11 393 066	49.5	13 846 393	52.3	−2.7
工业制成品	11 602 195	50.5	12 645 431	47.7	2.7
机电产品	6 544 456	28.5	6 591 741	24.9	3.6
高新技术产品	2 544 518	11.1	2 612 100	9.9	1.2

注：数据摘自北京海关统计月报

（汪云云）

2-2　海关进出口商品分类金额

2-2-1　海关出口商品分类金额

金额单位：万美元

商品名称	2016 年	2015 年	同比（±%）
合　计	**5 183 744**	**5 467 235**	**−5.2**
第 1 章　活动物	1 682	1 691	−0.5
第 2 章　肉及食用杂碎	23	203	−88.8
第 3 章　鱼及其他水生无脊椎动物	91	112	−18.2

（续）

商品名称	2016年	2015年	同比（±%）
第4章　乳；蛋；蜂蜜；其他食用动物产品	910	987	－7.8
第5章　其他动物产品	3 001	3 388	－11.4
第6章　活植物；茎、根；插花、簇叶	222	293	－24.3
第7章　食用蔬菜、根及块茎	5 491	3 504	56.7
第8章　食用水果及坚果；甜瓜等水果的果皮	584	1 160	－49.7
第9章　咖啡、茶、马黛茶及调味香料	1 557	1 207	29.0
第10章　谷物	19 211	13 662	40.6
第11章　制粉工业产品；麦芽；淀粉等；面筋	415	529	－21.5
第12章　油籽；子仁；工业或药用植物；饲料	11 800	11 816	－0.1
第13章　虫胶；树胶、树脂及其他植物液、汁	5 273	4 925	7.1
第14章　编结用植物材料；其他植物产品	230	235	－2.0
第15章　动、植物油、脂、蜡；精制食用油脂	584	890	－34.4
第16章　肉、鱼及其他水生无脊椎动物的制品	5 183	7 847	－33.9
第17章　糖及糖食	428	555	－22.9
第18章　可可及可可制品	5 713	6 193	－7.7
第19章　谷物粉、淀粉等或乳的制品；糕饼	5 235	4 548	15.1
第20章　蔬菜、水果等或植物其他部分的制品	18 155	20 494	－11.4
第21章　杂项食品	2 513	3 096	－18.8
第22章　饮料、酒及醋	3 009	2 562	17.4
第23章　食品工业的残渣及废料；配制的饲料	1 036	441	134.7
第24章　烟草、烟草及烟草代用品的制品	0	0	0.0
第25章　盐；硫磺；土及石料；石灰及水泥等	15 346	20 138	－23.9
第26章　矿砂、矿渣及矿灰	1 024	114	797.6
第27章　矿物燃料、矿物油及其产品；沥青等	1 179 691	813 806	45.0
第28章　无机化学品；贵金属等的化合物	41 238	48 281	－14.6
第29章　有机化学品	96 615	103 235	－6.4
第30章　药品	24 902	28 262	－11.9
第31章　肥料	61 260	164 901	－62.9
第32章　鞣料；着色料；涂料；油灰；墨水等	6 395	7 309	－12.5
第33章　精油及香膏；芳香料制品化妆盥洗品	3 935	3 325	18.4
第34章　洗涤剂、润滑剂、人造蜡、塑型膏等	4 864	6 056	－19.7
第35章　蛋白类物质；改性淀粉；胶；酶	3 437	3 522	－2.4

（续）

商品名称	2016 年	2015 年	同比（±%）
第 36 章　炸药；烟火；引火品；易燃材料制品	3 833	3 732	2.7
第 37 章　照相及电影用品	1 553	3 430	－54.7
第 38 章　杂项化学产品	41 716	43 626	－4.3
第 39 章　塑料及其制品	62 915	57 303	9.8
第 40 章　橡胶及其制品	26 413	31 344	－15.7
第 41 章　生皮（毛皮除外）及皮革	100	4	2 188.2
第 42 章　皮革制品；旅行箱包；动物肠线制品	11 891	9 881	20.4
第 43 章　毛皮、人造毛皮及其制品	1 054	1 266	－16.9
第 44 章　木及木制品；木炭	11 675	17 481	－33.2
第 45 章　软木及软木制品	3	0	2 837.0
第 46 章　编结材料制品；篮筐及柳条编结品	2 520	2 169	16.2
第 47 章　木浆等纤维状纤维素浆；废纸及纸板	689	745	－7.5
第 48 章　纸及纸板；纸浆、纸或纸板制品	11 628	5 119	127.2
第 49 章　印刷品；手稿、打字稿及设计图纸	9 244	5 290	74.7
第 50 章　蚕丝	1 166	1 716	－32.0
第 51 章　羊毛等动物毛；马毛纱线及其机织物	3 850	2 339	64.6
第 52 章　棉花	5 331	7 205	－26.0
第 53 章　其他植物纤维；纸纱线及其机织物	368	382	－3.7
第 54 章　化学纤维长丝	6 708	5 551	21.6
第 55 章　化学纤维短纤	7 002	9 630	－27.3
第 56 章　絮胎、毡呢及无纺织物；线绳制品等	8 955	9 318	－3.9
第 57 章　地毯及纺织材料的其他铺地制品	9 860	10 204	－3.4
第 58 章　特种机织物；簇绒织物；刺绣品等	1 293	1 038	24.6
第 59 章　浸渍、涂布、包覆或层压的纺织物；工业用纺织制品	3 875	3 809	1.7
第 60 章　针织物及钩编织物	1 513	1 953	－22.6
第 61 章　针织或钩编的服装及衣着附件	87 527	146 969	－40.4
第 62 章　非针织或非钩编的服装及衣着附件	81 589	94 657	－13.8
第 63 章　其他纺织制品；成套物品；旧纺织品	14 749	15 312	－3.6
第 64 章　鞋靴、护腿和类似品及其零件	26 267	18 848	39.3
第 65 章　帽类及其零件	6 206	8 947	－30.6
第 66 章　伞、手杖、鞭子、马鞭及其零件	603	124	388.0
第 67 章　加工羽毛及制品；人造花；人发制品	4 939	3 869	27.7

（续）

商品名称	2016 年	2015 年	同比（±%）
第 68 章　矿物材料的制品	16 576	13 932	18.9
第 69 章　陶瓷产品	24 584	26 381	−6.8
第 70 章　玻璃及其制品	22 797	22 429	1.6
第 71 章　珠宝、贵金属及制品；仿首饰；硬币	9 157	2 8651	−68.0
第 72 章　钢铁	191 769	256 170	−25.1
第 73 章　钢铁制品	245 097	251 316	−2.5
第 74 章　铜及其制品	5 367	5 892	−8.9
第 75 章　镍及其制品	605	875	−30.8
第 76 章　铝及其制品	59 103	40 702	45.2
第 78 章　铅及其制品	196	183	7.2
第 79 章　锌及其制品	433	221	95.8
第 80 章　锡及其制品	59	70	−16.1
第 81 章　其他贱金属、金属陶瓷及其制品	4 248	5 049	−15.9
第 82 章　贱金属器具、利口器、餐具及零件	11 335	10 643	6.6
第 83 章　贱金属杂项制品	14 116	11 520	23.0
第 84 章　核反应堆、锅炉、机械器具及零件	699 756	786 587	−11.0
第 85 章　电机、电气、音像设备及其零附件	1 011 701	1 210 743	−16.4
第 86 章　铁道车辆；轨道装置；信号设备	68 919	97 441	−29.3
第 87 章　车辆及其零附件，但铁道车辆除外	262 538	273 579	−4.0
第 88 章　航空器、航天器及其零件	84 178	101 650	−17.2
第 89 章　船舶及浮动结构体	86 876	140 486	−38.2
第 90 章　光学、照相、医疗等设备及零附件	227 703	277 267	−17.8
第 91 章　钟表及其零件	2 252	3 150	−28.5
第 92 章　乐器及其零件、附件	5 385	5 042	6.8
第 93 章　武器、弹药及其零件、附件	480	959	−50.0
第 94 章　家具；寝具等；灯具；活动房	51 977	46 374	12.1
第 95 章　玩具、游戏或运动用品及其零附件	20 950	13 282	57.7
第 96 章　杂项制品	12 315	11 412	7.9
第 97 章　艺术品、收藏品及古物	7 045	5 155	36.7
第 98 章　特殊交易品及未分类商品	48 139	7 523	539.9

注：摘自北京海关统计月报

（汪云云）

2-2-2　海关进口商品分类金额

金额单位：万美元

商品名称	2016 年	2015 年	同比（±%）
合　计	**23 016 195**	**26 491 824**	**−13.1**
第 1 章　活动物	25 621	37 960	−32.5
第 2 章　肉及食用杂碎	87 674	73 935	18.6
第 3 章　鱼及其他水生无脊椎动物	49 510	44 137	12.2
第 4 章　乳；蛋；蜂蜜；其他食用动物产品	41 856	41 302	1.6
第 5 章　其他动物产品	3 020	2 960	2.0
第 6 章　活植物；茎、根；插花、簇叶	2 254	2 959	−23.8
第 7 章　食用蔬菜、根及块茎	5 893	18 709	−68.5
第 8 章　食用水果及坚果；甜瓜等水果的果皮	8 827	12 099	−27.1
第 9 章　咖啡、茶、马黛茶及调味香料	2 362	2 274	3.9
第 10 章　谷物	123 115	212 451	−42.1
第 11 章　制粉工业产品；麦芽；淀粉等；面筋	3 602	5 908	−39.0
第 12 章　油籽；子仁；工业或药用植物；饲料	501 193	486 296	3.1
第 13 章　虫胶；树胶、树脂及其他植物液、汁	2 699	3 658	−26.2
第 14 章　编结用植物材料；其他植物产品	1 535	621	147.2
第 15 章　动、植物油、脂、蜡；精制食用油脂	112 016	115 651	−3.1
第 16 章　肉、鱼及其他水生无脊椎动物的制品	523	258	103.0
第 17 章　糖及糖食	43 993	45 463	−3.2
第 18 章　可可及可可制品	12 556	13 129	−4.4
第 19 章　谷物粉、淀粉等或乳的制品；糕饼	15 101	13 566	11.3
第 20 章　蔬菜、水果等或植物其他部分的制品	9 151	8 216	11.5
第 21 章　杂项食品	11 044	11 164	−1.1
第 22 章　饮料、酒及醋	67 500	45 296	49.0
第 23 章　食品工业的残渣及废料；配制的饲料	44 818	91 548	−51.0
第 24 章　烟草、烟草及烟草代用品的制品	138 234	149 654	−7.6
第 25 章　盐；硫磺；土及石料；石灰及水泥等	29 519	49 534	−40.4
第 26 章　矿砂、矿渣及矿灰	877 710	852 669	2.8
第 27 章　矿物燃料、矿物油及其产品；沥青等	8 950 694	11 188 365	−19.9
第 28 章　无机化学品；贵金属等的化合物	231 214	322 641	−28.3
第 29 章　有机化学品	192 534	189 305	1.9
第 30 章　药品	475 040	459 392	3.4
第 31 章　肥料	149 129	296 846	−49.8
第 32 章　鞣料；着色料；涂料；油灰；墨水等	15 549	16 465	−5.6

（续）

商品名称	2016 年	2015 年	同比（±%）
第 33 章　精油及香膏；芳香料制品化妆盥洗品	57 550	61 477	－6.4
第 34 章　洗涤剂、润滑剂、人造蜡、塑型膏等	11 605	11 804	－1.7
第 35 章　蛋白类物质；改性淀粉；胶；酶	14 903	13 729	7.6
第 36 章　炸药；烟火；引火品；易燃材料制品	718	2 879	－75.1
第 37 章　照相及电影用品	11 034	8 874	24.3
第 38 章　杂项化学产品	141 953	129 872	9.3
第 39 章　塑料及其制品	199 871	198 990	0.4
第 40 章　橡胶及其制品	52 714	52 454	0.5
第 41 章　生皮（毛皮除外）及皮革	1 974	6 466	－69.5
第 42 章　皮革制品；旅行箱包；动物肠线制品	14 464	16 977	－14.8
第 43 章　毛皮、人造毛皮及其制品	28 534	21 474	32.9
第 44 章　木及木制品；木炭	97 038	92 583	4.8
第 45 章　软木及软木制品	344	392	－12.4
第 46 章　编结材料制品；篮筐及柳条编结品	8	5	37.9
第 47 章　木浆等纤维状纤维素浆；废纸及纸板	55 569	60 691	－8.5
第 48 章　纸及纸板；纸浆、纸或纸板制品	29 403	32 135	－8.5
第 49 章　印刷品；手稿、打字稿及设计图纸	44 577	52 105	－14.4
第 50 章　蚕丝	211	141	50.1
第 51 章　羊毛等动物毛；马毛纱线及其机织物	31 607	41 241	－23.4
第 52 章　棉花	49 971	99 387	－49.7
第 53 章　其他植物纤维；纸纱线及其机织物	11 133	11 134	0.0
第 54 章　化学纤维长丝	4 842	5 431	－10.9
第 55 章　化学纤维短纤	5 839	38 252	－24.7
第 56 章　絮胎、毡呢及无纺织物；线绳制品等	5 927	5 318	11.4
第 57 章　地毯及纺织材料的其他铺地制品	1 124	1 699	－33.9
第 58 章　特种机织物；簇绒织物；刺绣品等	973	1 548	－37.1
第 59 章　浸渍、涂布、包覆或层压的纺织物；工业用纺织制品	4 089	4 447	－8.0
第 60 章　针织物及钩编织物	856	942	－9.2
第 61 章　针织或钩编的服装及衣着附件	11 770	12 595	－6.5
第 62 章　非针织或非钩编的服装及衣着附件	21 080	21 391	－1.3
第 63 章　其他纺织制品；成套物品；旧纺织品	2 321	2 191	6.0
第 64 章　鞋靴、护腿和类似品及其零件	14 181	13 664	3.8
第 65 章　帽类及其零件	607	612	－0.9
第 66 章　伞、手杖、鞭子、马鞭及其零件	153	152	0.3

（续）

商品名称	2016 年	2015 年	同比（±%）
第 67 章　加工羽毛及制品；人造花；人发制品	114	120	−4.3
第 68 章　矿物材料的制品	7 665	6 239	22.9
第 69 章　陶瓷产品	6 485	6 786	−4.4
第 70 章　玻璃及其制品	30 801	34 164	−9.8
第 71 章　珠宝、贵金属及制品；仿首饰；硬币	2 705 847	160 518	−23.1
第 72 章　钢铁	45 510	66 559	−31.7
第 73 章　钢铁制品	100 496	104 046	−3.4
第 74 章　铜及其制品	299 095	294 805	1.6
第 75 章　镍及其制品	67 429	22 169	204.0
第 76 章　铝及其制品	20 590	18 030	14.2
第 78 章　铅及其制品	158	119	32.8
第 79 章　锌及其制品	2 975	9 452	−68.5
第 80 章　锡及其制品	9 559	5 378	77.7
第 81 章　其他贱金属、金属陶瓷及其制品	10 072	9 532	6.9
第 82 章　贱金属器具、利口器、餐具及零件	15 959	22 225	−28.2
第 83 章　贱金属杂项制品	21 517	19 976	7.7
第 84 章　核反应堆、锅炉、机械器具及零件	1 200 486	1 206 875	−0.7
第 85 章　电机、电气、音像设备及其零附件	1 247 609	1 304 741	−4.4
第 86 章　铁道车辆；轨道装置；信号设备	20 091	33 531	−40.1
第 87 章　车辆及其零附件，但铁道车辆除外	2 778 199	2 690 107	3.3
第 88 章　航空器、航天器及其零件	186 249	300 473	−38.0
第 89 章　船舶及浮动结构体	27 697	5 124	440.3
第 90 章　光学、照相、医疗等设备及零附件	940 272	896 885	4.8
第 91 章　钟表及其零件	5 123	15 430	−66.8
第 92 章　乐器及其零件、附件	2 292	1 817	26.1
第 93 章　武器、弹药及其零件、附件	1 214	726	67.1
第 94 章　家具；寝具等；灯具；活动房	36 660	31 571	16.1
第 95 章　玩具、游戏或运动用品及其零附件	13 407	11 837	13.2
第 96 章　杂项制品	4 266	4 705	−9.5
第 97 章　艺术品、收藏品及古物	5 049	4 887	3.3
第 98 章　特殊交易品及未分类商品	38 882	3 365 515	5.6

注：摘自北京海关统计月报

（汪云云）

2－3 按洲别（地区）分海关进出口贸易额

2－3－1 北京出口到各洲情况一览表

金额单位：万美元

洲别	出口	同比（±%）	占总出口比重（%）
亚洲	2 982 598	0.5	57.5
非洲	449 173	−5.5	8.7
欧洲	708 156	−13.7	13.7
拉丁美洲	342 691	−34.8	6.6
北美洲	532 756	−0.1	10.3
大洋洲	168 405	16.9	3.2

注：摘自北京海关统计月报

（汪云云）

2－3－2 北京从各洲进口情况一览表

金额单位：万美元

洲别	进口	同比（±%）	占总进口比重（%）
亚洲	9 418 290	−6.5	40.9
非洲	2 018 342	−31.7	8.8
欧洲	5 977 258	−7.7	26.0
拉丁美洲	1 645 219	−20.9	7.1
北美洲	2 621 374	−27.4	11.4
大洋洲	1 334 494	4.0	5.8

注：摘自北京海关统计月报

（汪云云）

2－4 按国别（地区）分海关进出口贸易额

金额单位：万美元

国别（地区）	进出口	出口	进口
合计	**28 199 558**	**5 183 777**	**23 015 781**
美国	2 867 094	488 958	2 378 136
德国	1 965 119	87 336	1 877 782
日本	1 557 333	398 453	1 158 880
瑞士	1 532 578	6 714	1 525 864
澳大利亚	1 324 734	141 062	1 183 673
沙特阿拉伯	1 119 689	25 854	1 093 836
中国香港	1 065 312	433 883	631 429
安哥拉	1 050 600	37 788	1 012 812

（续）

国别（地区）	进出口	出口	进口
俄罗斯联邦	1 003 724	123 403	880 321
伊拉克	995 569	9 870	985 699
韩国	976 628	196 320	780 309
伊朗	834 802	103 755	731 047
巴西	779 393	32 013	747 380
阿曼	619 944	12 217	607 727
新加坡	584 101	322 048	262 053
土库曼斯坦	551 552	2 513	549 039
英国	460 403	82 364	378 039
科威特	456 562	6 384	450 178
委内瑞拉	394 349	55 087	339 262
越南	379 975	173 480	206 495
哈萨克斯坦	306 339	36 680	269 658
印度尼西亚	306 053	88 915	217 138
南非	287 550	17 067	270 483
加拿大	287 034	43 797	243 238
法国	265 168	49 250	215 918
中国台湾省	263 127	106 123	157 004
阿联酋	260 126	52 862	207 264
印度	245 993	115 531	130 462
泰国	236 667	68 341	168 327
巴基斯坦	227 430	203 755	23 674
中华人民共和国	227 241	30 964	196 277
意大利	225 254	36 805	188 449
马来西亚	221 949	107 386	114 563
荷兰	197 111	59 936	137 175
菲律宾	193 543	128 870	64 673
阿根廷	180 091	49 383	130 708
墨西哥	151 516	60 564	90 952
刚果（布）	144 542	4 713	139 829
卡塔尔	123 259	5 680	117 579
哥伦比亚	118 315	10 143	108 173
南苏丹共和国	118 180	1 848	116 332
孟加拉国	117 482	107 028	10 454

（续）

国别（地区）	进出口	出口	进口
乌兹别克斯坦	114 676	10 000	104 676
匈牙利	108 540	9 871	98 669
巴布亚新几内亚	95 841	6 774	89 066
奥地利	93 832	3 689	90 142
赞比亚	90 057	10 080	79 977
埃塞俄比亚	89 977	85 670	4 307
土耳其	89 841	63 031	26 810
比利时	89 241	27 236	62 005
秘鲁	84 995	12 256	72 739
以色列	84 940	22 631	62 309
瑞典	84 546	17 596	66 951
加纳	77 122	7 013	70 109
西班牙	73 654	30 175	43 478
白俄罗斯	72 124	52 059	20 066
古巴	71 290	51 112	20 177
乌克兰	68 675	20 254	48 421
阿尔及利亚	63 827	45 963	17 864
挪威	62 304	11 486	50 817
新西兰	61 124	6 701	54 423
津巴布韦	59 117	5 897	53 220
芬兰	58 385	6 445	51 939
丹麦	57 964	14 196	43 768
加蓬	57 071	1 677	55 395
埃及	53 771	35 697	18 074
波兰	51 693	15 085	36 609
爱尔兰	51 615	2 546	49 069
厄瓜多尔	50 950	8 479	42 470
捷克	47 645	13 884	33 761
缅甸	47 607	28 522	19 086
刚果（金）	45 041	9 820	35 221
智利	44 813	15 807	29 007
肯尼亚	41 158	41 015	143
乌拉圭	39 981	2 064	37 918
老挝	38 792	24 455	14 338

（续）

国别（地区）	进出口	出口	进口
蒙古	37 914	9 173	28 741
苏丹	37 556	8 910	28 646
赤道几内亚	30 891	1 463	29 428
喀麦隆	30 365	11 311	19 053
尼日利亚	26 689	18 471	8 218
中国澳门	25 342	23 888	1 454
斯里兰卡	21 541	20 056	1 484
多民族玻利维亚国	20 077	9 887	10 190
罗马尼亚	19 777	2 886	16 890
柬埔寨	19 738	11 055	8 683
巴拿马	18 567	18 491	76
哥斯达黎加	15 895	2 898	12 997
葡萄牙	15 202	3 618	11 584
斯洛文尼亚	14 728	1 630	13 099
莫桑比克	14 502	13 015	1 487
利比亚	14 163	215	13 948
利比里亚	13 655	12 632	1 024
约旦	13 129	4 198	8 932
斯洛伐克	12 550	3 798	8 752
马绍尔群岛	11 481	11 481	0
摩洛哥	10 815	4 125	6 690
纳米比亚	10 780	3 148	7 632
吉布提	9 818	9 817	1
乌干达	9 150	8 603	547
科特迪瓦	9 132	7 697	1 436
塞内加尔	9 124	2 984	6 140
希腊	9 106	6 905	2 201
塔吉克斯坦	7 952	5 600	2 351
坦桑尼亚	7 481	5 892	1 589
所罗门群岛	7 360	60	7 300
保加利亚	6 801	817	5 984
爱沙尼亚	6 217	2 169	4 048
马达加斯加	5 440	1 849	3 591
多哥	5 431	4 529	902

（续）

国别（地区）	进出口	出口	进口
文莱	5 267	2 389	2 878
塞尔维亚	4 738	820	3 919
朝鲜	4 519	2 550	1 968
几内亚	4 416	4 414	1
毛里塔尼亚	4 360	973	3 386
马里	4 040	3 291	749
突尼斯	3 955	2 683	1 272
阿尔巴尼亚	3 884	1 147	2 737
塞拉利昂	3 665	1 150	2 515
乍得	3 614	3 608	5
多米尼加共和国	3 312	1 391	1 920
尼日尔	3 258	1 882	1 376
马耳他	3 109	2 835	274
马拉维	2 943	562	2 381
非洲其他国家（地区）	2 908	2 908	0
贝宁	2 907	1 586	1 321
黎巴嫩	2 720	2 711	10
卢森堡	2 698	1 710	987
阿富汗	2 546	2 541	5
吉尔吉斯斯坦	2 512	2 487	25
危地马拉	2 508	2 466	42
塞浦路斯	2 467	1 994	473
法罗群岛	2 261	0	2 261
布隆迪	2 183	2 182	1
前南马其顿	2 133	1 976	157
阿塞拜疆	2 089	864	1 225
巴哈马	1 849	1 848	1
尼泊尔联邦民主共和国	1 788	1 584	205
拉脱维亚	1 750	676	1 074
格鲁吉亚	1 655	1 302	353
东帝汶	1 596	1 595	0
立陶宛	1 588	1 237	350
马尔代夫	1 554	1 552	1
也门	1 395	1 378	18

（续）

国别（地区）	进出口	出口	进口
洪都拉斯	1 393	1 311	82
巴拉圭	1 329	1 289	40
巴林	1 321	1 249	72
克罗地亚	1 314	722	592
毛里求斯	1 301	824	477
尼加拉瓜	1 275	1 234	41
斐济	1 165	1 142	23
卢旺达	1 049	1 049	0
牙买加	981	543	438
开曼群岛	978	978	0
冰岛	949	592	357
亚美尼亚	900	865	34
叙利亚	887	882	5
国别（地区）不详	803	0	803
圭亚那	791	776	14
瓦努阿图	756	755	1
萨尔瓦多	751	701	50
波多黎各	748	356	393
厄立特里亚	662	661	0
博茨瓦纳	556	555	0
波黑	539	437	102
特立尼达和多巴哥	539	534	5
圣马力诺	490	4	485
索马里	482	141	342
布基纳法索	471	470	0
中非	457	277	179
黑山	452	446	6
摩尔多瓦	445	123	322
海地	396	396	0
安提瓜和巴布达	367	367	0
列支敦士登	318	145	174
冈比亚	315	99	216
莱索托	249	232	17
佛得角	230	229	0

（续）

国别（地区）	进出口	出口	进口
苏里南	212	131	81
留尼汪	209	209	0
巴勒斯坦	151	151	0
科摩罗	110	110	0
帕劳	90	90	0
伯利兹	75	75	0
直布罗陀	71	71	0
斯威士兰	65	63	1
法属波利尼西亚	60	55	5
密克罗尼西亚联邦	55	55	0
库克群岛	54	54	1
汤加	53	53	0
多米尼克	48	27	21
摩纳哥	45	1	44
萨摩亚	42	39	3
阿鲁巴	42	5	37
几内亚比绍	35	35	0
巴巴多斯	34	29	5
基里巴斯	33	33	0
梵蒂冈城国	29	29	0
塞舌尔	25	22	2
图瓦卢	22	22	0
马约特	21	21	0
格林纳达	19	18	0
加那利群岛	15	15	0
大洋洲其他国家（地区）	14	14	0
不丹	12	12	0
新喀里多尼亚	11	11	0
圣多美和普林西比	10	10	0
瓜德罗普	9	9	0
圣文森特和格林纳丁斯	5	5	0
库腊索岛	5	4	0
亚洲其他国家（地区）	4	4	0
荷属安的列斯群岛	3	3	0
英属维尔京群岛	3	3	0
社会群岛	3	3	0

（续）

国别（地区）	进出口	出口	进口
博内尔	3	3	0
圣其茨和尼维斯	2	2	0
安道尔	1	0	1
圣马丁岛	1	1	0
百慕大	1	0	0

注：摘自北京海关统计月报，按进出口额排序

（汪云云）

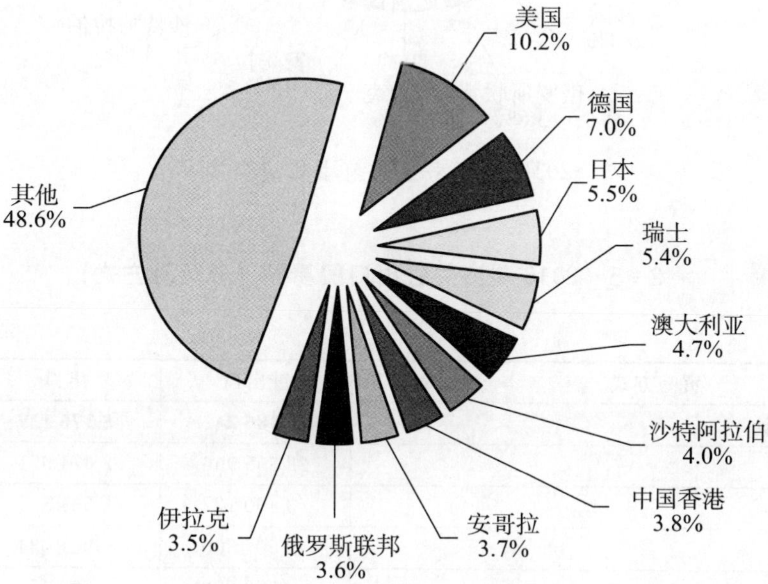

2016 年北京企业前十位贸易伙伴

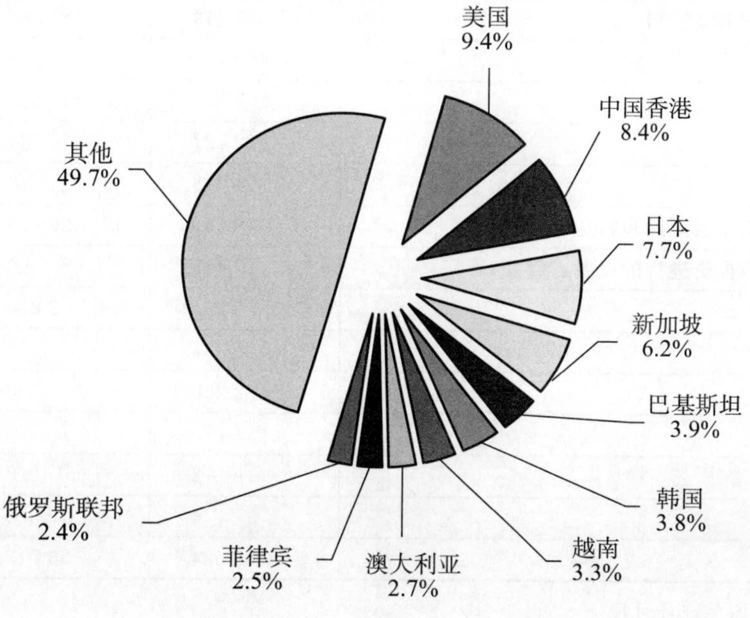

2016 年北京企业前十位出口市场

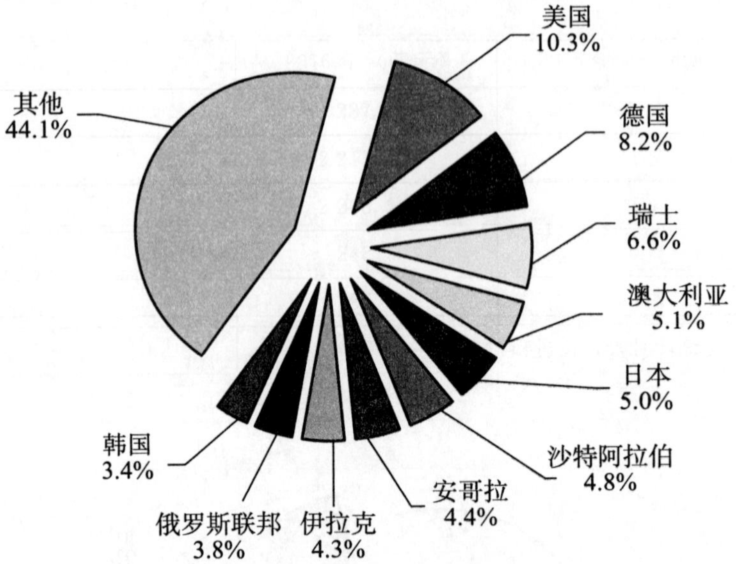

2016 年北京企业前十位进口市场

（汪云云）

2-5 2016 年海关进出口贸易额（分贸易方式）

金额单位：万美元

贸易方式	进出口	出口	进口
合　计	**28 186 242**	**5 176 129**	**23 010 113**
一般贸易	22 355 966	2 674 971	19 680 996
加工贸易	3 460 127	1 534 835	1 925 293
来料加工	2 507 300	901 084	1 606 216
进料加工	952 828	633 751	319 077
海关特殊监管区域	1 552 291	319 818	1 232 474
保税监管场所进出境货物	1 082 549	286 288	796 260
海关特殊监管区域物流货物	469 143	33 529	435 614
对外承包工程出口货物	577 953	577 953	0
租赁贸易	22 127	894	21 233
免税品	75 748	0	75 748
国家间、国际组织无偿援助和赠送的物资	29 340	28 624	717
外商投资企业作为投资进口的设备、物品	17 443	0	17 443
出料加工贸易	3 694	2 278	1 417
其他捐赠物资	337	41	297
免税外汇商品	2 250	0	2 250
加工贸易进口设备	275	0	275
寄售、代销贸易	2	2	0
边境小额贸易	4	2	2
其他贸易	88 684	36 713	51 970

注：摘自北京海关统计月报

（汪云云）

2-6 2016年北京各区进出口情况表

金额单位：亿美元

序号	区（功能区）	进出口			出口			进口		
		总额	同比（%）	占比（%）	总额	同比（%）	占比（%）	总额	同比（%）	占比（%）
	总 计	2 819.96	－11.7	100.0	518.38	－5.2	100.0	2 301.58	－13.1	100.0
1	朝阳区	1 178.13	－6.7	41.8	152.53	5.4	29.4	1 025.60	－8.3	44.6
2	西城区	659.15	－27.6	23.4	71.92	－12.2	13.9	587.23	－29.1	25.5
3	海淀区	282.72	－10.2	10.0	86.29	－13.5	16.6	196.43	－8.6	8.5
4	大兴区	181.25	10.9	6.4	64.80	6.1	12.5	116.45	13.7	5.1
	其中：北京经济技术开发区	160.20	6.2	5.7	52.09	－8.0	10.0	108.11	14.8	4.7
5	顺义区	155.47	－9.5	5.5	49.45	－12.9	9.5	106.02	－7.8	4.6
	其中：北京天竺综合保税区	52.01	4.1	1.8	6.27	19.0	1.2	45.74	2.4	2.0
6	东城区	137.38	－1.5	4.9	25.36	－14.9	4.9	112.02	2.1	4.9
7	丰台区	121.77	－1.6	4.3	27.38	13.2	5.3	94.39	－5.2	4.1
8	昌平区	28.41	－16.5	1.0	12.86	－5.1	2.5	15.54	－24.1	0.7
9	通州区	24.47	18.0	0.9	9.08	－0.6	1.8	15.40	32.6	0.7
10	密云区	9.29	11.0	0.3	4.46	42.3	0.9	4.83	－7.8	0.2
11	怀柔区	9.03	－14.4	0.3	4.11	－36.2	0.8	4.93	19.7	0.2
12	平谷区	8.77	－16.3	0.3	1.17	－36.6	0.2	7.60	－11.9	0.3
13	石景山区	8.09	－1.6	0.3	4.17	－19.6	0.8	3.92	29.2	0.2
14	房山区	6.80	－25.2	0.2	2.65	－47.8	0.5	4.15	3.4	0.2
15	门头沟区	2.87	－33.9	0.1	1.32	－46.0	0.3	1.55	－18.4	0.1
16	延庆区	1.03	－20.1	0.04	0.79	－26.6	0.2	0.24	12.2	0.01
17	其他	5.31	283.3	0.2	0.05	－90.8	0.0	5.26	538.5	0.2

注：1. 各区外贸统计口径按企业实际注册地（税务登记地）统计；

2. 顺义区数值含北京天竺综合保税区，东城区和西城区均指各自合并后的新区，大兴区数值含北京经济技术开发区，其他中含归属地不清及海关数据调整因素；

3. 进出口额是出口额与进口额之和，排序以进出口额为准；

4. 同比是指本年与上年相比的增长（下降）率，即：（本年值－上年值）×100/上年值；

5. 占比是指各区值占总计值（全市值）的比重，用百分数表示。

（汪云云）

2-7 2016年北京进出口进度表

金额单位：亿美元

时间	当月进出口		累计进出口	
	金额	同比（%）	金额	同比（%）
1月	201.8	－32.1	201.8	－32.1
2月	169.2	－23	370.8	－28.3
3月	226.4	－14	597	－23.5
4月	213.9	－21.9	810.6	－23.1
5月	238.2	－5.3	1 049.9	－19.6
6月	238.8	－16.4	1 289.1	－19
7月	263.4	－7.8	1 553.1	－17.2
8月	243.4	－0.8	1 797	－15.3
9月	251.8	－12.2	2 049.2	－14.9
10月	227.4	－4.2	2 277.1	－14
11月	237.3	－1.9	2 514.9	－12.9
12月	281.1	－8.1	2 820	－11.7

注：数据摘自北京海关统计月报

（汪云云）

2-8 全国各省市进出口贸易总额

（按经营单位所在地分）

金额单位：亿美元

地　　区	进出口额	出口额	进口额	同比（%）		
				进出口	出口	进口
总　　值	**36 855.8**	**20 981.6**	**15 874.2**	**－6.8**	**－7.7**	**－5.5**
广东	9 555.1	5 988.6	3 566.5	－6.6	－6.9	－6.0
江苏	5 095.3	3 192.7	1 902.6	－6.6	－5.7	－8.0
上海	4 338.4	1 834.7	2 503.7	－3.4	－6.4	－1.2
浙江	3 365.0	2 678.6	686.4	－3.0	－3.1	－2.6
北京	2 820.0	518.4	2 301.6	－11.7	－5.2	－13.1
山东	2 342.1	1 371.6	970.5	－2.7	－4.7	0.4

（续）

地　区	进出口额	出口额	进口额	同比（%）		
				进出口	出口	进口
福建	1 568.5	1 036.8	531.7	−7.1	−8.0	−5.3
天津	1 026.5	442.9	583.7	−10.2	−13.4	−7.5
辽宁	865.2	430.7	434.6	−9.8	−15.1	−3.9
河南	711.9	427.9	284.0	−3.5	−0.6	−7.6
重庆	627.7	406.9	220.8	−15.7	−26.3	14.5
四川	493.2	279.3	213.9	−3.7	−15.6	18.2
广西	478.3	229.6	248.7	−6.4	−17.8	7.4
河北	466.2	305.8	160.5	−9.5	−7.2	−13.6
安徽	443.3	284.4	158.9	−7.3	−11.9	2.0
江西	400.8	298.1	102.6	−5.5	−10.0	10.5
湖北	393.5	260.2	133.2	−13.6	−10.9	−18.5
陕西	299.2	158.3	140.9	−1.9	7.0	−10.3
湖南	262.5	176.7	85.8	−10.4	−7.7	−15.6
云南	198.9	114.8	84.1	−18.8	−30.9	6.8
吉林	184.4	42.1	142.4	−2.3	−8.8	−0.2
新疆	176.6	156.1	20.5	−10.2	−10.8	−5.6
山西	166.4	99.3	67.1	13.4	17.9	7.2
黑龙江	165.4	50.4	114.9	−21.3	−37.2	−11.4
内蒙古	116.2	43.7	72.4	−8.8	−22.6	2.3
海南	113.3	21.2	92.1	−18.9	−43.3	−10.0
甘肃	68.8	40.9	27.9	−13.5	−29.7	30.3
贵州	56.9	47.4	9.6	−53.4	−52.4	−57.9
宁夏	32.7	25.0	7.8	−12.5	−15.7	0.0
青海	15.2	13.7	1.6	−21.2	−16.8	−45.7

数据来源：商务部

（汪云云）

2-9 历年进出口总额一览表

（1993—2016年）

单位：万美元

年度	进出口总额	出口额	进口额
1993	2 826 683	672 105	2 154 578
1994	2 927 427	834 206	2 093 221
1995	3 703 513	1 024 977	2 678 536
“九五”时期	17 417 315	5 010 231	12 407 084
1996	2 931 833	811 975	2 119 858
1997	3 038 852	961 103	2 077 749
1998	3 050 609	1 051 293	1 999 316
1999	3 433 844	989 059	2 444 785
2000	4 962 177	1 196 801	3 765 376
“十五”时期	39 273 900	9 269 879	30 004 021
2001	5 154 131	1 178 687	3 975 444
2002	5 250 870	1 261 464	3 989 406
2003	6 846 262	1 685 173	5 161 089
2004	9 465 509	2 057 493	7 408 016
2005	12 557 128	3 087 062	9 470 066
“十一五”时期	113 900 296	24 818 619	89 081 677
2006	15 817 225	3 797 921	12 019 304
2007	19 294 630	4 892 328	14 402 302
2008	27 171 187	5 745 424	21 425 763
2009	21 476 276	4 836 261	16 640 014
2010	30 140 978	5 546 685	24 594 293
“十二五”时期	196 175 679	29 893 938	166 281 740
2011	38 949 480	5 902 502	33 046 978
2012	40 791 626	5 965 038	34 826 588
2013	42 910 333	6 324 622	36 585 711
2014	41 565 180	6 234 540	35 330 640
2015	31 959 059	5 467 235	26 491 824
“十三五”时期	28 199 559	5 183 778	23 015 781
2016	28 199 559	5 183 778	23 015 781

（汪云云）

2-10 1995—2016年北京进出口额在全国各地区的排名

年份	1995	1996	1997	1998	1999	2000	2001	2002	2003	2004	2005	2006	2007	2008	2009	2010	2011	2012	2013	2014	2015	2016
进口	2	2	2	2	2	2	2	3	4	4	4	3	3	2	2	2	2	2	2	2	2	3
出口	3	7	7	5	7	7	7	7	7	8	7	7	7	6	7	7	7	7	8	8	8	7

（汪云云）

三、服务外包与技术贸易

3-1　2016年服务贸易进出口情况

单位：亿美元

分项	出口	进口	进出口
总　额	**532.13**	**976.47**	**1 508.60**
运输	50.33	107.48	157.81
旅行	176.88	585.77	762.64
建筑	48.71	36.36	85.07
保险	25.05	73.00	98.06
金融	15.57	4.39	19.96
电信、计算机和信息	63.24	56.72	119.96
电信	11.02	9.64	20.67
计算机	50.49	44.97	95.46
信息	1.73	2.11	3.84
技术服务	20.27	14.66	34.93
专业管理和咨询	84.10	29.18	113.28
其中：法律	8.47	2.85	11.32
会计	4.29	0.80	5.09
管理咨询和公共关系	56.09	17.04	73.13
广告	10.15	3.39	13.53
展会	1.70	4.69	6.39
知识产权使用费	1.72	31.83	33.55
个人、文化和娱乐服务	2.17	9.51	11.69
维护和维修	8.04	3.77	11.81
其他	36.02	23.81	59.83
其中：加工	5.36	0.12	5.48

注：此表数据来源于商务部

（李　倩、李家旭）

3-2　北京地区历年服务贸易进出口情况统计表

单位：亿美元

年　度	出　口	进　口	进出口额	顺（逆）差
2003	82.45	79.78	162.24	2.67
2004	121.12	114.58	235.70	6.54
2005	165.81	134.92	300.74	30.89
2006	198.54	194.68	393.23	3.86

（续）

年 度	出 口	进 口	进出口额	顺（逆）差
2007	252.81	250.25	503.06	2.55
2008	341.69	350.23	691.92	－8.53
2009	331.60	332.50	644.10	－20.90
2010	388.22	410.10	798.32	－21.88
2011	414.99	480.38	895.37	－65.39
2012	445.11	555.09	1 000.20	－109.98
2013	426.89	596.44	1 023.33	－169.55
2014	435.05	671.09	1 106.14	－236.04
2015	490.67	812.11	1 302.78	－321.44
2016	532.13	976.47	1 508.60	－444.35

（李 倩）

3－3 北京市2016年服务外包（离岸）外包类别情况

外包类别	2015年执行金额（万美元）	2016年执行金额（万美元）	同比增幅（%）
服务外包（离岸）合计	449 931.48	490 592.22	9.0
其中：			
信息技术外包	303 605.54	308 467.87	1.6
业务流程外包	78 882.46	90 795.95	15.1
知识流程外包	67 443.48	91 328.40	35.4
其它服务产品	—	—	—

（许 鑫）

3－4 北京市历年服务外包（离岸）情况

年 度	合同数（份）	执行金额（万美元）	同比增幅（%）
总 计	**45 220**	**2 911 854.77**	
2007	4 742	42 454.2	19.3
2008	3 050	54 176.8	27.6
2009	5 264	104 841.0	93.5
2010	5 565	153 755.9	46.7
2011	5 884	244 880.9	59.3
2012	5 887	355 953.30	45.4
2013	4 586	482 575.57	35.6
2014	3 950	532 693.40	10.4
2015	3 450	449 931.48	－15.5
2016	2 842	490 592.22	9

（许 鑫）

3－5　2016年技术进出口合同登记情况

3－5－1　技术出口合同登记情况

一、按合同类型分

出口方式（合同类别）	合同数（个）	合同金额（万美元）	技术费（万美元）
合　计	**760**	**585 265.5**	**393 610.1**
A：专利技术的许可或转让（包括专利申请权的转让）	42	53 277.9	46 903.4
B：专有技术的许可或转让	27	25 251.9	21 351.6
C：技术咨询、技术服务	622	405 738.4	232 713.9
D：计算机软件的出口	69	100 997.4	92 641.3

（巨振乐）

二、按企业性质分

企业性质分类	合同数（个）	合同金额（万美元）	技术费（万美元）
合　　计	**760**	**585 265.5**	**393 610.1**
国有企业	69	94 251.1	17 417.6
集体企业	0	0.0	0.0
外商投资企业	431	448 824.4	335 362.5
民营企业	248	42 131.4	40 771.5

（巨振乐）

三、按国民经济行业分

行　　业	合同数（个）	合同金额（万美元）	技术费（万美元）
合　　计	**760**	**585 265.5**	**393 610.1**
农、林、牧、渔业	4	18.8	18.8
采矿业	38	9 133.0	6 549.4
制造业	113	306 558.7	182 266.7
电力、燃气及水的生产和供应业	4	5 087.9	258.3
建筑业	5	45 980.0	3 961.4
交通运输、仓储和邮政业	1	5 999.9	1 096.3
信息传输、计算机服务和软件业	326	106 698.2	106 126.8
批发和零售业	0	1 000.0	1 000.0
租赁和商务服务业	8	5 673.0	5 673.0
科学研究、技术服务和地质勘查业	231	81 919.5	81 919.5
居民服务和其他服务业	22	16 275.2	3 818.9
文化、体育和娱乐业	2	138.1	138.1

（巨振乐）

四、按国别（地区）分

国别地区	合同数（个）	合同金额（万美元）	技术费（万美元）
合　计	**760**	**585 265.5**	**393 610.1**
中国香港	99	190 867.0	82 476.0
美国	158	56 849.2	56 849.2
芬兰	4	54 621.2	51 104.6
印度	4	52 372.0	45 997.5
马尔代夫	1	43 981.0	1 962.4
德意志联邦共和国	26	24 020.5	24 020.5
日本	146	22 374.3	22 374.3
新加坡	30	18 643.8	18 643.8
瑞士	16	13 888.5	13 888.5
泰国	5	13 870.4	1 414.1
韩国	33	11 728.2	11 728.2
澳大利亚	6	9 500.4	9 500.4
丹麦	1	8 000.0	8 000.0
老挝	1	7 648.0	2 818.0
法国	18	6 132.7	6 132.7
乌兹别克斯坦	1	5 999.9	1 096.3
加拿大	4	5 968.1	5 968.1
孟加拉国	1	4 455.3	554.9
英国	18	4 130.7	4 130.7
英属维尔京	38	3 686.2	3 686.2
开曼群岛	21	3 506.9	3 497.5
南非	3	3 255.3	671.6
厄瓜多尔	3	3 080.9	2 331.6
阿拉伯联合酋长国	4	2 999.3	2 999.3
中国台湾	11	2 399.4	2 399.4
沙特阿拉伯	2	1 650.0	1 650.0
西班牙	4	1 470.0	1 470.0
意大利	13	1 197.1	1 197.1
马来西亚	9	846.4	846.4
巴基斯坦	4	839.4	839.4
荷兰	10	807.6	807.5

（续）

国别地区	合同数（个）	合同金额（万美元）	技术费（万美元）
阿尔及利亚	1	612.0	50.0
刚果	5	495.3	495.3
埃塞俄比亚	2	403.7	403.7
哈萨克斯坦	3	336.3	336.3
菲律宾	2	298.4	298.4
白俄罗斯	2	268.4	268.4
智利	2	200.9	200.9
文莱	1	183.0	183.0
安哥拉	1	180.0	180.0
俄罗斯	2	172.2	172.2
瑞典	4	166.0	166.0
新西兰	2	154.6	154.6
秘鲁	3	153.7	153.7
印度尼西亚	6	143.5	143.5
苏丹	1	123.0	123.0
哥伦比亚	1	110.0	110.0
加蓬	1	76.0	76.0
蒙古	2	65.0	65.0
越南	3	54.7	54.7
纳米比亚	1	44.4	44.4
伊朗	1	39.0	39.0
委内瑞拉	1	38.1	38.05
津巴布韦	2	28.8	28.8
挪威	2	26.0	26.0
阿尔巴尼亚	2	25.3	25.3
塞拉利昂	4	24.7	24.7
萨摩亚	1	15.0	15.0
巴布亚新几内亚	1	11.6	11.6
塞舌尔	1	10.0	10.0
其他国家和地区	6	16.81	16.81

（巨振乐）

3-5-2 技术引进合同登记情况

一、按合同类型分

引进方式（合同类别）	合同数（个）	合同金额（万美元）	技术费（万美元）
合 计	**539**	**215 953.0**	**196 453.8**
专利技术	15	23 667.0	23 566.0
专有技术	127	109 033.0	109 033.0
技术咨询、技术服务	375	63 035.0	56 843.0
计算机软件	12	5 033.0	5 033.0
商标许可	0	200.0	200.0
合资生产、合作生产	0	67.0	67.0
成套设备、关键设备、生产线	9	14 900.0	1 694.0
其他方式	1	17.0	17.0

（李家旭）

二、按企业性质分

企业性质分类	合同数（个）	合同金额（万美元）	技术费（万美元）
合 计	**539**	**215 953.0**	**196 453.8**
国有企业	183	69 402.4	50 033.8
集体企业	0	0.0	0.0
外商投资企业	270	134 182.7	134 153.1
民营企业	81	5 614.2	5 513.2
其他	5	6 753.7	6 753.7

（李家旭）

三、按国民经济行业分

行 业	合同数（个）	合同金额（万美元）	技术费（万美元）
合 计	**539**	**215 953.0**	**196 453.8**
农、林、牧、渔业	1	18.0	18.0
采矿业	10	17 799.6	12 489.5
制造业	245	156 698.5	142 927.1
电力、燃气及水的生产和供应业	1	100.9	80.9
建筑业	1	224.3	123.3
交通运输、仓储和邮政业	4	6 388.7	6 092.0
信息传输、计算机服务和软件业	142	14 841.5	14 841.5
批发和零售业	3	1 071.4	1 071.4
住宿和餐饮业	0	310.6	310.6

（续）

行　　业	合同数（个）	合同金额（万美元）	技术费（万美元）
金融业	5	4 370.8	4 370.8
房地产业	1	25.8	25.8
租赁和商务服务业	4	22.9	22.9
科学研究、技术服务和地质勘查业	110	10 272.3	10 272.3
水利、环境和公共设施管理业	1	28.4	28.4
居民服务和其他服务业	10	2 918.5	2 918.5
文化、体育和娱乐业	0	36.0	36.0

（李家旭）

四、按国别（地区）分

国别地区	合同数（个）	合同金额（万美元）	技术费（万美元）
合　　计	**539**	**215 953.0**	**196 453.8**
韩国	137	51 576.5	51 576.5
美国	105	50 863.6	48 297.4
德意志联邦共和国	75	37 512.9	36 635.7
日本	74	15 563.2	8 958.8
英属维尔京	2	13 013.8	13 013.8
丹麦	9	9 288.0	9 288.0
意大利	10	9 198.4	1 811.7
新加坡	8	4 244.5	2 760.8
中国香港	18	4 116.1	4 116.1
爱尔兰	12	4 097.2	4 097.2
瑞士	6	3 593.8	3 234.8
芬兰	2	3 263.2	3 263.2
马来西亚	1	2 500.0	2 500.0
荷兰	4	1 648.4	1 648.4
比利时	3	1 245.1	1 023.2
法国	3	767.5	767.5
开曼群岛	4	585.4	585.4
中国台湾	17	564.5	564.5
巴西	0	435.6	435.6
英国	17	414.6	414.6

（续）

国别地区	合同数（个）	合同金额（万美元）	技术费（万美元）
挪威	1	300.2	300.2
百慕大	0	195.4	195.4
瑞典	2	180.4	180.4
西班牙	2	173.4	173.4
阿根廷	1	153.0	153.0
加拿大	6	115.6	115.6
其他国家和地区	20	342.7	342.7

（李家旭）

四、利用外资

4-1 2016年1-12月外商投资分方式结构表

金额单位：万美元

投资方式	实际外资
总　计	**1 302 858**
中外合资企业	792 030
中外合作企业	4 021
外资企业	487 714
外商投资股份制	19 093

（马俊杰）

4-2 2016年1-12月外商投资分产业结构表

金额单位：万美元

产业名称	实际外资
总　计	**1 302 858**
第一产业	2 303
第二产业	68 266
第三产业	1 232 289

（马俊杰）

4-3 2016年1-12月外商投资分行业结构表

金额单位：万美元

行业名称	实际外资
总　计	**1 302 858**
农、林、牧、渔业	2 303
采矿业	0
制造业	63 806
化学原料及化学制品制造业	0
通用设备制造业	622
专用设备制造业	494
交通运输设备制造业	50 704
通信设备、计算机及其他电子设备制造业	558

（续）

行业名称	实际外资
电力、燃气及水的生产和供应业	4 347
建筑业	113
交通运输、仓储和邮政业	89 048
信息传输、计算机服务和软件业	113 490
批发和零售业	584 292
住宿和餐饮业	3 010
金融业	90 406
房地产业	66 160
租赁和商务服务业	120 407
投资性公司	75 314
科学研究、技术服务和地质勘查业	157 508
水利、环境和公共设施管理业	1 754
居民服务和其他服务业	16
教育	0
卫生、社会保障和社会福利业	0
文化、体育和娱乐业	6 198
公共管理和社会组织	0

（马俊杰）

4－4 2016年1－12月外商投资主要国别和地区结构表

金额单位：万美元

国别（地区）	实际外资
中国香港	561 687
开曼群岛	269 682
英属维尔京群岛	210 649
德国	95 500
新加坡	54 266
韩国	37 807
法国	13 446
日本	12 449
美国	10 182
卢森堡	7 146
百慕大	150

（马俊杰）

五、对外经济

5－1 1979—2016年对外投资一览表

金额单位：万美元

年度	企业数（个）	中方协议投资额	中方实际投资额
1979	1	22	
1980	4	181.8	
1981	2	25.8	
1982	3	20.8	
1983	2	166.5	
1984	3	210.07	
1985	5	190.3	
1986	4	56.6	
1987	6	213.72	
1988	12	720.7	
1989	6	671	
1990	11	396.9	
1991	23	3 623.18	
1992	34	819.45	
1993	47	12 562.49	
1994	30	486.68	
1995	25	2 510.86	
1996	22	1 656.7	
1997	20	715.46	
1998	21	550.73	
1999	13	394.58	
2000	20	2 502.29	
2001	20	912.3	
2002	25	5 086.04	
2003	38	63 249.61	
2004	52	20 371.08	13 621.48
2005	52	24 216.24	7 582.08

（续）

年度	企业数（个）	中方协议投资额	中方实际投资额
2006	76	31 654.53	6 980.56
2007	87	36 642.53	9 439.85
2008	103	42 491.15	20 582.28
2009	140	49 958.39	30 580.71
2010	266	177 084.38	69 383.36
2011	237	209 700.08	74 533.75
2012	277	202 133.22	16 885
2013	393	—	413 010
2014	375	—	727 353
2015	—	—	955 475.35
2016	—	—	1 550 955
总计			3 896 382.42

（孙　健）

5-2　2016年1-12月我国对外承包工程、劳务合作和境外就业业务分国家（地区）统计表

单位：份、万美元、人

国家（地区）名称	对外承包工程					对外劳务合作					累计派出各类劳务人员数量	月末在外各类劳务人员数量	雇用项目所在国人员数量
	新签合同份数	新签合同额	完成营业额	派出人数	月末在外人数	新签合同份数	新签劳务人员合同工资总额	劳务人员实际收入总额	派出人数	月末在外人数			
甲	(1)	(2)	(3)	(4)	(5)	(6)	(7)	(8)	(9)	(10)	(11)	(12)	(13)
合　计	229	514 151	249 642	2 121	13 176		1 519	10 531	5 777	7 260	7 898	20 436	34 286
亚洲	84	250 894	87 732	729	3 512	0	1 381	7 901	4 144	5 816	4 873	9 328	7 969
土耳其	4	2 013	248	0	0	0	0	0	0	0	0	0	75
缅甸	3	20 004	0	0	25	0	0	0	0	0	0	25	40
中国台湾省	0	0	0	0	0	0	97	546	235	280	235	280	0
塞浦路斯	0	0	0	0	0	0	0	421	246	195	246	195	0
柬埔寨	2	28 690	6 204	13	72	0	0	0	0	5	13	77	881
黎巴嫩	0	0	0	0	0	0	0	0	0	0	0	0	6
印度尼西亚	11	24 281	811	107	165	0	0	0	0	0	107	165	161
马尔代夫	1	29	6 143	82	80	0	0	0	0	0	82	80	0
中国香港	1	1 170	1 382	0	67	0	478	1 661	948	1 278	948	1 345	70
伊朗	3	36	215	0	84	0	0	0	0	0	0	84	45

（续）

国家（地区）名称	对外承包工程					对外劳务合作					累计派出各类劳务人员数量	月末在外各类劳务人员数量	雇用项目所在国人员数量
	新签合同份数	新签合同额	完成营业额	派出人数	月末在外人数	新签合同份数	新签劳务人员合同工资总额	劳务人员实际收入总额	派出人数	月末在外人数			
斯里兰卡	3	35 420	3 616	30	60	0	0	0	0	0	30	60	570
科威特	0	0	5 389	3	160	0	0	0	0	0	3	160	67
巴基斯坦	6	21 333	2 420	0	34	0	0	0	0	0	0	34	106
吉尔吉斯斯坦	1	2	0	0	0	0	0	0	0	0	0	0	22
泰国	5	45 009	7 571	79	79	0	0	0	0	0	79	79	230
塔吉克斯坦	1	10	13	0	0	0	0	0	0	0	0	0	0
伊拉克	2	966	3 929	9	102	0	0	0	0	0	9	102	0
老挝	3	1 290	425	4	95	0	0	0	0	0	4	95	243
蒙古	4	1 247	1 108	48	10	0	0	0	0	0	48	10	128
菲律宾	9	115	0	0	0	0	0	26	56	37	56	37	0
阿曼	0	0	0	0	4	0	0	0	0	0	0	4	0
沙特阿拉伯	0	0	5 401	69	394	0	0	0	0	0	69	394	258
新加坡	0	0	0	0	55	0	6	2 914	1 681	2 101	1 681	2 156	5
日本	0	0	0	0	0	0	781	366	352	1 066	352	1 066	5
印度	7	797	420	1	0	0	0	0	0	0	1	0	2
越南	4	4 123	14 176	0	65	0	0	0	0	0	0	65	165
阿拉伯联合酋长国	2	850	3 941	10	1 065	0	10	754	92	193	102	1 258	2 596
马来西亚	4	8 069	13 103	110	512	0	0	589	298	253	408	765	2 058
孟加拉	0	0	2 384	0	12	0	0	0	0	0	0	12	28
卡塔尔	0	0	4 458	0	51	0	8	262	79	126	79	177	140
乌兹别克斯坦	3	6 209	704	0	29	0	0	0	0	0	0	29	18
中国澳门	3	1 361	838	129	215	0	1	224	16	74	145	289	0
土库曼斯坦	0	0	0	0	22	0	0	0	0	0	0	22	0
约旦	0	0	121	0	0	0	0	0	0	0	0	0	0
哈萨克斯坦	1	46 500	1 345	35	55	0	0	0	0	0	35	55	48
尼泊尔	0	0	280	0	0	0	0	0	0	0	0	0	0
以色列	0	0	0	0	0	0	0	140	141	208	141	208	0
阿富汗	1	1 372	1 087	0	0	0	0	0	0	0	0	0	2
非洲	124	215 215	142 375	1 280	8 675	0	0	0	0	16	1 280	8 691	25 928
南非	0	0	123	1	10	0	0	0	0	0	1	10	29
突尼斯	1	44	31	0	0	0	0	0	0	0	0	0	0
摩洛哥	3	822	0	0	0	0	0	0	0	0	0	0	0

（续）

国家（地区）名称	对外承包工程					对外劳务合作					累计派出各类劳务人员数量	月末在外各类劳务人员数量	雇用项目所在国人员数量
	新签合同份数	新签合同额	完成营业额	派出人数	月末在外人数	新签合同份数	新签劳务人员合同工资总额	劳务人员实际收入总额	派出人数	月末在外人数			
安哥拉	18	17 303	17 873	144	1 950	0	0	0	0	0	144	1 950	4 235
南苏丹	6	2 241	588	0	15	0	0	0	0	0	0	15	158
加纳	2	1 627	1 156	0	25	0	0	0	0	0	0	25	67
赤道几内亚	0	965	800	28	42	0	0	0	0	0	28	42	86
贝宁	0	0	8	0	0	0	0	0	0	0	0	0	0
纳米比亚	3	5 577	1 381	13	123	0	0	0	0	0	13	123	221
塞拉利昂	0	0	152	2	42	0	0	0	0	8	2	50	203
尼日尔	4	3 026	2 983	28	43	0	0	0	0	0	28	43	605
刚果（金）	9	8 812	440	6	76	0	0	0	0	0	6	76	100
刚果（布）	4	44 769	13 608	50	126	0	0	0	0	0	50	126	220
坦桑尼亚	1	8	2 712	2	138	0	0	0	0	0	2	138	515
多哥	0	0	0	0	5	0	0	0	0	1	0	6	6
卢旺达	2	9 299	1 322	68	60	0	0	0	0	0	68	60	224
尼日利亚	22	28 791	28 892	155	1 308	0	0	0	0	0	155	1 308	5 673
马拉维	0	0	27	0	6	0	0	0	0	0	0	6	0
几内亚	0	0	135	0	20	0	0	0	0	0	0	20	48
毛里塔尼亚	0	0	106	0	8	0	0	0	0	0	0	8	0
乌干达	3	2 906	1 389	29	124	0	0	0	0	0	29	124	426
加蓬	0	0	0	0	0	0	0	0	0	0	0	0	2
乍得	6	17 950	3 787	36	237	0	0	0	0	0	36	237	2 091
塞内加尔	12	12 231	3 148	117	75	0	0	0	0	0	117	75	111
津巴布韦	1	23	80	2	27	0	0	0	0	0	2	27	0
阿尔及利亚	4	3 493	12 585	386	2 824	0	0	0	0	0	386	2 824	3 098
赞比亚	2	164	4 561	68	359	0	0	0	0	0	68	359	3 843
苏丹	0	0	4	0	17	0	0	0	0	0	0	17	100
毛里求斯	4	3 195	1 480	2	141	0	0	0	0	0	2	141	62
喀麦隆	2	289	7 930	5	51	0	0	0	0	0	5	51	245
肯尼亚	2	2 355	1 833	0	214	0	0	0	0	0	0	214	872
莫桑比克	0	0	270	0	46	0	0	0	0	0	0	46	140
吉布提	0	0	15 970	0	63	0	0	0	0	0	0	63	33
佛得角	1	842	238	50	50	0	0	0	0	0	50	50	29
马里	0	0	976	11	16	0	0	0	0	0	11	16	30

（续）

国家（地区）名称	对外承包工程					对外劳务合作					累计派出各类劳务人员数量	月末在外各类劳务人员数量	雇用项目所在国人员数量
	新签合同份数	新签合同额	完成营业额	派出人数	月末在外人数	新签合同份数	新签劳务人员合同工资总额	劳务人员实际收入总额	派出人数	月末在外人数			
布隆迪	0	0	195	0	13	0	0	0	0	0	0	13	49
利比亚	0	0	0	0	0	0	0	0	0	0	0	0	32
科特迪瓦	6	10 175	697	12	12	0	0	0	0	0	12	12	0
埃塞俄比亚	6	38 309	14 854	65	396	0	0	0	0	0	65	396	2 338
马达加斯加	0	0	39	0	3	0	0	0	0	0	0	3	18
中非共和国	0	0	2	0	10	0	0	0	0	0	0	10	19
利比里亚	0	0	0	0	0	0	0	0	0	7	0	7	0
欧洲	9	15 842	13 994	71	675	0	139	2 409	1 341	1 046	1 412	1 721	181
意大利	0	0	0	0	0	0	0	14	61	59	61	59	0
挪威	0	0	0	0	0	0	0	407	255	157	255	157	0
罗马尼亚	0	0	0	0	10	0	0	0	0	0	0	10	3
格鲁吉亚	2	945	554	7	22	0	0	0	0	0	7	22	134
俄罗斯联邦	0	0	90	64	11	0	0	0	0	0	64	11	0
英国	3	12 339	3 685	0	0	0	0	484	402	253	402	253	0
瑞士	0	0	0	0	0	0	0	29	49	49	49	49	0
瑞典	0	0	0	0	4	0	0	0	0	0	0	4	0
爱沙尼亚	1	1 150	15	0	0	0	0	0	0	0	0	0	0
白俄罗斯	0	18	9 650	0	618	0	0	0	0	0	0	618	3
法国	0	0	0	0	0	0	0	1	1	0	1	0	12
德国	0	0	0	0	0	0	138	1 358	515	466	515	466	0
比利时	1	388	0	0	0	0	0	0	0	0	0	0	0
捷克	0	0	0	0	0	0	0	0	0	0	0	0	6
希腊	0	0	0	0	0	0	0	13	0	12	0	12	0
西班牙	0	0	0	0	0	0	1	3	7	7	7	7	0
丹麦	0	0	0	0	0	0	0	100	51	43	51	43	6
阿塞拜疆	0	0	0	0	0	0	0	0	0	0	0	0	7
拉脱维亚	2	1 002	0	0	0	0	0	0	0	0	0	0	0
马耳他	0	0	0	0	10	0	0	0	0	0	0	10	10
拉丁美洲	8	25 234	1 738	41	311	0	0	12	60	220	101	531	205
秘鲁	3	15 739	121	0	0	0	0	0	0	0	0	0	135
英属维尔京群岛	0	0	0	0	0	0	0	12	60	58	60	58	0
安提瓜和巴布达	0	0	0	0	22	0	0	0	0	0	0	22	5

（续）

国家（地区）名称	对外承包工程					对外劳务合作					累计派出各类劳务人员数量	月末在外各类劳务人员数量	雇用项目所在国人员数量
	新签合同份数	新签合同额	完成营业额	派出人数	月末在外人数	新签合同份数	新签劳务人员合同工资总额	劳务人员实际收入总额	派出人数	月末在外人数			
哥斯达黎加	0	0	1 608	41	223	0	0	0	0	0	41	223	4
厄瓜多尔	2	54	2	0	4	0	0	0	0	0	0	4	0
古巴	0	0	0	0	18	0	0	0	0	0	0	18	9
格林纳达	0	0	0	0	19	0	0	0	0	0	0	19	1
哥伦比亚	0	0	0	0	1	0	0	0	0	0	0	1	0
巴哈马	0	0	0	0	20	0	0	0	0	0	0	20	0
特立尼达和多巴哥	0	0	0	0	4	0	0	0	0	0	0	4	51
玻利维亚	1	986	0	0	0	0	0	0	0	0	0	0	0
墨西哥	1	8 445	0	0	0	0	0	0	0	0	0	0	0
伯利兹	0	0	0	0	0	0	0	0	0	1	0	1	0
牙买加	1	10	7	0	0	0	0	0	0	0	0	0	0
巴拿马	0	0	0	0	0	0	0	0	0	161	0	161	0
北美洲	2	6 834	3 739	0	0	0	0	209	232	155	232	155	0
加拿大	0	0	0	0	0	0	0	178	157	102	157	102	0
美国	2	6 834	3 739	0	0	0	0	30	75	53	75	53	0
大洋洲	2	131	64	0	3	0	0	0	0	7	0	10	3
萨摩亚	1	39	39	0	0	0	0	0	0	0	0	0	3
马绍尔群岛共和国	0	0	0	0	0	0	0	0	0	1	0	1	0
帕劳共和国	1	92	17	0	0	0	0	0	0	0	0	0	0
瓦努阿图	0	0	8	0	0	0	0	0	0	0	0	0	0
基里巴斯	0	0	0	0	0	0	0	0	0	6	0	6	0
所罗门群岛	0	0	0	0	3	0	0	0	0	0	0	3	0

（李　恩、袁　渤）

六、口岸通关

6-1 2016年北京口岸运营情况一览表

项 目	本年累计	去年同期	同比增长（±%）
北京首都机场口岸			
旅客吞吐量（人次）	94 393 521	89 938 628	5.0
其中：进港（人次）	47 126 166	45 053 696	4.6
出港（人次）	47 267 355	44 884 932	5.3
出入境人员（人次）	24 252 213	23 230 325	4.4
其中：入境（人次）	12 190 264	11 668 688	4.5
出境（人次）	12 061 949	11 561 637	4.3
其中：出入境外籍人员（人次）	6 998 138	7 118 591	−1.7
其中：出入境港澳台同胞（人次）	1 256 995	1 272 352	−1.2
其中：出入境内地居民（人次）	15 997 080	14 839 382	7.8
其中：旅客过境（人次）	1 050 409	717 829	46.3
其中：72小时过境免签旅客（人次）	26 319	19 905	32.2
飞机起降（架次）	606 086	590 169	2.7
其中：进港（架次）	303 066	295 118	2.7
出港（架次）	303 020	295 051	2.7
出入境飞机起降（架次）	139 973	132 613	5.5
货邮运量（吨）	1 942 791.0	1 889 829.0	2.8
其中：国际货邮（吨）	909 390.0	843 758.0	7.8
国内货邮（吨）	1 033 401.0	1 046 071.0	−1.21
海关监管货物总量（吨）	57 500 276	41 597 343	38.2
其中：监管进口货物（吨）	56 130 398	40 225 217	39.5
监管出口货物（吨）	1 369 878	1 372 126	−0.2
其中：跨关区通关货物（吨）	55 919 766	40 092 367	39.5
其中：进口货物（吨）	55 917 715	40 022 227	39.7
出口货物（吨）	2 051	70 140	−97.1

（续）

项　　目	本年累计	去年同期	同比增长（±%）
北京西站铁路口岸			
出入境人员（人次）	53 787	66 548	－19.2
其中：入境（人次）	26 845	31 720	－15.4
出境（人次）	26 942	34 828	－22.6
其中：出入境外籍人员（人次）	3 388	4 196	－19.3
其中：出入境港澳台同胞（人次）	17 814	20 505	－13.1
其中：出入境内地居民（人次）	32 585	41 847	－22.1
北京丰台货运口岸			
海关监管货物（吨）	15 547	17 767	－12.5
其中：监管进口货物（吨）	11 713	5 568	110.4
监管出口货物（吨）	3 834	12 199	－68.6
北京朝阳口岸			
海关监管货物（吨）	1 007 374	937 912	7.4
其中：监管进口货物（吨）	984 602	928 179	6.1
监管出口货物（吨）	22 772	9 733	134.0
北京平谷国际陆港			
海关监管货物（吨）	184 904	189 997	－2.7
其中：监管进口货物（吨）	181 154	186 662	－3.0
监管出口货物（吨）	3 750	3 335	12.4
北京天竺综合保税区			
实际进出口货物（吨）	55 404	62 133	－10.8
北京口岸合计			
出入境人员合计（人次）	24 306 000	23 296 873	4.3
其中：入境（人次）	12 217 109	11 700 408	4.4
出境（人次）	12 088 891	11 596 465	4.2
其中：出入境外籍人员（人次）	7 001 526	7 122 787	－1.7
其中：出入境港澳台同胞（人次）	1 274 809	1 292 857	－1.4
其中：出入境内地居民（人次）	16 029 665	14 881 229	7.7
海关监管货物合计（吨）	58 708 101	42 743 019	37.4
监管进口货物（吨）	57 307 867	41 345 626	38.6
监管出口货物（吨）	1 400 234	1 397 393	0.2
海关征收税款净入库税额（亿元）	610.4	—	—

（谭　峰）

第七部分

大　事　记

大　事　记

1季度

1月8日，北京市下放服务外包及软件出口合同登记工作，按照区县商务委审核、市商务委审定、商务部核查三级负责制的管理体系进行管理。

2月3日，北京市商务委员会召开2016年全市商务工作会议，市政府程红副市长出席会议并讲话。

3月4日，北京市服务业扩大开放综合试点第二阶段（2016年上半年）试点措施清单发布。

3月，北京市鼓励总部经济发展政策《关于鼓励跨国公司在京设立地区总部的若干规定实施办法》及《关于促进总部企业在京发展的若干规定实施办法》完成修订并印发执行。

3月至11月，北京市商务委员会会同市总工会、市妇联组织开展了“2016年北京市商业服务业服务技能大赛活动（第六届）”。

2季度

4月15日至12月31日，北京市商务委员会开展直属机关党员组织关系集中排查工作。

4月20日，北京市生活性服务业发展基金完成首笔投资。

4月至12月，北京市商务委员会直属机关全体党员开展了“学党章党规、学系列讲话，做合格党员”学习教育。

5月10日，第四届中国（北京）国际服务贸易交易会组委会暨北京筹备工作领导小组全体会议召开。

5月11日，北京市服务业扩大开放综合试点批复一周年新闻发布会召开。

5月12日至13日，京津冀三地商务部门第三次联席工作会议在北京召开。

5月20日，北京市开出国内首张离境退税电子发票。

5月26日，北京市服务业扩大开放综合试点工作领导小组办公室印发《朝阳区创建北京市服务业扩大开放综合试点示范区实施方案》及《顺义区创建北京市服务业扩大开放综合试点示范区实施方案》。

5月，北京市外经贸发展引导基金启动运行。

5月28日至6月1日，由商务部和北京市人民政府共同主办的第四届中国（北京）国际服务贸易交易会在京举行。

5月28日至8月底，首届“北京跨境电商消费体验季”活动在京举行。

6月1日，出口企业无纸化退税试点启动。

6月1日，港澳服务提供者投资设立企业由审批制改为备案制。

6月17日，京津两地实现境外旅客购物离境退税互联互通。

6月20日，北京正式启动外商投资企业

商务工商备案事项一体化改革措施。

6 月 27 日，北京市商务委员会召开庆祝中国共产党成立 95 周年大会。

6 月，北京市商务委员会牵头建立了《北京生活性服务业品牌连锁企业资源库》。

3 季度

7 月，下放外商投资企业登记审批权限，北京市成为全国首个所有地市级分局均取得外商投资企业登记管辖权的地区。

7 月 19 日，北京市服务业扩大开放综合试点第三阶段（2016 年下半年）试点措施清单发布。

9 月 19 日，北京市重点工程通州口岸经济区项目举行奠基仪式。

9 月 28 日，北京市商务委员会联合中国对外承包工程商会、北京市经济和信息化委员会共同主办的“央地企业携手共筑‘一带一路’——对外承包工程与北京汽车出口示范区企业‘抱团出海’”专题对接交流活动在京举行。

9 月 28 日，由北京市商务举报投诉中心举办的第一次京津冀商务举报投诉联席会在京举行。北京市、天津市、河北省商务部门共同签订《京津冀商务举报投诉处理协作意见》，京津冀商务举报投诉协作受理正式运行。

9 月 30 日，首批 6 家北京跨境电子商务产业园区挂牌。

4 季度

10 月 10 日，“开放北京”公共信息服务平台上线。

10 月 27 日，北京市中小企业出口金融服务平台“政保贷”在京启动。

11 月 3 日，北京市商务委员会联合北京市发展和改革委员会、香港投资推广署、天津市商务委员会、河北省商务厅共同主办的“京津冀携手香港开拓‘一带一路’投资贸易项目洽谈”活动在京举行。

11 月 3 日至 4 日，第二十届北京香港经济合作研讨洽谈会在京举办。

11 月 17 日，中国（北京）国际贸易单一窗口平台正式上线。

11 月，北京市商务委员会指导相关行业协会完成了蔬菜零售、家政、社区商业便民服务综合体等 11 个行业（业态）的 24 个规范的制修订工作并汇编成册，在全国率先初步建立了上述行业（业态）的标准规范体系。

12 月 7 日，为贯彻落实《北京市法治政府建设实施方案》，北京市商务委员会主要负责人首次出庭应诉行政案件。

12 月 8 日，北京国际经贸合作网络信息服务平台发布上线。

12 月，北京服务业扩大开放试点以来首架融资租赁飞机落地天竺综合保税区。

（石　龙）

第八部分

附　　录

北京市商务委员会（北京市人民政府口岸办公室）组织序列

（截至 2016 年 12 月 31 日）

序 号	市商务委处室
1	办公室
2	综合处（研究室）
3	法制与公平贸易处（世贸组织事务处）
4	流通规划处
5	流通发展处
6	流通秩序处
7	市场秩序协调处
8	服务交易处
9	储备调控处（北京市盐务管理办公室）
10	消费促进处（批发业发展处）
11	物流发展处
12	商务服务业发展协调处
13	总部经济发展处
14	电子商务处
15	外贸运行处（北京市机电产品进出口办公室）
16	贸易发展处
17	北京市服务业扩大开放综合试点工作领导小组办公室规划政策处
18	北京市服务业扩大开放综合试点工作领导小组办公室协调推进处
19	服务贸易处
20	对外经济合作处
21	外资发展处
22	外资管理处（对港澳台经济合作处）
23	安全监管处
24	财务处
25	人事处
序 号	**市政府口岸办处室**
1	秘书处
2	综合业务处
3	航空港处
4	陆港管理处（北京市人民政府口岸办公室丰台货运口岸管理处、北京市人民政府口岸办公室朝阳口岸管理处）
5	北京西站铁路口岸处

序　号	市粮食局（部门管理机构）
1	办公室
2	调控处
3	政策法规处
4	储备处
5	监督检查处
6	流通管理处
7	财务处
8	人事处
序　号	市商务执法监察大队（直属管理机构）
1	办公室
2	法制科
3	执法一队
4	执法二队
5	执法三队
6	执法四队
7	执法五队

（余　军）

北京市商务委员会领导成员

（截至2016年12月31日）

闫立刚　党组书记、主任
闫小彦　党组成员、副主任
许　康　党组成员（2016年2月免职），委员（正局级，2016年2月任职），直属机关党委书记（2016年3月任职），直属机关工会主席（2016年7月任职）
倪跃刚　党组成员、副主任
李广禄　党组成员
宋建明　党组成员、副主任
申金升　副主任
武玉民　党组成员、纪检组组长
孙　尧　党组成员、副主任，直属机关党委书记（2016年3月免职），直属机关工会主席（2016年7月免职）
邓洪波　委员（副局级）
王洪存　委员（副局级）
丁剑华　委员（副局级）
赵卫东　委员（副局级，2016年5月任职）
赵立宗　副巡视员

（余　军）

北京市人民政府口岸办公室领导成员

（截至2016年12月31日）

许　康　　党组书记、主任（2016年2月免职）
吴伯棠　　党组成员、纪检组长
魏登范　　党组成员、副主任（2016年11月调出）
朱　雷　　党组成员、副主任
薛海涛　　党组成员、副主任

（余　军）

北京市粮食局领导成员

（截至2016年12月31日）

李广禄　　党组书记、局长
张　强　　党组副书记、副局长
阎维洪　　党组成员、副局长
任昌坤　　党组成员、副局长

（余　军）